高速铁路施工技术
（隧道工程分册）

中铁二局股份有限公司　卿三惠　等　编著

中国铁道出版社有限公司

2023年·北京

内 容 简 介

《高速铁路施工技术》系列丛书，分为《概论分册》、《路基工程分册》、《桥梁工程分册》、《隧道工程分册》、《轨道工程分册》、《“四电”工程分册》、《施工测量分册》、《工程试验与检测分册》8个分册出版。

《高速铁路施工技术(隧道工程分册)》主要介绍高速铁路隧道的结构构造、技术标准及施工技术。重点突出隧道洞口工程、开挖与支护、二次衬砌、防排水、附属构筑物、辅助坑道，施工通风与防尘、超前地质预报、施工监控量测，不良地质与特殊岩土隧道、明挖隧道、TBM隧道、盾构隧道等的施工方法、施工工艺、质量检测及控制标准等内容。

该书理论联系实际，论述深入浅出，内容系统完整，可作为铁路施工企业员工的技术培训教材，也可供高速铁路施工、设计、科研人员及大专院校土木工程专业的师生学习和参考。

图书在版编目(CIP)数据

高速铁路施工技术·隧道工程分册/卿三惠等编著.—北京：中国铁道出版社，2013.11(2023.2重印)

ISBN 978-7-113-17385-2

Ⅰ.①高… Ⅱ.①卿… Ⅲ.①高速铁路—铁路施工②高速铁路—铁路隧道—隧道施工 Ⅳ.①U238

中国版本图书馆CIP数据核字(2013)第232434号

书　　名：**高速铁路施工技术**(隧道工程分册)
作　　者：中铁二局股份有限公司　卿三惠 等

责任编辑：冯海燕　张卫晓　**电话**：010-51873371　**电子信箱**：bjbfhy@126.com
封面设计：崔丽芳
责任校对：孙　玫
责任印制：樊启鹏

出版发行：中国铁道出版社有限公司(100054，北京市西城区右安门西街8号)
网　　址：http://www.tdpress.com
印　　刷：北京盛通印刷股份有限公司
版　　次：2013年11月第1版　2023年2月第3次印刷
开　　本：787 mm×1 092 mm　1/16　**印张**：22.25　**字数**：555千
书　　号：ISBN 978-7-113-17385-2
定　　价：57.00元

主 编 简 介

卿三惠，男，1956年生，贵州省息烽县人，工学博士，教授级高级工程师，国家注册土木工程师。1982年～2006年在中铁二院工程集团有限公司从事铁路工程勘察设计25年（其间任院副总工程师8年），2006年至今任中铁二局股份有限公司总工程师。历经南防、南昆、黎湛、株六、水柏、黔桂、渝怀、遂渝、达成、大丽、玉蒙、滇藏、京津、京沪、武广、广珠等新（改）建铁路的前期研究、勘察设计及施工实践，长期致力于工程勘察设计技术与结合工程的科学试验研究，多项成果获国家、省（部）级奖励，为铁路的事业技术进步作出了积极的贡献。

勘察设计：《水柏铁路北盘江大桥工程地质勘察》获铁道部工程勘察一等奖及国家银奖；《渝怀铁路圆梁山隧道工程地质勘察》、《黔桂铁路工程地质勘察》、《高烈度地震区铁路工程地质与环境地质综合选线》获省（部）工程勘察一等奖；《水柏铁路选线设计》、《时速200公里遂渝铁路路基工程设计》分获省（部）工程设计一、二等奖。

科技研究：《京津时速350公里铁路线路工程技术及应用》获铁道部科学技术特等奖；《时速350 km高速铁路CRTSⅡ型板式无砟轨道施工技术及关键设备研究》、《海底隧道钻爆法施工关键技术》、《富水砂卵石地层土压平衡盾构施工关键技术》、《大跨径曲线梁非对称外倾式钢箱拱桥施工关键技术》获省（部）科技进步一等奖；《客运专线独塔斜拉连续刚构组合桥施工关键技术》、《客运专线无砟轨道制造与施工成套设备及工艺研究》、《遂渝铁路一次铺设跨区间无缝线路轨道关键技术试验研究》、《超深埋大断面隧道群施工关键技术》、《特殊环境修建复杂洞室群地铁车站整体洞桩法施工关键技术》获省（部）科技进步二等奖；《红层软岩地区建造时速200公里客货共线铁路路基关键技术》、《超浅埋地铁大断面长距离水平冻结施工技术》、《高压富水地层超深埋特长隧道施工技术》、《城市地下互通立交隧道群施工技术》、《高瓦斯特长隧道建设关键技术》获省（部）科技进步三等奖。

学术成就：公开发表科技论文30余篇，对山区铁路选线设计、工程地质及水文地质勘察、岩溶和软弱地基处理、滑坡或边坡工程治理、复杂地质隧道灾害防治、高速铁路设计与施工、路基填料试验等技术问题进行了有益的研究和探索；主编出版《西南铁路工程地质研究与实践》、《土木工程施工工艺》（包括路基路面、桥梁、隧道及地铁、铺架与“四电”、房建五个分册)、《高速铁路隧道工程施工技术指南》、《铁路隧道施工安全技术规程》、《工程项目管理标准化手册》,参编出版《铁路路基填筑连续压实控制技术规程》、《铁路混凝土支架法现浇施工技术规程》、《CRTSⅡ型板式无砟轨道施工质量验收标准》、《高速铁路地基处理手册》、《铁路工程声屏障施工技术指南》等技术专著、规范、标准、手册;研发国家级工法5项、省(部)级工法10项;获国家授权发明专利12项、实用新型专利5项。

社会荣誉:2000年以来,先后荣获“全国铁路火车头奖章”、“四川省工程勘察大师”、“四川省学术和技术带头人”、中建协和中施协“全国技术创新先进个人”、中国中铁总公司“突出贡献中青年专家”和“十一五科技创新标兵”等社会荣誉。

《高速铁路施工技术》系列丛书编委会

主　　任：唐志成
副 主 任：邓元发
委　　员：方国建　张次民　林　原　刘剑斌　王云波
曾永林　邓爱民　卿三惠　蔡　伟　熊志勇
崔江利　张文杰　李　政　邓文华　陈道圆
谌明朗　卢　鹏　胡　建　郜小群　刘世杰
韩兴旭　陈　叔　唐浩先　刘学力　葛庭栋
杨守泰
主　　编：卿三惠
各分册主要编写人员：
《概论分册》　卿三惠　李雪梅　谭均平　卿光辉
《路基工程分册》　卿三惠　胡　建　贺志荣　黄　能　张代富
伍帮勇　蒋浩然　黄国庆　蒋开春　魏二剑
钟维章
《桥梁工程分册》　卿三惠　郜小群　钱纪民　唐浩先　韩兴旭
李友明　吴　明　周祖清　蒲　伟　雷　宇
白晓红　彭亮英　王　强　陈　杰　韩　伟
肖　勇　姚道雄　李华月　向　锐　张顺勇
谭祥国　曹新恒
《隧道工程分册》　卿三惠　刘世杰　马　辉　刘卫华　胡力绳
钟友江　李庆生
《轨道工程分册》　卿三惠　陈　叔　陈　杰　陈孟强　陈希成
申　超　林国辉　陈建波　孙韵全　褚利民
彭　福　樊小冬　陈太权　来　琼　胡笑纹
李保尔　方　华
《“四电”工程分册》　卿三惠　何勇军　代伯寿　张　强　唐小川
鲁　健　汤国林　石　芸　何国华　彭明勇
李非凡　徐　旭　王正国　周聚杰　何锐庚
林安普
《施工测量分册》　卿三惠　段太生　李学仕　杨维裕　郭　平
方　明　何　军
《工程试验与检测分册》　卿三惠　刘学力　杨育红　陈　涛　彭清福
孙　凯　刘炎培　钟卫翔
统　　审：卿三惠
编　　辑：韦　慎

序

高速铁路是当今世界的一项重大技术成就，它集中反映了一个国家铁路线路结构、列车牵引动力、高速运行控制、高速运输组织和经营管理等方面的技术进步，也体现了一个国家的科技和工业水平。高速铁路是社会经济发展的必然产物，有利于促进国家或地区间城市一体化发展进程，在经济发达、人口密集的地区经济和社会效益非常显著。高速铁路以其速度快、安全性好、正点率高、全天候运行、舒适方便、输送能力大、能耗低、污染轻等一系列技术优势，已成为世界许多国家和地区旅客运输发展的共同趋势。

20 世纪 60 年代以来，高速铁路在日本、德国、法国、意大利、西班牙、韩国等发达国家蓬勃兴起。截止 2012 年底，全世界高速铁路运营里程总长 24 000 km，分布在 20 个国家和地区。列车的最高试验速度从 1964 年 10 月世界上第一条高速铁路日本东海道新干线达到 210 km/h 后也在不断被刷新。1981 年 2 月法国 TGV 达 380 km/h；1988 年 5 月德国 ICE 最高试验速度达 406.9 km/h；1990 年 5 月 18 日法国 TGV-A 型高速列车最高试验速度达 515.3 km/h；2007 年 4 月 3 日法国 TGV-V150 超高速列车最高试验速度达 574.8 km/h，创造了有轨列车瞬间最高试验速度的世界纪录。这些瞬间高速(最高试验速度)说明轮轨技术是可以高速的，但不能真正运行。我国高速铁路建设过程中，从安全、可靠、适用、经济四个指标进行研究的结果表明，决定高速铁路运营速度的路基、桥梁、隧道和线路结构应按 350 km/h 的标准建设和配置机车，验收速度应按额定速度的 110%验收；从经济运营角度分析，根据空气动力学试验，250 km/h 是高速铁路的经济速度。因此，我国城际铁路一般按该速度进行建设。

20 世纪 90 年代以来，中国政府致力发展高速铁路，开展大规模的高速铁路试验研究。大体经历三个历史进程：

1997 年～2007 年，实施既有线改造和六次大提速。通过既有线改造和六次大提速，掌握了 200～250 km/h 高速铁路修建技术，使全国旅客列车最高运行速度从 120 km/h 以下提高到 200 km/h 以上的既有线路营业里程达到 6 003 km。

1999 年～2007 年，新建 160～200 km/h 试验线。1999 年 8 月开工建设秦沈客运专线，2002 年 11 月 27 日"中华之星"列车在该线上试验最高速度 321.5 km/h，2003 年 10 月 12 日按200 km/h开通运营；2002 年 11 月开工建设客货共线遂渝铁路，2005 年 5 月"长白山"列车在该线上试验最高速度 234 km/h，2006 年 4 月 1 日按 200 km/h 开通运营。2007 年 4 月 18 日，新建广深铁路三、四线采用"和谐号"动车组按 200 km/h 开通运营，成为我国第一条客货分线，实现完全公交化的城际客运专线。

2004 年以来，全面新建 250 km/h 和 350 km/h 高速客运专线。2004 年 1 月

国务院发布《中长期铁路网规划》,并于2008年进行调整,确定了"到2020年建设高速客运专线16 000 km以上"的发展目标。从此,中国铁路拉开了以"四纵四横"客运专线和城际快速客运系统为重点的大规模高速铁路建设序幕。2005年6月开工建设中国第一条250 km/h客货共线铁路合宁铁路,2008年4月按200~220 km/h开通运营;2005年7月4日开工建设中国第一条350 km/h的京津城际高速铁路,2008年6月24日和谐号动车组在该线上最高试验速度394.3 km/h,2008年8月按300 km/h开通运营;2011年1月中国CRH380BL型和谐号动车组在350 km/h的京沪高速铁路线上创造了中国铁路无砟轨道列车的最高试验速度487.3 km/h,2011年6月按300 km/h开通运营,标志着中国高速铁路技术已步入国际先进水平。其中长距离、温差大、无缝轨道技术处于世界领先水平。

截止2012年底,中国已建成高速铁路运营里程9 356 km,在建高速铁路长度达12 700 km,居世界第一。

中国铁路按照"安全、可靠、适用、经济、先进"的技术方针,通过原始创新、集成创新和引进消化吸收再创新,在工程建设、高速列车研制、列车运行控制、系统集成、运营维护、客运服务等技术领域实现了重大突破,形成具有自主知识产权的高速铁路技术标准体系,全面掌握了高速铁路设计、施工、运营、维修等关键技术,实现了具有世界先进水平的客运动车组、施工装备的国产化。目前,中国已成为世界上高速铁路发展最快、运营里程最长、运营速度最高、在建规模最大、系统技术最全、集成能力最强的国家。

为总结高速铁路的建设经验,中铁二局股份有限公司组织国内铁路技术专家及工程技术人员,在全面系统地总结我国高速铁路试验研究及建设实践的基础上,广泛吸收世界高速铁路建设的先进技术,精心编著完成的具有中国特色的《高速铁路施工技术》系列丛书,终于出版了。

该丛书理论联系实际,论述深入浅出,内容系统完整,图文并茂,展现了当今高速铁路施工的最新技术及应用前景,具有较高的理论和实用价值,可以引领我国的高速铁路建设。

借本丛书出版之际,谨以此序向多年来为我国高速铁路建设作出突出贡献的广大科技人员,以及为本丛书的出版付出辛勤劳动的各位编审人员表示感谢。

我将本丛书推荐给从事高速铁路设计、施工、科研、教学等工作的人员和广大非专业读者。相信本丛书的出版,将有助于推动我国高速铁路施工技术的不断进步,实现国富民强之本。

中国工程院院士

2013年5月

前　言

2004年1月，国务院发布《中长期铁路网规划》，并于2008年进行调整，确定了"到2020年建设客运专线16 000 km以上"的发展目标。从此，中国铁路拉开了以"四纵四横"客运专线和城际快速客运系统为重点的大规模高速铁路建设序幕。截止2012年底，中国已建成高速铁路运营里程9 356 km，在建高速铁路12 700 km，成为世界上高速铁路发展最快、运营里程最长、运营速度最高、在建规模最大、系统技术最全、集成能力最强的国家。

为总结我国高速铁路的建设经验，中铁二局股份有限公司组织国内铁路技术专家及工程技术人员，在全面系统总结我国高速铁路试验研究及建设实践经验的基础上，广泛吸收国外先进技术，精心编著而成《高速铁路施工技术》系列丛书。

全套丛书包括《概论分册》、《路基工程分册》、《桥梁工程分册》、《隧道工程分册》、《轨道工程分册》、《"四电"工程分册》、《施工测量分册》、《工程试验与检测分册》共8个分册。

1.《概论分册》，主要介绍高速铁路的概念、作用、技术经济优势、主要技术特征；高速铁路基础设施（线路、路基、桥梁、隧道、轨道）的特点；国内外高速铁路的成就与发展趋势，重点突出我国高速铁路的技术创新成果及应用前景；高速铁路的系统集成、技术体系和技术标准体系等内容。

2.《路基工程分册》，主要介绍高速铁路路基的结构构造、技术标准及施工技术，重点突出地基处理、路堤填筑、路堑开挖、路基过渡段、路基支挡结构、路基边坡防护、路基防排水、路基堆载预压、路基沉降观测与评估等的施工工艺、质量检测及控制标准等内容。

3.《桥梁工程分册》，主要介绍高速铁路桥梁的结构构造、技术标准及施工技术。重点突出桥梁基础与墩台、预应力混凝土简支梁、连续梁、结合梁以及拱桥、斜拉桥、组合桥等桥式结构；钻孔灌注桩、钢围堰、预应力混凝土简支梁预制与架设、节段预制拼装、连续梁悬臂施工、原位支架法及移动模架施工、转体施工、无支架缆索吊装施工、大跨度桥梁施工监控、桥梁支座、桥面附属工程等的施工工艺、质量检测及控制标准等内容。

4.《隧道工程分册》，主要介绍高速铁路隧道的结构构造、技术标准及施工技术。重点突出隧道洞口工程、开挖与支护、二次衬砌、防排水、附属构筑物、辅助坑道，施工通风与防尘、超前地质预报、施工监控量测，不良地质与特殊岩土隧道、明挖隧道、TBM 隧道、盾构隧道等的施工方法、施工工艺、质量检测及控制标准等内容。

5.《轨道工程分册》,主要介绍高速铁路轨道的结构构造及轨道的制造、运输、铺设、精调施工技术、质量检测与控制标准等内容。轨道结构的界面限定为路基基床表层以上、桥梁桥面混凝土保护层以上、隧道仰拱混凝土层以上的工程实体。重点突出 CRTSⅠ型、CRTSⅡ型双块式无砟轨道,CRTSⅠ型、CRTSⅡ型、CRTSⅢ型板式无砟轨道,板式无砟道岔、长枕埋入式无砟道岔施工技术;有砟轨道及道岔施工技术;无缝线路施工技术;轨道施工组织方案等。

6.《"四电"工程分册》,主要介绍高速铁路"四电"系统集成的概念、程序、内容、模式、主要原则和措施、接口管理、RAMS 管理、EMC 技术管理、风险管理、系统兼容性和匹配性、集成试验和环境保护方案;重点突出高速铁路通信、信号、牵引供电系统施工技术及电力系统供电技术,包括系统构成、关键施工技术、质量控制要点与相关接口施工、试验与检测技术等。

7.《施工测量分册》,主要介绍高速铁路施工测量体系;精密测量控制网施工复测与加密测量;路基、桥梁、隧道工程施工控制测量及竣工测量;施工期间建筑物变形监测;轨道控制网测量、各类轨道板铺设施工测量、工程竣工测量;测量仪器设备配置的基本要求等。重点突出各工序环节的测量内容、方法、技术要点及质量检验、控制标准等内容。

8.《工程试验与检测分册》,主要介绍高速铁路试验与检测的主要技术标准及施工中混凝土、路基、桥梁、隧道、无砟轨道、无缝线路的试验检测技术,重点突出高速铁路区别于普通铁路对原材料的特殊技术要求与相应的试验检测方法,以及混凝土、无缝钢轨等结构实体的试验检测等内容。

本丛书理论联系实际,内容系统完整,工程实例丰富,展现了当今高速铁路施工的最新技术及推广应用前景,可作为铁路施工企业员工的技术培训教材,也可供高速铁路设计、施工、科研人员及大专院校土木工程专业师生学习和参考。

本丛书编撰过程中,引用了大量的参考文献资料,特向原作者个人和单位表示感谢。由于编者水平所限,书中难免存在疏漏和不足之处,恳请读者批评指正,以便不断完善。

中铁二局总经理

2013 年 5 月于成都

目　　录

1 概　　述

高速铁路行车速度高，基础设施技术标准高，尤其是线路平纵断面曲线半径远大于一般铁路，在山岭地区选线设计时必然出现大量的桥隧工程方案，隧道工程在线路总长度中所占比例和长大隧道数量也随之提高。以我国云、贵、川山岭地区新建高速铁路为例，隧道长度占线路长度的比例高达 70%以上。就隧道建造施工技术而言，高速铁路隧道与一般铁路隧道之间的差异主要体现在隧道净空断面面积大小、洞口结构和轨道结构形式等方面。

1.1 高速铁路隧道的发展现状

随着世界高速铁路的迅猛发展，高速铁路隧道的建设规模越来越庞大。截至 2005 年底，全世界已建成的高速铁路隧道总长度已超过 1 300 km，其中日本 784 km、法国 50 km、德国 210 km、西班牙15.8 km、意大利 71 km、英国 26 km、韩国 116 km、中国台湾地区 44 km。

世界上建设高速铁路最早的国家是日本，1964 年建成运营的日本东海道新干线是世界上第一条高速铁路。考虑工程建设的经济性，也因当时对隧道空气动力学缺乏相关的实践经验，日本新干线隧道的净空断面积较小，单洞双线隧道断面净空有效面积只有 62～64 m^2，是目前世界各国双线高速铁路隧道中断面积最小者。为了与已建成的新干线相匹配，在适应较小的隧道净空断面积条件下，日本高速列车头部都设计为流线型，车体也加强了密封性，扩大隧道断面的方法至今没有采用。考虑到高速铁路空气动力学特性，日本高速铁路隧道都采用单洞双线断面，较少采用双洞单线的断面。即使长度大于 20 km 的隧道，如八甲田隧道、岩手一户隧道、饭山隧道等，也没有采用两座单线隧道方案。早期的新干新隧道内一般采用碎石道床，后来修建的隧道内一般采用无砟轨道，并且以板式无砟轨道居多。

除日本外，德国、韩国、法国、意大利、英国、西班牙、荷兰、瑞士等国家和中国台湾地区已建成高速铁路隧道。其中，德国规定高速铁路单洞双线隧道的净空有效面积，客货共线铁路为 82 m^2，客运专线铁路为92 m^2，是世界各国高速铁路中较大的，且基本上都采用无砟轨道；韩国首尔至釜山高速铁路单洞双线隧道净空有效面积采用 107 m^2，是世界各国高速铁路隧道中断面最大的。一般隧道内采用有砟轨道，特长隧道和后期修建的高速铁路隧道多采用无砟轨道。

我国高速铁路建设起步较晚，但发展更为迅速，已经是世界上高速铁路运营总里程最长的国家。进入 21 世纪以来，目前已建、在建和拟建的铁路隧道总长度超过 5 000 km，其中，高速铁路隧道 2 000 km 以上，超过世界其他国家高速铁路隧道的总和。我国各客运专线中，长度大于 10 km 的特长隧道共有 8 座，分别是石太线的太行山隧道（27 839 m）和南梁隧道（11 526 m）、合武线的大别山隧道（13 256 m）和金寨隧道（10 766 m）、温福线的霞浦隧道（13 099 m）、武广线的大瑶山一号隧道（10 081 m）、广深港线的狮子洋隧道（10 800 m）、厦深线的大南山隧道（12 701 m）。其中狮子洋采用盾构法施工，其他隧道均采用钻爆法施工。

我国在充分研究和吸取国外高速铁路隧道建设经验基础上,制定了高速铁路隧道的净空有效面积标准(表 1-1),是世界上高速铁路隧道净空有效面积较大的国家,仅次于韩国。采用较大的隧道净空有效面积增加了隧道建设期的资金投入和施工难度,但降低了对机车车辆密封性和牵引能力等方面的技术要求,更利于保障列车的舒适度和安全性,降低运营成本。同时,我国规定设计行车时速小于等于 250 km、长度小于 6 000 m 的高速铁路隧道内的轨道结构与全线轨道结构一致,一般采用有砟轨道;设计行车时速高于250 km、长度大于 6 000 m 的高速铁路隧道内采用无砟轨道。

表 1-1 中国高速铁路隧道净空有效面积标准 (单位:m^2)

序 号	类 别	单 线	双 线
1	200 km/h 客运专线兼顾货物运输	52(53.6)	80(85)
2	250 km/h 高速铁路	58(60)	92
3	300～350 km/h 高速铁路	70	100

注:括号内数值为客运专线兼顾双层集装箱运输条件下,考虑特定接触网高度等因素的面积。

1.2 高速铁路隧道的特点

高速铁路的主要服务对象是旅客,高速铁路建设的首要目标是保证乘客在列车高速运行过程中的舒适度和安全性,并且能保证列车以设计的运行速度按时到达目的地。

相对于普通铁路隧道,高速铁路隧道的特点主要是与列车空气动力学相关。当列车进入隧道时,原来占据着空间的空气被排开,空气的黏性及隧道壁面和列车表面的摩阻作用使得被排开的空气不能像在隧道外那样及时、顺畅地沿列车两侧和上部形成绕流。于是,列车前方的空气受到压缩,列车后方则形成一定的负压,产生一个压力波过程。这种压力波又以声速传播至隧道口,形成反射波,回传、叠加,产生一系列复杂的空气动力学效应。

表 1-2 列示了高速铁路隧道空气动力学效应,这种空气动力学效应对旅客的舒适感、列车运行速度和安全性产生重大影响。

表 1-2 高速铁路隧道空气动力学效应及影响

空气动力学效应		对隧道设计和运营的影响
瞬变压力	车内瞬变压力	旅客舒适度,洞内养护人员危害
	车内压力波动幅度与频率	旅客和乘务员的健康
	隧道内压力峰值	隧道衬砌和设施的气动荷载
	车体内外压差	车辆结构的气动荷载
洞口微气压波(爆破噪声)		隧道口声环境和建筑物安全
列车空气阻力	平均阻力	牵引计算
	过程阻力	限坡
空气流动	列车风	洞内维护人员和隧道设施的安全
	空气动压	

相对于普通铁路隧道,高速铁路隧道的研究必须考虑空气动力学效应,更突出以下几个方面的特殊性。

(1)隧道净空有效面积和列车横截面积。瞬变压力是高速铁路隧道空气动力学效应的主要指标,影响瞬变压力的因素包括隧道净空有效面积、隧道长度、隧道壁面摩擦系数以及列车横截面积、车形、列车长度、列车表面摩擦系数等。试验表明,诸因素中列车速度 v 和阻塞比 β 是对隧道内压力及列车上压力波动程度起主导作用的因素。在线路设计行车速度确定的情况下,阻塞比是主要可变因素。

阻塞比 $\beta=A_t/A_v$,由隧道净空有效面积 A_v 和列车横截面积 A_t 决定。

隧道净空断面还对列车的牵引动力产生影响。对于高速铁路空气阻力是总阻力的主要组成部分。在隧道中这种阻力又将比在明线运行时有明显的增加,这是线路设计时需要考虑的。按非恒定流模型计算高速列车的空气阻力,在隧道内的空气阻力最大可达到明线阻力的 2.05 倍(双线)和 2.42 倍(单线)。在其他计算条件不变的情况下,列车速度越大,空气阻力最大值越大;隧道断面越大,对降低空气阻力的作用越大。

(2)隧道的洞口形式。高速铁路隧道洞口形式对隧道洞口的微气压波影响重大。高速列车进入隧道,前方的空气受到挤压以声速传播至隧道出口,骤然膨胀,产生一个被称为微气压波的次生波。由于微气压波的产生伴有影响环境的爆破噪声,并会对邻近建筑物产生危害。因此,与消减瞬变压力一样,微气压波成为高速铁路隧道设计中的重要课题。

列车从无边界的空间骤然进入被轮廓所限定的有限空间,致使前方空气受到挤压是产生微气压波的根本原因。在隧道洞口设置净空断面积大于隧道净空断面积的缓冲结构,可以缓解列车运行空间条件骤变的程度,从而起到消减微气压波的作用。缓冲结构的形式按断面变化的规律可分为两类:断面渐变的喇叭形和断面突变的阶梯形。此外,研究还表明,在缓冲结构上开窗能显著改善或缓解微压波的作用,最佳开口率为 0.3 左右。对不开口的缓冲结构断面积取隧道断面积的 1.55 倍最佳;开窗的缓冲结构断面积取隧道断面积的 1.3 倍时即有显著效果;缓冲结构的长度宜在隧道洞径的 2 倍之内。

(3)列车头部形状。高速铁路隧道洞口产生的影响环境和危害邻近建筑物的爆破噪声由微气压波造成,而微气压波主要取决于列车进入隧道诱发的第一个压缩波(或称“首波”)。试验表明,列车头部形状(主要指标是其细长比)对第一压缩波峰值的影响很大。以 $v=350$ km/h 为例,长细比为 1、2 和 3 的流线型车头,压力峰值分别为钝形车头的 73%、58% 和 50%,压力梯度也呈下降趋势。因此,选择长细比大的流线形车头是缓解微气压波的一个重要措施。

(4)车辆密封性。车辆内部的瞬变压力与旅客乘车舒适度有直接关系,隧道内瞬变压力向车辆内传递的规律取决于车辆的密封性和车体的刚度两个因素。当车辆完全不密封,即车内外空气的质量交换完全无阻尼时,车外压力与车内压力相等;当车辆完全密封,即车内外空气无质量交换、车体的刚度又较大时,则车外的压力瞬变对车内无影响。实际上,以上两种极端情况都是不存在的。车辆密封性对缓解压力波动程度的作用可以归为滞后和衰减,在线路条件一定的情况下,车辆的密闭性往往决定了旅客乘车舒适度。

采用较小的隧道净空有效面积,如日本新干经线,可以节约前期建设投资,但需要在车辆的密封性和车体的刚度方面加大投入,从全寿命周期成本角度考虑不一定经济。因此,国际上较晚修建的高速铁路隧道,如德国、韩国、中国等,一般采用较大的隧道净空有效面积。

(5)隧道结构的耐久性。试验表明,高速列车运行引起的冲击振动和空气压力波动是影响结构耐久性的主要因素。隧道内空气动力荷载最大值都为 kPa 量级,作用在衬砌法向方向的荷载为纵向方向荷载的 2～6 倍,对隧道衬砌的安全性不会产生明显影响,但对隧道衬砌结构的瑕疵和缺陷的反应较为灵敏。在气动压力正压、负压的反复作用下,有初始裂纹的衬砌结构将产生疲劳,裂纹不断扩展,直到断裂破坏;刚性的无砟轨道和仰拱是隧道内的主要承载结构,在列车振动荷载的作用下,也容易出现疲劳性破坏。

(6)洞内设施。高速铁路隧道行车对洞内配套设施的影响主要是列车风。试验表明,在隧道断面面积 $A_t=101\ m^2$,行车速度 $v=350\ km/h$ 的情况下,隧道结构边墙附近最大风速可达 48.6 m/s。这种动态反复荷载对洞内设施的设计、安装质量和抗疲劳能力提出挑战。

(7)轨道结构类型。高速铁路隧道内轨道结构类型分有砟轨道和无砟道两种。这两种类型的轨道结构由于结构高度和施工工艺要求不同,将影响隧道结构的断面尺寸、施工工期和施工设备,以及运营维护工作量等。对高速铁路隧道而言,还有一个重要影响是有砟轨道的碎石是吸声材料,可以降低微气压波。试验表明,压缩波在板式道床隧道中的传播规律与在碎石道床隧道中的情况有所差别。在碎石道床条件下,随着隧道长度的增加,不但首波峰值有较明显的衰减,而且压力变化梯度在传播过程中逐渐变得平缓。而对于无砟轨道,当隧道长度增加时,压力梯度反而有一定程度的加大。日本早期修建的东海道新干线隧道全部采用有砟轨道,以后修建的大多为无砟轨道,后者产生了较为明显的微气压波,导致洞口产生爆破声公害。究其原因是新干线隧道净空断面积相对于新干线列车的截面积和列车运行速度来说取值过小,而采用不能吸收或消散微气压的无砟轨道也是一个重要原因。

1.3 高速铁路隧道的分类

随着讨论角度和考量指标的不同,高速铁路隧道有多种分类方式。

(1)按洞线设置方式分为单洞双线隧道和双洞单线隧道。通常情况下,高速铁路隧道考虑空气动力学效应和经济性,多采用单洞双线断面,较少采用双洞单线断面。在特殊条件下,如隧道很长,考虑养护维修、防灾救援等需要,采用双洞单线断面。综合比较,采用双线断面比采用单线断面有利。

从运营和维护条件看,采用单洞双线隧道方案,阻塞比较小,可有效提高乘车舒适度;而采用双洞单线隧道方案十分有利于防灾救援。从地质条件看,在软弱破碎围岩地段,考虑施工难度和风险,宜选用跨度较小的双洞单线隧道方案;当地质条件好时,可选用单洞双线隧道方案。从施工方法看,当采用 TBM 或盾构施工时,考虑施工风险,采用直径较小的双洞单线隧道方案较为稳妥,施工风险相对较小。从运营通风看,双洞单线隧道方案可以充分利用列车活塞风改善隧道内的环境条件,而单洞双线隧道方案利用活塞风效果较差。就工程投资而言,双洞单线隧道方案通常较单洞双线隧道方案造价高 20%~40%,特别在硬岩地段,单洞双线隧道方案具有明显的价格优势(表 1-3)。

表 1-3 单洞双线和双洞单线隧道方案比较

比较项目	单洞双线隧道方案	双洞单线隧道方案
施工难度及风险	断面大,在软弱围岩中发生坍塌、变形的概率大,风险较大	断面较小,发生坍塌、变形的概率较小,风险较小
运营通风	难以利用活塞风	可以充分利用活塞风

续上表

比较项目	单洞双线隧道方案	双洞单线隧道方案
防灾救援	当隧道内发生火灾时，消防灭火与救援难度大，线路将中断运营	当一座隧道内发生火灾时，可通过另一座隧道帮助灭火，并利用横通道紧急疏散人员，仅中断一条运营线
空气动力学影响	相对小	相对大
环境影响	相对小	相对大
工程投资	较低	增加20%～40%

我国高速铁路隧道设计时，选择单洞双线隧道方案还是选择双洞单线隧道方案，通常遵循下列原则：

1)当隧道长度小于10 km时，一般采用单洞双线隧道方案，可利用施工时的辅助坑道作为防灾救援和人员疏散的紧急出口。

2)当隧道长度为10～20 km时，应结合隧道两端引线，车站布点等相关工程情况进行系统的经济技术比选，也可结合防灾救援及养护维修考虑，采用双线隧道加贯通平导的方案进行比较。

3)当隧道长度大于20 km时，从防灾救援方面考虑，一般采用双洞单线隧道方案，如已竣工通车的兰武二线乌鞘岭隧道(长20 050 m)和在建的石太客运专线太行山隧道(长27 839 m)等。

(2)按隧道长度分为短隧道、中长隧道、长隧道、特长隧道。我国《铁路隧道设计规范》(TB 10003—2005)将隧道按其长度分类如下：

特长隧道　　全长10 000 m以上；

长 隧 道　　全长3 000 m以上至10 000 m；

中长隧道　　全长500 m以上至3 000 m；

短 隧 道　　全长500 m及以下。

(3)按隧道穿越的地理环境分为山岭隧道、下穿城市隧道、跨越江河湖海的水下隧道等。

山岭隧道是高速铁路隧道的主要类型。但是与普速铁路比较，高速铁路更容易出现下穿城市隧道和穿越江河湖海的水下隧道。

高速铁路穿过城市，城市景观、建筑物的拆迁和噪声控制是最关键的问题，解决这些问题最好的方式是以隧道下穿城市人口密集地区。武广客运专线长沙市浏阳河隧道、天津站至天津西站连接线下穿市区隧道，京郑客运专线下穿石家庄市区隧道等就是此类隧道的典型案例，今后下穿城市的铁路隧道会越来越多。

以往修建行车速度目标值较低的铁路时，一般采用桥梁方案跨越江河湖海。随着高速铁路行车速度目标值的提高，大跨度的桥梁较难解决振动和舒适度问题，同时部分通航标准要求较高的大江大河对水中设墩特别敏感，防洪也提出较高要求，水下隧道的优势逐渐增大。所以，我国已经开工和规划的许多高速铁路项目中，大量采用了隧道方式穿越江河，这将对我国水底隧道修建技术的发展起到促进作用。

(4)按隧道施工采用的开挖方法分为钻爆法开挖隧道、非爆矿山法开挖隧道、TBM法(盾构法)施工隧道。

由于我国劳动力资源丰富、人力成本低廉，隧道工程预算投资相对较低，加之我国对大型隧道施工机械的核心技术掌握不足,引进使用成本高昂,隧道掘进机(盾构和 TBM)等先进技术并未能在山岭隧道施工中得到较好的发展。从目前的实际来看,在今后很长一段时期内,钻爆法施工仍然是我国修建隧道的主流,必须及时总结经验,适应和开发应用新技术、新工艺,改进和完善技术体系,不断提高钻爆法施工技术和管理水平。

在修建工程地质条件很差的大断面高速铁路隧道,或隧道附近有对爆破振动有较敏感的建(构)筑物时,为减小开挖对围岩的扰动,避免爆破振动,在地质条件适宜的隧道开挖施工中,采用铣挖机、单臂掘进机、液压破碎锤、大功率挖掘机等装备将是一个新技术发展趋势。

TBM 掘进机(盾构)以其掘进速度快、施工质量高、沉降控制好、劳动强度低等优越性,在特长铁路隧道中的应用越来越广泛。随着大规模高速铁路隧道的修建,对地质和作业条件适宜的特长山岭隧道、下穿城市建筑物的隧道、水下隧道中会更多地采用掘进机(盾构)施工。

(5)按隧道在运营过程中是否排水分为排水型隧道、控制排水型隧道和完全防排水型隧道。

我国高速铁路隧道防排水遵循防、排、截、堵结合,因地制宜,综合治理的原则,在设计时需要考虑水文地质条件、地下水排放对周围生态环境影响、隧道开挖方法和隧道衬砌结构防水能力等因素。

在地下水不发育、排水对地面生态环境影响不大的地区,一般不进行特殊的控制排水设计,利用衬砌背后的盲管等排水设施,让水流入隧道内的排水沟排出洞外。

在地下水发育或隧道内大量排水可能造成地表水流失、影响地表植被和居民正常生活等不允许过量排放地下水的环境下修建隧道时,应采取控制排放的原则,使隧道修建对原有区域水环境的影响降到最低。当隧道穿过岩溶发育带、断裂破碎带,预计围岩中地下水水量丰富,采用以排为主可能影响生态环境和隧道正常运营时,应根据实际情况采用以堵为主,限量排放的原则,达到堵水有效、防水可靠、经济合理的目的。在岩溶地下水径流贯通地段,则采用以疏为主,以堵为辅的原则,强调尽量维系岩溶暗河等地下水径流的既有通路,不随意封堵溶洞、暗河,避免地下水环境的局部突变,对隧道工程造成次生病害。

在下列条件下,需优先设计完全防排水型隧道:

1)下穿江河湖海和城市特殊地段的倒人字形或 U 形纵断面隧道,洞内运营期人工排水的成本高昂;

2)地面生态和社会环境敏感,要求严格限制排水,特别是在隧道所在地区居民分布密集或存在地下水供水水源,大量排水会对环境等造成重大影响的场合;

3)因对地下水排放引起的地层沉降影响敏感,危及地表结构物正常使用的场合;

4)地下水具有腐蚀性,需要将地下水与隧道结构混凝土隔离的场合。

(6)按运营期隧道内是否为自然排水分为自然排水隧道和人工排水隧道。

一般情况下,隧道设计为单向坡度或人字形双向坡度便于施工期和运营期的自然排水。但在特殊情况下,如下穿江河湖海、绕避重要建筑物等,可能出现倒人字形或 U 形纵断面隧道,这就需要在施工期和运营期设置抽排水设施保证洞内排水需求。为减小施工安全风险和运营成本,此类人工排水隧道往往设计为全防水隧道,须严格控制防排水施工质量。

(7)按衬砌结构类型可分为单层衬砌、复合式衬砌、预制拼装式衬砌。

隧道衬砌结构类型的选择应综合考虑地质及埋深等环境条件、断面形状与大小、防水要求、使用功能、施工方法和工程概预算等因素。目前,高速铁路隧道常用的衬砌结构类型有单层衬砌(模筑混凝土衬砌)、复合式衬砌、预制拼装式衬砌等。

单层衬砌多用于围岩稳定性较好的隧道，一般由单层或多层混凝土构成承载结构。单层衬砌与复合式衬砌的本质区别就是各支护层间不设置隔离层(防水板)，其支护层与衬砌层是一体的，共同组成支护体系，各层间能够充分传递剪力。

复合式衬砌结构一般由中间设置隔离(防水)层的内、外两层结构组成，内层结构与外层结构之间可以传递压力，但不传递剪力。外层结构一般采用喷锚支护，内层结构一般采用模筑混凝土(或钢筋混凝土)衬砌。复合式衬砌具有以下优点：

①防水性能好，在地下水发育地段，复合式衬砌的防水性能明显优于单层衬砌；

②外层结构采用喷锚支护，能适应围岩变形和充分发挥围岩自身的承载能力，具有良好的经济性；

③内层结构采用模筑混凝土，既可保证隧道内表面光滑平整，也进一步地提高了结构的安全性。

目前复合式衬砌已成为世界各国高速铁路隧道衬砌结构的主流。

拼装式衬砌一般用于 TBM 或盾构掘进法施工的隧道，隧道开挖后，利用管片拼装机将预制好的管片按规定的形状拼装成隧道衬砌结构。管片的类型有钢筋混凝土管片、钢管片、铸铁管片、钢—混凝土复合管片等，目前最常用的是钢筋混凝土管片。拼装式衬砌结构断面形状一般为圆形，也有矩形、单拱形、连拱形等形式。

1.4 我国高速铁路隧道施工需要应对的主要技术难题

我国规划了世界上规模最庞大的高速铁路网，高速铁路隧道的建设规模更是世界之最。但是客观地讲，如同汽车、家电等产业一样，我国只能算是隧道大国，还称不上隧道强国，主要原因就在于隧道施工的机械化水平、安全质量管理水平、环境保护和以人为本的建设理念落实等方面与国外先进水平的差距。当前正值我国高速铁路建设的高潮，为我国高速铁路隧道施工技术的进步和创新提供了很好的发展机遇，需要解决好以下几个方面的施工技术难题。

(1)大断面和超大断面隧道施工开挖与支护技术。因为考虑空气动力学效应，高速铁路隧道多采用单洞双线断面，较常规铁路隧道的断面面积更大，断面形状更为偏平。以我国的高速铁路隧道断面设计标准为例，设计时速 350 km 的双线隧道净空有效面积为 100 m^2，有仰拱时开挖断面面积约为 160 m^2，无仰拱时约为 130 m^2；设计时速 250～300 km 的双线隧道净空有效面积为 92 m^2，有仰拱时开挖断面面积约为 150 m^2，无仰拱时约为 120 m^2。如果考虑开挖爆破施工中不可避免的超挖，双线隧道的开挖面积达 140～170 m^2。按照国际隧道协会建议的隧道断面划分标准(表 1-4)，这些隧道均属超大断面隧道。

表 1-4 国际隧道协会建议的隧道断面划分标准

断面划分	净空断面积(m^2)
超小断面	<3.0
小断面	3.0～10.0
中等断面	10.0～50.0
大断面	50.0～100.0
超大断面	>100.0

与一般断面隧道相比,大断面隧道的力学行为发生了很大改变,尤其是形状扁平的大断面隧道,在开挖后的应力重分布、拱项稳定性、支护结构承受荷载以及支护结构受力条件等方面都有所不同,必须结合高速铁路隧道断面大的特点,对隧道地质超前预报、隧道围岩预加固,开挖方法、支护与预支护技术进行深入研究,开发出更适合高速铁路大断面隧道施工的开挖及支护技术。

隧道开挖技术是隧道施工的核心技术之一,也是隧道工程界最为活跃的研究热点,机械开挖技术和控制爆破技术是主要创新方向。为了充分发挥机械设备技术进步的优势,提高开挖作业的效率和安全,降低人力劳动作业量,隧道开挖呈现出由分步(台阶法)开挖向全断面开挖发展的趋势。其中,尤以精细爆破技术和软弱围岩预加固全断面开挖技术为代表。

以石质围岩隧道的开挖为例,当前有两个问题较为突出,一是控制爆破能力不足,破碎围岩条件下的光面爆破效果差;二是普遍采用的台阶法开挖工艺不能满足隧道施工工序安全步距的相关规定。隧道开挖时,围岩级别优于Ⅲ级时采用全断面法开挖既可保证进度也利于降低成本,已成共识。问题存在于Ⅳ、Ⅴ级围岩的开挖,当前普遍采用的台阶法开挖工艺有利于人员循环作业,进度和成本控制有保障,但台阶的存在造成仰拱、二衬等工序跟进掌子面的距离超过相关规定,形成安全隐患。调查统计表明,隧道开挖台阶长度过长是近年来国内隧道施工发生众多安全事故的主要原因之一。为了确保铁路隧道施工安全,国家铁路建设管理部门对隧道支护和二衬结构与开挖掌子面的距离作出了严格规定。《铁路隧道工程施工安全技术规程》(TB 10304—2009)规定:Ⅲ级围岩中仰拱与掌子面的距离不得超过 90 m,Ⅳ级围岩不得超过 50 m,Ⅴ级及以上围岩不得超过 40 m。铁道部《关于进一步明确软弱围岩及不良地质铁路隧道设计施工有关技术规定的通知》(铁建设〔2010〕120 号)对隧道开挖掌子面与仰拱之间的距离做出进一步的强制性规定,规定隧道开挖后初期支护应及时施作并封闭成环,Ⅳ、Ⅴ、Ⅵ级围岩仰拱封闭位置距离掌子面不得大于 35 m。当前铁路隧道施工中,无论围岩的稳定性如何,采用长台阶法施工都难以满足上述工序间安全距离的强制性要求。采用短台阶法(长度小于 1 倍洞径)施工时,由于上、下台阶不能平行作业,工作效率大大降低,进度严重受阻。各级安全检查结果表明,如果不改进开挖技术工艺,贯彻落实铁路建设管理部门的上述要求将非常困难。

(2)长大隧道、特长隧道快速施工技术。与一般铁路相比,高速铁路线路的平纵曲线半径大,在隧线比增大的同时,长大隧道、特长隧道数量随之增加。例如,我国石太客运专线太行山特长隧道长度达 27.839 km,是现今亚洲已建成最长的山岭隧道,也是世界行车速度目标值最高的特长隧道之一。

隧道工程,尤其是长大隧道、特长隧道,总是线路的控制性工程,如何加快施工进度是此类隧道工程解决的首要问题。要实现大断面和超大断面隧道的快速施工,提高机械化配套水平,减少施工工序和工序间的相互干扰最为关键。首先,必须选用合适的开挖方法,加大一次开挖的断面面积和作业循环长度,保障开挖进度;同时优化多工序平行作业,解决好各工序之间的协调性问题。譬如,仰拱既是高速列车运行的直接承重结构,也是初期支护和二次衬砌的衔接工序,直接影响隧道的施工质量和工序安全步距。当前铁路隧道施工中,在Ⅱ、Ⅲ级围岩开挖进度较快的情况下,因没有理想的施工技术和配套设备,仰拱进度往往滞后,通常采用多开工作面或增加单循环施工长度的方法来提高仰拱施工进度。然而,这两种方法均存在安全风险大,工序间相互干扰大、洞内施工组织困难、循环时间长等问题,而且仰拱施工的附加成本较高,质量和进度难以保障,进而影响防水系统、二衬等后继工序的结构衔接,不能满足铁路建设管理部门关于隧道施工安全步距的强制性要求，隧道仰拱成为隧道施工中的控制性工序，迫切需要开发仰拱施工新技术及相应的配套设备以提高施工效率。随着社会人力资源结构的变迁，低端劳动力越来越紧缺，人力成本越来越高，隧道施工其他工序对施工机械化配套水平的要求同样急迫。

(3)长大隧道、特长隧道施工通风技术。隧道施工通风是长大隧道、特长隧道施工必须解决好的另一个重大问题。在我国隧道施工以钻爆法和无轨运输主导的大环境下，通风防尘技术是涉及人员生命健康的大事，也是影响隧道施工方案选取的控制因素之一，是隧道施工水平的重要标志。当前，用于压入式通风的射流风机和巷道式通风的轴流风机，以及二者的混合应用都已是成熟的产品和技术。但是，因隧道施工时爆破飞石，开挖支护作业台架行走等原因，通风管不能通达掌子面，加上长距离通风，风管漏风量较大，造成工作面新鲜空气不足，洞内的空气质量普遍不能达标，给洞内作业人员造成严重的健康危害。已有的调查结果表明：我国从事隧道施工的一线工人中，患尘肺病的比例达到 3.4%，比粉尘危害最严重的煤矿部门(3.7%)仅相差 0.3%。另一方面，从技术经济角度来讲，在长大隧道中，开挖面的新鲜空气需从数千米以外的洞口引入，通风阻力大、能耗高，单纯以通风来保持洞内空气质量，无论在技术上还是成本上都变得非常困难。事实上，现场常因通风成本高昂而减少通风时间或降低通风机功率，进一步恶化了洞内空气质量。当前的一个新思路是在隧道施工污染源相对集中的开挖支护作业面，采用空气净化设备与通风设备配合使用，可以更有效地改善洞内空气质量。先进的除尘设备效率高达 99%以上，空气净化设备以高效率和低成本除去洞内大部分污染源，净化后的空气可返回工作面循环利用，使通风需求量大幅减小。由于通风机的功率与通风量的三次方成正比，如果通风量减少一半，功率则下降 87.5%，通风机的功率可以得到大幅度的节省。国外研究资料表明，使用循环风以后，通风机的功率可以节约 60%以上。可见，空气净化设备配合通风设备使用，不仅有很好的社会效益，经济效益也很明显，如要能成功地应用高效节能的除尘机设备，必将把我国隧道施工的通风防尘技术提高到一个新的水平。

(4)穿越江河湖海的水下隧道和下穿城市隧道建造技术。穿越江河湖海的水下隧道的施工方法包括 TBM 法(盾构法)、钻爆法、沉管法等。国外修建此类隧道主要采用 TBM 法(盾构法)，国内 TBM 法(盾构法)和钻爆法都采用，目前采用钻爆法较多。

下穿城市的隧道往往埋深浅，对地表建筑物和地下管线等结构物影响敏感，施工过程中的爆破振动、地层沉降等必须得到严格控制，机械开挖等非爆开挖技术和水压爆破等弱爆开挖技术的应用在我国仍然属于新课题。

穿越江河湖海的水下隧道和下穿城市的隧道极易出现倒人字形坡度或 U 形纵断面隧道，且洞外环境水源补给充足，需要在施工期和运营期设置抽排水设施保证洞内排水需求。为保障隧道施工和运营期安全，减小运营成本，此类隧道必须设计为全防水隧道。对于此类全防水型隧道而言，支护和二次衬砌承受的主要荷载是水压力，一般远大于围岩压力。可见，水下隧道的综合施工技术，尤其是防排水系统的施工质量保障技术是最大的挑战。

(5)隧道防排水施工技术。我国相关规范对高速铁路隧道防水提出了很高的要求，《高速铁路隧道工程施工质量验收标准》(TB 10753—2010)规定，隧道衬砌和设备洞室的衬砌防水等级应达到一级防水标准，即二次衬砌不允许渗水、二次衬砌表面无湿渍。但依目前的施工技术水平和现场环境条件，要完全实现这一目标仍有一定的难度。应加强工程地质和水文地质的勘察工作，系统研究和制定切实可靠的防排水措施，提高各项防水措施的施工工艺水平，尽可能做到可维护，把防水作为一个包含设计、施工、选材、管理的系统工程来研究。

如上文所述，隧道按其在运营过程中是否排水分为排水型隧道、控制排水型隧道和防水型隧道。排水型隧道不承受水压力，控制排水型隧道承受有限水压力，防水型隧道承受全部水平压力，防水型隧道在支护结构设计和防水板材料选用时必须考虑水压作用。不排水的全封闭防水型隧道在静水头不超过 30 m 的地方广泛应用。工程实践表明，60 m 水头是防水型隧道的上限，从技术上讲，虽然超过 60 m 的水头防水问题仍然可以解决，但对隧道防水材料和结构的要求都将大大提高。

隧道防水工程措施包括围岩注浆堵水、初期支护喷射混凝土防渗、防水板防水层、施工缝与变形缝防水、衬砌混凝土自防水、衬砌背后回填注浆等。其中，围岩注浆堵水是富水地层隧道防水的基础工程；经过特殊处理(如添加硅粉或钢纤维等)的喷射混凝土是隧道防水的重要组成部分，其重要性甚至可以等同于防水板，这一点在国内隧道施工中并没有被充分认识；复合式衬砌中的防水层是隧道防排水技术的核心，是保证隧道防水功能的关键措施；施工缝与变形缝防水是隧道防水的薄弱点和难点，它与衬砌混凝土自防水的组合是隧道防水的最后屏障；衬砌背后回填注浆是隧道防水的补充、补强和维修的主要措施。大量的工程实践表明，即是精心设计和施工的隧道也可能产生渗漏，渗漏病害的原因可能分布在上述任意环节，系统的隧道防排水技术研究亟待加强。

(6)隧道施工缺陷预防与结构耐久性保障技术。高速铁路运行速度高，要求有更高的安全保障水平，隧道结构物修筑和附属设备安装过程中的施工缺陷必须得到严格预防，保证这些结构物和设备的稳定性、可靠性和耐久性。隧道衬砌和轨道结构对行车的影响最直接，影响其耐久性的因素除了环境外，还包括高速列车运行引起的冲击振动和气动压力波动等。在气动正压、负压的反复作用下，有初始裂纹的衬砌结构将产生疲劳，裂纹不断扩展，直到断裂破坏；刚性的无砟轨道和仰拱是隧道内的主要承载结构，在列车振动荷载的作用下，也容易出现疲劳性破坏。在列车高速运行状态下，既使是自然坠落的很小的混凝土块体或其他附件，甚至滴水，都有可能造成类似小鸟撞飞机的严重后果。因此，高速铁路隧道施工缺陷预防与结构耐久性保障技术，以及缺陷和病害整修技术应得到深入研究。

(7)TBM 法施工技术。隧道掘进机(TBM)通常是指岩石隧道全断面掘进机，它是一种集掘进、出渣、支护和通风防尘为一体的大型高效隧道施工机械。TBM 适用于中硬岩地层的隧道施工，采用机械破碎岩石的方法进行开挖。与传统的钻爆法相比，掘进机法具有如下优势：

1)作业连续，施工效率高，可进行掘进、出渣、支护一条龙连续作业，在中硬岩条件下，施工速度为钻爆法的 3～5 倍；

2)开挖轮廓圆顺，超挖量少，可减小支护工作量；

3)对围岩扰动小，避免了爆破扰动可能引起的围岩松动坍塌，施工安全性好；

4)使用劳动力少，劳动强度低，作业环境好，有利于维护作业人员的健康。

TBM 具有上述显著优势，但相对于盾构在国内的成熟应用，TBM 在国内并没有得到成熟应用，主要原因是其地质适应问题。掘进机法施工最理想的岩层是没有破碎带、断层和地下水的中硬岩。一般的软岩、断层破碎带、硬岩可采用不同类型的掘进机辅以必要的预加固和支护设备进行掘进，但对于大型的岩溶暗河发育的隧道、高或极高地应力隧道、软岩大变形隧道、可能发生较大规模突水涌泥的特殊不良地质隧道等，不适合掘进机施工。

在我国 TBM 的国产化装备能力和经济性考量是影响其应用水平的另一个主要因素。掘进机体积庞大，运输移动困难，施工准备和辅助施工的配套系统复杂，加工制造工期长，对于短隧道和中长隧道很难发挥其优越性。国外的经验是隧道长度与直径之比大于600时，采用掘进机施工是经济的，对于开挖直径通常在10 m左右的单线铁路隧道，大于6 km的隧道就可以考虑采用掘进机施工。而我国是一个劳动力资源丰富的国家，钻爆法施工是强项，工程概算相对较低，装备的国产化水平低也加剧了TBM的使用成本。一般认为，小于10 km的隧道难以发挥掘进机的优越性；对于10～20 km的特长隧道，可以对掘进机和钻爆法进行技术经济比较，选择适宜的方法；对于长度大于20 km的特长隧道应优先采用掘进机法。实事上，我国在10～20 km的特长隧道中，甚至长度大于20 km的特长隧道中也极少使用TBM法施工。

TBM对隧道的断面大小亦有其适用性要求。断面直径过小，后配套系统不易布置，施工较困难；而断面过大时，又会带来电能不足、运输困难、造价过大等种种问题。一般认为，较适宜掘进机施工的隧道断面直径为3～12 m，单线铁路隧道断面较适宜TBM掘进施工。我国广深港客运专线穿越珠江口的狮子洋隧道是国内第一座采用TBM法（盾构法）施工的高速铁路隧道，也是我国第一座水下高速铁路隧道。绿色心脏隧道是何兰阿姆斯特丹至比利时安特卫普高速铁路线上的最长隧道，采用了当时世界上最大直径的泥水盾构掘进机（长120 m，直径14.87 m，重3 300 t）掘进，平均日进尺为15 m。该盾构机完成本工程掘进任务后，被我国上海隧道股份有限责任公司购回，应用于上海市中环路越黄浦江公路隧道项目的施工。

除了上述几个特殊性问题之外，高速铁路隧道施工还必须应对诸如富水软弱破碎围岩、岩溶、瓦斯、湿陷性黄土、多年冻土、岩爆、大变形软岩和膨胀岩等特殊岩土和不良地质，存在着技术难度大、施工风险大、隐蔽工程多、施工环境艰苦和管理复杂等诸多难题，对于高速铁路隧道的空气动力学问题、安全快速施工和日常养护维修，以及防灾抢险和救援疏散等一系列新课题，迫切需要广大工程技术人员深入研究探索。

1.5 我国现行高速铁路隧道设计、施工主要规范规程

我国现行高速铁路隧道设计、施工主要规范规程见表1-5。

表1-5 我国现行高速铁路隧道设计、施工主要规范规程

序号	规范规程	编　号	发布单位	发布时间
1	高速铁路隧道工程施工技术指南	铁建设〔2010〕241号	铁道部	2010
2	高速铁路隧道工程施工质量验收标准	TB 10753—2010	铁道部	2010
3	铁路隧道设计规范	TB 10003—2005	铁道部	2005
4	铁路隧道监控量测技术规程	TB 10121—2007	铁道部	2007
5	铁路隧道工程施工安全技术规程	TB 10304—2009	铁道部	2009
6	铁路瓦斯隧道技术规范	TB 10120—2002	铁道部	2002
7	铁路隧道衬砌质量无损检测规程	TB 10223—2004	铁道部	2004
8	铁路隧道运营通风设计规范	TB 10068—2010	铁道部	2011
9	铁路隧道工程施工质量验收标准	TB 10417—2003	铁道部	2004
10	铁路隧道施工抢险救援指导意见	铁建设〔2010〕88号	铁道部	2010
11	铁路隧道超前地质预报技术指南	铁建设〔2008〕105号	铁道部	2008
12	铁路隧道风险评估与管理暂行规定	铁建设〔2007〕200号	铁道部	2007
13	铁路隧道施工通风技术与标准化管理指导手册		铁道部	2011

2 施工准备

隧道施工准备是在对所施工隧道工程进行详细调查、准确定位、认真策划、严密组织、严格部署的基础上进行的技术准备、资源准备和现场准备等系列工作的总称,该项工作对隧道工程乃至整个项目实施成败起关键作用。施工准备包括:施工调查、设计文件核对、实施性施工组织设计、控制测量、机具设备配备、施工材料的准备、劳动力组织、施工场地布置、临时工程建设、试验室建设、技术交底及培训等内容。

2.1 施工调查

隧道施工前应组织开展施工调查,施工调查的目的主要是:领会设计意图,定位隧道工程特点,把握其重、难点;根据现场实际情况对设计进行优化,特别是对长大隧道的辅助坑道进行优化和完善;了解隧道所在地区与施工密切相关的环境条件和资源情况;确定隧道总体施工方案及大型临时工程方案。

2.1.1 隧道施工调查的组织与分工

为保证调查质量,节约资源,施工调查可对参与调查的人员按专业分组进行,小组各负其责,提出可靠的第一手资料。施工调查组一般分组织策划组、综合技术组、物资材料组、成本组等。

2.1.2 施工调查的主要内容

(1)隧道地理环境、气象、水文水质情况。

(2)辅助坑道、洞口位置及相邻工程情况。

(3)施工运输道路、水源、供电、通信、施工场地、征地拆迁情况、弃渣场地及容纳能力等。

(4)原材料及半成品的品种、质量、价格及供应能力等,爆破器材的供应情况、供货渠道及管理方式等。

(5)交通运能、运价、装卸费率等。

(6)可供利用的劳动力资源状况,包括工费、就业情况等。

(7)生活供应、医疗、卫生、防疫、民俗及居民点的社会治安情况等。

(8)生态、环境保护的一般规定和特殊要求。

(9)对隧道施工有直接和间接影响的其他问题。

2.1.3 施工调查报告的汇总与编制

隧道施工调查现场工作完毕后,参与调查各专业组写出各自调查报告,由综合技术组汇总,编写出完整的调查报告,作为编制实施性施工组织设计的依据。报告包括下列内容:

(1)隧道工程概况,包括工程环境、工程地质、水文地质、工程规模、数量、特点。

(2)临时设施方案,包括临时房屋、施工便道、电力及通信干线等的选择、规模和标准。

(3)砂、石等当地材料的供应方案。

(4)生产生活供水、供电方案,施工通信方案。

(5)施工建议方案。

(6)当地风俗习惯及注意事项。

(7)环保要求及注意事项、施工可能对环境造成的影响。

(8)施工调查中发现的与设计有关的问题和优化设计建议。

(9)尚待进一步调查落实的问题。

2.2 设计文件核对

隧道开工前,全面熟悉设计文件,与参建各方会审设计图纸并进行现场核对。设计文件核对主要包括以下内容:

(1)隧道工程设计技术标准、主要技术条件、设计原则,领会设计意图。

(2)隧道结构类型、断面形式及空间布置情况。

(3)隧道平面设计与地面实际是否相符,结构变化点的设计高程、结构尺寸、设计文件标注是否正确等。

(4)使用材料的品名、规格、质量标准。

(5)隧道安装设备、预埋件的品名、规格、质量标准及布置情况。

(6)复查对照工程、水文地质条件和气象条件。

(7)审核设计的施工方案和措施是否可行。

(8)审核隧道工程数量是否漏项等。

(9)了解工程“四新”技术的应用。

(10)测量桩橛的交接与核对。

2.3 施工方案选择及施工资源配置原则

2.3.1 施工方案选择原则

高速铁路隧道施工的最大特点是开挖面积大,其施工方案选择主要依据隧道所处的地质条件,同时还应考虑断面形状、隧道长度、工期、周围环境限制条件等因素综合确定。选择施工方案时,应遵循以下原则:

(1)采用能避免围岩产生过大松弛的施工方案,如在泥岩、黄土地层中采用机械开挖等。

(2)使支护及早封闭成环,避免多次扰动围岩,控制初期支护位移、变形等。

(3)减少工法的频繁变换,以便施工组织统一协调。

(4)采用机械化施工,提高作业效率,加快施工进度。

2.3.2 施工资源配置原则

资源配置应与隧道施工方案相匹配,按照拟定的施工方案和进度安排,计算主要材料、设备、关键施工机械的数量及材料分阶段消耗量,确定材料分阶段的进料时间、储存及供应数量。

(1)隧道开挖、运输、支护等大型机械应按照经济、高效原则进行配置,设备的进场时间要满足项目节点工期要求。

(2)物资材料的配置应满足生产需要、降低成本的要求。按照各类材料的规格、数量、供应时间节点要求,制定相应的招标采购计划。对于较特殊的物资,应提供准确的供应计划,如有变化应提前通知生产厂家及时调整,确保按时供应。

(3)人力资源配置应按隧道规模、进度安排、工序专业类别等要求,编制人力资源需求和使用计划,在满足施工组织的基础上实现人力资源精干高效。

(4)资金应按照工程规模、进度计划、合同价款及支付条件制定管理目标和计划,编制资金流动计划和财务用款计划,对资金的使用进行严格监控。

2.4 施工作业指导书编制

2.4.1 施工作业指导书的编制目的及要求

高速铁路隧道施工应针对隧道开挖、初期支护、基底处理、防排水、二次衬砌、超前地质预报、监控量测等特殊过程、关键工序编制施工作业指导书,通过组织现场作业交底和培训,使施工人员掌握作业程序、施工方法、质量标准,了解施工安全、节能环保等有关注意事项。

施工作业指导书应符合标准化管理要求,所采用的工艺工法应先进成熟,生产组织科学合理,质量标准、安全要求满足规范要求,现场施工符合环境保护要求。施工作业指导书应图文并茂、简明易懂、可操作性强。

2.4.2 施工作业指导书的主要内容

(1)适用范围。
(2)作业准备。
(3)技术要求。
(4)施工程序与工艺流程。
(5)劳动力组织。
(6)材料要求。
(7)设备机具配置。
(8)质量控制及检验。
(9)安全及环保要求等内容。

2.5 施工场地及临时工程

2.5.1 施工场地布置原则

隧道施工场地一般包括生产区、辅助生产区、办公生活区。主要包括:各种生产、生活房屋;混凝土拌和站、预制场及砂石料场;风、水、电设施场地;轨道运输的洞外出渣线、编组线、牵出线、其他作业线、卸渣码头及转运场;汽车运输道路的引入和运输相关设施场地;大型机具设备的组装和检修场地；临时存渣场；场内临时排水系统等。其现场布置应遵循以下原则：

(1)生产区应按照工序有效衔接、布局紧凑等原则，并结合隧道具体情况进行布置。

(2)辅助生产区宜临近隧道洞口布置，炸药库、油料库等有特殊要求的场所应满足相关规定。

(3)办公生活区应与生产区和辅助生产区分开设置，采取相应的分隔措施并保证安全距离。办公生活区宜设在人员相对集中和出入方便的地点。

2.5.2 主要临时工程建设

1. 施工便道

隧道施工便道应满足施工运量和行车安全的要求，并与主要工作面之间相互贯通。新建便道一般按双车道布置(图 2-1)，条件十分困难时可按单车道布置，预留错车道。双车道路面宽 5.5 m，单车道路面宽 3.5 m，采用混凝土路面或泥结碎石路面，线路纵坡不宜超过 12%；错车道路面宽不小于5.5 m，间距 300～500 m，长度不小于 10 m；施工便道要定期进行维护，路面需定时洒水，减少粉尘，保持排水畅通和良好通视；陡坡、急弯处需设置安全墩和警示交通标志。

图 2-1 施工便道、便桥

2. 施工供电、施工通信

施工供电一般采用当地高压供电网，就近接入工点(隧道口)设置变电站、配电房，将符合施工需要的电力输送至各作业点或工作面，变电站宜设于洞口附近，与空压机房布置在一起。为确保安全，变电站需用围墙与四周隔离，高压电线架空布置，洞内高压输电线路用电缆贴壁布置；低压电线采用架空线或电缆直线布置，特殊地段电缆采取挖沟、套管暗线布置；不具备电网供应条件或施工期间停电时，采取自发电方式保证施工临时或应急用电，自发电一般采用移动式发电机。

施工通信：现场指挥及工点联系可采用移动电话、无线电对讲机；办公区安装宽带网络、固定程控电话。通信线路宜沿运输道路明线布置，不得影响交通。

3. 高压水池及供水管路

隧道施工所需高压水可通过设置增压泵来实现，有条件则尽可能设高压水池，池底高程一般比隧道开挖拱顶高程高 30 m 以确保水压；高压水池的蓄水量根据生产和生活总用水量确定，对于铁路、公路隧道，单个蓄水量一般考虑 50～150 t；高压水池宜设在隧道侧面山上，不宜建在隧道正上方以免水池漏水影响隧道开挖。水池可采用铁板焊接拼装而成，也可采用混凝土或砖石结构。

供水管路:一般情况下,500 m 以下隧道的高压供水管直径宜采用 ϕ100 mm,500 m 以上隧道的高压供水管直径宜采用 ϕ120 mm 以上的钢管,由洞外蓄水池引入作业面供应施工用水。

4. 施工供风

隧道施工供风,一般是在洞口设置电动空压机供应压缩空气,供风量及空压机数量应根据开挖掌子面同时作业的凿岩机台数、空压机至掌子面最远距离、供风管漏风系数等因素计算确定。根据计算压缩空气流量,选择 ϕ120 mm～ϕ200 mm 钢管送风到开挖掌子面。管道连接采用焊接法兰盘螺栓连接,管道要求平顺,接头密封防止漏风。压缩空气管道在总输出管道上,必须安装总闸阀以便控制和维修管道,主管道每隔400 m(此数字可根据隧道进度进行调整)应分装闸阀,根据施工要求,在适当地段加设三通接头和闸阀各一个以便备用,管道前端距开挖面距离保持在 30 m 左右,并用高压软管接分风器,通往各工作面的软管长度不大于 50 m,与分风器连接的胶皮软管长度不大于 15 m。进场初期洞口土石方施工一般采用内燃空压机过渡供风。

5. 火工品存放库

火工品是由地方公安局实施强制性管理的特殊材料,因而隧道工程现场临时火工品存放库的建设应经过当地公安机关的审批和验收。

进驻施工现场后,备好对应爆破施工方案,同火工品有关管理部门就项目施工平均每日所需火工产品量、拟建火工库方案及要求、火工品供应管理方式等方面进行洽商和交涉,尽快完成火工品存放库修建报批手续。按批准的修建方案严格修建隧道工程火工品存放库,并配备相应的管理人员和其他管理硬件设施,特别是防爆、防盗、防雷电和静电安全设施,如图 2-2 所示。

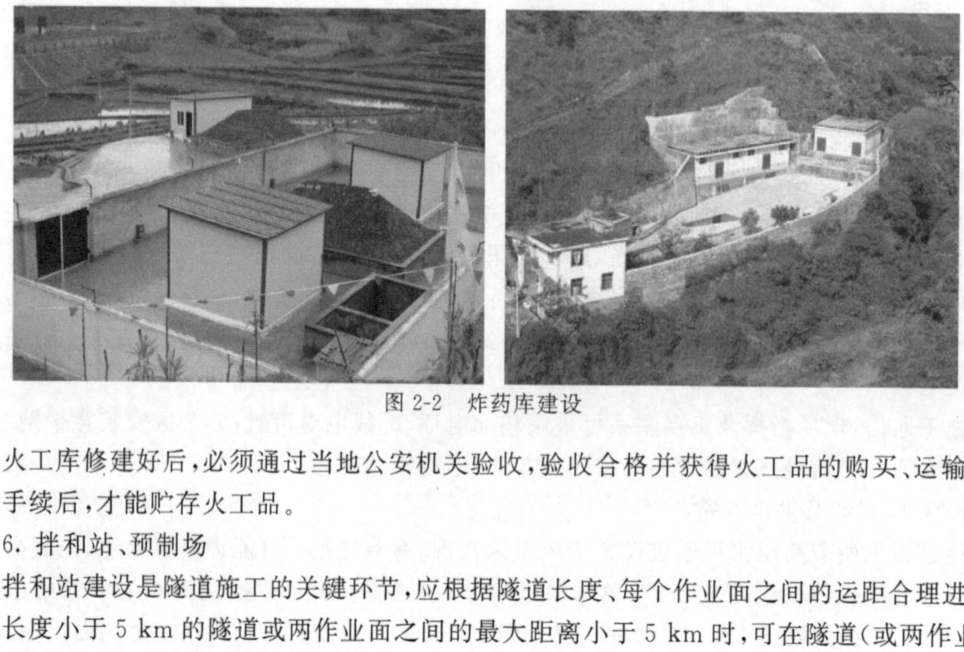

图 2-2 炸药库建设

火工库修建好后,必须通过当地公安机关验收,验收合格并获得火工品的购买、运输等方面的手续后,才能贮存火工品。

6. 拌和站、预制场

拌和站建设是隧道施工的关键环节,应根据隧道长度、每个作业面之间的运距合理进行配置。长度小于 5 km 的隧道或两作业面之间的最大距离小于 5 km 时,可在隧道(或两作业面)中部位置设一个拌和站共用;长度大于 5 km 的隧道或两作业面之间的最小距离大于 5 km 时,宜在每个作业口分别设一个拌和站。

拌和站生产能力及运输能力满足二次衬砌混凝土日灌注量的需要，混凝土运输设备应满足运输量及运输距离要求。拌和站规划时应考虑水泥、砂石料运输和堆放以及混凝土外运方便及环保要求，场地必须硬化，砂、石等原材料应采取遮蔽措施。

隧道预制场宜设在拌和站附近，便于混凝土运输及规范施工，如图 2-3 所示。

图 2-3 混凝土拌和站

7. 弃渣场

弃渣场选址应按照设计文件给定的位置。若需要变更重新选址，应遵循以下原则：

(1)应满足就近原则，便道容易修建，不占农田，最好方便弃渣。

(2)渣场大小应结合隧道弃渣数量及石渣利用情况综合考虑，通过计算合理确定。

隧道弃渣时，不得堵塞沟槽、挤压河道、挤压桥梁墩台及其他建、构筑物。弃渣场坡脚挡护工程在弃渣前先施工好，渣堆成形边坡作相应防护，防止水土流失；弃渣完毕后，应按照设计文件或当地管理部门有关要求，进行绿化或复耕处理。

8. 生产、生活房屋

生产、生活房屋的修建应本着有利于生产、方便生活及节约成本的原则修建，有条件可考虑租用现房。无论新建或租用都需认真规划，根据项目规模计算所需面积，画出详细的平面布置图。

驻地布置标准应统一，尽量集中、靠前，以利于管理。生活房屋可用彩钢板房，生产房屋可用砖木结构或棚架。临时设施布置在不受洪水、泥石流、落石、雪崩、滑坡等自然灾害威胁的地点，各种房屋按其使用功能遵守相应的安全、消防规定。

3　高速铁路隧道洞口工程施工技术

高速铁路隧道洞口工程包括边仰坡开挖及防护、截排水设施、洞门、明洞及缓冲结构等。

3.1　洞口边仰坡开挖及支护

3.1.1　施工原则

(1)洞口边仰坡开挖尽可能避开雨季和融雪期。

(2)开挖前先完成坡顶的截排水系统。

(3)应分层、分段、分区开挖,及时按设计施作支护。

(4)设计有管棚的洞口,应随开挖及时施工管棚,既可节省作业平台的搭设,方便钻机安设,也有利于作业人员操作,提高钻孔施工质量。

3.1.2　施工工艺流程

洞口边仰坡施工工艺流程如图 3-1 所示。

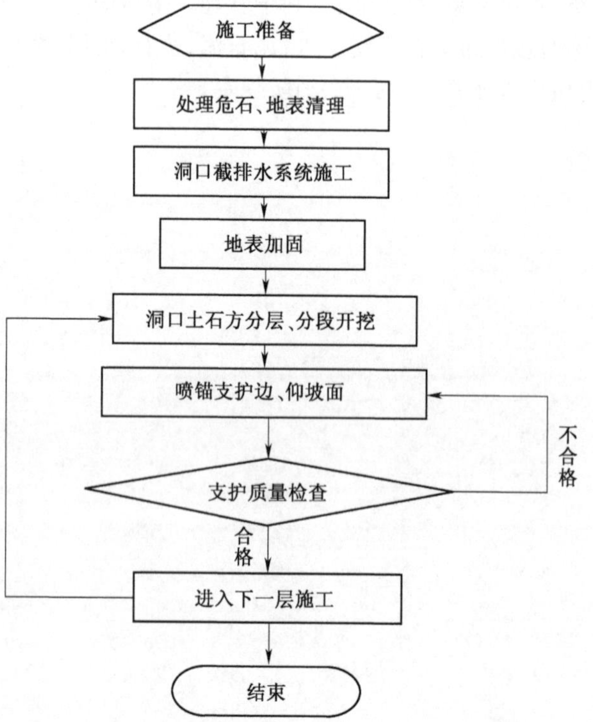

图 3-1　洞口边仰坡开挖及防护施工工艺流程图

3.1.3 土石方开挖

1. 洞口土方开挖

洞口土方开挖按纵向分段、竖向分层、横向分区方法进行施工。为便于边坡支护作业，每循环开挖的边仰坡面不宜太大，每层开挖高度不宜超过 3 m，支护完成后再进行下一循环的开挖。若开挖过程发现土层性质发生变化，应及时进行分析，必要时修改开挖、支护方案，确保边仰坡的稳定。

2. 洞口石方开挖

洞口石方开挖同样按纵向分段、竖向分层、横向分区的开挖方法。开挖前根据岩石的类别、风化程度、岩层产状、岩体断裂构造、施工环境等因素确定合理的开挖方案。能采用机械设备进行开挖的石方尽量采用机械设备，若必须进行爆破宜采用预裂爆破，并作好爆破设计。

施工一般先用挖掘机自上而下剥离石方风化层，局部辅以小炮进行整平爆破形成台阶，之后采用潜孔钻机由上而下进行梯段控制爆破。台阶高度一般为 5～9 m，孔径 48～76 mm，炮孔倾斜角(3∶1)～(2∶1)。边坡预裂控制爆破根据周边环境合理选择孔网参数和起爆方式，严格控制爆破飞石、振动，确保爆破块度均匀。装渣采用挖掘机装、自卸汽车外运至弃渣场，优质渣料可用于加工喷射混凝土大堆料和临时工程。

预裂爆破周边孔应采用导爆索药串的装药结构，孔底加强、孔口减弱，药卷直径选取保证不耦合系数大于 2。接近路堑底部时严格控制台阶高度，合理确定超深，以保证基岩的完整性。严格控制钻孔偏差，深孔爆破其每米偏差不大于 10 cm；排间采用 V 形起爆方式，考虑爆破块度和振动要求两个因素确定微差时间，通常深孔爆破取 25～50 ms。装药前验收炮孔，重点检查炮孔的实际深度、倾角、孔距、排距及最小抵抗线是否符合设计，并根据实际孔网参数进行药量调整。起爆前严格做好警戒。

3.1.4 边仰坡支护

洞口边仰坡支护一般采用锚杆、钢筋网以及喷射混凝土，土质或围岩破碎、全风化地层常用长锚杆、锚索配合格构框架梁支护，如图 3-2 所示。

图 3-2 洞口边仰坡支护

1. 锚杆

洞口边仰坡支护的锚杆一般情况都采用钢筋砂浆锚杆,若遇杂填土层或节理裂隙十分发育的软弱围岩层,也可采用注浆锚管、中空注浆锚杆和自进式锚杆。

钢筋砂浆锚杆采用 ϕ18 mm～ϕ22 mm 普通螺纹钢筋制作。按设计平面形状(梅花形、长方形等)及间距布置,垂直打入开挖完成后的边仰坡面上的围岩中,钻眼前根据受喷面情况和设计要求布置孔位,采用手持风钻钻眼,钻孔与岩面垂直,孔径 42～50 mm。注浆前将孔眼吹干净,注浆时将注浆管插至孔底,随浆体的注入匀速拔出注浆管。注浆后立即插入杆体,位置居中;孔口可用木楔临时固定;钢筋尾端外露长度稍小于喷层厚度;及时安装垫板,垫板密贴岩面,安装好后不得敲击和碰撞。若洞口边仰坡设计为注浆锚管或中空注浆锚杆,其施工工艺与砂浆锚杆类同,只是其不需利用外管灌浆,而直接用管体或杆体灌浆;若洞口边仰坡成孔困难,可采用自进式锚杆,其施工工艺与中空注浆锚杆不同之处是锚杆体兼作钻杆,成孔后钻头不拔出。

2. 钢筋网

洞口边仰坡面上的钢筋网一般采用 ϕ6 mm～ϕ10 mm HPB235 钢筋。当锚杆施作完后,在坡面上按设计网格间距现场绑扎成形。当坡面需要较强支护时,坡面锚杆布置呈长方形,横、竖向采用螺纹钢筋夹焊加固锚杆头,形成坡面大格粗钢筋网。

3. 喷射混凝土

洞口边仰坡面喷射混凝土应采用湿喷工艺。喷射混凝土前,应埋设标志或利用锚杆外露长度控制喷射混凝土的厚度。若岩面有较大凹洼时,先喷凹处找平。喷射作业应分段、分片按照由下而上的顺序进行。施工时先送风,后打开速凝剂,再开始进料,根据受喷面部位和岩面光滑潮湿情况,适当调节风压和速凝剂掺量以减少回弹量。喷嘴与受喷面保持垂直,同时与受喷面保持一定的距离,一般取 1.0～1.2 m。

分层喷射时,后一层混凝土喷射应在前一层混凝土终凝后进行。若终凝后间隔 1 h 以上再次喷射时,需对受喷面用风、水进行清洗、润湿。新喷射混凝土按规定进行适当喷水养护。当气温低于施工规定值时,应对砂、石材料进行加热或掺防冻剂。

4. 长锚杆(或锚索)结合格构框架梁

长锚杆(或锚索)结合格构框架梁支护主要应用于边坡放坡条件不好,坡面较陡,坡面岩层自稳性能差需加强支护的情况。该类支护用于仰坡时需注意锚杆(或锚索)长度,以防侵入隧道开挖断面。同时,该类支护常同边坡景观美化设计结合起来,框架梁中常喷播植草防护。

(1)长锚杆框架梁施工。施工前先清理边坡,搭设钻机操作平台,同时进行长锚杆的加工制作。施工钻孔前严格按设计图布孔,采用风动干钻成孔。钻进中对孔位的地质变化、钻进状态、地下水及一些特殊情况作现场记录。若遇地层松散、破碎,可用跟套管钻进方法以保证钻孔的完好;如果坍孔,则立即停钻,进行灌浆固壁处理后重新钻孔。有时为增大长锚杆的抗拔力,钻孔时将锚固部分和孔底用小药量爆破成葫芦状;钻孔深度及直径应满足设计要求。

成孔后将孔内岩渣清除干净,并保持孔内干燥。将焊设有耳环对(确保锚杆位于锚孔中心)的长锚杆插入孔内。注浆时在孔口 0.5 m 深范围内用水泥砂浆封闭,并预留排气孔及灌浆孔;注浆过程中保证排气孔通畅,注浆完毕后封闭排气孔及灌浆孔。最后,用 PVC 套管套在锚杆外露段,模筑框架梁,待框架梁强度达到设计要求后,设置钢垫板及紧箍螺帽,用混凝土封闭锚杆外露头。若需再加强边、仰坡支护,可在设置钢垫板及紧箍螺帽前,对长锚杆施加一定的预应力。

(2)锚索框架梁支护施工。洞口边仰坡锚索框架梁支护适用的首要条件是坡体一定深度范围具有岩石持力层。

施工前先清理边坡,搭设钻机操作平台,钻机及空压机就位、加工锚索束。钻、清孔方法与长锚杆施工相同。清孔后将注浆管、导向帽、定中件、扩张件、紧固件、热塑管及锚索等构件按设计组装好并送入锚孔。自由段钢绞线涂抹黄油后用热塑管包裹,在锚固段与自由段交界处加强绑扎牢固。锚索注浆材料采用水泥砂浆,浆体强度不小于设计要求,注浆完毕后封闭排气孔及灌浆孔。最后,用 PVC 套管套在锚杆外露段,模筑框架梁,待框架梁强度达到设计要求后,依次按中、上、下的顺序(两根锚索则先上后下)分两次张拉,每一次张拉值为总张拉值的一半;每根锚索张拉完第一次后,再按中、上、下的顺序进行第二次张拉。张拉完毕后,用混凝土封闭锚头。

3.2 截排水设施

边坡和仰坡外的截水沟、排水沟和洞口排水沟组成的排水系统至关重要,是保证洞口稳定的关键因素。因此,施工测量放线后,应最先施工截排水系统,即采用人工配合机械进行开挖,按设计要求准确修筑排水沟。边、仰坡外的排水沟或截水沟在洞口土石方开挖之前完成,其水沟的上游进水口与原地面衔接紧密或略低于原地面,下游出水口引入边沟等排水系统。

3.3 洞门及缓冲结构

3.3.1 洞门概述

目前,高速铁路隧道洞门本着简洁大方、美观实用、保护环境的设计原则,以不刷坡或少刷坡施作的突出于山体的削切式洞门(图 3-3)为主要建筑形式。除此之外,也有少数隧道采用端墙式洞门(图 3-4)。削切式洞门既满足结构安全稳定、环保美观要求,同时通过设置缓冲结构(图 3-5),又满足减缓微气压波影响的要求,体现了当前社会发展要求的环保和生态理念,成为高速铁路隧道洞门的主导形式,削切式洞门主要分直切、正切、倒切等三种,各种类型的适用条件如下:

图 3-3 削切式洞门

图 3-4 端墙式洞门

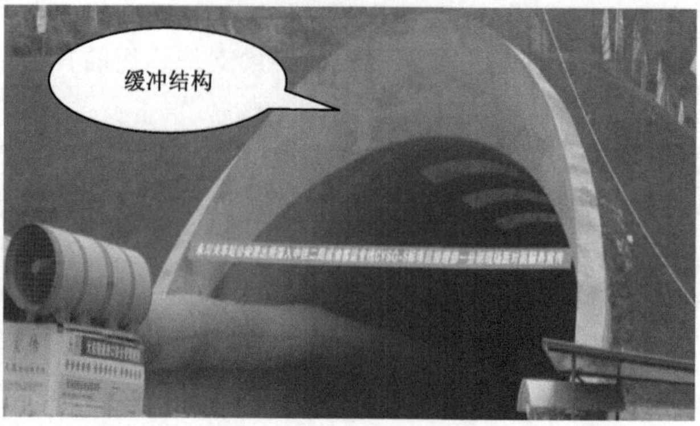

图 3-5 隧道缓冲结构

直切式适用于洞口山体坡度较陡或距离城市较近或有风景要求的隧道。倒切式适用于洞口岩层较稳定、整体性好、洞口山体坡度很陡或峭壁岩体处的隧道。正切式适用于洞口山体坡度较缓或距离城市较近或有风景要求或桥隧相连地段的隧道。

3.3.2 施工工艺流程

隧道洞门施工工艺流程如图 3-6 所示。

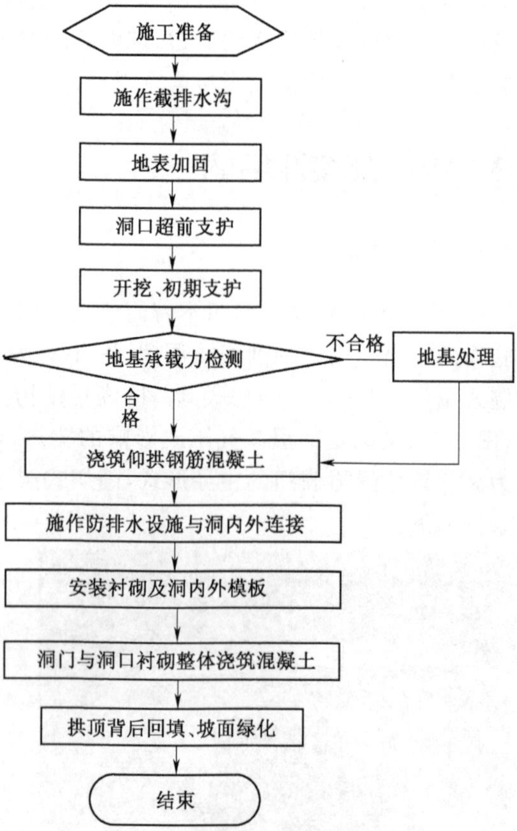

图 3-6 隧道洞门施工工艺流程图

3.3.3 施工技术要点

(1)隧道洞门应积极创造条件尽早完成。

(2)隧道洞门的截、排水设施应与洞门工程同步施工,当洞门顶部水沟置于填土上时,填土应夯填密实,必要时应铺砌。

(3)隧道洞门端墙和翼墙、挡护墙的反滤层、泄水孔、变形缝设置应符合设计要求,泄水孔排水应通畅。

(4)隧道洞门拱墙应与洞内相邻的拱墙衬砌同时施工并连成整体。

(5)施工放样位置应准确、墙面应平顺,浇筑混凝土时应杜绝漏浆、跑模。

(6)基底不得有虚渣、杂物、积水、软层,基底承载力应符合设计要求,超挖部分应采用同级混凝土与基础同步浇筑。

(7)模板及支(拱)架应根据洞门结构形式、荷载大小、地基土类别、施工设备、施工工艺等条件设计。斜切式洞门内外模板和挡头板应专门设计和制作,配套使用。

(8)隧道洞门采用端墙式时,浇筑与回填应两侧对称进行,不得对衬砌产生偏压。

(9)模板及支(拱)架拆除时，混凝土强度应符合设计要求；设计无要求时，混凝土强度应达到 8 MPa。

3.4　明　　洞

3.4.1　明洞类型

为减少施工对洞口环境的影响或受隧道洞口段地形、覆土厚度等方面因素的制约，高速铁路隧道洞口段一般均设有明洞，明洞是高速铁路隧道的重要组成部分。高速铁路隧道明洞主要有以下几种类型：

对称路堑式明洞适用于地面横坡较为平缓，明洞两侧地形基本对称的情况。根据洞顶填土厚度的不同，对称路堑式明洞又分为浅埋式和深埋式。浅埋式明洞洞顶填土厚度小于 3 m，深埋式明洞洞顶填土厚度大约为 3～10 m。

偏压路堑式明洞适用于地面横坡较大，但明洞外墙未露出地面，且外墙侧地层稳定的情况。明洞顶填土厚度一般小于 5 m。偏压式路堑明洞断面形状及结构厚度一般设计成与对称式路堑明洞相同，仅配筋量不同。

单压路堑式明洞适用于地面横坡较陡、明洞外墙露出地面，或外墙虽未露出地面但外墙侧地层不稳定的情况，明洞顶填土厚度一般小于 3 m。

3.4.2　施工工艺流程

明洞工程施工工艺流程如图 3-7 所示。

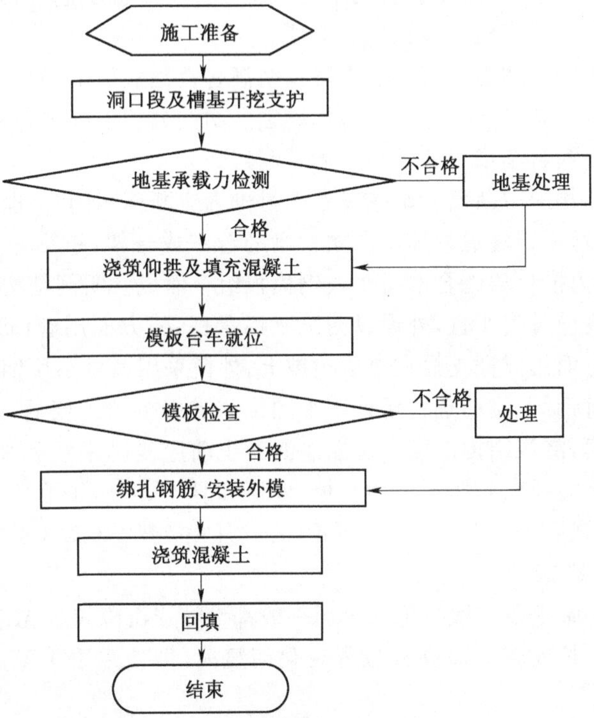

图 3-7　明洞工程施工工艺流程图

3.4.3 施工技术

1. 明洞段基础施工

(1)对于石质路堑明洞,当明洞边墙基础开挖至设计高程,若石质整体性较好的弱风化基岩,可不进行明洞边墙基础加固。若石质为整体性较差强风化基岩,风化程度较严重的基岩,可对明洞边墙基础进行适当注浆加固,以提高基底承载力。

(2)对于土质路堑明洞,当明洞边墙基础开挖到设计高程,若土质为塑性指标较低的原状砂黏土或黏土,通过检测地基承载力达标,也可不进行明洞边墙基础加固。若土质为塑性指标较高的黏性土,可对明洞边墙基础采用适当的劈裂或抽条注浆加固,以提高基底承载力;若土质为杂填土,可对明洞边墙基础采用换填,以提高基底承载力,或采用超深开挖基槽,在明洞边墙下设条形基础或筏形基础;若土质为含水率极高的淤泥质软土,可对明洞边墙基础采用换填等方法,以提高基底承载力。

(3)如果无论采用哪种常规地基处理方法处理明洞边墙基础,都达不到设计地基承载力要求,可在明洞边墙基础下纵向布设钢筋混凝土排桩或柱,桩、柱上设置承台,承台上再施工明洞边墙。该方法也是半路堑陡坡明洞处理外边墙基础的常用方法。

2. 明洞结构工程施工

(1)明洞结构一般在明洞下部土石方开挖出来,对应洞口隧道暗挖已安全进洞,且不影响暗挖掘进持续推进的前提下尽早施工。当然,在路基防护明洞和暗挖洞口地质条件特别差的情况下,明洞结构施工必须在土石方开挖后立即进行。

(2)明洞结构必须根据明洞长度和资源配备规划中内模台车或台架的长度,结合沉降缝、施工缝留设位置分一段或多段施工。明洞结构施工在竖向分三步进行,先施作仰拱和矮边墙,随后施作仰拱填充层,最后模筑整体拱顶和边墙。

(3)连拱隧道和小间距隧道,单口左、右隧道明洞各自独立施工,明洞施工完成后再填筑隧道之间的区域,并与洞门施工结合起来。若标段独立明洞分项工程内容较多,必须作好施工总体部署,以确保结构内模台车或台架的综合周转利用。

(4)隧道口明洞结构净空断面与暗挖段二次衬砌内空断面相同时(即纵向断面无变化),拱墙结构内模一般采用适用于隧道整体式二次衬砌的台车或台架;短小隧道和路基防护明洞内模一般采用自制结构内模台架配合散拼小块钢模板组合而成。明洞结构拱墙外模用工字钢加工成弧形架杆,对应内模骨架布置,外设纵向工字钢背杆,一方面用套筒通过内模浇筑孔对拉在内模骨架上,另一方面用撑杆支撑在对应边坡上,外模采用散拼小块钢模板或木模板。

(5)明洞结构若有钢筋,钢筋选在场外集中加工。支好拱墙内模后,搭设辅助支架现场绑扎成型,然后再支外模,浇筑结构混凝土。灌注混凝土前应复测中线和高程,结构不得侵入设计轮廓线;拱圈应按断面要求制作定型挡头板、外模和骨架,并应采取防止走模的措施。浇筑拱圈混凝土达到设计强度70%以上时,方可拆除内、外模支架,如图3-8所示。

3. 伸缩缝和沉降缝施工

(1)隧道口明洞与暗挖段二次衬砌结合面一般都设计成沉降缝。无论是隧道口明洞,还是路基防护明洞,当纵向长度较大而高程位置变化明显时,即使采取了不同的地基加固处理方法,仍需设置沉降缝。

(2)沉降缝宽度一般为20 mm。该处在结构施工时,包括结构钢筋,都必须断开,只是在结构一半厚度处环向卡设止水带(如塑料止水带、PVC 止水带、橡胶止水带、钢边橡胶止水带等)。当结构施工完后,才根据具体情况处理内外留缝。

(3)与暗挖隧道二次衬砌沉降缝类似,沉降缝是结构防水的薄弱环节,一旦出现渗漏水后较难进行堵漏维修处理,故对沉降缝的防水施工应予以高度重视。对防水等级要求较高的明洞结构沉降缝,除在缝中嵌设止水带外,还在缝内、外侧采用密封膏进行嵌缝密封止水,密封膏要求沿变形缝环向封闭,任何部位均不得出现断点,以免出现窜水现象;另外,还要在顶拱和侧墙缝两侧的混凝土表面预留凹槽,凹槽内设置镀锌钢板接水盒,便于渗漏水时将水直接排到排水沟。

图 3-8　隧道明洞钢筋安装

(4)隧道口明洞与暗挖段二次衬砌接合面沉降缝一般都留设在暗挖隧道内,当防水等级要求较高时,除采用上述防水措施外,还要在模筑混凝土缝的外侧设置背贴式止水带,利用背贴式止水带表面突起的齿条与模筑防水混凝土之间的密实咬合进行密封止水。防水等级要求很高时,需在背贴式止水带两翼的最外侧齿条的内侧根部固定注浆管,利用注浆管表面的出浆孔将浆液均匀地填充在止水带与混凝土的空隙部位,达到密封止水的目的。

4. 明洞防、排水施工

(1)高速铁路隧道明洞为一级防水,采用结构自防水(结构使用防水混凝土)和外层附加防水层(如卷材防水层、喷涂防水层等)相结合的综合防水体系,并严格特殊部位("三缝、一管")的防水和结构外回填土隔水。

(2)施工明洞附加防水层施工前,先用水泥砂浆将明洞结构外表面涂抹平顺。卷材防水层宜从下向上环向铺设,上下层接缝宜错开,避免通缝,接头搭接长度不宜小于 10 cm。卷材铺设方法因卷材类型而异,复合合成材料卷材采用无钉铺设或吊挂法,单层合成材料卷材也可采用热熔沥青粘贴法,新型自粘性卷材可直接粘铺到明洞结构外。

(3)明洞结构施工缝(包括纵向施工缝和环向施工缝)采用缓膨胀腻子止水条(单根或双根)或中埋式止水带防水。穿墙管(包括对拉螺杆管)采用止水环(一道或两道)防水。

(4)明洞拱、墙背回填黏土隔水层必须选择好合格的回填黏土料,并严格分层填筑、夯实。黏土隔水层应与边、仰坡搭接良好,封闭紧密,防止地表水下渗。

5. 明洞顶回填施工

(1)明洞回填是在明洞外附加防水层和纵向排水盲管完成后开始纵向分段、竖向分层,根据具体情况进行不同类别的回填。

(2)明洞墙背回填应两侧同时进行。墙底部应铺填 0.5～1.0 m 厚的碎石并夯实,然后向上回填。石质地层中墙背与岩壁空隙不大时,可采用与墙身同级混凝土回填;空隙较大时,可采用片石混凝土或浆砌片石回填密实。土质地层应将墙背坡面开凿成台阶状,用干砌片石分层码砌,缝隙用碎石填塞紧密,不得任意抛填土石。

(3)明洞拱背回填应对称分层夯实,每层厚度不宜大于 0.3 m,其两侧回填的土面高差不得大于 0.5 m;回填至拱顶齐平后,应及时分层满铺填筑至设计高度。

(4)若使用机械回填,应待拱圈混凝土强度达到设计强度且由人工夯实填至拱顶以上 1.0 m 后方可进行。拱背回填需作黏土隔水层时,隔水层应与边、仰坡搭接良好,封闭紧密。

6. 明、暗洞接口施工

(1)隧道口明洞,若暗洞口设计有超前支护,则明洞上部土石方开挖后可立即利用下部未开挖部分作为暗挖进洞超前支护施工作业平台,进行超前支护施工。

(2)明、暗洞接口一般留设沉降缝,习惯留设位置位于暗洞口向暗洞内 1.0～1.5 m 处。在仰坡暂时能稳定的情况下,宜先施工洞内段,再施工洞外相接明洞段;在仰坡易坍塌的情况下,宜先施工接口外明洞段,再施工洞内段,以保证仰坡稳定。

4　高速铁路隧道施工超前地质预报技术

4.1　概　　述

隧道超前地质预报可分为广义隧道超前地质预报和狭义隧道超前地质预报，广义的隧道超前地质预报指根据隧道洞内外地质调查、掌子面素描及隧道开挖揭示的洞身围岩条件的变化趋势、洞内外构造相关分析结果，或采用地球物理探测手段对隧道施工掌子面进行探测，运用多学科知识，结合预报人员经验，对隧道工程可能遇到的各种不良地质体及因此可能发生的各种地质灾害的性质、分布位置、规模的判断和预报，并根据判断和预报结果提出应采取地质灾害预防和处理的措施。因此，广义隧道超前地质预报包括隧道工程可行性研究阶段、勘察设计阶段和施工阶段的预报。而狭义的隧道超前地质预报是指隧道施工期地质超前预报。

对于施工单位而言，所进行的隧道超前地质预报就是隧道施工期超前地质预报，即狭义隧道超前地质预报。狭义隧道超前地质预报是指在分析既有地质资料的基础上，采用地质调查、物探、超前地质钻探（导坑）等手段，对隧道开挖工作面前方的工程地质与水文地质条件及不良地质体的工程性质、位置、产状、规模等进行探测、分析判释及预报，并提出技术措施建议。

4.1.1　开展隧道超前地质预报的必要性和紧迫性

20 世纪中后期以来，世界经济高速发展，隧道与地下工程也随之进入飞速发展时期，大量建成或准备投入建设的长大隧道，为隧道科学的发展翻开了崭新的一页。同时，在长大隧道的施工过程中，经常会遇到各种复杂的地质构造和不良地质，如断层破碎带、岩性不整合接触带、软岩、岩溶洞穴、岩溶陷落柱、各种矿产采空区、岩爆及地下水等。如对掌子面前方地质条件了解不清，隧道施工就带有很大的盲目性，施工中容易塌方、冒顶、涌水等事故。这些事故一旦发生，轻则影响工期，增加工程投资，重则砸毁机械设备，甚至造成人员伤亡，并且事故发生后的处理工作难度较大。因此，隧道开展超前地质预报是非常必要的。

隧道施工的工程技术人员和各级管理人员必须牢固树立“先探后掘”的思想，掌握必要的隧道超前预报地质调查分析知识，了解隧道超前地质预报的物探方法，从而保障隧道施工安全，提高施工进度，保证工程质量，降低施工成本。

《铁路隧道超前地质预报技术指南》（铁建设〔2008〕105 号）规定隧道超前地质预报应达到下列目的：

（1）进一步查清隧道开挖工作面前方的工程地质与水文地质条件，指导工程施工的顺利进行。

（2）降低地质灾害发生的几率和危害程度。

（3）为优化工程设计提高地质依据。

（4）为编制竣工文件提供地质资料。

4.1.2 国内外应用现状

隧道建设中对工程地质条件的认知和掌握程度是确保快速、安全修建的决定性因素之一。尽管在勘察设计阶段进行地质勘察工作,但由于受地形条件、勘察技术、经济性的限制,加上地质体的复杂多变,地质勘察工作是很难把一些较细的地质情况反映出来的,从而导致隧道施工中地质灾害时有发生,满足不了隧道安全施工要求,延误工期。如我国台湾地区北宜高速公路雪山隧道虽采用目前世界较为先进的 TBM 法进行施工,但由于地质条件复杂加之勘察资料不准确,施工前对一些不良地质体和施工中对可能发生的地质灾害准备不足,导致施工中断,延误工期,一条长约 13 km 的隧道用了 13 年才贯通,又如渝怀铁路圆梁山隧道施工中的突水、突泥问题,龙溪隧道的大变形问题,都是与勘察阶段的地质工作精度有关。

目前,世界各国的隧道设计者均采用施工过程中地质超前预报方法加以补充,解决施工地质灾害问题。国外如英、法、日、德等均将隧道超前地质预报列为隧道工程建设的重要研究内容,在隧道勘察设计阶段主要采用钻探和大量的地球物理勘探方法,在隧道施工期采用水平超前钻探、TSP(地震反射)地质超前预报仪、TRT(地震反射层析成像)地质超前预报仪、高精度地震折射法等来实施地质超前预报工作。国内隧道施工期地质超前预报研究始于 20 世纪 50 年代中期,时任铁二院川黔铁路凉风垭隧道施工设计配合组地质工程师的陈成宗先生根据隧道施工掌子面的地质情况,开展对掌子面前方地质情况的预测预报,预报距离亦可达到近 30 m;20 世纪 70 年代,以我国工程地质界老前辈谷德振教授等根据矿巷施工进度和掌子面地质形状作出的矿巷前方将遇到断层并引发塌方的成功预报为序,真正开始了我国隧道施工期地质超前预报的研究和应用。目前,我国隧道施工期地质超前预报主要采用工程地质调查法、超前平行导坑法、地球物理探测方法(TSP、TRT、HSP、地震反射负速度法、地质雷达、陆地声纳法等,有的还利用 PIT 桩完整无损检测仪等)和以地质法为基础结合物探的综合方法。

地质法、导坑法和超前水平钻孔法,基本沿用地质工作中地质素描、地面地质调查及相关分析方法;超前钻孔声波测井及跨孔声波透射法,采用孔中发射和接收转换器、声波信号采系统——声波探测仪及声波信号储存系统,实现信号采集系统的计算机控制和信号储存计算机化,改变了早期探测原始波形、波谱照相储存、数据现场判读、记录的状况;地震波反射法广泛应用声波探测仪、地震仪、面波仪、地质雷达探测仪、TSP、TGP、TRT 和高分辨地质探测仪(GDS)等现代化信号采集系统及测试仪器。此外,计算机成图软件的迅速发展,实现隧道掌子面地质素描图、探测原始波形及波谱图、计算机分析图件的计算机化。目前,大多数测试仪器都带有自己的专用软件,这些软件极大地提高系统的分辨率和数据分析处理的速度,使探测结果的显示更加形象化。

目前,所有隧道施工期地质超前预报的方法亦仅是对施工掌子面前方地质界面(不良地质体带)位置的预报,对不良地质体(带)造成灾的预报仍然是预报人员根据对施工掌子面前方地质界面性质即不良地质体带的分析研究作出的判断。

4.1.3 隧道超前地质预报的主要内容

《铁路隧道工程施工技术指南》(TZ 204—2008)规定,隧道超前地质预报应包括(但不限于)以下内容:

(1)地层岩性,重点为对软弱夹层、破碎地层、煤层及特殊岩土等。

(2)地质构造,重点为对断层、节理密集带、褶皱轴等影响岩体完整性的构造发育情况。

(3)不良地质,特别是溶洞、暗河、人为坑洞、放射性、有害气体、高应力等发育情况。

(4)地下水,特别是对岩溶管道水、富水断层、富水褶皱轴及富水地层。

4.1.4 隧道超前地质预报的分类与方案设计

1. 分类

(1)分类的作用。

1)分类是制定针对具体隧道的具有可操作性的预测预报规程、实施细则或指南的重要依据。

2)地质工作是贯穿隧道工程可行性研究、勘察、设计、施工及运营全过程的一项工作,而隧道施工期超前地质预报是隧道施工期一项极为重要的地质工作,预报的正确分类有利于将预报纳入施工计划,便于施工管理。

3)正确的分类有利于预测预报实施人员明确任务,按照制定的操作规程、实施细则或指南开展工作。

4)分类是指导科研立项和科研管理的需要。

(2)预报分类。对不良地质体(带)的位置、规模、性质及其成灾的可能性的预报、分类方法多种多样,归纳起来主要有以下几种(图 4-1):

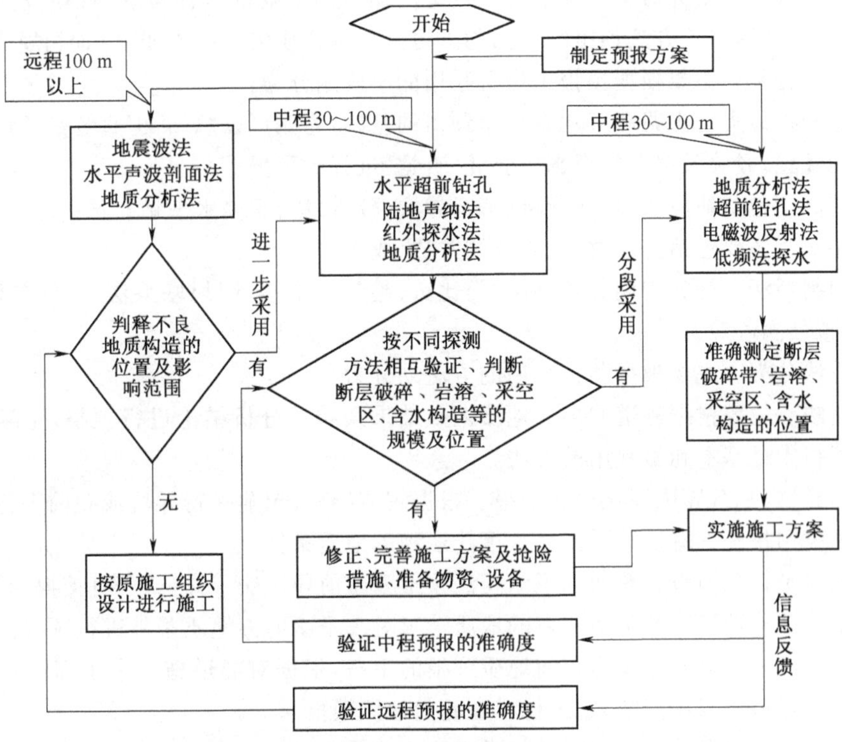

图 4-1 超前地质预报分类

1)按作用分类。主要根据预报工作的作用或预报所要开展的工作将隧道施工期超前地质预报划分为:

①常规预报。采用以隧道掌子面地质素描法为主的地质方法,结合简单爆破钻孔钻进过程观测,预测隧道掌子面前方地质情况。常规预报属于日常性工作,其结果更多的是反映在隧道竣工地质剖面图中。

②成灾预报。采用以洞内、外地质调查为主要内容的地质法为基础,一种或多种物探方法作为探测手段,重大工程结合超前水平钻孔的综合法进行掌子面前方不良地质体(带)的位置、规模及其性质预测,结合隧道施工方法预报掌子面前方可能出现地质灾害的性质、位置和规模。

2)按距离分类。主要根据隧道施工地质预报的距离来进行划分,距离分类与隧道施工速度密切相关。《铁路隧道超前地质预报技术指南》(铁建设〔2008〕105 号)规定根据探测预报距离分为长距离预报、中距离预报和短距离预报:

长距离预报:预报长度 100 m 以上。

中距离预报:预报长度 30～100 m。

短距离预报:预报长度 30 m 以内。

3)按精度分类。主要根据对预报工作结果的精度要求划分为:

①定性预报。主要针对掌子面前方不良地质体(带)可能出现的位置、规模范围及其性质进行预测预报,定性预报多采用地质调查分析方法,主要对定量预报起指导作用。隧道施工期超前地质预报重点段的确定在某种程度上即属于定性预报。

②定量预报。主要针对掌子面前方不良地质体(带)出现的具体位置、规模及其性质进行预测预报,结合隧道施工方法预报掌子面前方可能出现地质灾害的性质、位置和规模。

4)按手段分类。主要根据预报工作所采用的手段划分为:

①经验预报。灾害先兆和直觉是经验预报的基础,先兆可以总结,但直觉是长期从事施工作业人员的经验,经验预报即是根据经验凭"直觉"进行的预报。

②直接法。包括地质法、超前导坑(平行导坑、隧道)法、超前水平钻孔预报。

③间接法。主要包括波反射法、声波测井法、成像法。

④推理判断法。可分为调查预测法、类比法、趋势外推法、因果联系法、指标参数法、规范预测法、模拟预测法等。

5)按方法分类。主要根据预报采用的方法划分为:

①地质法。主要根据隧道洞内外地质调查结果及相关分析结论进行预报,是隧道施工期超前地质预报中最基本和最常用的方法。

②超前导坑(平行导坑、隧道)法预报。根据超前导坑、超前平行导坑或超前平行导坑所遇到的地质情况预报施工隧道掌子面前方可能遇到的地质条件。

③超前水平钻孔预报。超前水平钻孔法预报和超前导坑法一样,属于直接揭示预报,其根据超前水平钻孔揭示隧道掌子面前方的地质情况对掌子面前方地质条件进行预报。

④物探法。采用物探法作为超前地质预报的手段,根据对隧道施工掌子面前方地质情况的探测结果或隧道地表物探结果,进行隧道超前地质预报。

⑤综合法。采用多种预报方法进行隧道超前地质预报。

6)按内容分类。主要根据预报工作内容划分为界面预报、灾害预报和隧道涌水水压及水量预报。

这些分类方法中,最常用的是方法分类,本书的后续章节主要以这种分类模式为基础进行介绍。

2. 方案设计

超前地质预报应编制预报设计文件，主要应包括下列内容：

(1)隧道工程地质及水文地质条件，着重说明不良地质与特殊岩土，可能存在的主要工程地质问题及地质风险。

(2)地质复杂程度分级。

(3)超前地质预报的目的。

(4)超前地质预报的设计原则、预报方案、(分段)预报内容、方法选择及不同方法的组合关系、技术要求(同一种预报方法或不同预报方法间的重叠长度、超前钻孔的角度及长度等)，需要时应编制气象、重要泉点和洞内主要出水点、暗河流量等观测计划和观测技术要求。

(5)超前地质预报实施工艺要求(必要时提出)。

(6)超前地质预报工作安全措施。

(7)超前地质预报工作量，占有工作面的时间。

(8)超前地质预报概预算。

(9)其他需要说明的问题。

4.2　隧道超前地质预报工作方法

隧道超前地质预报工作已经得到了广泛的重视，并作为施工工序的一个重要组成部分在许多隧道工程招标中明确要求并在施工中实施，但片面强调并强行规定使用某一物探设备进行施工超前地质预报、忽视隧道施工期地质工作的现象仍普遍存在。由于缺乏工程地质分析，只经过仪器和分析软件使用培训的人员便开展隧道施工超前地质预报亦不罕见。如此下去，要提高隧道施工超前地质预报的水平和准确性，可以说是毫无可能，因此有必要重视地质分析，对隧道超前地质预报的工作方法进行介绍。

开展隧道超前地质预报，应包括预可研和可行性研究阶段资料收集，设计阶段整体分析和研究勘察阶段的钻探、物探及试验等成果，施工阶段熟悉设计文件、资料和图纸；地表补充地质调查；洞内地质调查和掌子面地质素描，并选择合理的物探方法开展施工掌子面超前探测；探测成果分析。

4.2.1　准备工作

1. 预可研和可行性研究阶段资料收集

预可研和可行性研究阶段主要收集隧道所在地区区域地质、工程地质和水文地质资料，了解隧道通过地区地层、构造分布情况、工程地质特性和水文地质条件，对隧道施工可能遇到的各种地质条件及可能发生的地质灾害预判断，为隧道超前地质预报提高科学的依据。

2. 勘察成果整理分析

勘察成果是隧道设计文件、图纸、资料的依据，整理分析勘探(槽探、坑探、物探)、试验(岩石物理力学试验、钻孔水文地质试验、岩体原位测试等)成果，以确定隧道穿越的地层层序、地层岩性、地层产状，构造分布、产状及其性质，隧道水文地质环境、不良地质体(带)分布及其性质。在设计阶段，通过对隧道施工可能遇到的不良地质体(带)分布、性质及可能造成的隧道地质灾害的分析,提出宏观预测预报。

3. 熟悉设计文件、资料和图纸

隧道设计文件、资料和图纸是设计者根据隧道预可研和可行性研究报告、隧道初步勘察和详细勘察成果进行整理、分析、研究提出的,是可行性研究和勘察成果整理分析成果的总结。熟悉设计文件、资料和图纸可宏观把握隧道所处地质、构造、水文地质背景,初步确定隧道施工超前地质预报的重点区段。

本阶段的工作主要包括:

(1)明确隧道穿越的地层层序、地层岩性、地层产状、地层在隧道轴线上的展布长度,不同岩层的工程地质、水文地质特性,特殊地层(煤层、可溶岩地层、膏岩层)的分布。

(2)掌握地质构造特别是断层在隧道轴线上的分布位置,断层及其破碎带宽度、性质、产状。

(3)明确地层、构造与隧道的关系。

(4)分析研究可能存在的不良地质体(断层及其破碎带、岩溶发育带、煤层、在采矿巷、废弃矿巷、顺层错动挤压破碎带、软岩段等)及其性质、分布、规模和因隧道施工揭穿可能发生的地质灾害,初步提出施工超前地质预报重点区段。

通过上述工作,可以大致确定隧道施工期超前地质预报的重点区段和补充地质调查的重点内容和调查区域位置。

4.2.2 补充地质调查

由于勘测设计阶段的地质工作投入有限,地质预估评价又仅仅是对隧道所处的地质背景的宏观把握,不可能对复杂的地质情况做出微观的把握,需要进行补充地质调查。

补充地质调查的内容主要包括:

(1)不同岩性、地层在隧道地表的出露及接触关系,岩层产状及其变化。

(2)构造在隧道地表的出露、分布、性质、规模及其产状变化。

(3)地表岩溶发育位置、规模及分布规律。

(4)软岩(煤层、石膏层)在地表的出露位置、规模及其产状变化。

(5)矿坑(巷)走向、展布、高程、涌水、坍塌及其在三维空间上与隧道的关系。

(6)岩体节理裂隙统计分析及地应力研究。

(7)结合设计文件、资料和图纸熟悉结果,提出施工超前地质预报的重点区段。

补充地质调查是对勘测设计阶段的地质预估预评价的补充,对隧道所处复杂地质条件的微观把握,确定隧道施工期超前地质预报的重点段,减少隧道施工期地质预报盲目性、使预报具有较强针对性的重要保证。因此,隧道施工期地质预报的补充地质调查工作应在洞内地质调查、探测前完成,在预报实施过程中随时补充完善。

通过资料收集、勘察成果整理分析、熟悉设计文件、资料与图纸和补充地质调查,确定隧道施工超前地质预报重点区段,减少施工超前地质预报的盲目性,提高预报的针对性,确保有限费用的有效使用。隧道施工超前地质预报重点段包括:

(1)断层及其破碎带的分布位置。

(2)岩溶可能发育的部位。

(3)煤层分布位置。

(4)隧道可能穿越的废弃矿巷的部位。

(5)浅埋隧道穿越全、强风化岩脉的部位。

(6)节理密集发育岩体分布位置。

(7)含水体分布位置。

4.2.3 洞内地质调查和掌子面地质素描

洞内地质调查和掌子面地质素描是隧道施工过程中的地质工作，是隧道工程全过程地质工作的重要一环。这不仅是开展隧道施工超前地质预报的需要，也是对隧道地质资料的补充和完善，更为隧道运营阶段隧道病害整治提供完整的隧道地质资料。

4.2.4 预报方法的选择和掌子面探测

地质法和各种物探方法针对不同地质体，有各自的优势和劣势，只有合理选择预报方法，才能有效地完成探测工作。

1. 预报方法的选择

由于隧道工程面临的施工地质问题的复杂性，往往靠单一的某种地质预报方法是难以把握的，因此需要一种或多种地质预报方法的结合。

预报方法的选择应遵循以下原则：

(1)有牢固的理论基础。

(2)不占或很少占用掌子面的施工时间。

(3)适用性强。

(4)操作简单。

(5)能取长补短。

(6)能适应隧道工程施工的需要。

(7)对隧道施工所面临的地质问题具有针对性。

2. 掌子面探测

各种物探方法将在后续章节介绍，本节仅就掌子面探测中应注意的问题做一简述。

各种物探设备对环境要求各异，由于种种原因，隧道施工掌子面环境地质条件各不相同，但温度高、湿度大、管线多是共同的特点。在掌子面探测中，应注意以下几个方面的问题：

(1)探测应在掌子面通风一段时间，以低于掌子面附近温度后进行。

(2)洞内管线特别是动力管线对探测信号的发射和接收均有一定程度的影响，因此应避免信号传输线与管线的交叉接触，降低因洞内管线影响造成的干扰。

(3)洞内施工特别是风钻施工、爆破等对探测影响极大，探测应避免在风钻施工，爆破的同时进行。

(4)掌子面施工台架对探测有一定的影响，探测过程中尽量将施工台架移至探测场地后。

此外，为了对施工掌子面岩体进行分级，还应进行围岩岩体和岩石波速测试。

4.2.5 预报报告的内容及报告的提交

1. 预报报告的内容

预报报告包括预报简报和预报总报告。

(1)预报简报应包括以下内容:

1)工程概况。

2)地质预报采用的方法原理。

3)探测掌子面地质调查结果,掌子面地质素描图。

4)探测区、点布置图。

5)结合隧道勘察设计资料、补充地质调查结果、洞内地质调查结果进行的探测分析结果(包括文字、探测典型波形图、波谱图和成果图等)。

6)预报结论及下一步施工措施建议(围岩加固、初期支护、超前支护、永久支护措施等,必要时给出掌子面前方岩体分级建议)。

(2)预报总报告应包括以下内容:

1)工程概况。

2)地质预报采用的方法原理。

3)隧道地质展示图(包括掌子面素描图)。

4)隧道地质纵剖面图。

5)典型预报(包括预报掌子面地质描述,探测区、点布置图,探测典型波形图,波谱图和成果图,预报结论及下步施工措施建议,验证结果)。

6)预报与施工验证对比表。

7)结论(包括预报准确率统计结果)。

2. 报告提交

隧道超前地质预报具有很强的时效特性,预报简报应在实施洞内施工掌子面探测后次日交给施工、设计等有关各方,以便针对预报提出的问题制定相应对策和措施,确保施工的安全和顺利进行。

总报告应在隧道贯通后及时提交。

4.2.6 验　　证

施工开挖验证是隧道超前地质预报的重要一环,是改进探测布置、提高预报准确率的需要,也是完成预报工作的要求。具体而言,应随开挖不良地质体(带)位置、性质、规模和地质灾害出现的位置、规模等的记录,并与预报结论进行对比(列表对比),从中分析成功和失败的原因,以利下一步工作的开展。

4.3 超前地质预报方法选择

4.3.1 各种隧道超前地质预报方法的主要特点及优缺点

各种超前地质预报方法都有各自的特点和优缺点,表 4-1 是对各种隧道超前地质预报方法的对比分析。

4.3.2 超前地质预报方法选择

地质复杂隧道的预测预报应坚持隧道洞内探测与洞外地质勘探相结合、地质方法与物探方法相结合、辅助导坑与主洞探测相结合，开展多层次、多手段的综合超前地质预报，并贯穿于施工全过程。根据隧道地质情况的不同，选择不同超前地质预报组合方式。

表 4-1 各种隧道超前地质预报方法的主要特点及优缺点对比

序号	超前地质预报方法	主要特点	优缺点
1	地质法	主要根据隧道地质调查结果预报，隧道掌子面前方存在的断层、不同岩类的接触界面特别不溶岩与可溶岩间的接触界面，隧道前方围岩的稳定性及失稳破坏形式等	有牢固的理论基础，不占用或极少占用施工时间，适用性强，成本低，操作简便。但靠有限之“见”预报范围有限，特别是地层岩性变化极为复杂隧道中准确率低
2	超前平行导坑法	利用超前施工的平行导坑或平行隧道所遇地质情况推测隧道将遇到的地质情况	有牢固的理论基础，不占用或极少占用施工时间，适用性强，操作简便。但投资大，对间距小，地层受构造变动小的平行隧道工程较好，两隧道间距大，地层变化复杂时准确率明显低
3	超前水平钻孔	采用钻孔钻进速度测试结果、岩芯的观察及相关试验获取掌子面前方岩石(体)的强度指标，可钻性指标、地层岩性指标、岩体完整性指标及地下水状况等多方面的直接资料进行预报	直接揭示隧道施工掌子面前方地质条件，适应性强。但占用施工时间长，成本高
4	超前钻孔声波测井及跨孔波透射法	利用凿岩台车在隧道施工掌子面施作微倾角超前钻孔，采用声波测井活跨孔声波测试结果来进行隧道掌子面前方地质条件的超前预报	在超前水平钻孔基础上，组合声波透射，效果更好。但需要占用一定的时间且必须钻孔
5	波反射法	主要利用声波、超声波、电磁波及地震波传播。反射，通过信号采集系统接收反射信号，判断隧道掌子面前方反射界面(断层、软弱夹层)距离掌子面距离来进行隧道施工期超前地质预报	有成熟的理论基础，占用施工时间除地质法以外其他方法短，预报距离长短均可，费用较低，但属于间接方法

对于复杂地质隧道，超前地质预报应采用地质分析法、物探法、超前水平钻孔相结合进行综合预报。可采用地震波法，加上声波法、电磁波反射法、红外探测、电法的一种或几种。

对于较复杂地质隧道，超前地质预报可采用地质分析法与地震波法(或声波法)相结合进行；当开挖工作面前方可能存在不良地质时，可采用电磁波反射法、红外探测、超前水平钻孔、电法的一种或几种进行验证。

对于中等复杂地质隧道，超前地质预报应以地质分析法为主，对规模较大的地质(层)界面、断层等采用地震波法或声波法进行探测。当开挖工作面前方可能存在不良地质时，应采用红外探测、超前水平钻孔进行验证。

简单地质隧道，超前地质预报应采用地质分析法。

4.4 地质分析法超前地质预报

地质分析法隧道超前地质预报主要根据隧道洞内外和隧道施工期掌子面地质条件调查结果，如岩体结构面产状及发育状况、岩体破碎程度、岩石的变质程度等的变化程度等的变化特征，通过地质作图及构造相关性分析，由地面构造产状推测其在地下隧道穿越深度位置的出露关系(相关关系法),由掌子面岩体结构面产状及发育状况、岩体破碎程度等变化特征推测掌子面前方可能出现的构造及其性质(趋势外推法),进行超前地质预报。可以看出,地质法隧道超前地质预报所采用的主要方法是地面地质调查、洞内地质调查和掌子面地质素描,地质工作在隧道超前地质预报中起着极其重要的作用,是隧道超前地质预报的基础。因此,了解隧道超前地质预报的对象——地质体所处的地质条件,掌握基本地质学知识是开展隧道超前地质预报的前提。

本节在介绍地质工作在隧道超前地质预报中的重要性的基础上,阐述地质分析法超前地质预报的基本要求、主要手段、实施要点及流程。

4.4.1 地质工作在隧道超前地质预报中的重要作用

地质工作是贯穿隧道工程可行性研究、勘察、设计、施工全过程的一项重要工作,其作用是对整个隧道工程所处地质环境的宏观把握,是提高隧道施工地质预报准确率的重要保证。

隧道超前地质预报是根据隧道开挖揭示的洞身围岩条件的变化趋势和采用各种物探手段对隧道施工掌子面前方地质情况的探测结果,结合预报人员的地质经验,对隧道施工掌子面前方可能遇到的各种地质条件及可能发生的地质灾害的性质、分布位置、规模的预测。因此,隧道超前地质预报的目的、物探结果分析、预报准确率的提高决定了地质工作在隧道超前地质预报中将起到极为重要的作用。

1. 隧道超前地质预报需要地质工作

地质学是所有应用地质学不可缺少的基础。只有宏观地把握整个隧道工程所处地质环境,确定隧道施工地质预报重点段,才能最大限度地提高有限预报经费利用率,提高预报准确率,达到隧道超前地质预报的目的。

隧道工程地质平面图、纵断面图及隧道工程设计地质是集隧道工程可行性研究、勘察和设计三阶段全部相关隧道施工将可能遇到的地质情况研究成果的总结。熟悉图纸,了解隧道施工将穿越的地层岩性、地层产状及地层分布、构造分布规模及其性质,有利于宏观把握隧道施工可能将遇到的特殊地质如涌水、瓦斯、采空区、岩溶、涌水涌泥涌沙和泥石流等的分布位置及规模,据此初步确定隧道施工地质预报的重点段。

洞外补充地质调查主要是对特殊地层,如大段软弱地层、煤层分布的调查确定,构造产状、分布、规模及性质的调查确认;对特殊段地表地质现象如隧道洞口滑坡分布及规模、岩堆分布及规模、地表岩溶发育分布等进一步调查。根据地表调查结果推测特殊地层构造等在隧道构成位置的展布,加深对隧道施工可能将遇到的特殊地质如涌水、瓦斯、采空区、岩溶、涌水涌泥涌沙和泥石流等的分布位置及规模的宏观把握,确定隧道施工地质预报的重点段。

洞内地质调查和掌子面地质素描(地层岩性及其产状、构造产状地下水渗、滴、涌水状况,岩体的风化变质情况等)、节理裂隙统计(产状、间距、张开充填状况、展布及延伸等)、必要的测试试验(岩石、岩体声速测试和岩石强度试验等)。根据构造相关性分析、节理玫瑰花图、极射投影图、块体稳定相关计算,确定对到掌子面前方围岩的变形趋势及失稳破坏形式,软层、煤层的分布与规模,构造破碎带的发育分布及性质和规模,岩溶发育分布及充填性质和隧道围岩岩体强度、脆性及地应力状态等。根据隧道洞内必要的测试试验、岩体节理裂隙发育状况确定围岩级别。

2. 物探结果分析离不开地质工程师的参与

众所周知,物探方法是建立在波的传播理论基础上,波传播理论是建立在同一介质(各向同性均匀介质)基础上的，在各向同性介质，物探结果是唯一的。但地质体极为复杂，在经历了长期地质历史时期和构造运动变动后，不同地层、岩性受构造运动的影响程度不一，即使两种岩体不同部位节理裂隙发育程度也不完全一致，这就导致了同种地质的非均匀性(各向异性)。

地质体的各向异性，决定了采用物探方法进行隧道超前地质预报结果的多解性，排除这种多解性，需要对宏观地质背景的微观把握，这就需要参与施工地质预报人员丰富的地质经验，地质工程师的参与无疑将起极为重要的作用。

3. 地质工作的详细程度决定预报准确率

隧道地质预报准确率的高低，与参与预报人员对隧道施工掌子面前方地层岩性、构造等的分布、界面产状及其变化、不同波在不同介质预报中的传播特性的掌握程度紧密相关。

详细的地质工作，可以推测界面间介质的性质并大致给出不同波在该介质中的传播速度，推断界面产状的变化趋势并推测界面在掌子面前方出露的大致位置，为探测结果的分析提供参考依据，提高预报的准确率。

4. 验证地质工作是总结和提高隧道超前地质预报准确率的重要途径

随开挖进行不良地质体(带)的位置、性质、规模和地质灾害出现的位置、规模等的记录，需要地质工程师的工作，绝非其他人员可替代的。总结和分析预报成功经验和失败的原因，对探测布置、提高地质预报准确率，具有重要的现实意义。

4.4.2 地质分析法的主要手段

1. 地质投射

主要是针对地下工程地质纵剖面图的编制，是隧道工程地质最主要的图件之一，与工程区的地质平面图相辅相成，涵盖的内容丰富、直观，对施工具有重要的指导意义，是地下工程宏观分析预测基础图件，编制要点如下：

(1)工程地质剖面图的地形线。它是隧道工程轴线对应的地形线，要求是实测的纵断面地形。但由于隧道一般埋深大、地形险恶，实测困难，通常利用工程区大比例尺高精度地形图图切法制作。

(2)剖面图比例尺。一般地质纵剖面的纵向比例比线路地形地质图放大一倍，横向比例尺考虑隧道埋深情况确定是否放大。

(3)按比例尺展绘好纵剖面的地形线，并将地质界面、地质构造位置标注清楚。

(4)地质体的投射是编制纵剖面图的关键，在编绘时要注意以下要点。

1)当纵剖面线与地质界面的走向垂直或夹角在 80°～90°时，可直接按地质界面的倾角投射。

2)当纵剖面线与地质界面走向夹角小于 80°时，将地质界面的倾角换算投射。

3)投射时，采用先断层、后地层界面的顺序。对岩浆岩侵入体，还要考虑地表调查的产状。

4)对褶皱构造，特别是褶曲的轴面和褶曲形态连接，投射时要结合现场踏勘反复推敲，使之更加符合实际。

5)当有平行探洞等工程时，投射时要充分利用其取得的实测资料。

6)地表物探异常部位，要投射在纵剖面相应的位置。

2. 地层层序

地层层序是确定地质历史的根据和地质构造的基础(表 4-2)。掌握了隧道地层层序，岩性

表 4-2 地层层序表

地质时代、地层单位及代号				同位素年龄(百万年)		构造阶段		生物界演化阶段	
宙(宇)	代(界)	纪(系)	世(统)	时代间距	距今年龄	大阶段	阶段	动物	植物
显生宙PH	新生代Kz	第四纪Q	全新世Q_4 更新世$Q_1Q_2Q_3$	约2～3	0.012 2.48	联合古陆解体	喜马拉雅阶段(新阿尔卑斯阶段)	人类出现	被子植物繁盛
		第三纪R 晚第三纪N	上新世N_2	2.82	(1.64)			哺乳动物繁盛	
			中新世N_1	18	5.3				
		早第三纪E	渐新世N_3	13.2	23.3				
			始新世N_2	16.5	36.5				
			古新世N_1	12	53 65				
	中生代Mz	白垩纪K	晚白垩世K_2 早白垩世K_1	70	135 (140)		燕山阶段(老新阿尔卑斯阶段)	爬行动物繁盛	裸子植物繁盛
		侏罗纪J	晚侏罗世J_3 中侏罗世J_2 早侏罗世J_1	73	208				
		三叠纪T	晚三叠世T_3 中三叠世T_2 早三叠世T_1	42	250		海西-印支阶段：印支阶段		
	古生代P_z 晚古生代P_{z2}	二叠纪P	晚二叠世P_2 早二叠世P_1	40	290		海西-印支阶段：海西阶段	两栖动物繁盛	蕨类植物繁盛
		石炭纪C	晚石炭世C_3 中石炭世C_2 早石炭世C_1	72	362 (355)				
		泥盆纪D	晚泥盆世D_3 中泥盆世D_2 早泥盆世D_1	47	409	联合古陆形成		鱼类繁盛 (无脊椎动物继续演化发展)	裸蕨植物繁盛
	早古生代P_{z1}	志留纪S	晚志留世S_3 中志留世S_2 早志留世S_1	30	439		加里东阶段	海生无脊椎动物繁盛	藻类及菌类繁盛
		奥陶纪O	晚奥陶世O_3 中奥陶世O_2 早奥陶世O_1	71	510				
		寒武纪∈	晚寒武世$\in_3$ 中寒武世$\in_2$ 早寒武世$\in_1$	60	570 (600)			硬壳动物出现	
元古宙PT	新元古代P_{t3}	震旦纪Z		230	800			裸露动物出现	真核生物出现(绿藻)
		青白可“纪”		200	1000	地台形成	晋宁阶段		
	中元古代P_{t2}	蓟县“纪”		400	1400				
		长城“纪”		400	1800				
	古元古代P_{t1}			700	2500		吕梁阶段		
太古宙AR	新太古代A_{r2}			500	2800 3000				原核生物出现
	古太古代A_{r1}			800	3800	陆核形成		生命现象开始出现	
复古宙HD					4600				

注:1. 本表同位素年龄及构造阶段等基本依据王鸿祯、李光岑编《中国地层时代表》(1990)。该表中奥陶纪按四分法,石炭纪按二分法;本表暂按三分法。

2. 本表中只列出地质时代单位。地层单位则把宙、代、纪、世改为宇、界、系、统,同时把早、中、晚或早、晚改成下、中、上或下、上。如早寒武世、中寒武世、晚寒武世形成的地层则称为下寒武统、中寒武统、上寒武统,余类推。

3. 本表中更新世可分为早更新世 Q_1,中更新世 Q_2,晚更新是 Q_3。

4. 本表中震旦纪、青白可“纪”、蓟县“纪”、长城“纪”,只限于国内使用。

组合及标志性岩层,在隧道施工中遇到某一时期的地层时,按地层层序上下迭置关系和岩性组合特征,结合施工中揭露的地层产状,就能预测相关地层在隧道纵断面出现的位置,以及可能遇到的含水层、构造带等地质问题。

当设计地勘的隧道工程区地层剖面经复查确认时，可不另测地质剖面；若工程区地层构造复杂，原地勘成果不能满足要求时，应补测全部或某一段地层剖面，重新建立地层层序，为地层、岩性和地质构造的预测、修改补充提供地质依据。

3. 工程地质类比

地下工程尽管所处地质环境、条件各不相同，但构成的地质因素和构造形式还是有诸多共同之处。地质类比法就是依据工程地质学分析方法，按不良地质作用、地质灾害形成的工程地质条件，水文地质条件和其他条件的共性进行类比，对诸如塌方、突水、突泥、岩爆、瓦斯等类型的定性判断。根据工程地质条件对可能出现的破坏模式，以及已出现的变形迹象，对洞室、掌子面、边墙、拱顶的稳定状态做出判断，并对其发展趋势做出评估。

地下工程建设中，地质类比法是极为重要的方法之一，它的基础资料是地勘部门、设计单位提交的工程地质纵剖面图，工程地形地质图、物探、钻探、工勘报告、设计说明书等成果，通过全面系统地分析，在此基础上应用地质类比法，对隧道开挖中可能出现的突水、突泥、塌方、岩爆等做出较为确切的宏观预测。

4. 地质编录

地质编录是在隧道开挖时，将揭露的地层、岩性、地质构造、地下水及其他不良地质现象如实反映在大比例尺的三壁展示图或洞身展示（平切）图上，并与隧道（洞）纵剖面图进行对照。图 4-2～图 4-13 中重点反映地层岩性、地质界线、断层、节理裂隙等结构面产状、岩溶、地下水及物探成果等。通过展示图的连续编制，结合物探成果和洞线剖面等资料综合分析，即可掌握不良地质体的变化趋势，预测掌子面前方可能出现的地层岩性或不良地质情况。

地质编录是最基本的工作方法，也是地质综合分析技术取得第一手资料的重要手段，它既反映开挖段的地质变化特征，又预示着未开挖段一定范围的地质问题。因为无论何种不良地质灾害的发生和发展，它总是有其特殊前兆特征，通过地质编录掌握这些变化规律和地质特征，是进行地质综合分析和对物探资料解释的珍贵依据。

4.4.3 地质分析法实施要点及流程

1. 收集和分析工程地勘资料

在熟悉理解勘察设计资料的基础上，认真分析研究工程主要地质问题存在的可能性，以及这些问题是否与工程区地质背景一致，进一步查找工程勘察设计中存在的疑点和难点。

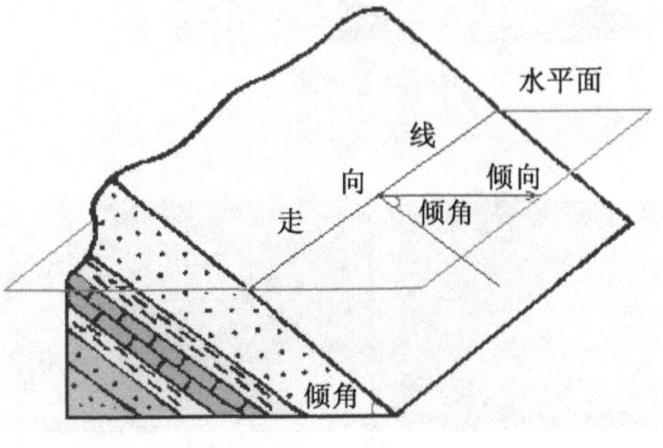

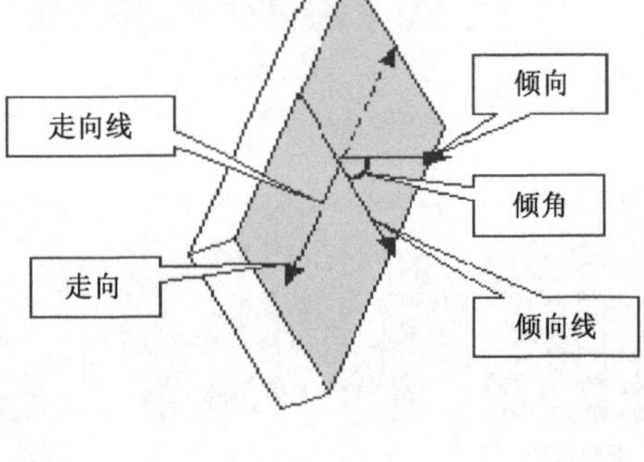

图 4-2 岩层产状图

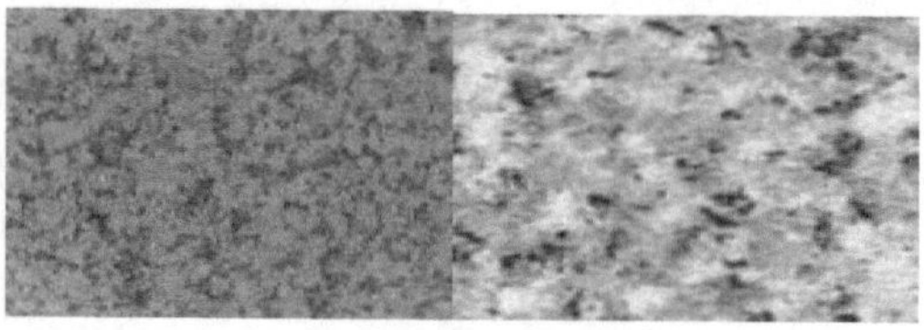

(a) 花岗岩，常肉红色、灰白色

(b) 闪长岩，灰或灰绿色

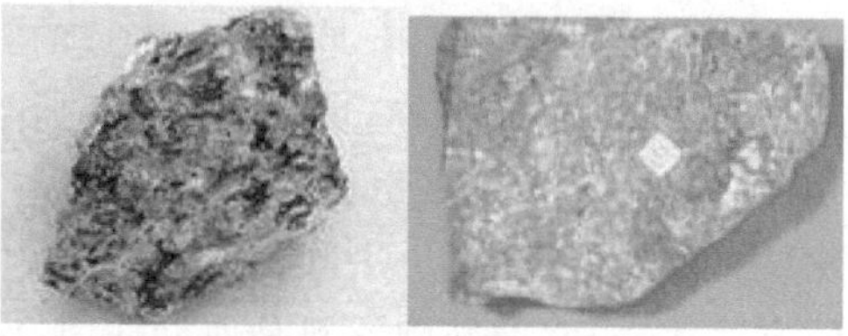

(c) 正长岩，肉红色或灰白色

(d) 灰长岩，灰至灰黑色

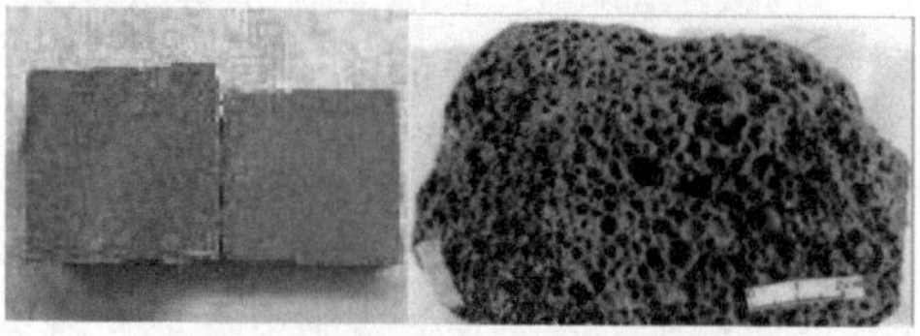

(e) 玄武岩，黑、灰黑、黑绿、灰绿色等

(f) 橄榄岩，暗绿、灰黑色

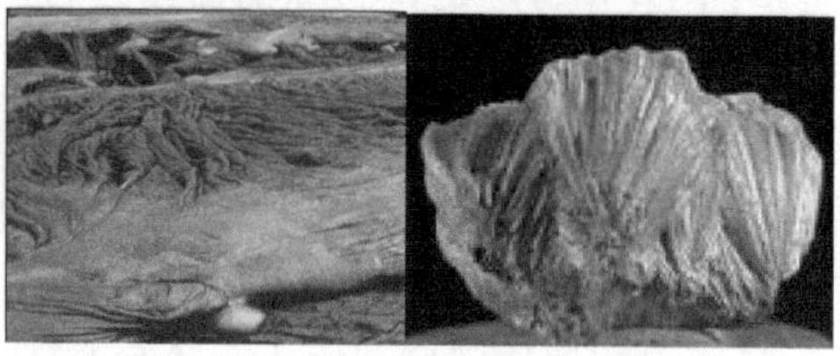

(g) 流纹岩，灰色、灰红色、肉红色

(h) 安山岩，深灰、浅玫瑰、褐色等

图 4-3 岩浆岩

(a) 水平岩层

(b) 倾斜岩层

图 4-4 沉积岩

(a) 板状构造

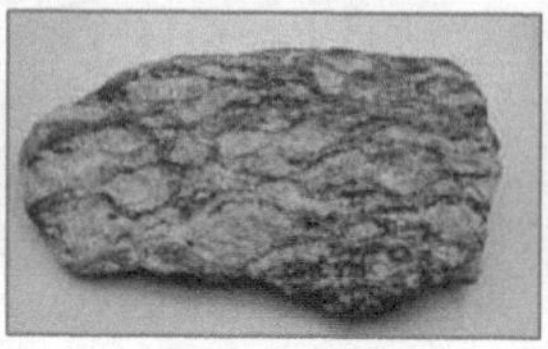

(b) 片麻状构造

(c) 片状构造

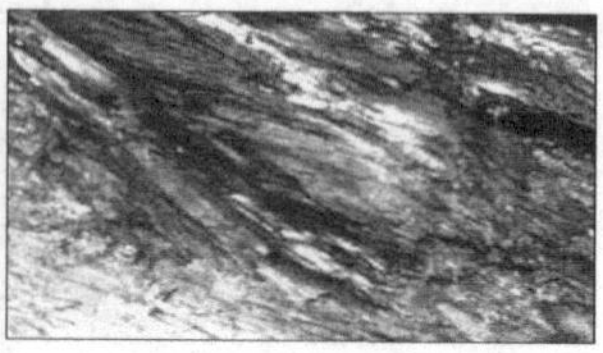

(d) 千枚状

图 4-5 变质岩

(a) 石芽

(b) 石林

(c) 溶洞

(d) 暗河

(e) 岩溶洼地

(f) 溶蚀、暗河

图 4-6　岩溶形态

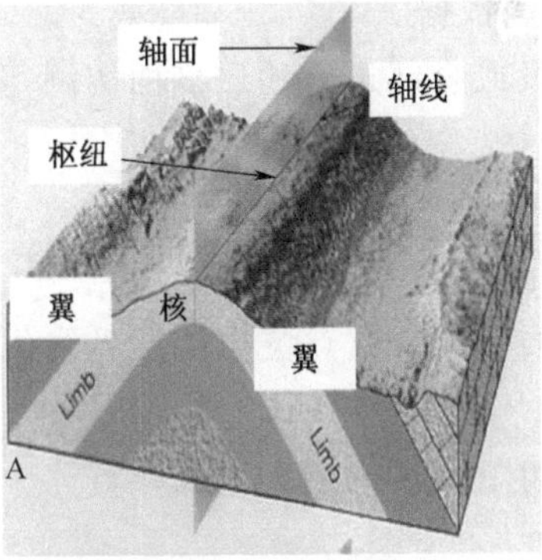

图 4-7　褶皱要素

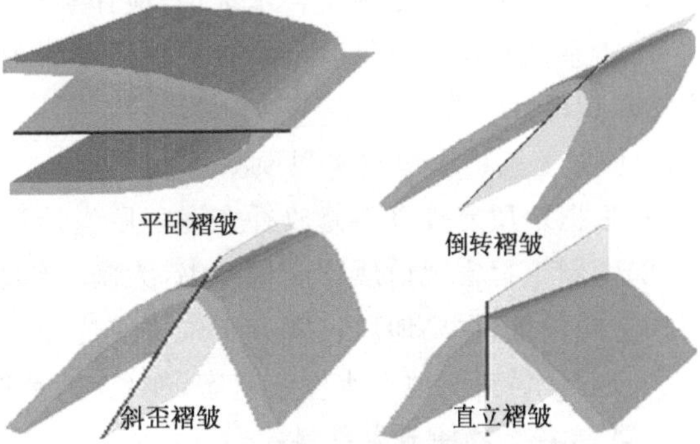

图 4-8　褶皱分类

图 4-9　典型褶皱

图 4-10　节理

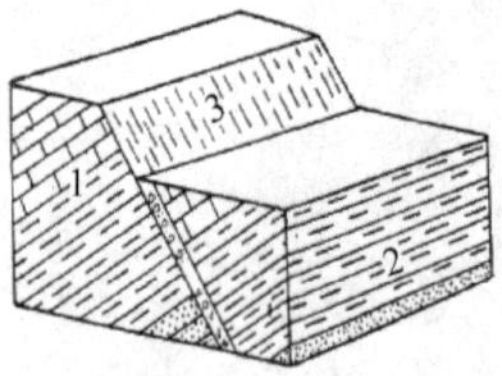

图 4-11　断层要素

1—下盘;2—上盘;3—断层面

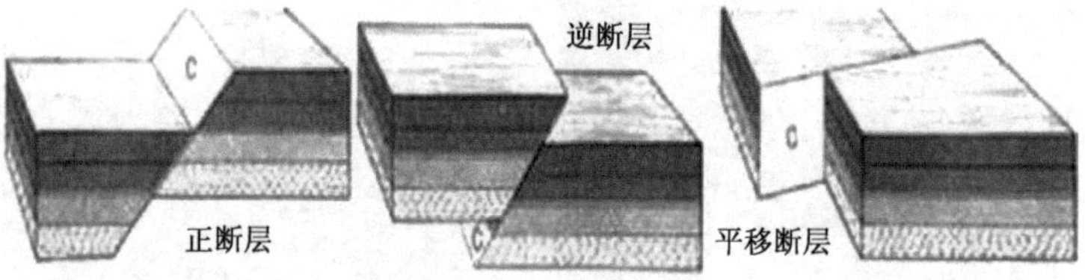

图 4-12　断层分类

图 4-13　典型断裂(层)

2. 针对工程主要地质疑点和难点进行地质复查

(1)若质疑某地层是主要含水地层,应作实际调查,寻找其依据。

(2)若某地层层序、厚度不深、构造关系不明确,则对某段或全部进行地层剖面实测,重新建立地层层序。

3. 依据复查结果编制宏观预测

(1)根据地质复查资料修改补充完善原设计工程地质剖面图。

(2)编制工程宏观地质预测说明书,为施工组织提供地质依据。重点突出地层界线位置,主要构造线位置,主要地质灾害分布位置或范围等。

(3)地下水特征,地下水渗流状态、颜色、携带物成分、喷射距离并估算水量大小等。

4. 收集各类物探成果资料

每项地下工程都会根据工程规模和工程地质特征,选择合适的几种物探方法进行地质超前预报。及时收集各类预报成果并汇集于综合图件上,作为地质综合分析的基础图件。

5. 编制各种图件

按工程项目地质特征和主要地质问题的不同,编制不同比例尺的图件。如剖面图、三壁展示图、洞身展示(平切)图、地下水分布图、开挖对比图等。总之按地质综合分析研究需要,选择编制相应的图件。每个工程项目的工程地质剖面图和洞身展示(平切)图是必须做的,它是地质综合研究的基础。编制时随工程进展逐步将地质编录的主要地质要素和物探成果反映到图上,并根据开挖揭露的地质情况修编工程地质剖面图。

6. 收集钻探资料

工程重点洞段在开挖过程中,根据地质、物探成果并结合开挖实际情况,针对主要地质问题,施工部分水平探测钻孔,因钻孔资料最直观可靠,需要及时现场收集。

7. 编写阶段性地质总结及下步地质预测和建议

隧道工程一般具有洞线长,地表覆盖层植被茂盛或地形陡、险、高差大等特征,同时地质情况总是存在地表与深部有差异的现象,与设计资料的不符情况更是屡见不鲜。因此,在隧道

(洞)每开挖一个地质单元或一个重要地质洞段后,需要做好及时总结开挖洞段地质情况。根据新揭露的地质情况和地质综合分析成果对下一地质单元进行预测。针对主要地质问题的性质、规模及位置,提出施工建议。

总之,地质综合分析技术在一个地下工程项目中,是一项自始至终进行的工作,没有特定的工序流程,综合分析研究工作的开展与工程进度同步进行,其宗旨是及时指导施工,为科学施工组织提供地质依据。

4.4.4 地质综合分析基本要求

(1)人员具有较全面的地质基础理论,实际工作经验及编制综合图件的技能。

(2)力求在工程施工前补充完善工程设计资料,编写宏观预测书。

(3)随工程进展及时收集洞内开挖段地质资料,并力求全面准确。

(4)及时归纳汇总地质、物探、钻孔探测资料,逐步完善充实综合图件内容。

(5)综合判译各种物探成果,避免多解性影响,提高预测的准确性。

(6)及时提交工程重点洞段的地质综合分析成果指导施工。

(7)通过开挖对比验证设计地质资料的准确性,编写工程地质总结报告。

4.5 物探法超前地质预报

4.5.1 TSP203 超前地质预报

1. TSP203 超前地质预报概述

TSP203 系统适用于对断层及其影响带、破碎带、溶洞、裂隙发育带、软弱夹层,以及地下水的预测预报。其具有适用范围广,预报距离长(一般预报长度在 100～150 m)、预报准确性高,提交结果及时,对掌子面施工干扰小等特点。

TSP203 超前地质预报系统是利用弹性波的反射原理进行地质预报。预报时,通过爆破产生地震波,地震波在隧道中的岩体内传播,当遇到波阻抗界面时,如断层、破碎带、溶洞,大的节理面等,一部分地震波被反射回来,反射波经过一段时间后到达传感器被记录仪接收,然后用专门的分析软件进行处理,即可得到清晰的反射波图像。通过对反射波运动学和动力学特征的分析,如波速、延迟时间、信号强弱、波形等,并结合区域地质资料、设计勘测资料、跟踪观测地质资料就可预测预报隧道前方及周围地质情况,并确定地质异常的位置和特性。图 4-14 是 TSP203 系统工作原理示意图。

TSP203 系统包括硬件和软件两部分(图 4-15)。硬件主要包括数据记录存储单元、三维地震波接收器和起爆装置。数据记录存储单元将接收器采集的信号放大,经模数转换后将数据信号记录存储起来;三维地震波接收器用于接收爆破后产生的地震波的反射波信号;起爆装置用于起爆雷管,进而引爆炸药。软件包括数据采集软件和数据处理软件,数据采集软件用于采集数据,数据处理软件用于处理采集到的原始数据。TSP203 系统主要性能参数如下。

(1)记录单元

记录器端口:4 个;

记录道数:12;

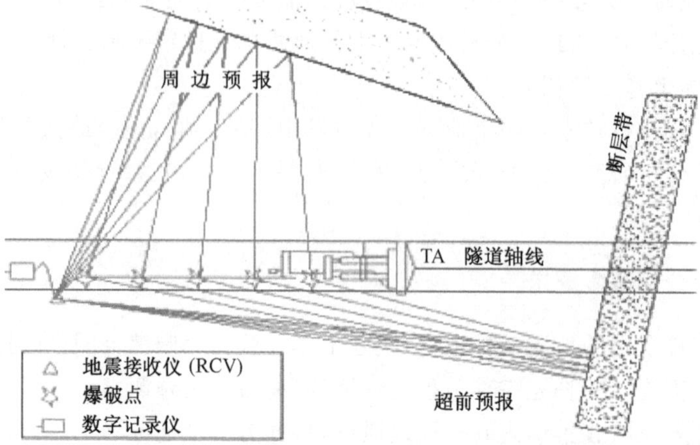

图 4-14 TSP203 系统工作原理示意图

图 4-15 TSP203 设备示意图

采样间隔:62.5 μs、125 μs;

记录带宽:4 000 Hz、8 000 Hz;

模数转换:24 位;

记录长度:14 468 V 样点;

最大输入信号:10 Vpp;

动态响应范围:120 dB。

(2)三分量传感器

灵敏度:1 000 mV/g(±5%);

频率范围:0.5~5 000 Hz;

响应频率:9 kHz;

横向灵敏度:>1%;

工作温度:0 ℃~+65 ℃。

(3)触发器

触发电流:约 10 A;

触发精度:约 10 μs。

2. TSP203 超前地质预报流程图

TSP203 超前地质预报流程如图 4-16 所示。

3. 地质预报前的准备工作

(1)资料收集。测试前应将隧道概况、隧道地质纵断面图、隧道地质平面布置图、掌子面里程桩号、接收器安装位置里程桩号等资料和数据收集齐,以备数据处理和解释时用。

(2)雷管、炸药的准备。雷管采用零延时电雷管,每次需要 24 个,炸药采用高爆速炸药,无高爆速炸药,也可采用爆速在 4 000 m/s 左右的普通乳化炸药。雷管和炸药需有专人看管,存放和运输过程中不得放置在一起。

(3)钻炮孔和接收孔。每次测试需钻 24 个炮孔和 2 个接收孔。在左边墙或右边墙距地面约 1.0 m 高的水平线上,按间距 1.5 m、孔深 1.5~1.8 m、孔径 35~38 mm、倾角 10°~20°、倾向 10°~20°的标准钻 24 个炮孔,最后一个炮孔距掌子面距离根据现场情况而定,一般情况下

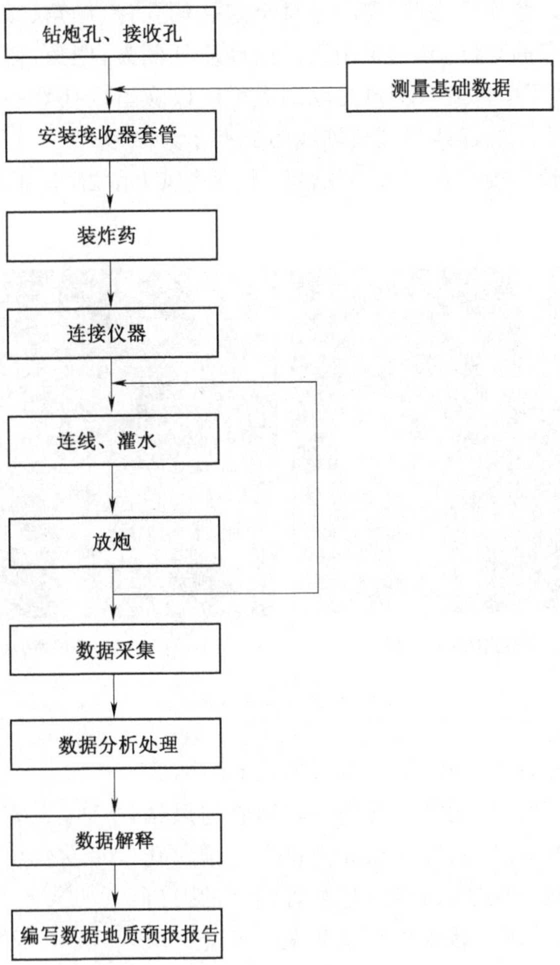

图 4-16　TSP203 超前地质预报流程图

应尽可能接近掌子面。接收器孔分布在左右边墙，与炮孔在同一水平线上，距洞口方向的第一个炮孔 15～20 m，其孔深 2.0 m、孔径 42～45 mm、倾角 5°～10°，图 4-17 是 TSP203 超前地质预报炮孔、接收孔分布示意图。

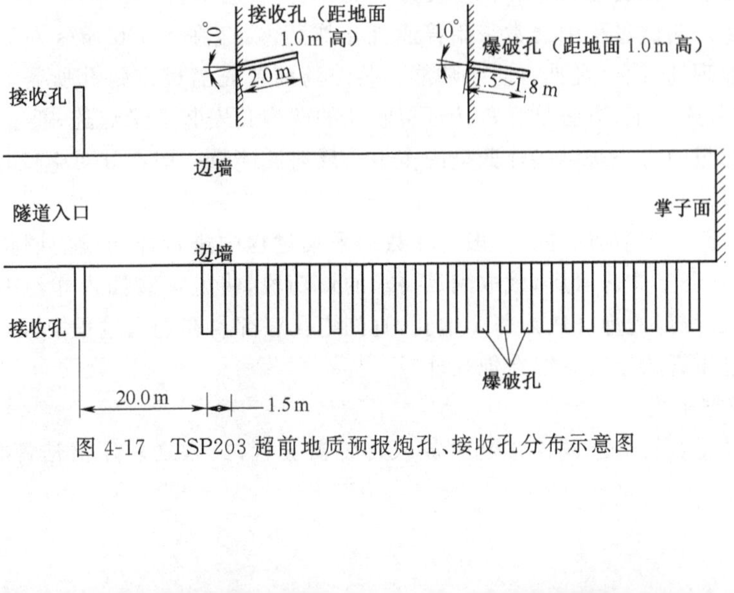

图 4-17　TSP203 超前地质预报炮孔、接收孔分布示意图

(4)基础数据测量。装炸药之前,需测量每个炮孔的孔深、倾角、倾向,相对于参考点的位置、高度。相对于参考点的高度、孔深采用钢尺或硬质杆测量,倾角、倾向采用罗盘仪测量,相对于参考点的位置可采用皮尺直接测量。原则上可以以隧道内任意一点作为参考点,为计算方便,通常用两对称接收孔的连线与隧道轴线的交点作为参考点。

(5)安装接收器套管。接收器套管必须借助手持式风力凿岩机、手持式电动多用凿岩机等安装(图 4-18)。

(a) 手持式风力凿岩机

(b) 手持式电动多用凿岩机

图 4-18　套管安装

安装前,检查接收孔是否塌孔,套管是否能顺利放入孔底,然后,将三根环氧树脂固化剂放入孔内。将套管与风钻用专用转换接头连接,开动风钻,在 5 min 内将套管推入孔内,套管尾部应到达孔底。在推入过程中,套管端部的刀口将环氧树脂固化剂划破并通过转动拌和使之发生反应。最后,迅速将风钻与转换接头脱离,在环氧树脂固化剂固化前用手动扳手调节套管方向,使套管内两槽口的连线垂直于隧道轴线(图 4-19)。有时会因接收孔不直或孔径太小而使环氧树脂固化剂无法放入孔内,这时可用普通锚固剂代替环氧树脂,但必须保证套管与围岩耦合良好,尤其是套管尾部。

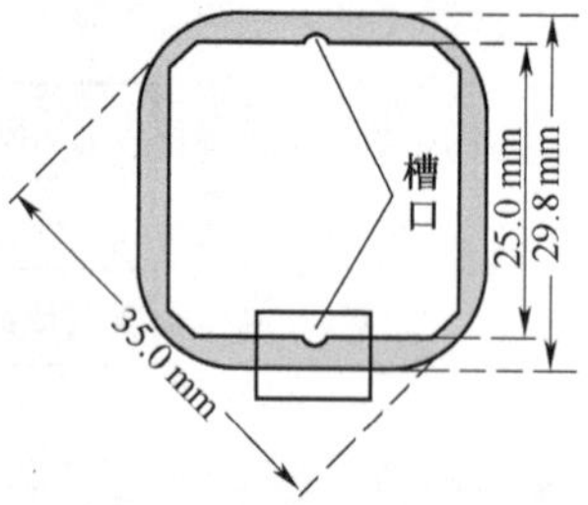

图 4-19　接收器套管的横截面

(6)装炸药。测试过程中通常采用普通乳化炸药,爆速在 4 000 m/s 左右,其特点是无需特殊准备,工地现场就有,且具有防水功能。装炸药前首先需确定每孔所需炸药量,炸药量的多少可通过试验来确定,方法是在最接近接收孔的两炮孔安装适量炸药,通过放炮进行数据采集,由反射波能量的大小来调整炸药量的多少。反射波能量一般在几百毫伏较适宜,最大不能超过 7 000 mV。

在测试过程中,为节省时间,一般是在数据采集过程中进行炸药量的调整,或是根据经验确定炸药量。在确定炸药量后,截取满足要求的炸药段,将电雷管插入炸药中,然后将炸药段连同电雷管用装炸药的炮杆送入每个炮孔,直到炮孔底部。在送入过程中,防止炸药与电雷管分离,且需将电雷管的导线头留在炮孔外。

4. 现场数据采集

(1)参数设置。将传感器连接起来放入传感器套管,放入之前用清洁杆将套管内清洁干净，安装时，传感器有磁片的一面必须正对隧道掌子面。将记录存储单元、传感器、触发盒、起爆器正确连接起来后，启动记录存储单元进入 TSPwin 工作状态，开始参数的设置。数据采集前需设置的参数包括端口选择、采样时间间隔、记录通道样本值、传感器选择、接收通道选择。此外，应将隧道名、测试时间、操作者，以及其他相关信息记录并存储下来，以备查询。

端口是指用于记录单元与便携式电脑之间进行数据传递的通道，系统默认为 1；采样时间间隔系统提供了 62.5 μs 和 125 μs 两种选择，系统默认为 62.5 μs；记录通道样本值系统提供了 7 218 和 14 468 两种，系统默认为 7 218；传感器提供了 x、y、z 三个方向的数据采集方式，系统默认 x、y、z 三个方向都选；接收通道系统提供了 4 个，传感器连接的通道即为选择的通道，系统默认 1、2 通道。采样时间间隔和样本值由期望预报的距离决定，两个值越大，得到的记录时间越长，当必须改变其中一个参数以得到一个更长的记录时间时，首选是增加样本值。

(2)数据采集。将金属导线与雷管导线连接起来，两导线必须分离开，不得接触形成短路，否则无法引爆雷管。导线连接好后，向炮孔内灌注满水，同时仪器操作人员点击操作界面上的 Acquisition 键，系统进入噪声自动检测状态，控制面板上橙色的“BUSY”显示灯亮，几秒钟后，橙色灯熄灭，绿色的“READY”灯亮，这时笔记本电脑上显示“READY FOR RECORDING”，记录单元进入记录数据状态。必须注意的是只有记录单元进入数据记录状态才可以起爆雷管，开始数据采集。待工作人员撤离到安全位置后，关闭噪声检测界面，并开始对起爆器充电，待充电结束，记录存储单元进入记录数据状态后，起爆电雷管，电雷管引爆炸药，系统进入数据采集阶段。数秒钟后，x、y、z 三个方向的反射波全部传送到记录单元，存储采集到的地震波数据，此炮数据采集工作完成。然后重复上述操作，开始第二炮的数据采集，直到最后一炮。

5. 数据处理及解释

(1)数据处理流程。数据处理前须将测量几何参数输入程序表格中，包括隧道的半径、高度，掌子面、参考点的里程桩号，爆破孔、接收孔的孔深、倾角、倾向以及各孔相对参考点的距离，每个炮孔的装药量。测量几何参数输入后就可按照处理软件设定的步骤开始数据分析处理。数据处理共分 11 步进行，每步处理前须选定合适的参数。图 4-20 是 TSP203 系统数据处理流程图。

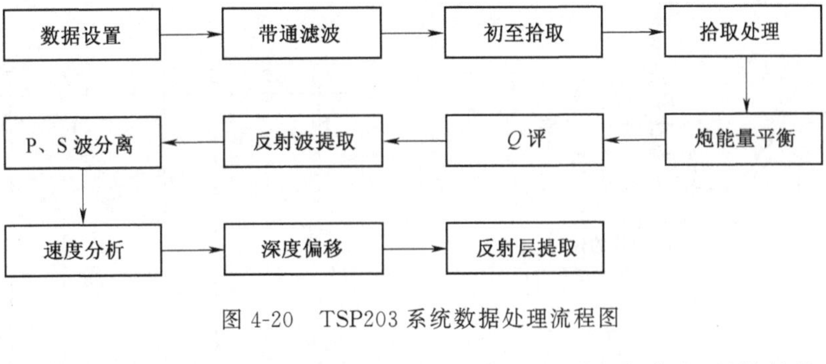

图 4-20 TSP203 系统数据处理流程图

在上述 11 步处理过程中，数据设置中的数据长度设置需根据期望预报的长度来确定，一般取 200 ms 左右基本能满足测试要求；带通滤波参数的设置在处理过程中非常重要，其设置的原则是反射波的主频必须在带通滤波设置的门槛值内，且范围不宜过宽、也不宜过窄。其他参数设置多采用默认值和处理软件计算值，一般能够满足数据处理基本要求。数据处理的结果直接影响预报的结果，因此，除上边提到的一些原则外，参数的设置必须根据围岩实际情况和测试过程中积累的经验进行。

(2)数据解释原则。数据解释除了要充分应用数据处理后的结果,如波速、纵横波速比、泊松比、密度,以及各种模量外,还要结合区域地质地貌、前期地质勘察资料、野外地质踏勘和隧道已开挖段地质情况进行综合分析。在数据解释中,对于经数据处理后直接提交的预报成果,解释时应遵循以下原则:

1)正反射振幅表明岩层变硬,负反射振幅表明岩层变软;负反射与正反射的组合表明该位置有断裂(断层)。

2)若S波(横波)反射较P波(纵波)强,则表明岩层饱含水。

3)V_p/V_s(纵横波速比)增加、δ(泊松比)突然增大,常常由于流体的存在而引起。

4)若 V_p 下降,则表明裂隙或孔隙度增加。

①固结的岩石 $V_p/V_s<2.0$,泊松比 $\delta<0.33$。

②当岩石的孔隙充满水时,V_p/V_s 从 1.4→2.0。

③当岩石的孔隙充满气时,V_p/V_s 从 1.3→1.7。

④水饱和的未固结地层 $V_p/V_s>2.0$。

当岩石中含流体时,V_p 与孔隙度 φ 和孔隙中流体的性质有关,V_p 会明显降低;V_s 只与骨架速度有关而与孔隙中流体无关,V_s 不发生明显变化。

4.5.2 地质雷达超前地质预报

1. 地质雷达超前地质预报概述

地质雷达适用于对断层及其影响带、溶洞、裂隙发育带、软弱夹层,以及地下水的预测预报。其具有适用范围广、操作简单、现场测试环境要求低、预报距离短但准确度高、提交结果及时,以及预报成本低,对施工干扰小等特点。

地质雷达是利用发射天线将高频电磁波以宽频带短脉冲的形式传入围岩,电磁波在遇到地质反射面时被反射回来,再被接收天线接收。通过测得反射波的双程走时,计算不良地质距离掌子面的距离,通过分析反射波的振幅、波形、波速、频率等来判断不良地质的性质。图4-21是地质雷达探测原理图。

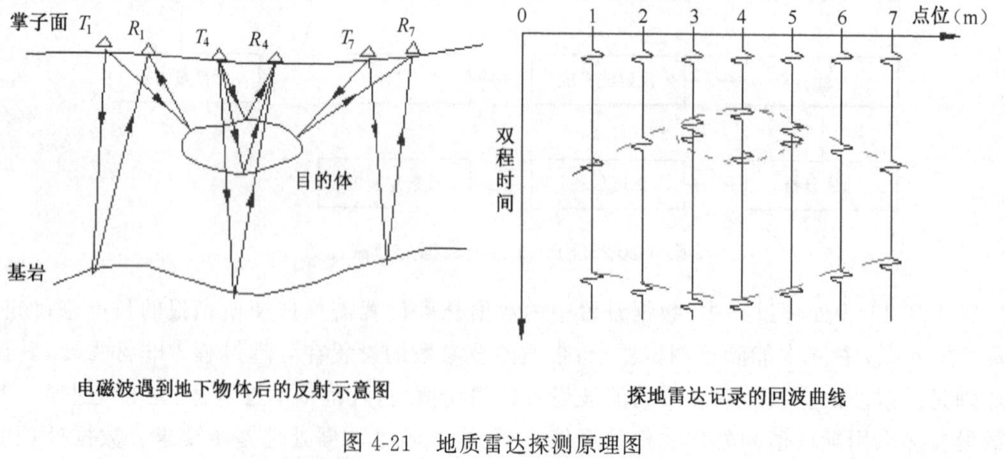

电磁波遇到地下物体后的反射示意图　　探地雷达记录的回波曲线

图4-21　地质雷达探测原理图

根据地质雷达探测原理图求得电磁波在围岩中的旅行时间为：

$$t=\sqrt{4Z^2+X^2}/V \tag{4-1}$$

式中 Z——探测目标体距掌子面的距离；

X——发射、接收天线间的距离；

V——电磁波在介质中的传播速度。

当 $X \ll 2Z$ 时，式(4-1)即为：

$$t=2Z/V \tag{4-2}$$

电磁波在介质中传播与弹性波一样遵循波动方程，电磁波速度 V 与相位系数 α 的关系为：$V=\omega/\alpha$。当$\frac{\sigma}{\omega\varepsilon}\ll 1$、$\mu=1$ 时：

$$V=c/\sqrt{\varepsilon_r} \tag{4-3}$$

式中 c——电磁波在真空中的传播速度；

ε_r——介质的相对介电常数；

α——相位系数；

ω——电磁波角频率；

μ——介质磁导率；

ε——介质介电常数；

σ——介质电导率。

由式(4-2)和式(4-3)可求得反射面距掌子面距离 Z 的表达式为：

$$Z=\frac{tc}{2\sqrt{\varepsilon_r}} \tag{4-4}$$

式中 t——反射电磁波的双程走时。

地质雷达天线发射的电磁波，一部分被介质吸收，一部分发生反射，一部分发生透射。反射波遵循反射定律，反射波的能量大小由反射系数决定，对非磁性介质，当电磁波垂直入射时，反射系数 R 的表达式为：

$$R=(\sqrt{\varepsilon_1}-\sqrt{\varepsilon_2})/(\sqrt{\varepsilon_1}+\sqrt{\varepsilon_2}) \tag{4-5}$$

式中 ε_1，ε_2——表示反射界面两侧介质的相对介电常数。

由式(4-5)可知，ε_1，ε_2 相差越大，即反射界面两侧介质相对介电常数差异越大，反射系数越大，接收天线接收到的信息越丰富，地质异常在图像上表现得越明显，越利于结果的分析解释。水、岩溶、破碎带等异常的相对介电常数与完整围岩的相对介电常数存在较大差异，这是地质雷达用于隧道超前地质预报的物理基础。

在隧道超前地质预报中，地质雷达天线发射电磁波的频率越高，电磁波衰减越快，探测距离越短，但分辨率越高；电磁波频率越低，电磁波衰减越慢，探测距离越长，但分辨率越低。实际应用中，常选用 100 MHz 雷达天线，这主要是综合探测深度和隧道内掌子面可操作性两方面因素决定的。

目前国内使用最多的是美国 GSSI 公司生产的 SIR 系列地质雷达，下面以 SIR-20 型地质雷达(图 4-22)为例介绍其主要参数。

用于隧道超前地质预报的地质雷达仪器设备主要包括 SIR-20 地质雷达主机、100 MHz

天线(根据天线探测深度和天线、隧道断面净空尺寸确定)和数据处理软件三部分。该雷达具有轻便、操作简单、预报精度高等特点,其天线为屏蔽天线,受外界干扰小,非常适合在隧道内工作。SIR-20地质雷达主要技术指标如下:

增益范围:-20~+100 dB可调;

垂直滤波:时间域滤波、无限脉冲响应(IIR)、有限脉冲响应(FIR)、矩形和三角形高低通滤波器;

叠加:2~32 768个扫描;

背景消除:2~32 768个扫描;

通道数:4个;

天线:适配所有的GSSI天线;

记录长度:0~8 000 ns可选;

输出数据格式:8位或16位可选;

扫描样点数:256,512,1 024和2 048可选;

扫描速率:2~800扫描/s可选;

时基精度:0.02%;

工作温度:-10~40 ℃;

工作相对湿度:<95%。

图4-22　SIR-20型地质雷达示意图

2. 地质雷达超前地质预报流程图

地质雷达超前地质预报流程如图4-23所示。

3. 地质预报前的准备工作

(1)资料收集。检测前应将隧道工程概况、隧道地质纵断面图、隧道地质平面布置图、掌子面里程桩号等资料和数据收集齐,以备数据处理和解释时用。

(2)测试台架准备、测试环境清理。采取全断面开挖的隧道,由于断面净空大,用地质雷达开展地质预报工作一般无法对掌子面上部的测线进行测试,因此在数据采集前需准备工作台架。通常可采用隧道开挖时掌子面附近的工作台架。在测试前,还需将掌子面、顶部上松动的石块,掌子面前方的乱石、障碍物清除掉,以免影响测试效果,发生安全事故。

(3)测线布置。检测前应根据工作现场和掌子面围岩情况确定测线的布置位置和数量,测线号与布置位置应通过平面图在记录本上记录下来。在条件允许的情况下,测线应尽可能均匀分布在整个掌子面,一般布置3~5条测线,重点部位或怀疑有异常部位可加密测线,如在灰岩岩溶发育段有异常的部位。图4-24是测线布置示意图。

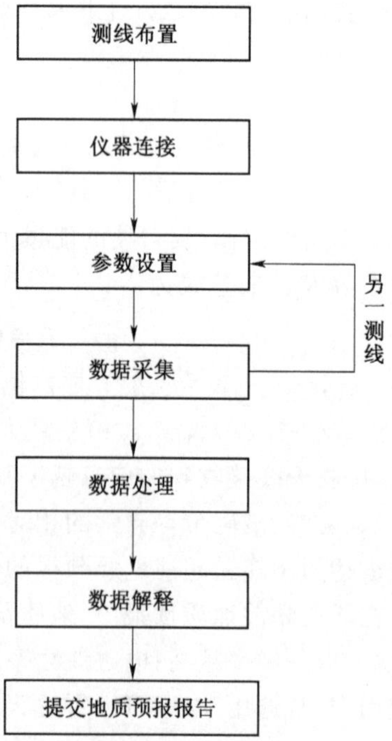

图4-23　地质雷达超前地质预报流程图

4. 现场数据采集

(1)参数设置。数据采集前通常要对时间窗、采样速率、增益大小等参数进行设置。设置前，将主机与天线通过电缆线连接起来，打开主机，进入数据采集状态，将天线贴在掌子面较平整的面上固定不动，然后开始采集参数的设置。

时间窗的大小取决于期望探测的深度和天线能探测的深度，一般可适当取大些，目的是为获取更多的信息，也可采用现场试验，通过观测地质雷达图像来确定。采样速率是单位时间内雷达电磁波扫描的次数，该值过大过小都不利于对地质异常的判断，测试现场一般根据天线移动的速度来确定。增益大小应根据反射信号的强弱来调节，一般可先通过自动功能，由系统自动调节，然后用手动调节功能对个别值进行调节，调节的原则是突出异常反射层，压制干扰。

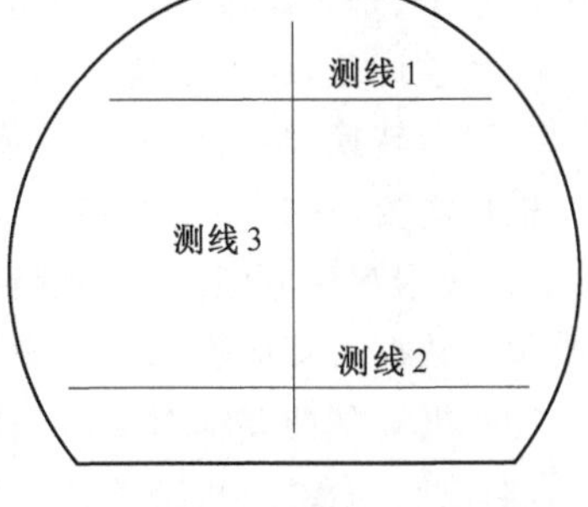

图 4-24 测线布置示意图

(2)数据采集。数据采集包括点测和连续测量两种，在测试面不大和掌子面明显凹凸不平的条件下采用点测，点测间距 20～40 cm，一般情况下都采取连续测量的方法进行测量。连续测量时，雷达天线由两名工作人员抬起，贴在掌子面围岩上，从每条测线的起始位置开始，缓慢移动到测线的末端，移动时雷达天线始终贴在围岩上，从而保证采集数据的质量。在测量掌子面纵向测线时，可将天线两端系上绳子，工作人员站在工作台架上将绳子拉住。测试时，将天线贴在掌子面上，同时下放两端绳子，天线在重力作用下下移，下移过程中，可派一名工作人员在工作台架下用一根棍子将天线往掌子面方向压住，目的是使天线在下移过程中与掌子面始终相贴。每条测线测完后，需将数据保存的文件号与对应的测线号记录下来，以备数据解释用。

5. 数据处理及解释

(1)数据处理步骤。先将采集的数据传输到计算机上，以便资料的处理与解释。地质雷达资料处理的目的是压制干扰、增强有用信号、提高信噪比、突出异常反射。处理前，应回放测试原始数据记录，一般要求原始数据记录完整、信号清晰。在资料处理过程中，可根据原始资料的波形特征和需要达到的目的选用不同的处理方法。

一般情况下，地质雷达原始数据应做下面几步处理：

1)零点校正，在地质雷达图像中确定掌子面表面的位置。

2)颜色选取，以获得便于对反射层识别的图像。

3)输入介电常数或电磁波波速，表 4-3 是常见介质的相对介电常数与电磁波在介质中的传播速度。

表 4-3 常见介质的相对介电常数与电磁波在介质中的传播速度

介　质	相对介电常数 ε_r	速度(m/ns)
水	81	0.033
空气	1	0.3
花岗岩	4	0.15
石灰岩	7	0.11
大理岩	6	0.11
灰岩	7	0.11
湿黏土	8～12	0.06～0.11

4)距离归一化,将相同距离的雷达扫描因采集速度不同而造成的扫描不均一处理成均一相等。

5)水平、垂直滤波,消除表面波和多次波。

6)增益调整,压制干扰,提高信噪比。

7)时深转换,将时间剖面转换为深度剖面。

根据需要,有时还需做其他处理,如频谱分析、希尔伯特变换、背景滤波等。

(2)数据解释原则。数据解释包括对断层、破碎带、岩溶、地下水等异常的判断,地质雷达地质预报数据解释应遵循以下原则:

1)数据解释前要求对测区内的围岩类别、岩体性质有充分认识,解释时要结合区域地质地貌、前期地质勘察资料、野外地质踏勘和隧道已开挖段地质情况进行综合分析。

2)在做出结果判断时,应根据现场记录,区分有效异常与干扰异常,排除环境影响和假异常。

3)对不同地质异常雷达反射波的波形特征、电磁波各种参数的变化规律熟练掌握。

①断层、破碎带地质雷达图像特征:反射波同相轴错断、高频成分衰减厉害、振幅增大(图4-25)。

②溶洞地质雷达图像特征:空溶洞会出现强振幅、多次反射,小溶洞还会出现双曲线图像;充填溶洞内部反射波图像与破碎带相似,但界面反射一般较破碎带强(图4-26)。

图4-25 断层、破碎带地质雷达图像

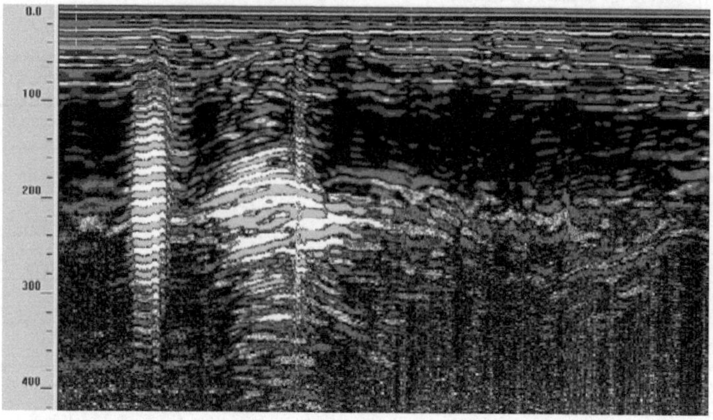

图4-26 溶洞地质雷达图像

③地下水地质雷达图像特征:反射波表现为强反射、相位反相(图 4-27)。

图 4-27 地下水地质雷达图像

4.5.3 电法预报技术

1. 电法预报技术简介

(1)电法预报技术的引入。岩溶地质条件下隧道的涌水预测十分复杂和困难,为保证安全,需要比较准确地预知工作面前方地质岩体的状态,对可能发生的地质灾害采取相应的对策。德国 GEOHYDRULIK DATA 公司研发的隧道钻孔电法超前预报方法(简称 BEAM)与隧道开挖中采用的钻孔雷达、表面雷达和 TSP203 超前预报系统等相互补充、印证,可以取得更好的预报效果。

(2)电法预报原理。BEAM(Bore-Tunneling electrical Ahead monitoring)测试技术的原理是通过对岩层电阻率采用电法(激发极化法)进行测试,探知岩体质量、空洞和水体。地下岩体、矿石在人工电场作用下发生着复杂的电化学过程,并形成一个随时间增长的极化电场,它叠加在人工电场以及由于电性差异而产生的异常电场之上。习惯上把人工电场以及因电性差异而产生的电场称为一次场,而把极化电场称为二次场,它们的叠加称为总场。总场经数分钟后趋于饱和。如果切断电源,一次场随即消失,但二次场仍然存在,并逐渐衰减,几十秒至几分钟后衰减至零。激发极化法就是通过研究激发极化电场的分布以达到找矿、找水或解决其他地质问题的一种物探方法。早期激发极化法应用主要以直流激电法为主,但是由于直流激电法的装备比较笨重,且断电后的二次场易受外界电磁干扰,激电法后来的发展以交流激发极化法为主,德国 GD 公司开发研制的 BEAM 测试系统就是一种以交流激发极化法为探测手段的全新技术,如图 4-28 所示。

(3)工艺特点。BEAM 充分利用了同性相斥的特点,通过外围的环状电极发射一个屏障电流和在内部发射一个测量电流以便电流聚焦进入要探测的岩体中,通过计算视电阻率和一个与岩体中孔隙度有关的电能储存能力的参数 PFE(Percentaage freauency effect)的变化来预报前方岩体的完整性和含水性。

(4)适用范围。BEAM 系统设计是与 TBM 施工机械联用,应用于钻爆法施工存在电极安装时间较长的问题,因此,在采取钻爆法施工的条件下,该方法的应用存在很大的局限性。

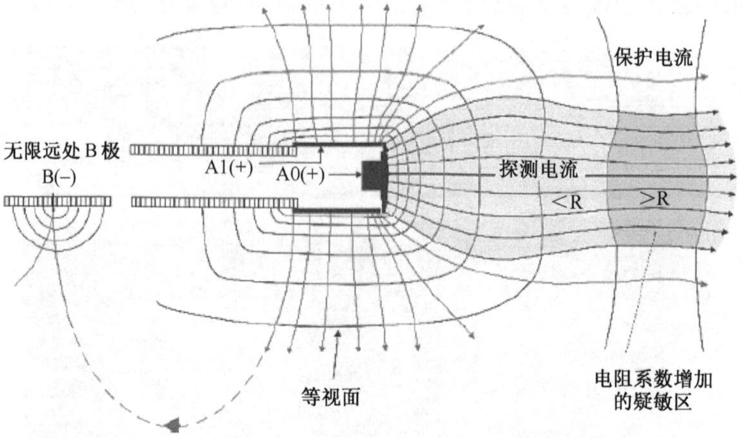

图 4-28 BEAM 工作原理示意图

2. 电法预报工艺流程

电法预报主要分 4 个步骤:根据工区的工程地质条件及水文地质条件建一个该工区的视电阻率、PFE 值与该工区的岩体质量、含水情况的关系图,简称建模;现场数据采集;资料室内分析;科学的预报结论。流程图如图 4-29 所示。

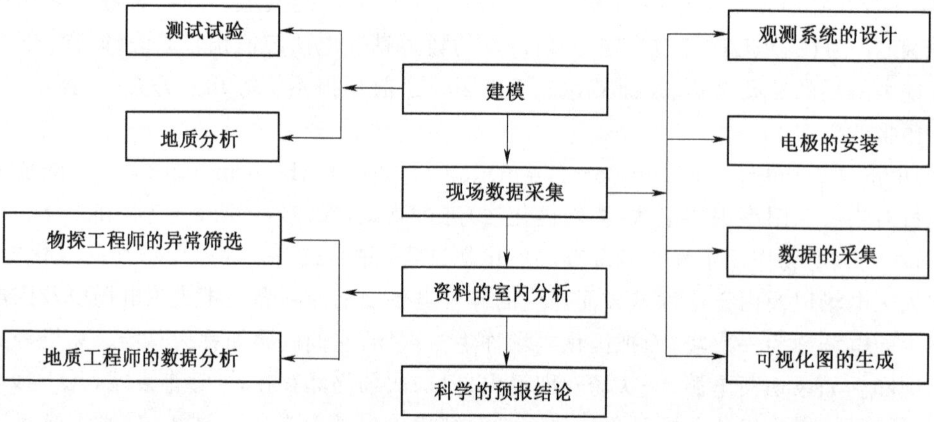

图 4-29 电法测试工艺流程图

3. 电法预报

(1)电极设计与安装。电极的设计与安装是电法预报中最重要的步骤,设计与安装的好坏直接关系到野外采集数据的质量,主要是 A_1、A_0 极的安装与设计。

1)供电电极 A_1 的设计与安装。A_1 极的安装有两种:在掌子面后方约 5 m 处;在掌子面四周。

以上布置要尽可能布满隧道掌子面周边,而且电极连接呈一圆形结构,将电极等间距布设,连续相连,并通过四芯连接电缆与转换插板连接,电极个数不少于 9 支。

2)测量电极 A_0 的设计与安装。A_0 电极嵌入 A_1 中,通过特定的夹子与三芯或者是四芯连接电缆中的一根连接线(柔软的铜线,铜芯为 0.75~1.5 mm^2)与转换插板相连。

3)负极 B 的设计与安装。B 极作为无穷远极，一端与主机连接，另一端必须与距掌子面最短距离不小于 300 m、最大距离不超过 1 000 m 的导电性较好的岩块相连(通常连接到锚杆上)，同时必须保证在与岩块相连的附近没有任何有关电的装置，为防止损坏，在距掌子面最近的电线必须每次都收好。

(2)BEAM 测试系统组成。BEAM 系统由主体部分和辅助部分组成。

1)主体部分：由主机、连接电缆、转换插板、连接线及键盘组成。

主机：为系统的控制部分，主要功能是发布系统命令，进行数据采集、处理与解释；

转换插板：通过 USB 连线与主机连接，实现对测量电极 A_0、供电电极 A_1 的控制；

连接电缆：连接测量电极 A_0、供电电极 A_1，通过转换插板与主机相连；

连接线：包括 USB 连线、电源线、并行线等。

2)辅助部分：由供电电极 A_1、供电电极 A_1 及电极连接线组成。

供电电极 A_1：由 7～9 颗独立的楔形铜棒组成，实施对掌子面供电；

测量电极 A_0：由 6 颗柱形铜棒组成，实施数据的采集；

电极连接线：按一定的方式连接电极，组成观测系统。

(3)现场测试。

1)定位造孔。在钻爆法施工的条件下，BEAM 的 A_1、A_0 的电极安装孔可以直接选用炮孔，在掌子面的四周或离掌子面后方 5 m 处布置不少于 9 孔作为 A_1 孔，等间距布置在掌子面外沿。测量电极 A_0 极也按环形布置，共 6 个孔，半径小于供电环 1 m 左右(A_1、A_0 布在同一个掌子面时如图 4-30 所示)。

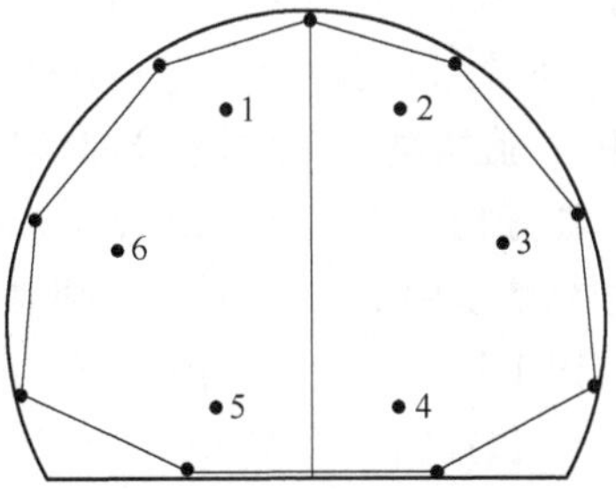

图 4-30 A_1 及 A_0 布置图

2)系统连接。

①把 USB 集线器与主机的 USB 接口连接。

②把转换插板上的 A_0 接口与主机面板上的 A_0 连接。

③把转换插板上的 A_1 接口与主机上的 A_1 接口相连。

④无穷远 B_0 极与主机上的 B 接口连接。

⑤依照转换插板上的编号，准确无误地将转换插板与两连接电缆上的电缆线编号连接。

⑥接通 12 V 直流电源，开机。

3)注水耦合。在每次电极安装完成后，需在电极孔内加少量盐水，防止在测量过程中因为电极与岩石耦合不好而导致测量中断。

4)测试。

①测试调试。

蓝屏：一旦当视窗导入系统出错，蓝屏上将显示“STOPERROR”，请关掉主机重新试。或从主机上拔掉 USB 集线器，关掉主机重新启动，启动系统后再把 USB 集线器与主机相连。

用户终止：当启动 BEAM 操作程序之后可能会出现提示信息：请关闭程序并且关掉 Windows 系统，然后关掉 BEAM 主机的黑色电源开关并且拔掉所有的电源线，等过 30 s 之后重新启动系统。如果这样的错误再发生，请立即与 GEOHYDRAULIK DATA 公司联系。

②供电与断电。当所有的电极都安装完成后，进入采集状态，系统将自动发射两种不同频

率的电流。当采集完成后,关闭主机连接面板后面的电流控制开关,实现对系统的断电。

③数据采集。点击 STEP2 的开始按钮开始 BEAM 测量。

BEAM 测量将自动进行,如果在测量时点击取消按钮,这次测的数据将不被保存。同时也不能进行可视化。

④有效数据筛选与保存。在采集过程中,如果所有的电极都安装正常,系统将自动进行采集并计算岩体的视电阻率和 PFE 值保存。如果在采集过程中,系统发现两个或两个以上电极不能够正常通电时,系统将发出警报,要求重新安装电极,同时将停止数据的采集,先前所采集的数据也将不会保存。

5)数据的室内分析。

①现场数据成图。当测量完成之后,点击 STEP3 的开始按钮,BEAM 自动可视化程序。可视化成果将自动生成。

②筛选异常区域。当电阻率、PFE 值曲线在某一段同时下降,存在富水的可能;当电阻率、PFE 条曲线中,PFE 下降速度快,电阻率变化趋势不大时,存在裂隙发育,富水可能小;当电阻率较低,而且保持曲线在某段均无多大变化,电阻率变化也不大时,存在较大富水;当电阻率、PFE 曲线分别变大和变小(即呈两个方向变化时),在某一点存在气体或孔隙;当在某个位置 PFE 值很高、电阻率很低时,可能存在充填软塑物质的溶洞或夹泥之类。

③分析参数调整。BEAM 系统是德国工程师提出的 BEAM 理论与方法以及他们的实践工作总结基础上,形成一套较成熟的测量系统,这个测量系统是完全固化的,使用者只能完全按德国工程师设计的思路进行工作,无法对系统参数进行调整。

4. 预报辅助工作

(1)预报前的准备工作。

1)无穷远 B 极的检查。首先对 B 极进行检查。如果 B 极被损坏,经常都要花较多的精力和时间去修理,因此在安装掌子面电极前检查 B 极电缆可以节约时间。

检查时 B 极和主机连接起来,同时用一根连接线的一端与主机上的 A_0 端连接,另一端接地。在"Quality check STAR"的右侧有一个 BEAM 远程发射按钮。按这个按钮开始远程发射,接着选择 20 V 电压按钮并且改变放大倍数 Gain,以使在白色图表窗口中的红色线位于中间或中间偏下部分。如果这个数值为 9 999(出错),放大倍数必须减小。

A_0 中的电流显示将超过 1 000 μA。如果接地一端断开,A_0 中的电流将会明显下降,如果重新接上这个数值能回到原来的值,在这种情下说明 B 电缆是正常的。

如果认为 B 电缆已经断开,重新选择 20 V 电压,同时调节放大倍数,到最大值(8 000)重新检查 A_0 的电流。如果这值低于 1 000,说明 B 电缆已经断开,这需要立即修理或连接。

远程发射测试之后,把 A_0 电缆从 A_0 输出的地方移开,再点击远程发射按钮可以关掉远程发射程序。

2)连接检查。当 A_0 和 A_1 连接完成后,可以进行测量过程中的第一步:连线检查。

点击开始(START)按钮开始自动进行质量检查,这个过程将需要几分钟的时间,请离开主机并且在测试过程中不要接触安装好的电缆。结果将在提示栏中显示,红灯和绿灯表明电极的状态:

状态 1:所有 6 个灯都是红色的,表明 B 极连接或者 A_1 极连接没有通电。请检查连接是否接触良好和连线是否被损坏。

状态 2：个别电极的指示灯是红色的，其他是绿色的，检查相应的电极是否连接良好。在问题不能被解决的情况下，最多只有一个灯是红色时测量可以进行，如果超过一个以上将不能进行测量。必须检查设备，电缆和连接是否被损坏而且必须修理好后才可以测量。

状态 3：所有电极的指示灯都是绿色的，表明 6 个电极连接正常，测量可以进行。

(2)测试供电。现场供电采用 220 V 交流照明电 BEAM 系统将对 220 V 电压转换为两个不同频率的电流实现对 PFE 值的计算。测试时，BEAM 系统将自动发射一个一定频率的屏蔽电流和两个不同频率的测量电流。

5. 电法实施技术要点

(1)电极位置控制要点。在掌子面四周或掌子面后方 5 m 处等间距环型布置一圈钻孔作为 A_1 极，在掌子面上等间距环形布置 6 个孔作为 A_0 极，半径小于 A_1 环 1 m 左右(A_0、A_1 布在同一个掌子面)。

(2)数据现场采集质量控制要点。现场采集数据时，为了保证采集的有效性，需注意以下几点：

1)数据采集时所有电缆线圈必须完全铺开，不能有电线绕在一起，这样做主要是为了防止感应电流影响数据。

2)A_0 和 A_1 布设必须安装在掌子面干燥的的位置，当 A_0 和 A_1 与导电性较好的水连接时可能引起数据出错。

(3)数据室内分析质量控制要点。

1)根据视电阻率、PFE 值与岩石质量、含水情况的关系图与不同断面的视电阻率等值线，判断其异常的大致位置。

2)对异常区域进行重点分析和处理。

(4)数据综合分析质量控制要点。

1)根据测试和分析情况，提出明确的预报结果。

2)地质工程师从区域工程地质、掌子面揭露情况分析 BEAM 结果的科学性，并有针对性地提出看法和质疑。

3)水文工程师分析该结论中对水的预报情况。

4)物探工程师综合分析其他物探手段的预报结果，找出各自预报结果之间的异同，并进行综合分析，找出预报结果的合理性。

5)电法预报工程师结合上述意见对电法预报结论进行必要的补充和修正，使结论更合理。

4.5.4 陆地声纳预报技术

1. 陆地声纳预报技术简介

(1)陆地声纳预报技术的引入。作为物探法中的陆地声纳法以及测试仪器(图 4-31)都是我国自行研发具有自主知识产权的技术，它除了探测断层破碎带外，特别强调了探查溶洞的效能。自 1991 年投入现场试验，经过十余年的运用及不断改进，现已广泛运用到各施工行业的工程地质预报中。

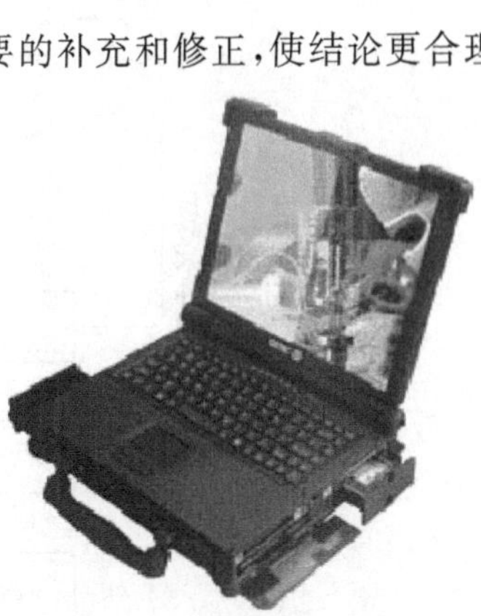

图 4-31 陆地声纳

(2)陆地声纳预报原理。陆地声纳法是陆上极小偏移距高频弹性波反射连续剖面法的简称,可在狭小的场地和基岩裸露的条件下,探查岩溶等有限物体。也称为高密度地震反射或地震映像法。

陆地声纳法是用锤击方式激发弹性波向前方传播,当遇到断层、大节理、岩层分界面、岩脉、涌水层、溶洞等产生反射,在激振点旁设检波器接收被测物体的反射波,通过接收仪器将单个测点的时间曲线接成时间图像,根据图像判断地质情况(图 4-32)。

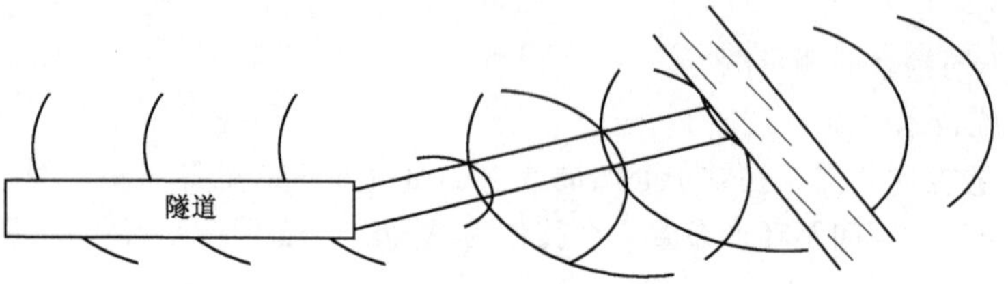

图 4-32 陆地声纳在掌子面上作超前地质预报示意图

(3)工艺特点。预报直观,对结构性不良地质预报准确,操作简单,预报时间短,与地质分析和其他物探预报手段综合分析效果更佳。

(4)适用范围。适用于结构性不良地质发育隧道的地质预报,对不良地质中水的预报不太适用。

2. 陆地声纳预报工艺流程

陆地声纳预报工艺流程如图 4-33 所示。

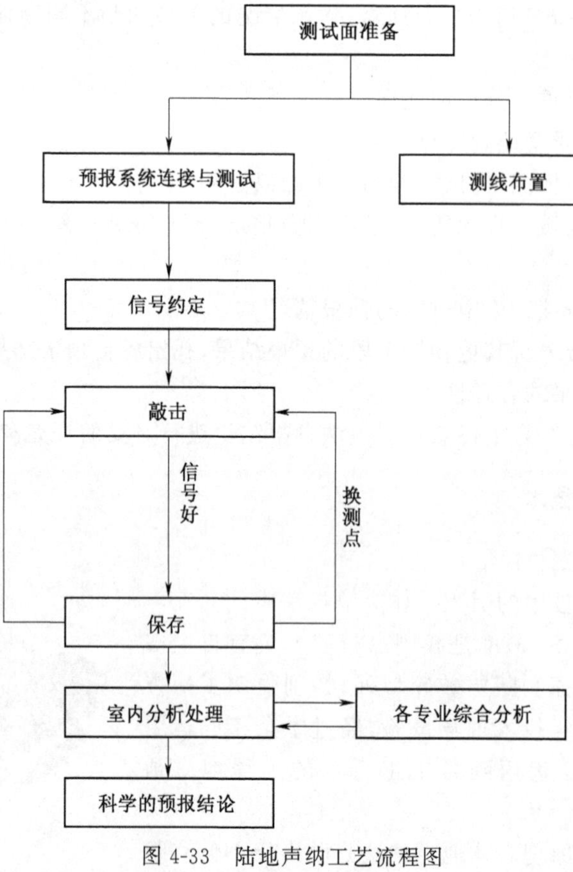

图 4-33 陆地声纳工艺流程图

3. 陆地声纳预报

(1)作业面。预报面一般选择在比较完整、无水的地方,并与前一次预报有 20～30 m 的重叠。

(2)测试作业面处理。测试前,需对测试作业面进行清理。把松渣、虚渣、悬石、松动的石块等清理掉。局部有水的地方做一定的引排。

(3)测点布置。

1)水平测线布置。在作业人员操作方便的 1.2～1.5 m 高处,布置一条由各测点组成的水平测线。用钢尺准确量出各点的具体位置,并以颜色鲜明的油漆标志清楚,测点布置间距 25 cm。

2)竖直测线布置。为了对前方不良地质体的空间定位,在布置了一条水平测线的同时须布置一条竖直测线。竖直测线布置在中心位置并与水平测线垂直相交,一般上下对称布置即可获得较好的信息。用钢尺准确量出各点的具体位置,并以颜色鲜明的油漆标志清楚,测点布置间距 25 cm。

(4)现场数据采集。

1)测试数据采集系统试采集。陆地声纳仪连接完成后,进行测试。按照正常的数据采集程序在某个位置敲击,看仪器接收到的信号是否正常,并现场采集几组数据,正常编号存储,形成试验数据。一切采集存储正常后,方可准备正常采集。

2)数据采集。准备就绪后,开始采集数据。在掌子面上通过手持铁锤敲击直接耦合于岩面的铁棒来产生振源,通过布置在两侧并与岩面耦合的检波器接收反射回来的信息,信号通过数据线路传输直接输入电脑完成采集。

3)有效数据筛选。通过电脑内部的处理程序,将采集到的反应信息通过数据和彩色图像的形式反映到电脑的显示器上,工程师通过图像进行判断分析本次数据的有效性,从而保存较为完整的信息以便室内分析。在测试过程中,通常对每个测点敲击 2～3 次,从中筛选效果最好的数据。

4)数据保存。采集效果最好的数据进行保存。保存时可以用设置文件名和道数来区分不同位置采集的数据,然后通过保存键来完成数据保存操作。

(5)数据的室内分析。

1)数据成图。数据采集完后,通过计算机内部处理程序即可生成直观的图像。

2)筛选异常区域。图像生成后,通过图中反应的信息大致可以看出在什么地方有比较异常的反应。

3)增益调整。由于检波器接收到的信号随距离增加而减弱,在距离越远的地方信号越弱,所以要调整增益来放大各种需要的信号。陆地声纳的增益调整针对性很强,可以通过线形的调整增益来补偿信号,还可以直接针对某个区域进行专门增益调整,以还原该区域的信息而进行特殊的分析。

4)判断异常区域大小和空间布置。异常在图中的左右位置即为实际地质体的所在。根据测线布置的位置和距离关系可以直接判断所处的左右具体位置。前进方向的位置是通过时标和波速之间的关系进行计算得出的。

一般来说,异常的平面位置可以通过精确的计算进行比较准确的判断,但是在空间上的具体分布还是得不到较为准确的反映。

4. 预报辅助工作

(1)预报前的准备工作。预报前需对测试面附近一定区域进行安全检查,同时退出机械设备,把照明等设施准备好,使预报区域有个安全、明亮的环境。

(2)预报系统测试。一切准备好后,进行预报系统的测试。通过测试对供电线路、检波器、数据线路、采集电脑等进行综合的检查,为正式预报测试作好准备。

4.6 超前水平钻探预报技术

4.6.1 超前水平钻探的目的和作用

为确保隧道开挖施工安全,在开挖至地质异常体前(约 10～20 m),施作 20～50 m 的超前水平钻孔,以查明地质异常体是否真正存在,其确切位置、破碎程度以及是否有瓦斯和涌水,以指导制定相关施工技术措施。

在隧道内利用钻机进行水平钻进(图 4-34),根据钻进速度的变化,岩芯鉴定,钻孔冲洗液颜色、气味,岩粉及遇到的其他情况和钻孔资料来推断隧道前方的地质情况。此法可以直观反映岩体的情况,施工人员可根据实际地质情况进行下步施工组织。

图 4-34 RPD180 水平钻机

超前水平钻孔预报直观、准确,操作简单,与物探等其他探测手段综合进行地质分析预报效果最佳。适用于复杂地质条件隧道不良地质探测,特别是在富水洞段对水的探测。探测深度为 20～50 m。

4.6.2 施工工艺

施工工艺流程如图 4-35 所示。

4.6.3 超前水平钻探预报

1. 实施的前提

利用综合地质分析技术,对断层影响带等大的地质构造到掌子面特定的地层岩性、构造和节理裂隙发育情况、地下水状态、围岩稳定性等具体地质现象进行预报和判断,然后在此基础上进行 50 m 以上的远距离物理探测,进一步对前方地质情况进行确认。通过上述地质分析和物探手段预报,可以比较准确地定性预报出前方一定范围的不良地质情况。当判断出前方

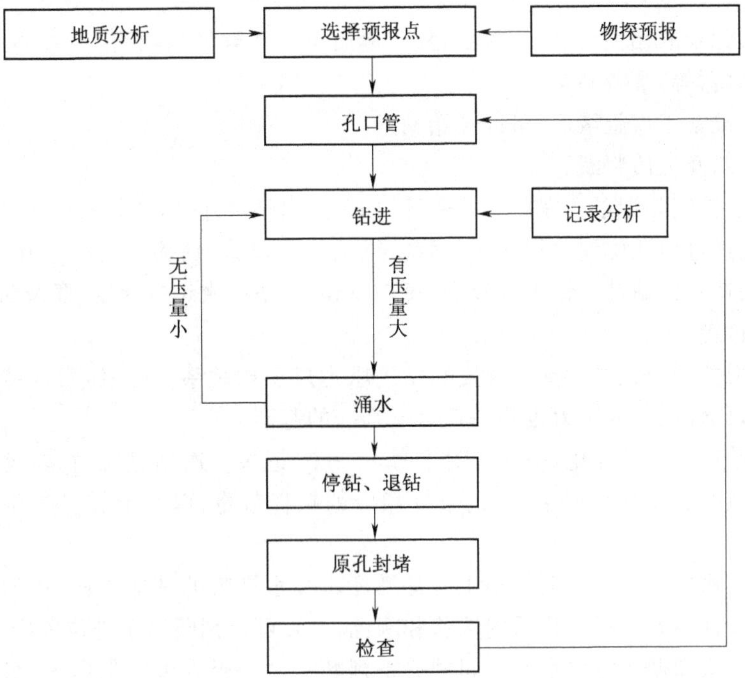

图 4-35 超前水平钻探施工工艺流程图

有对工程影响严重的不良地质现象，即可采用水平地质钻探进行直观的探测预报。

2. 钻探方案

(1)探孔数量。钻孔数量根据实际的工程地质确定，原则上布置1～9个不等。对一般富水洞段可以布置1～3个探孔，对高压强富水洞段需要在掌子面前方成放射状布置6～9个探孔。

(2)探孔深度。钻孔深度取决于储水构造的走向。当储水构造垂直于洞线时，各个孔深几乎相同；当以小角度斜交时，孔深需根据其几何关系确定，不同部位的探孔深度不同。

(3)钻孔方案设计。根据地质分析和物探方法对前方工程地质的初步判断，并结合掌子面揭露的实际情况，有针对性地设计几个探孔。对每个孔的具体位置、孔向、深度进行专门的设计。

施工过程中，对地下水的探测遵循探一个孔分析一个孔，处理一个孔的原则，杜绝几个设计孔同时钻探或者待全部孔钻完后再处理的做法。

3. 钻探施工

(1)孔口处理。当确认前方可能有水时，在开钻前需要安装孔口管。安装孔口管主要有两个重要作用，一是当出现涌水时可以在安全退钻后对水进行可控排放；另一方面可以利用孔口管进行原孔注浆。一般富水洞段孔口管采用钻孔注浆预埋方式；对可能揭露高压水的洞段还需利用锚杆固定孔口管，确保稳固，孔口管的埋设方位要根据设计的孔向进行。孔口管安装后要安装压力表，同时留出减压阀。

(2)施工准备及钻机固定。孔口管安装好后，可以进行钻孔前准备。钻孔前主要准备好照明、动力、钻机平台及钻机安装等。钻机安装牢固，要根据预计出水压力与钻头大小计算出水压力给钻机的推力，然后根据最大推力的2～3倍系数进行钻机的加固，确保高压水揭露后不会推翻钻机。

参与钻进、记录的相关人员、物探工程师、地质工程师到场,各种记录表格准备齐全,测量仪器(如秒表、容器等)准备齐全。

(3)钻进。准备工作就绪后,可以开始钻进。

(4)现场跟踪及地质判断。

1)钻进速度控制与记录。在孔口管内开口时,放慢钻进速度,严格按照设计的角度从孔中心钻进,避免钻进过快孔位偏离损伤孔口管。待钻过孔口管,钻头不会冲击孔口管后,适当加快钻进速度,保持中速钻进。钻进过程中,每 10 min 记录一次钻进速度,要及时记录钻进过程中突发的过快过慢。

2)钻进压力控制与记录。钻进速度和钻进压力成正比关系,钻进压力保持稳定来控制钻进速度。同时,比较稳定的压力也是进行地质判断的基准。

随时注意钻进压力的变化,一般情况下每 10 min 记录一次钻进压力,对突发的压力增大或突然的卸压情况必须及时记录,并记录好相应的钻杆数量,以此推算发生压力突变的孔深位置。

3)孔内流出物判断。孔内流出物主要是循环水和水携带的其他物质,比如石屑、石粉、揭露出的水等。根据不同岩石粉化后的性状和颜色,大致可以判断出钻进位置岩石的岩性,同时可以通过孔内返水和循环进水水量之间的关系判断孔内是否有水揭露出来,当有压力水射出时就明显表示揭露出了高压水。

4)水量估算与测量。当水被揭露出来后,需对出水量进行测量。测量可以通过容积法方式测量,当容积法测量有困难时,可以采用目测估计的方式进行,但估算人需要有一定的经验,否则误差较大,影响判断精度。

5)适时停钻与退钻。一旦发现孔内出水,应该立即停止钻进,观察判断出水情况。

对水量的判断:停钻后,通过各种方法对出水量进行判断,当水量不大于 30 L/s 并没有增大的迹象时,不必退钻。

对水压的判断:通过射水距离、手触等方式对水压力进行估计。一般情况下,如果触手可摸或水平孔出水口和水落地点连线角度小于 45°时,则压力不会大于 0.8~1 MPa。当水量小于 30 L/s,压力小于1 MPa,且通过观察发现水量没有增大迹象时,可以谨慎钻进。但重新起钻后,只要发现压力和水量任何一项增大,马上停止钻进,并小心退钻,预示前方可能储有较大的地下水。

6)取芯。需要取芯的探孔采用取芯钻头,取出的芯样要作好标志,现场及时分析,后妥善保管,用作地质分析的凭据。

4.6.4 预报辅助工作

1. 预报前的准备工作

水平钻探预报前,需首先进行地质分析和物探手段的预报,目的是认定对工程施工不利的不良地质。这些准备工作是需提前很长一段时间开始且连续进行的,并通过隧道不断的掘进来对以往的预报进行延伸和修正。必要时要组织包括地质、物探、工程、水文、机械等方面的专业人员参加的分析会,对前方储水异常的各种信息进行充分的论证和准备,并对可能造成的最坏结果进行有根据的预测,从而正确指导水平钻探的预报及处理工作。

2. 风水电辅助工作

水平钻探预报前，需在预报区域内做好照明、通风、用电、排水等工作，同时，在隧道外准备好注浆所需的设备、材料、人员等，以便出水后能够迅速组织止水工作，为顺利进行钻进预报及出水后的处理提供必要的条件。

4.7　超前地质预报信息管理

(1)各种超前地质预报手段获得的地质信息，应进行综合分析，并及时向相关各方提交书面报告，作为制定或修改施工方案的依据。

(2)超前地质预报报告内容应包括工作概况、采用的预报手段及预报结果、相互印证情况。综合分析预报结论、灾害警报、施工方法和施工技术建议。

(3)超前地质预报工作应编制周报、月报、年报。所有预报资料应存档备查。

(4)超前地质预报的结果有异常情况时应及时通知相关各方，并采取措施。

(5)施工过程中应将实际开挖的地质情况与预报结果进行对比分析，及时总结经验，指导和改进超前地质预报工作。

5 高速铁路隧道开挖施工技术

在我国，高速铁路隧道多采用单洞双线断面，其开挖断面达 140～170 m^2，较常规铁路隧道的断面面积更大，且断面形状更为偏平。按照国际隧道协会建议的隧道断面划分标准，均属超大断面隧道，与一般普速铁路隧道相比，开挖施工有其特殊性。

5.1 隧道开挖施工的特点

与一般断面隧道相比，高速铁路隧道的力学行为发生了很大改变，尤其是形状扁平的大断面隧道，具有如下突出特征：

(1)开挖后的应力重分布变得更为不利，随着高宽比(高度/宽度)的减小，围岩内的最大主应力和衬砌拱顶处的最大弯矩急剧增加，出现更大的塑性区和更大的变形，需要更强大的支护结构来保持隧道的稳定。

(2)隧道断面的增大造成拱顶不稳定，更容易产生坍塌，支护结构底脚处的应力集中更显著，要求较大的地基承载力。

(3)开挖宽度越大，围岩松弛范围越大，要求产生普氏拱作用的埋深越大，在隧道埋深不能满足普氏拱作用要求时，大断面隧道支护结构将承受更大的松弛荷载，受力条件更为不利。

为了确保铁路隧道施工安全，中国的铁路建设管理部门对隧道支护和二衬结构与开挖掌子面的距离作出了严格规定。譬如，《铁路隧道工程施工安全技术规程》(TB 10304—2009)规定：仰拱与掌子面的距离，Ⅲ级围岩不得超过 90 m，Ⅳ级围岩不得超过 50 m，Ⅴ级及以上围岩不得超过 40 m。这些规定对高速铁路大断面隧道开挖施工技术工艺提出了新的要求。

鉴于此，必须结合高速铁路隧道断面大的特点，对隧道地质超前预报、围岩预加固，开挖方法、支护与预支护技术进行更深入研究，开发出更适合高速铁路大断面隧道开挖和支护的施工技术。

5.2 隧道开挖方法的分类

按照开挖所采用的破碎或切削岩土的手段，可将高速铁路隧道开挖方法分为钻爆矿山法、非爆矿山法、TBM 法(盾构法)等。

钻爆矿山法：钻爆矿山法是我国高速铁路隧道采用最为普遍的一种施工方法，实际施工时，视围岩级别及断面大小等因素可选用全断面法、台阶法、中隔壁法、双侧壁导坑法等。

非爆破矿山法：主要是采用铣挖机、单臂掘进机、液压破碎锤、大功率挖掘机等机械装备开挖，主要在软岩或围岩稳定性受爆破震动影响敏感的地质地段(如黄土隧道、风积沙隧道等)，或者隧道附近有受爆破振动影响敏感的结构物时采用，由于这种开挖方法，可以大大减小对隧道围岩的扰动，应是隧道开挖方法的发展趋势。

TBM 掘进机（盾构）法：主要在条件适宜的特长山岭隧道、下穿城市隧道、下穿江河湖海的隧道采用，具有掘进速度快、施工质量高、沉降控制好、劳动强度低等优点。

5.3　隧道开挖一般规定

（1）隧道开挖应根据施工方法、机械设备、地质条件及工程环境等因素，选择开挖方式和步骤，确定合理的循环进尺及施工速度。隧道Ⅳ、Ⅴ、Ⅵ级围岩地段、隧道浅埋、下穿建筑物及邻近既有线地段施工开挖应按照《爆破安全规程》采用控制爆破，或采用非爆破方法。

（2）开挖作业应尽量减少对围岩的扰动，保护围岩的自承能力。岩石隧道钻爆开挖应采用光面爆破技术，控制循环进尺及一次同时起爆药量；软岩或土质围岩隧道，宜采用机械开挖。钻爆开挖工艺流程如图 5-1 所示。

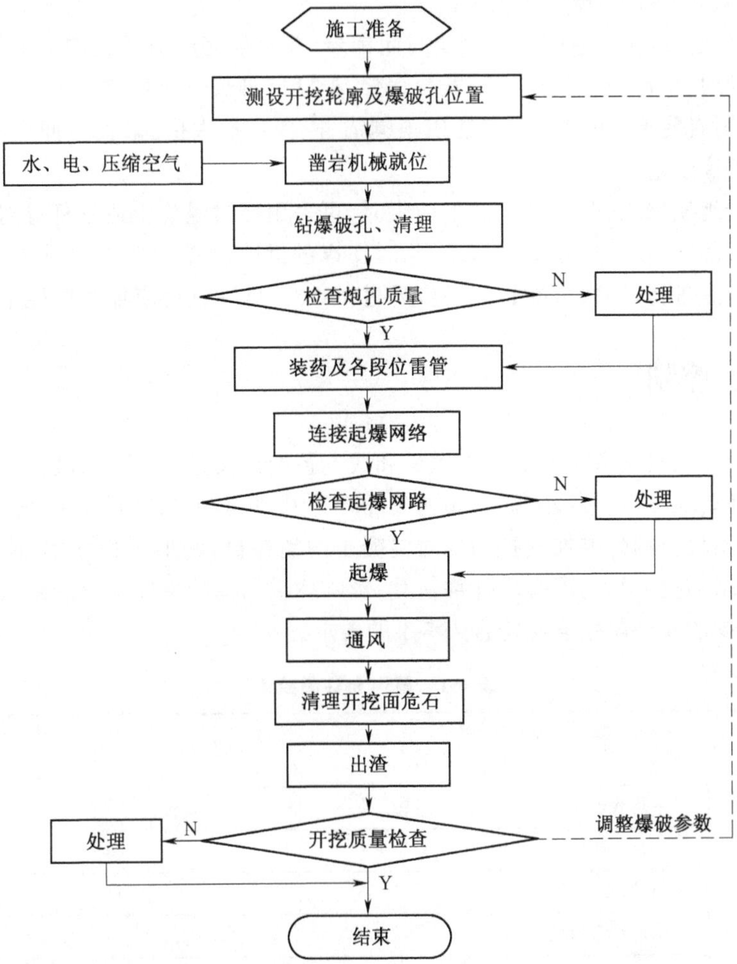

图 5-1　钻爆开挖工艺流程图

（3）隧道地质条件变化时，应及时变更设计，调整施工方法，做好工序衔接，并采用相应的工程措施。

(4)隧道开挖应控制循环进尺,最大不宜超过3.5 m,仰拱一次开挖长度不应大于1倍洞径。

(5)隧道开挖断面尺寸应符合设计要求,开挖断面应以包括预留变形量在内的设计轮廓线为基准,考虑贯通测量误差和施工误差等因素适当放大。

(6)开挖轮廓线应采用有效的测量手段进行控制,轮廓线和炮眼位置宜采用激光指向仪、隧道激光断面仪、全站仪等配合测定。

(7)开挖爆破作业不得危及支护结构、机械设备及人员的安全。钻眼及装药作业应分区定人。爆破后应及时清理危石,清理工作宜采用机械作业。

(8)隧道贯通前,两开挖工作面相距小于40 m时,应加强联系、统一指挥;距离15 m时,应从一端开挖贯通。

(9)并行隧道同向开挖的两个工作面应保持合理的纵向距离,不宜小于30 m;隧间净距较小时,应采取措施防止后开挖隧道对先开挖隧道产生不良影响。

(10)爆破器材的运输、贮存、检验、加工、使用和退库、销毁必须符合国家有关法律、法规和现行《爆破安全规程》(GB 6722)的规定。

(11) 隧道开挖后,应及时喷射混凝土封闭围岩,并及早完成初期支护。采用分部开挖,初期支护设有钢架时,下部开挖后应及时安装钢架,严禁拱脚长时间悬空。

(12) 软弱围岩隧道,初期支护应选用锁脚锚管(杆)、扩大拱脚、临时仰拱等措施,以控制围岩及初期支护变形量。

(13)当围岩地质较差、开挖掌子面不稳定时,可采用喷射混凝土或锚杆等对其进行加固。

(14)采用中隔壁、双侧壁导坑法施工,临时支撑的拆除应在初期支护封闭成环,并通过监控量测确认稳定后进行,一次拆除长度不应超过15 m。拆除过程应加强监控量测。

5.4 超欠挖控制

隧道超欠挖控制对隧道工程的施工质量和成本控制意义重大,为保证隧道支护、衬砌等结构尺寸满足设计要求,现场一般遵循宁超勿欠的开挖原则,避免二次开挖带来的质量和安全风险,但过量超挖不仅会额外增加支护和二衬混凝土的消耗量,增加工程成本,还会影响围岩的成拱自稳能力,增加隧道结构承受的外部荷载,影响隧道结构的整体安全和耐久性。

(1)隧道开挖的允许超挖值应符合表5-1的要求。

表5-1　隧道允许超挖值　　(单位:cm)

开挖部位 \ 围岩级别		Ⅰ	Ⅱ～Ⅳ	Ⅴ、Ⅵ
拱部	平均线形超挖	10	15	10
	最大超挖	20	25	15
边墙平均线形超挖		10	10	10
仰拱、隧底	平均线形超挖	10		
	最大超挖	25		

注:1. 本表适用炮眼深度不大于3.0 m。炮眼深度大于3.0 m时,可根据实际情况另作规定。

2. 平均线性超挖值=超挖横断面积/爆破设计开挖断面周长(不含隧底)。

3. 最大超挖值是指最大超挖处至设计开挖轮廓切线的垂直距离。

(2) 隧道应严格控制欠挖。岩石个别突出部分(每 1 m^2 不大于 0.1 m^2)欠挖不应大于 5 cm。

(3) 隧道超欠挖可按表 5-2 所列方法测量。

表 5-2　隧道超欠挖的测定方法

测定方法及采用的仪器	方法简述
利用激光束测定	用激光指向仪或激光经纬仪射在开挖工作面上的光束测定特定部位的超欠挖的线性值
全站仪测定	在要测的点位粘贴反光片,用全站仪测定各点的三维坐标,通过计算绘制开挖断面,与设计断面进行比较确定
激光隧道限界测量仪测定	由免棱镜测距全站仪和手提电脑组成,对开挖工作面(或任一断面)测量,直接打印出设计断面与实际断面,并标出设定点的超欠挖值

5.5　钻爆作业技术要点

(1)隧道开挖应根据地质条件、开挖断面、开挖方法、掘进循环进尺、钻眼机具、爆破器材及环境要求等进行钻爆设计。钻爆设计应根据爆破效果不断调整爆破参数。

(2)钻爆设计的内容应包括炮眼(掏槽眼、辅助眼、周边眼、底板眼)的布置、深度、斜率和数量,爆破器材、装药量和装药结构,起爆方法和爆破顺序,钻眼机具和钻眼要求、主要技术指标及必要的说明等。

(3)掏槽形式应根据钻眼机具、隧道断面大小、循环进尺、围岩级别以及爆破振动等要求选择直眼掏槽或楔形掏槽。

(4)岩石隧道光面爆破一次开挖进尺不宜大于 3.5 m,爆破参数应通过试验确定。当无试验条件时,有关参数可参照表 5-3 选用。

表 5-3　光面爆破参数

岩石类别	周边眼间距 E(cm)	周边眼抵抗线 W(cm)	相对距离 E/W	装药集中度 q(kg/m)
极硬岩	50～60	55～75	0.8～0.85	0.25～0.40
硬岩	40～55	50～60	0.8～0.85	0.15～0.25
软质岩	30～45	45～60	0.75～0.8	0.04～0.15

注:1. 表列参数适用于炮眼深度 1.0～3.5 m,炮眼直径 40～50 mm,药卷直径 20～35 mm。

2. 断面较小或围岩软弱、破碎或对开挖成形要求较高时,周边眼间距 E 应取较小值。

3. 周边眼抵抗线 W 值应大于周边眼间距 E 值。软岩取较小的 E 值时,W 值应适当增大。E/W:软岩取小值,硬岩及小断面取大值。

4. 装药集中度 q 以装药长度的平均线装药密度计,施工中应根据炸药类型和爆破试验确定。

(5)炮眼布置应符合下列要求。

1)光爆层周边眼应沿隧道开挖断面轮廓线布置,内圈眼布置应满足周边眼抵抗线要求。

2)其余辅助炮眼应交错均匀布置在光爆层内圈眼与掏槽眼之间,间距应满足爆破岩石块度的需要。

3)周边炮眼与辅助炮眼的眼底应在同一垂直面上,掏槽炮眼应加深 10～20 cm。

(6)隧道爆破应根据地质、水文条件及环境保护要求选择适当的炸药品种和型号,掏槽眼宜选用高猛度的炸药,周边眼宜选用低密度、低爆速、低猛度或高爆力的炸药。

(7)起爆网路宜采用导爆管和非电毫秒雷管,雷管段位的选用应便于操作及满足钻爆设计所需的段位数。必要时可采用电子延时电雷管起爆。

(8)瓦斯隧道施工应符合现行《铁路瓦斯隧道技术规范》(TB 10120)的有关规定。瓦斯工区必须采用煤矿许用安全炸药,并使用矿用电雷管起爆。

(9)常用的周边眼装药结构如图 5-2～图 5-5 所示,宜选用小直径连续装药或间隔装药结构;岩石较软时,可采用导爆索装药结构;眼深不大于 2 m 时,可采用空气柱状装药结构。其他炮眼应采用连续装药结构。应采用反向装药结构,提高炸药的能量和爆破效果;有瓦斯、煤层爆炸危险的开挖工作面应采用正向装药结构。

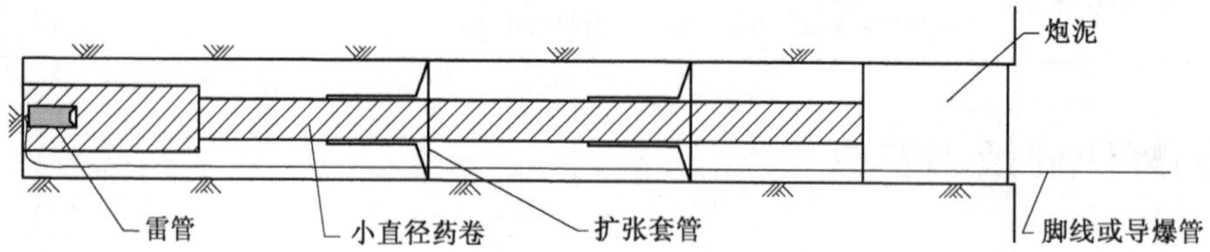

图 5-2　小直径药卷连续装药结构示意

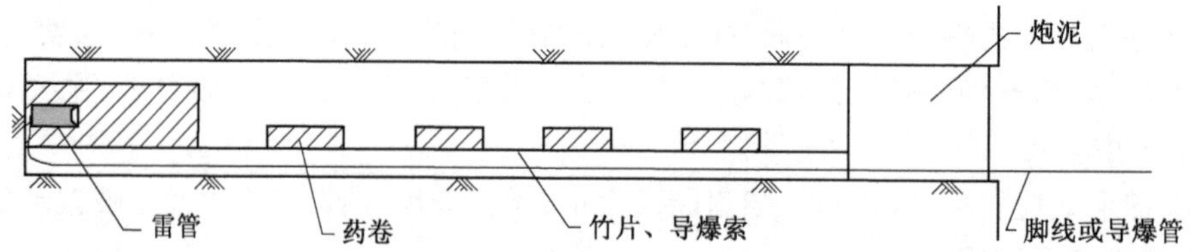

图 5-3　间隔装药结构示意

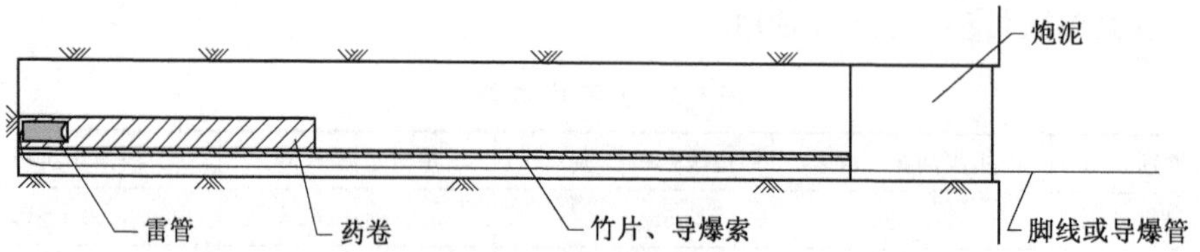

图 5-4　导爆索装药结构示意

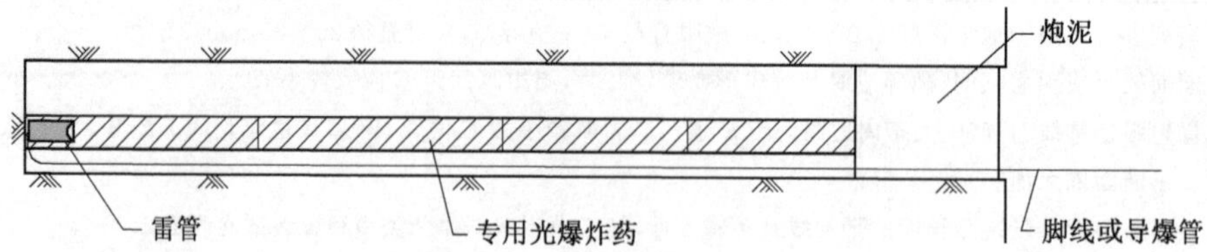

图 5-5　专用光爆药卷装药结构示意

(10)特殊环境条件下,爆破作业应对噪声、空气污染和粉尘进行监测和控制。

(11)钻眼作业应符合下列要求。

1)爆破炮眼数量、位置、深度及斜率应符合钻爆设计要求。掏槽眼眼口间距和眼底间距的允许误差为±5 cm;辅助眼眼口间距允许误差为±10 cm;周边眼眼口位置允许误差为±5 cm,眼底不得超出开挖断面轮廓线 15 cm。钻孔作业高度超过 2.0 m 时,应配备与开挖断面相适应的作业台架。

2)开挖面凹凸较大时,应按实际情况调整炮眼深度及装药量,使周边眼和辅助眼眼底在同一垂直面上。

3)钻眼完毕,应按炮眼布置图进行检查并做好记录,对不符合要求的炮眼应重钻,经检查合格后方可装药。

4)凿岩台车钻眼应符合台车构造性能要求。

(12)装药作业应符合下列要求。

1)装药作业与钻孔作业不得在同一开挖工作面进行。

2)炮眼装药前应对装药开挖工作面附近进行安全检查,对检查出的问题及时处理。

3)装药前应进行清孔,清除炮眼内的岩粉、积水。使用压缩空气吹眼器时应避免炮眼内飞出的岩粉、岩块等杂物伤人。

4)炮眼清理完成后,应检查炮眼深度、角度、方向和炮眼内部情况,处理不符合要求的炮眼。炮眼缩孔、坍塌或有裂缝时不得装药。

5)装药宜采用装药机。正向装药的起爆药卷最后装入,起爆药卷和所有的药卷的聚能穴朝向眼底;反向装药起爆药卷首先装入,起爆药卷和所有的药卷的聚能穴朝向眼外。

6)装药的炮眼应采用炮泥堵塞,炮泥宜采用炮泥机制作,不得采用炸药的包装材料等代替炮泥堵塞。炮泥宜采用黏土和沙混合制作,炮泥应干湿适度。光面爆破周边眼堵塞长度不宜小于 30 cm;其他炮眼深度小于 1 m 堵塞长度不宜小于炮眼深度的 1/2,深度 1～2.5 m 堵塞长度不宜小于 0.5 m,深度超过 2.5 m 堵塞长度不宜小于 1 m。

(13)起爆宜采用非电毫秒雷管、导爆管或导爆索系统。

(14)连线起爆作业应符合下列要求。

1)每次起爆前,爆破员应仔细检查起爆网路。

2)在同一开挖断面上,光面爆破起爆顺序应由内向外逐层起爆。

3)延迟时间宜采用孔内控制。

4)起爆人员必须最后离开爆破地点,并在有掩护的安全地点起爆。

5)爆破前必须清点人数,确认无误后,方可下达起爆命令。起爆人员接到起爆命令后,必须发出爆破警号,并等待 5 s 后方可起爆。

6)处理瞎炮(残炮)必须在爆破员直接指导下进行,并应在当班处理完毕;当班未能处理完毕,必须向接班爆破员现场交接。

(15)实施爆破时,所有人员应撤至不受有害气体、振动及飞石伤害的安全地点。安全地点至爆破工作面的距离,应根据爆破方法与装药量计算确定,在独头坑道内不得小于 200 m。

(16)爆破效果应符合下列要求。

1)硬岩无剥落,中硬岩基本无剥落,软弱围岩无大的剥落或坍塌。开挖轮廓符合设计要求,开挖面平整。

2)隧道两次爆破形成的接茬错台,采用凿岩机钻眼时,不应大于 15 cm;采用凿岩台车钻眼不应大于 25 cm。

3)爆破进尺达到钻爆设计要求,渣块块度满足装运要求。

4)隧道爆破周边炮眼痕迹保存率,硬岩不应小于 80%,中硬岩不应小于 60%,并应在开挖轮廓面上均匀分布。

(17)提高光面爆破效果可采用下列技术措施:

1)周边轮廓线和炮眼的放样宜采用隧道激光断面仪或其他类似的仪器,周边轮廓线的放样允许误差为±2 cm。

2)周边眼开眼位置应视围岩软硬调整:硬岩在轮廓线上;软岩可向内偏移5～10 cm。

3)减小周边眼外插角度,孔深小于3 m时外插角的允许斜率宜为孔深的±5%;孔深大于3 m时外插角斜率宜为孔深的±3%;外插角的方向应与该点轮廓线的法线方向一致。

5.6 装渣、运输及弃渣

5.6.1 一般规定

(1)隧道施工爆破后应及时清除开挖作业面石渣。独头掘进较长的隧道,根据经济技术比选及弃渣条件,可采用转渣倒运的方式。

(2)隧道施工装渣运输方式应根据断面大小、施工方法、机械设备及施工进度等要求综合考虑,可选择汽车运输、轨道运输及皮带运输方式。

1)正洞、平行导坑、横洞及综合坡率 $i<10\%$ 的斜井,宜采用汽车运输方式。

2)独头掘进大于3 000 m的单线隧道可采用轨道运输方式。

3)综合坡率 $i>10\%$ 的斜井,宜采用轨道运输方式。$10\%<i\leqslant27\%$ 的斜井,根据经济技术及环境条件比选,可采用皮带运输方式。

(3)隧道运输应建立运输调度,根据施工进度编制运输计划,协调组织,统一指挥,提高运输效率。

(4)隧道运输应设置警示标志标牌及声光信号。

(5)施工中仰拱填充、铺底应适时跟进开挖作业面,改善洞内运输路面条件。

(6)隧道仰拱、防水板、拱墙衬砌等的施工设备,应充分考虑与隧道运输相适应,并设置信号、标志予以警示。

5.6.2 汽车运输

(1)运输车辆应定期检查制动、转向系统和安全装置的完好性,大型自卸汽车应设置示宽灯或标志。

(2)斜井内长距离坡道运输系统,应在适当位置设置避难车道和缓坡道。

(3)运输车在工作面装车时应符合下列要求。

1)待进入装车位置的汽车应停在挖掘机最大回转半径范围之外;正在装车的汽车应停在挖掘机尾部回转半径之外。

2)正在装载的运输车应制动,司机不得将身体的任何部位伸出驾驶室外,严禁其他人员上、下车和检查维修车辆。

3)运输车应在挖装机械发出信号后,方可进入或驶出装车地点。

4)等待装车时,车与车之间应保持一定的安全距离。

(4)汽车运输应符合下列要求。

1)施工作业地段的行车速度不得大于15 km/h,成洞地段不得大于25 km/h。

2)单线隧道可结合避车洞位置,间隔150～300 m设汽车调头位置。

3)自卸汽车卸渣时,应将车辆停稳制动,不得边卸渣边行驶;不得在坑洼、松软、倾斜的地面卸渣;卸渣后应及时使车厢复位,严禁举升车厢行驶。

(5)严禁汽油机械进洞,内燃机械应有尾气净化装置。

5.6.3　轨道运输

(1)轨道运输应根据需要在洞外设置调车、编组、卸渣、进料、设备维修等线路。线路铺设应符合下列要求。

1)钢轨类型:宜为38 kg/m或43 kg/m。

2)道岔型号:不宜小于6号道岔,并安装转辙器。

3)轨枕:间距不应大于0.7 m。

4)道床:厚度不应小于20 cm。

5)使用大型轨行式机械时,线路铺设标准应符合机械规格、性能的要求。

6)轨道运输设单道时,每间隔300 m应设一个会车道。

7)采用轨行式机械装渣时,轨道应紧跟开挖面;调车线路及时前移。

(2)运输线路应设专人维修和养护,使其处于良好状态,线路两侧的废渣和杂物应及时清除。

(3)轨道运输车在洞内施工地段、视线不良的曲线上,以及通过道岔和洞口平交道等处时,其运行速度不得大于10 km/h;其他地段在采取有效的安全措施后,运行速度不得大于20 km/h。

(4)轨道运输应根据卸渣场地形条件、弃渣利用情况、车辆类型,妥善布置卸渣线和卸渣设备,提高卸渣速度。

(5)轨道运输作业应符合下列安全要求。

1)车辆装载高度不得高于渣车顶面50 cm,宽度不得大于车宽。

2)列车连接应良好,在机车摘挂后调车、编组和停留时,应有防溜车措施。

3)两组列车在同方向行驶时,间距不得小于100 m。

4)轨道旁临时堆放的材料,距钢轨外缘不得小于80 cm,高度不得大于100 cm。

5)卸渣场线路应设安全线并设1%～3%的上坡道,卸渣码头应搭设牢固,并设有挂钩、栏杆及车挡装置,防止溜车。

6)车辆在洞内行驶时,应鸣笛并注意瞭望。严禁非专职人员开车、调车。严禁在行驶中进行摘挂作业。

7)列车载人作业时,应制定针对搭乘人员安全的措施。

5.6.4　皮带运输

(1)皮带运输方式应根据施工方法、隧道长度、断面大小、挖装设备、施工进度等因素进行方案设计,选择带式输送机,确定转渣地点及支架布设等。

(2)皮带运输出渣方式应同时制定进洞物资的运输方案。

(3)布设带式输送机应符合下列要求。

1)机架安装应平、正、直并坚固。

2)全部滚筒和托辊,应与输送带的传动方向成直角。

3）应设置防止输送带跑偏、驱动滚筒打滑、纵向撕裂和溜槽堵塞等保护装置;上行带式输送机应设置防止输送带逆转的安全保护装置,下行带式输送机应设置防止超速的安全保护装置。

4)带式输送机沿线应设紧急联锁停车装置。

5)驱动、传动和自动拉紧装置的旋转部件周围,应设防护装置。

6)皮带两侧应加设挡板或栅栏等防护装置。

7）带式输送机下面的过人地点,应设置安全保护设施。

8）倾斜带式输送机人行道应防滑,并设置扶手栏杆。

(4)带式输送机使用应符合下列要求。

1)启动带式输送机前,应发出声光警示。

2)运输带应保持清洁,并经常清理。

3)应设专人检查皮带跑偏情况并及时调整。

4)停机后应关闭电源。

5)严禁用运渣带式输送机运送工具、材料、设备和人员。

6)输送带与滚筒打滑时,严禁在输送带与滚筒间楔木板和缠绕杂物。

7)采用绞车拉紧的带式输送机应配备可靠的测力计。

8)严禁人员攀越输送带。

(5)带式输送机维护应符合下列要求。

1)定期按照带式输送机的使用与保养规程对输送机电气、机械、液压系统进行检查、保养与维修。

2)维修时应停机上锁,并有专人监护。严禁皮带输送机在运转中进行修理和调整。

3)用电焊、气焊或喷灯焊检修带式输送机时,应制定安全措施。

4)清扫滚筒和托辊时,带式输送机应停机上锁,并有专人监护。清扫工作完毕后应通知有关人员,确认后解锁送电。

5.6.5 弃渣

(1)隧道弃渣应充分利用,弃渣场应综合自然环境、人文景观、运输条件、弃渣利用等因素进行规划。

(2)弃渣应做到先挡后弃,并做好防护、排水、绿化等配套工程。

(3)弃渣应按照设计的位置和容量弃土。如现场与设计不符,应按程序进行变更设计。

(4)应避免在路堑上方弃土,严禁在膨胀土、黄土路堑边坡上方弃土。严禁在不良地质体、不稳定斜坡、软弱地基上弃土。严禁在村庄等人员居住区及铁路上游沟槽内弃土。

(5)弃渣场周边应设置完善的截、排水系统。当弃渣场规模较大时,应在顶面设置排水沟,坡面采取植被防护等措施,防止水土流失,影响生态环境。

5.7 全断面法

5.7.1 全断面法定义

全断面法是指按照隧道设计轮廓线将隧道一次爆破开挖成形,再进行下道工序施工的方法。全断面法施工工序如图 5-6 所示。

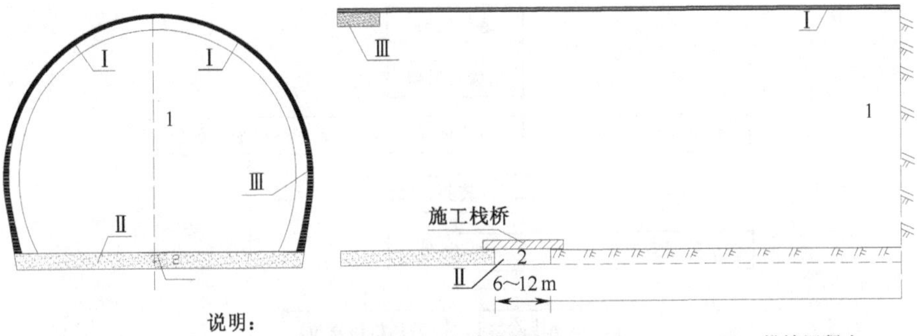

说明：
1—开挖；2—检底；Ⅰ—初期支护；Ⅱ—铺底混凝土；Ⅲ—拱墙混凝土

图 5-6　全断面法施工工序示意图

5.7.2　工艺特点

全断面法开挖断面大，作业净空大，施工干扰小，能充分发挥机械设备的使用效率，是隧道开挖施工的发展方向，如图 5-7 所示。通过配备高效率的开挖、装运机械和支护与衬砌设备，实现机械化配套作业，各道工序可平行交叉作业，能够提高隧道施工进度，保证施工安全质量，创造施工最佳效益。

图 5-7　全断面法开挖

5.7.3　适应范围

全断面法开挖施工适用于Ⅰ、Ⅱ、Ⅲ级围岩，Ⅳ、Ⅴ级围岩在采取有效措施稳定开挖掌子面后，也可采用全断面法开挖。全断面开挖循环进尺必须根据隧道断面大小、围岩地质条件、机械设备能力、爆破振动限制、循环作业时间等情况合理确定。

5.7.4　开挖施工工艺

1. 工艺流程

全断面开挖法工艺流程如图 5-8 所示。

2. 超前地质预报

超前地质预报是合理确定开挖方法、预防地质灾害、保障隧道施工安全的重要手段，要求纳入工序管理(详见第 4 章)。

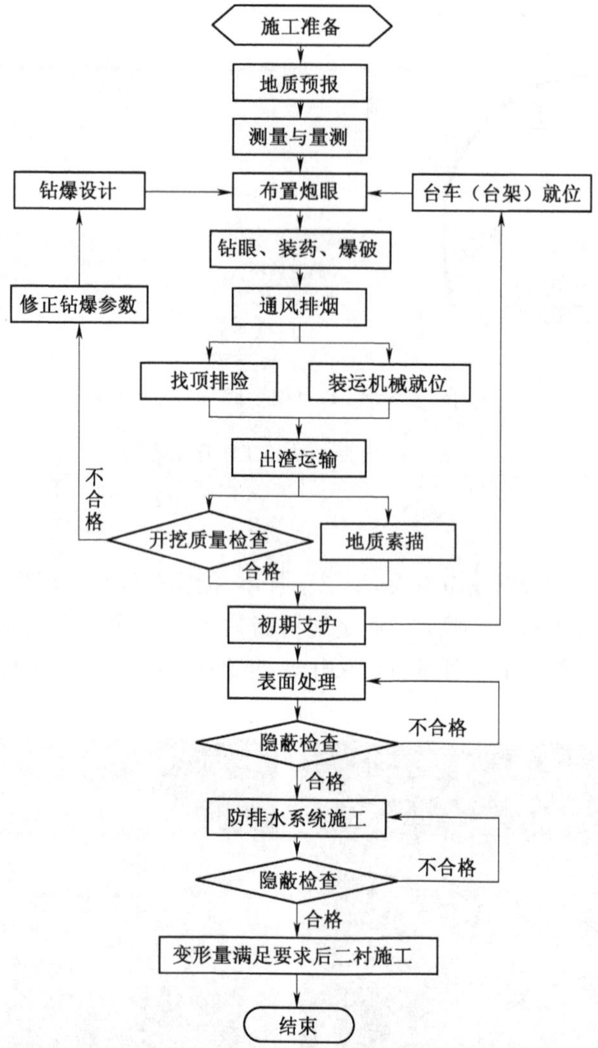

图 5-8 全断面法施工工艺流程图

3. 爆破设计

(1)根据工程地质、开挖断面、开挖方法、循环进尺、钻孔机具和爆破材料等,在隧道开挖前进行钻爆设计。

(2)钻爆设计的内容包括钻孔(掏槽眼、辅助眼、周边眼)的布置、数目、深度和角度,爆破器材、装药量和装药结构,起爆方法和爆破顺序,钻孔要求等。

(3)以Ⅱ级围岩隧道的爆破作业为例,钻爆设计见表 5-4、表 5-5。炮孔布置及起爆顺序如图 5-9 所示,掏槽孔大样如图 5-10 所示。

表 5-4 综合爆破参数表

围岩级别	周边眼间距 E(cm)	周边眼抵抗线 W(cm)	相对距离 E/W	周边眼装药集中度(kg/m)
Ⅱ	60	75	0.8	0.21

表 5-5 Ⅱ级围岩全断面开挖爆破设计参数

钻孔名称	段号	孔深(m)	眼数	炸药类型	单孔条数(条)	单孔药量(kg)	单段药量(kg)	装药长度(m)	装药结构
掏槽眼	1	0.83	4	0.20	3	0.60	2.40	0.6	集中
掏槽眼	3	2.3	4	0.20	7	1.4	5.6	1.0	集中
掏槽眼	5	4.0	4	0.20	12	2.4	9.6	2.4	集中
扩槽眼	7	3.5	20	0.20	9	1.8	36	1.8	集中
扩槽眼	9	3.5	10	0.20	9	1.8	18	1.8	集中
扩槽眼	10	3.5	15	0.20	9	1.8	27	1.8	集中
扩槽眼	11	3.5	31	0.20	9	1.8	55.8	1.8	集中
内圈眼	13	3.5	35	0.20	9	1.8	63	1.8	集中
周边眼	15	3.5	44	0.15	5	0.75	33	1.9	间隔
底板眼	15	3.5	19	0.20	10	2.0	38	2.0	集中

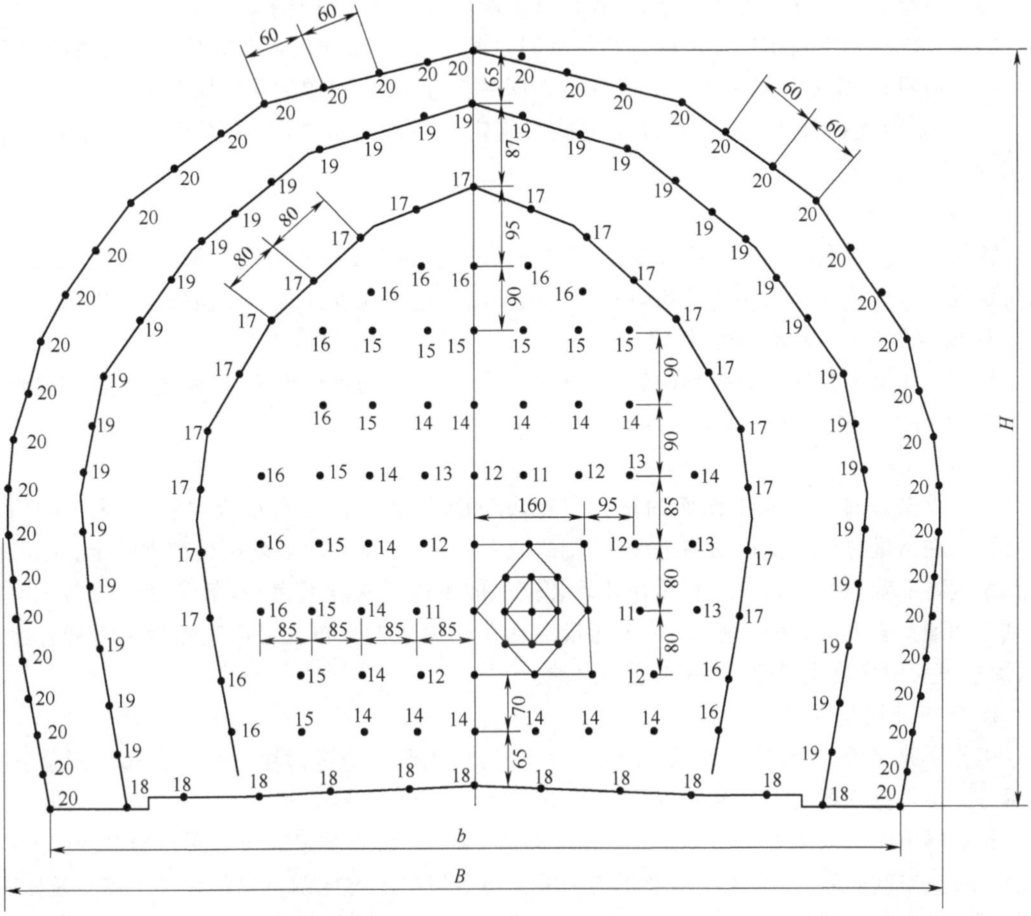

图 5-9 炮孔布置及起爆顺序图

(4)钻孔布置规定。

1)掏槽眼采用直眼掏槽或斜眼掏槽。

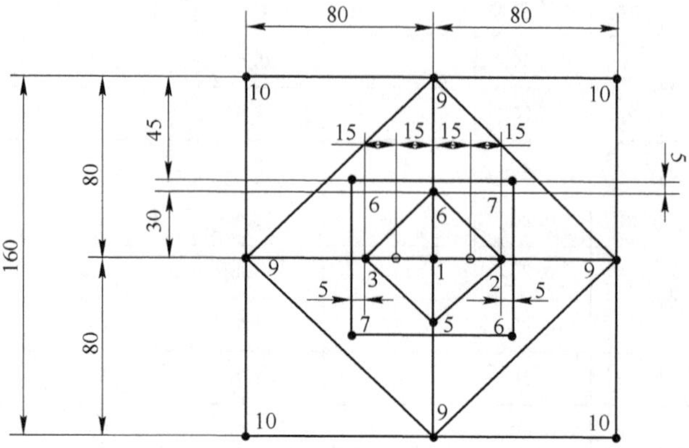

图 5-10 掏槽孔大样(单位:cm)

2)周边眼沿隧道开挖轮廓线布置,保证开挖断面符合施工图要求。

3)掘进眼均匀交错布置在内圈眼与掏槽眼之间,力求爆破出的石渣块度适合装渣的需求。

4)周边眼、内圈眼与辅助眼的孔底保持在同一垂直面上,掏槽钻孔应加深 10 cm。

(5)应采用光面爆破,其参数可通过试验确定。无试验条件时,有关参数可参照表 5-3 选用。

4. 施工测量

测量技术人员利用洞内中线控制桩和水平控制点,画出工作面开挖轮廓线,并标记出主要钻孔位置。每一循环爆破作业开始时对上一循环断面进行检查并对下一循环进行施测。

5. 凿岩台车(多功能台架)就位

根据工作面的开挖轮廓线把凿岩台车(多功能台架)移动到指定位置,固定台车,调整台车的高度,准备钻孔作业的各项工作内容。

6. 钻孔、装药、起爆

根据爆破设计要求和工作面的钻孔位置,开始人工操作凿岩台车机械手(或人工利用风钻)钻孔,在钻进过程中要根据钻进速度、围岩软弱程度等,及时调整供风量和供水量。钻孔位置和角度要准确,钻孔结束后,吹孔并开始装药。应采用低密度低爆速、低猛度的炸药。严格控制周边眼装药量,间隔装药,同时使药量沿钻孔全长适当分布。采用毫秒微差雷管有序起爆,周边眼采用导爆索起爆,以减小起爆时差。

7. 施工通风与空气净化

工作面起爆后,进行施工通风,净化洞内空气,形成洞内安全健康的作业环境。隧道施工通风方式可根据现场实际情况采用压入式、压出式、混合式或巷道式。

长大隧道施工通风方案确定是一个动态过程,应随着隧道掘进长度和平行导洞的跟进(或超前)情况、空间关系、断面大小以及洞内的施工组织情况动态地调整和优化。工程实践证明,充分利用平行辅助隧道,采用巷道式通风技术,可以大幅度地提高通风效率和效果,降低通风能耗,减少通风设备(风机、风管等)投入,达到了安全、高效、经济、合理的施工通风目的。

针对长大隧道长距离通风能耗大,成本高,通风效果不佳,洞内空气质量差等突出问题,提倡引入施工隧道空气净化技术,对隧道内造成人体损害最大的首要污染源—粉尘进行集中过滤净化处理，既可减小施工通风的工作量，降低能源消耗，减少通风成本，又可提高仰拱、防水系统、二衬等工序施工作业集中区的空气质量。中铁二局在贵广铁路油竹山隧道施工中引入干式空气净化机的应用实践表明，负压管吸入式除尘净化可以适应小规模集中尘源净化，如锚喷、投料斗附近；净风吹出式除尘净化可以适应大断面隧道爆破炮烟等全隧弥漫式尘源净化。喷混凝土后的空气净化检测结果表明：除尘机开启时，空气中粉尘最高浓度值为75 mg/m^3，干式空气净化机开启 720 s 后粉尘浓度值达到 3 mg/m^3，除尘效率达到 96%，成效显著。

设计有平行导坑或双洞单线并行隧道工程中采用压入式通风、巷道式通风与洞内空气干式净化技术的组合应用不仅可改善掌子面的工作环境，而且可降低普通巷道式通风中出风道内的粉尘浓度，避免污风污染整个隧道正洞，改善了隧道施工主要工作面的空气质量，可进一步减少通风需求量，提高通风输送距离，降低通风能耗和成本。

8. 初次喷射混凝土

爆破后应及时清除爆破面危石，进行初次喷射混凝土作业，保护裸露围岩。隧道内喷射混凝土的主要类型有普通混凝土、纤维混凝土、耐腐蚀混凝土等。

9. 出渣运输

全断面开挖隧道作业空间大，可使用大功率装载机装渣，大型自卸汽车运输。出渣过程要保证工作面的照明，便于司机操作，出渣机械状态良好，装运能力应大于开挖能力并有备用。运输道路平整通畅，安全警示和标志要齐全，在关键地段设车辆调度，协调保障洞内外运输安全与畅通。

5.8 台阶法

5.8.1 台阶法定义

台阶法是先开挖隧道上部断面(上台阶)，上台阶超前一定距离后开始开挖下部断面(下台阶)，上下台阶同时并进的施工方法。

根据台阶长度，可分为短台阶、长台阶、超短台阶(微台阶)法等。

(1)长台阶：上台阶超前 50 m 以上或大于 5 倍洞跨。

(2)短台阶：上台阶长度小于 5 倍但大于 1～1.5 倍洞跨。

(3)超短台阶：上台阶仅超前 3～5 m，断面闭合较快。

根据台阶数量，可分为两台阶法、三台阶法、三台阶预留核心土法等。各类台阶法施工工序如图 5-11～图 5-13 所示。

5.8.2 工艺特点

台阶开挖法是隧道施工中采用最多的开挖方法，它不仅适用于地质条件较好的Ⅱ、Ⅲ级围岩，也适用于地质条件较差的Ⅳ、Ⅴ级围岩。通常情况下，Ⅴ级围岩通过采取有效的辅助施工措施(管棚、超前预注浆等)后，采取台阶法开挖是较为安全的。台阶法还存在于各类主体施工方法(CD 法、CRD 法)中的分部开挖之中，台阶法开挖时的爆破效果没有全断面法开挖容易控制。

5.8.3 适用范围

台阶法一般适用于Ⅲ、Ⅳ级围岩，Ⅴ级围岩应在必要的超前支护措施稳定开挖面后采用台

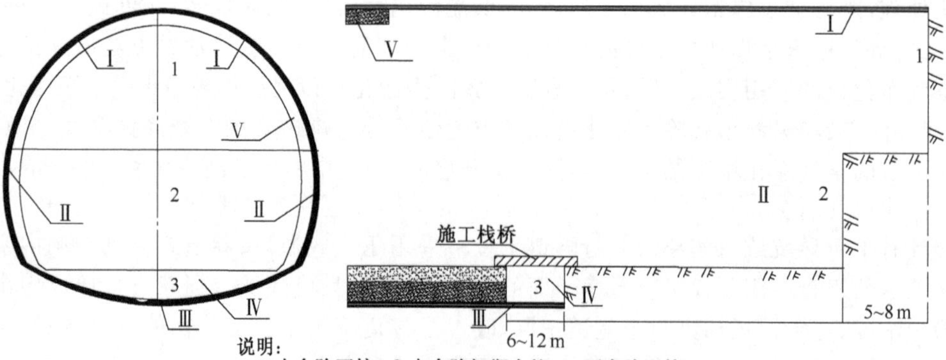

说明：
1.上台阶开挖；Ⅰ.上台阶初期支护；2.下台阶开挖；
Ⅱ.下台阶初期支护；3.仰拱开挖；Ⅲ.仰拱初期支护；
Ⅳ.仰拱填充混凝土；Ⅴ.拱墙混凝土

图 5-11　二台阶法施工工序示意图

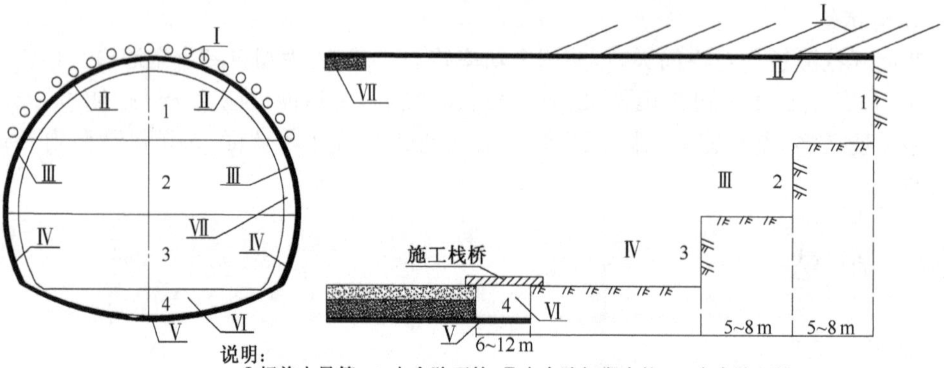

说明：
Ⅰ.超前小导管；1.上台阶开挖；Ⅱ.上台阶初期支护；2.中台阶开挖；
Ⅲ.中台阶初期支护；3.下台阶开挖；Ⅳ.下台阶初期支护；4.仰拱开挖；
Ⅴ.仰拱初期支护；Ⅵ.仰拱填充混凝土；Ⅶ.拱墙混凝土

图 5-12　三台阶法施工工序示意图

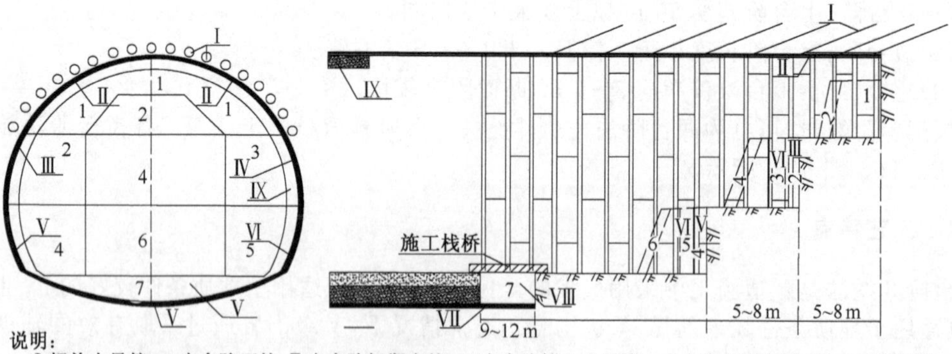

说明：
Ⅰ.超前小导管；1.上台阶开挖；Ⅱ.上台阶初期支护；2.上台阶核心土开挖、中台阶左侧开挖；Ⅲ.中台阶左侧初期支护；3.中台阶右侧开挖；Ⅳ.中台阶右侧初期支护；4.中台阶核心土开挖、下台阶左侧开挖；Ⅴ.下台阶左侧初期支护；5.下台阶右侧开挖；Ⅵ.下台阶右侧初期支护；6.下台阶核心土开挖；7.仰拱开挖；Ⅶ.仰拱初期支护；Ⅷ.仰拱填充混凝土；Ⅸ.拱墙混凝土

图 5-13　三台阶预留核心土法施工工序示意图

阶法开挖，单线隧道及围岩地质条件较好的双线隧道可采用二台阶法；隧道断面较高、单层台阶断面尺寸较大时可采用三台阶法；当地质条件较差时，为增加掌子面自稳能力，可采用三台

阶预留核心土法开挖。

台阶长度必须根据隧道断面跨度、围岩地质条件、初期支护形成闭合断面的时间要求、上台阶施工所需空间大小等因素来确定。地质条件较好时往往采用长台阶法开挖，通过普通凿岩机上下台阶同时钻孔和起爆，达到隧道同时开挖掘进的目的，效率比全断面开挖略低，但设备投入相对较低。地质条件较差时，为利于支护及时封闭成环，台阶长度应缩短，宜为 5 m 左右，如采用三级台阶法，第一个台阶高度宜控制在 2.5 m 以下。三级台阶法所采取的辅助施工措施使得上下台阶相互干扰较大，施工效率降低，需要解决好上下台阶施工干扰问题。

5.8.4 开挖施工工艺

1. 工艺流程

两台阶法、三台阶法、三台阶预留核心土法施工工艺流程及开挖示意如图 5-14～图 5-17 所示。

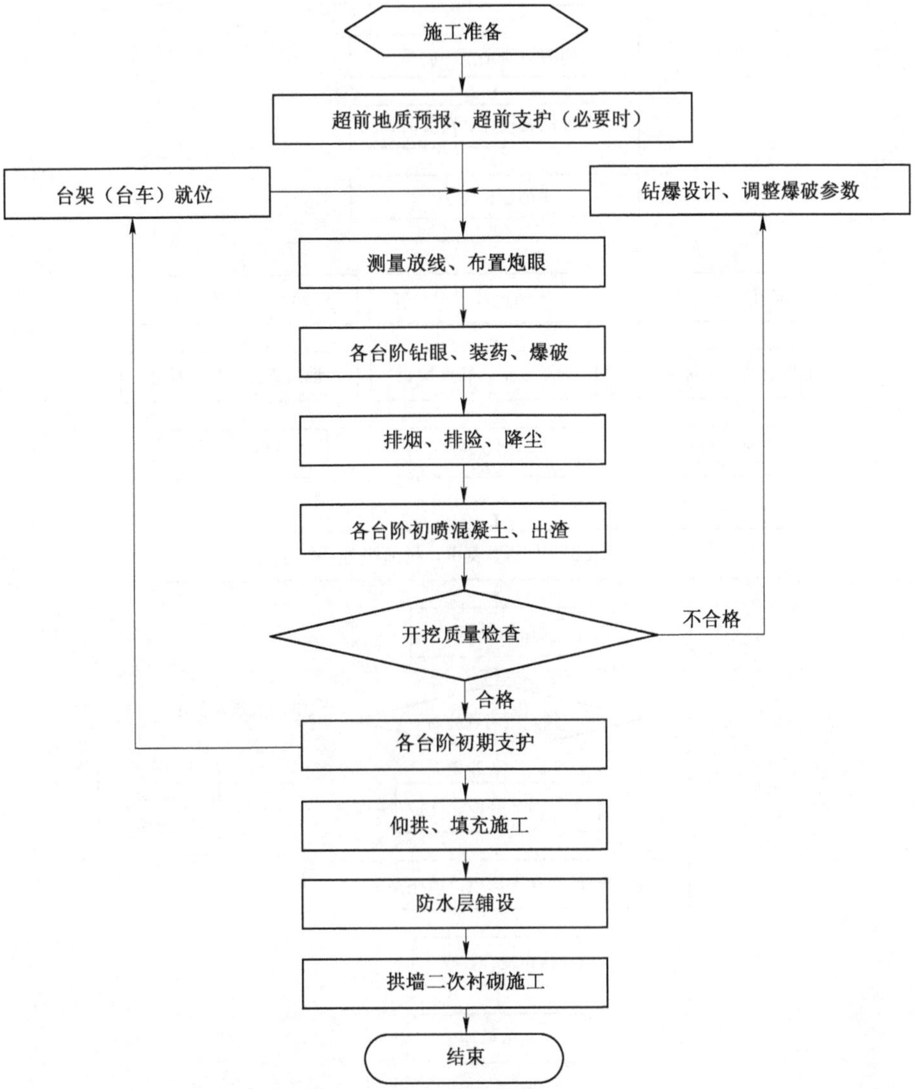

图 5-14 二台阶、三台阶法施工工艺流程图

图 5-15　二台阶、三台阶法开挖

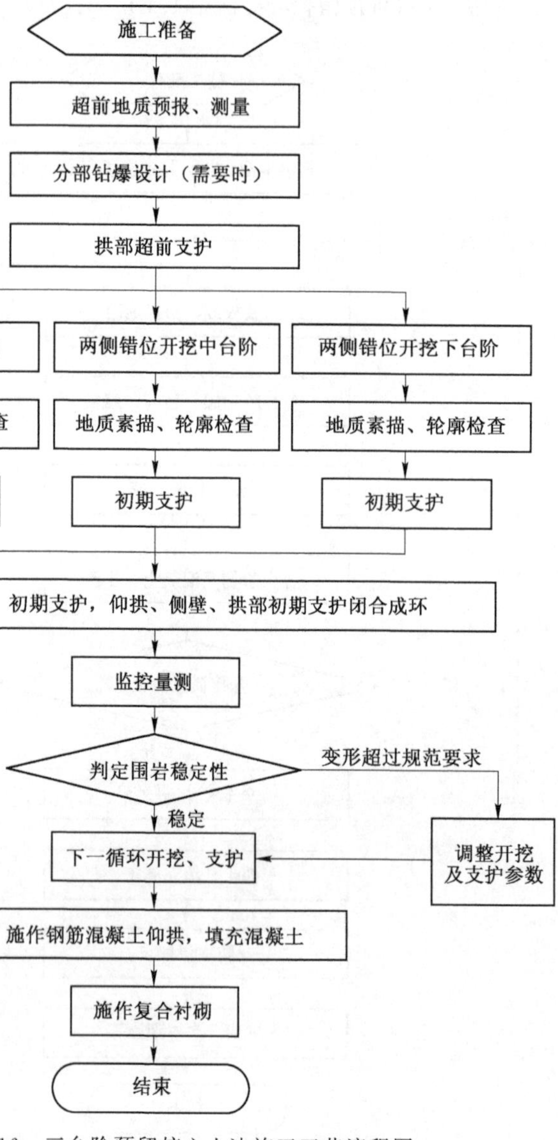

图 5-16　三台阶预留核心土法施工工艺流程图

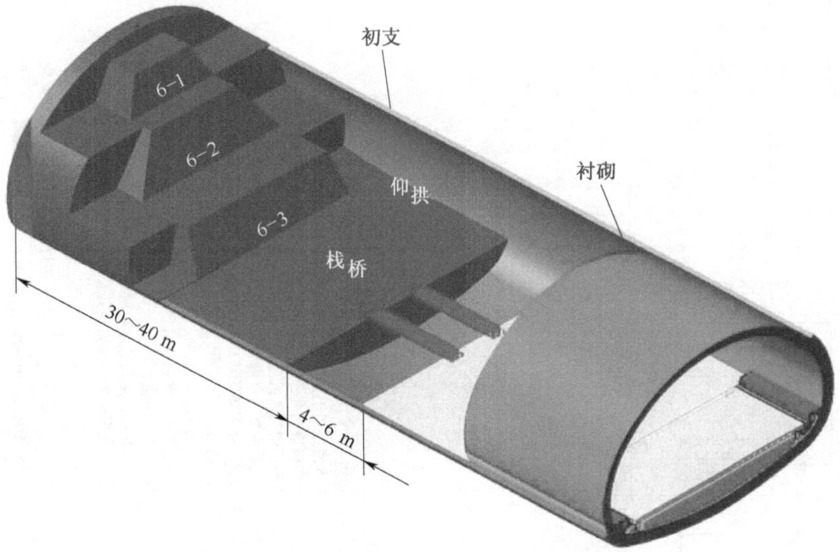

图 5-17 三台阶预留核心土法开挖示意图

2. 爆破设计

采用台阶法开挖前必须根据工程地质、开挖断面、开挖方法、循环进尺、钻孔机具和爆破材料等进行钻爆设计。图 5-18 为某Ⅳ级围岩隧道二台阶法钻孔爆设计图。

3. 施工测量

上一循环结束后，测量人员利用洞内中线、水平控制桩点，测量确定上、下台阶工作面开挖轮廓线，标记出上下台阶钻孔位置。

4. 凿岩台车、钻机就位

根据开挖台阶设计高度的不同，设计制造上台阶凿岩台车或下台阶凿岩台车。当采用人工手风钻、上台阶开挖高度较小时，上台阶可采用简易平台，开挖高度较大的下台阶采用专用凿岩台架定位钻孔机械。在围岩条件较好时，一般加大上台阶开挖高度，以提高施工机械在上台阶作业时的工作效率，即上台阶采用专用凿岩台架，下台阶不用或采用简易平台定位钻孔机械。采用凿岩台车成孔时，加大上台阶开挖高度更利于提高施工机械作业效率。

5. 钻孔、装药及爆破

为达到上、下台阶同时起爆的目的，可通过调整上、下台阶的高度，平衡其工作量，使上、下台阶同时完成钻孔作业。

6. 施工通风

开挖工作面爆破后，开始施工通风，通风时间 30 min 以上方可进洞进行后续工序作业。

7. 初次喷射混凝土及初期支护

初喷混凝土一般在找顶完成后进行，初喷厚度一般在 4 cm 以上。围岩稳定性较差时，需先进行支护作业，掌子面的其他工序均在初期支护的保护下进行。围岩稳定性较好时，支护作业可在出渣后进行，便于增加作业空间，提高作业效率。上台阶使用钢架时，可采用扩大拱脚和施作锁脚锚杆等措施，防止拱部下沉变形。

8. 出渣运输

采用的上台阶开挖高度较小时，大型装运渣设备作业空间受限或不能上台阶作业，上台阶

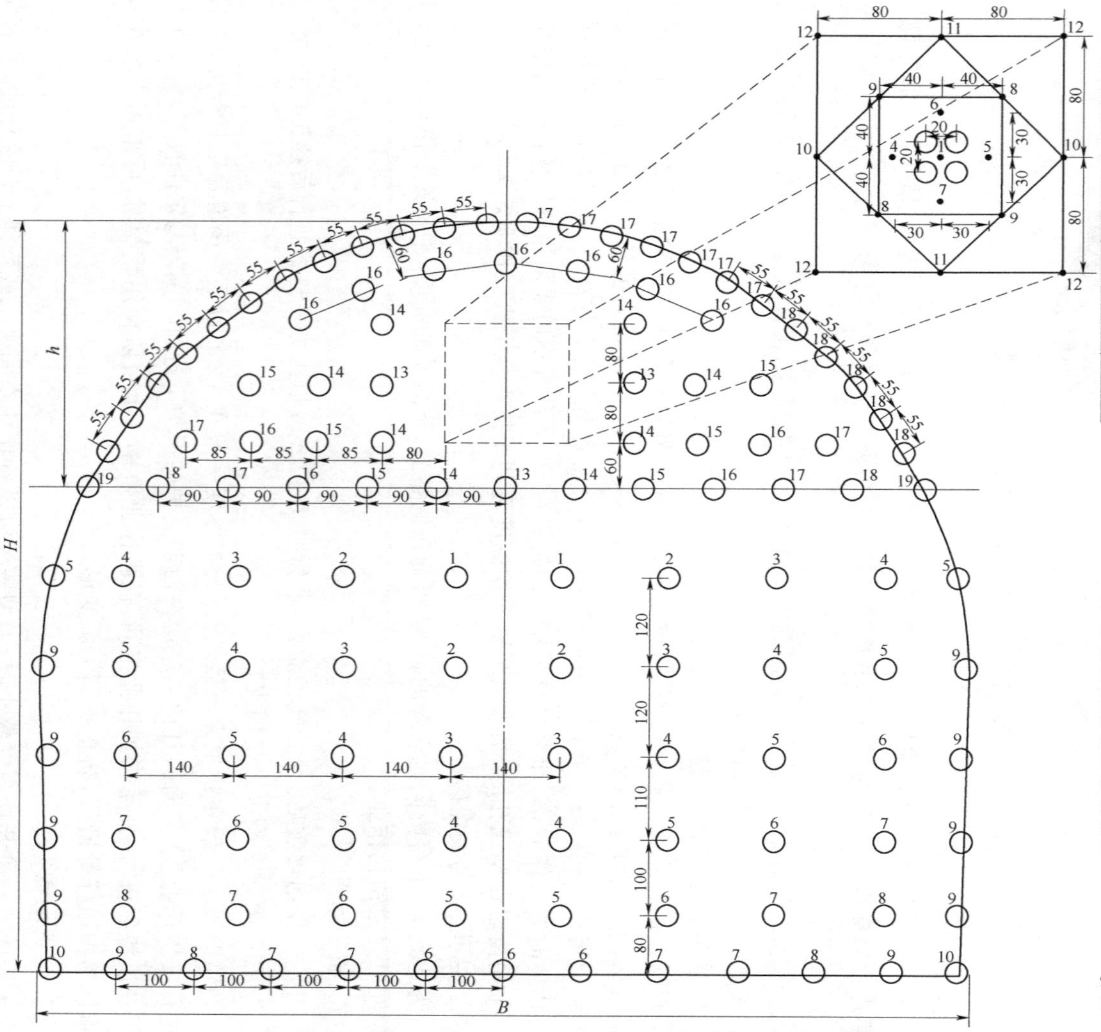

图5-18 Ⅳ级围岩双台阶法钻爆设计图

爆破装药参数表

炮孔类型	孔深(m)	炮孔数(个)	单孔药量(kg) 底部	单孔药量(kg) 柱部	药量小计(kg)	雷管段位
上台阶						
掏槽孔		1	0.2	0.8	1	1
		4	0.4	0.6	4.0	4、5、6、7
		4	0.4	0.6	4.0	8、9
扩槽孔		8	0.6	0.4	8	10、11、12
掘进孔	2	16	0.6	0.4	16	13、14、15、16、17
内圈孔		7	0.4	0.4	5.6	16
光爆孔		24	0.2	0.2	9.6	17、18
底板孔		13	0.75	0.35	14.5	13~19
小计		77			63	
下台阶						
主炮孔	2.5	42	1.0	0.2	51	1~8
边孔	2.6	8	0.8	0.4	9.6	9
底板孔	2.6	13	1.2	0.2	18	6、7、8、9、10
小计		63			78	

说明：
1.本图适用于Ⅳ级围岩隧道爆破，手风钻钻孔作业。
2.装药炮孔直径为38 mm或42 mm，空孔直径为42~80 mm。
3.图示掏槽孔采用四空孔龟形直眼掏槽。
4.雷管为普通导爆管毫秒雷管，炮孔正上方的数字为雷管段位；下半断面可用相应的半秒、秒延期导爆管雷管。
5.炸药为2号岩石乳化炸药，其中底部直径为32 mm药卷，柱部为25 mm药卷。
6.注意各炮孔的钻孔精度，开孔偏差小于2~3 cm，方向偏差小于2~3 cm/m。
7.底部炮孔，周边孔钻孔时均向外插1°~3°。
8.周边孔采用光面爆破，其装药结构图如下：

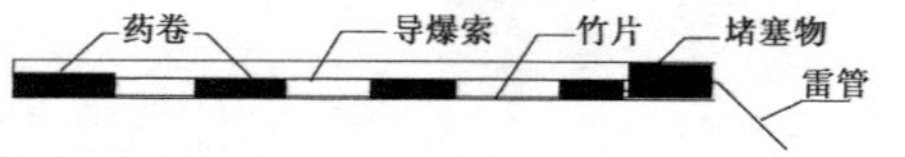

9.各炮孔必须用炮泥堵塞，严禁无堵塞起爆。
10.图中尺寸均以厘米计。

的爆破石渣先用挖掘机或人工翻至下台阶，然后使用挖装机（也可用挖掘机或装载机）装渣，自卸汽车运输。采用的上台阶开挖高度较大时，大型装运渣设备可以上台阶作业，出渣运输类同全断面法施工。

5.9 中隔壁法

5.9.1 中隔壁法定义

中隔壁法（CD 法）是将隧道分成左右两大部分进行开挖，先在隧道一侧采用台阶法自上而下分层开挖，待该侧初期支护完成，且喷射混凝土达到设计强度等级的 70%后，再分层开挖隧道的另一侧，其分部次数与支护形式与先开挖的一侧相同，中隔壁法施工工序如图 5-19 所示。

交叉中隔壁法（CRD 法）是在中隔壁法（CD 法）基础上利用临时仰拱将隧道分侧分层分部封闭成环的施工方法，其开挖部序如图 5-20 所示。

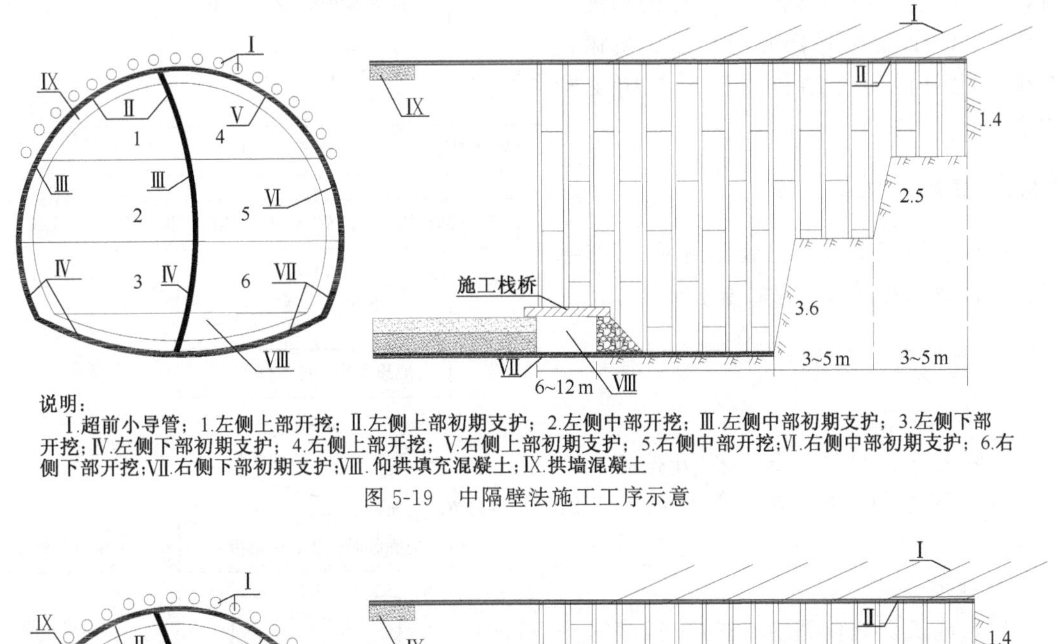

说明：
Ⅰ.超前小导管；1.左侧上部开挖；Ⅱ.左侧上部初期支护；2.左侧中部开挖；Ⅲ.左侧中部初期支护；3.左侧下部开挖；Ⅳ.左侧下部初期支护；4.右侧上部开挖；Ⅴ.右侧上部初期支护；5.右侧中部开挖；Ⅵ.右侧中部初期支护；6.右侧下部开挖；Ⅶ.右侧下部初期支护；Ⅷ.仰拱填充混凝土；Ⅸ.拱墙混凝土

图 5-19 中隔壁法施工工序示意

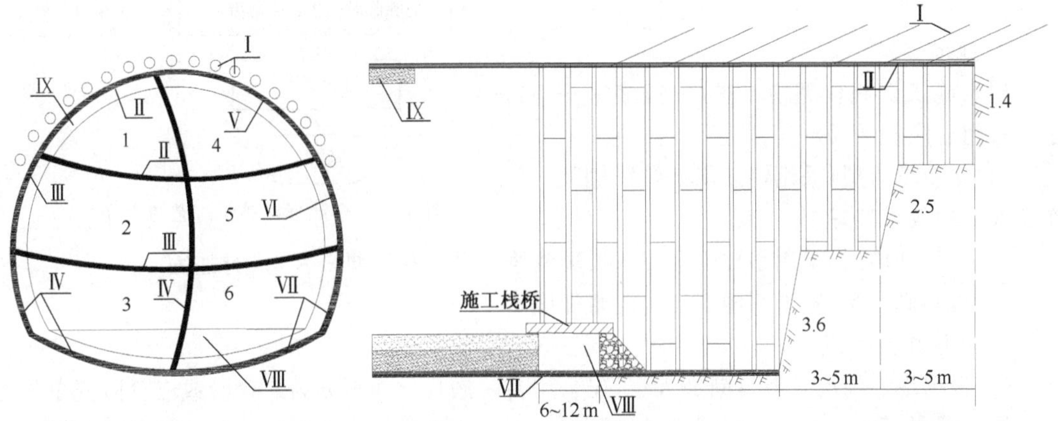

说明：
Ⅰ.超前小导管；1.左侧上部开挖；Ⅱ.左侧上部初期支护；2.左侧中部开挖；Ⅲ.左侧中部初期支护；3.左侧下部开挖；Ⅳ.左侧下部初期支护；4.右侧上部开挖；Ⅴ.右侧上部初期支护；5.右侧中部开挖；Ⅵ.右侧中部初期支护；6.右侧下部开挖；Ⅶ.右侧下部初期支护；Ⅷ.仰拱填充混凝土；Ⅸ.拱墙混凝土

图 5-20 交叉中隔壁法施工工序示意

5.9.2 工艺特点

中隔壁法(CD法)采用自上而下分2～3部开挖隧道的一侧,完成初期支护和中隔壁;待喷射混凝土达到设计强度强度等级的70%后,进行另一侧的开挖及支护,形成带有中隔壁支护的左右洞室;最后拆除支护,施作仰拱、拱墙衬砌和铺底及填充。施工中坚持弱爆破、短进尺、强支护、早封闭、勤量测的原则。分部开挖和中隔壁的及时支护作用大大降低了围岩的变形量,提高了施工的安全性。

交叉中隔壁法(CRD法)采用自上而下分1～2部开挖隧道的一侧上、中部,完成初期支护,施作中隔壁和横隔板(临时仰拱);先挖侧喷射混凝土达到设计强度等级的70%后,进行另一侧的上、中部开挖及支护,施作横隔板(临时仰拱);最后依次开挖第一侧、第二侧的底部,完成初期支护和中隔壁、临时仰拱,形成带有中隔壁和1～2层水平支撑的网格状支护系统;最后,拆除支护,施作仰拱、拱墙衬砌和铺底及填充。CRD法的每部开挖均形成格栅钢支撑和喷射混凝土结构的环形封闭支护体系。

5.9.3 适应范围

适用于浅埋双线或三线隧道Ⅴ、Ⅵ级围岩和不良地质及洞口工程的施工。

5.9.4 开挖施工工艺

1. 工艺流程

中隔壁法(CD法、CRD法)开挖施工流程可参照图5-21,现场施工图片如图5-22所示。

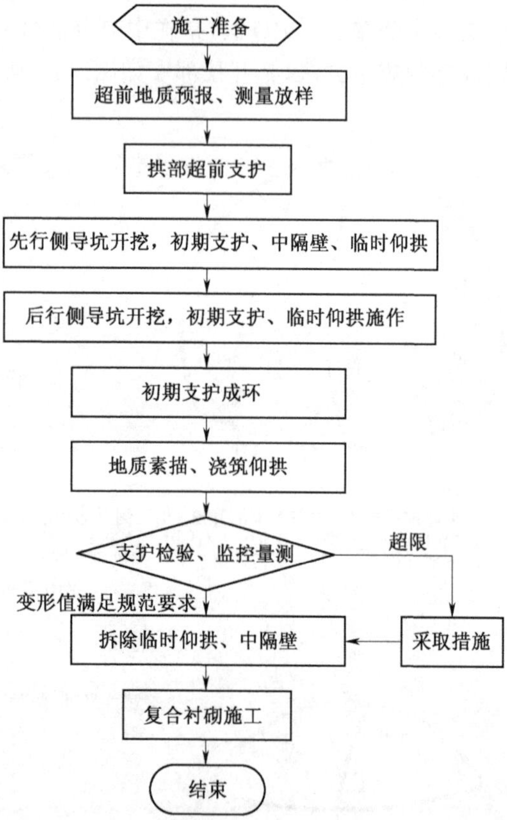

图5-21 中隔壁法施工工艺流程图

2. 超前支护

根据施工图施作超前支护,一般多采用小导管超前注浆加固。

(1)对杂填土层,采用钢筋斜插锚固棚架作超前支护效果较好。

(2)对粉细砂层,采用小导管酸性水玻璃注浆,按"一榀一排一注"进行加固。

(3)对圆砾土层,宜采用短管注水泥浆加固。

3. 开挖作业要点

(1)根据地质情况及隧道断面大小,先采用台阶法自上而下分为二台阶或三台阶开挖隧道的一侧,台阶长度3～5 m,上台阶高度宜为2.5 m,开挖循环进尺不宜大于初期支护钢架设计间距,每开挖一部均应及时施作锚喷支护、安设钢架、施作中隔壁。

(2)围岩较差时,每个台阶底部可设临时仰拱,临时仰拱宜设为弧形,中隔壁依次分部联结而成,各部施工应步步成环,周边轮廓尽量圆顺,减小应力集中。临时仰拱设置的时间将直接

图 5-22 中隔壁法开挖

影响各部结构的沉降和两侧土体水平位移的大小，应尽早设置临时仰拱，使支护封闭成环。

(3)钢架基础原则上应支撑于原状土上，如造成超挖应回填密实，并垫钢板或木板，确保钢拱架不产生垂直位移，并施作锁脚锚管，避免早期沉降量过大。

(4)先开挖侧初期支护结构基本稳定，且喷射混凝土达到设计强度 70%以上时，方可开挖隧道的另一侧，其分部次数及支护形式与先开挖的一侧相同。

(5)另一侧开挖形成全断面后，及时完成全断面初期支护闭合。

(6)左、右两侧洞体施工纵向间距不小于 15 m。

(7)在喷射混凝土完成 1 d 后，对滞后工作面 3 m 左右的拱部支护与围岩之间的空隙应进行注浆回填。

4. 出渣运输

工作面使用小型挖掘机或人工装渣，小型运输车辆运输。

5. 临时支护拆除

临时支护过早拆除对控制施工过程中结构变形极为不利，对中隔壁结构稳定也有影响，因此临时支护可在全部开挖和初期支护完成后，并形成全断面封闭环形后进行。临时支护结构每次纵向拆除长度不应大于 6 m，并逐段拆除。拆除后立即进行仰拱施作，两工序交错进行。仰拱施作长度达到衬砌台车长度后，及时进行拱墙二次衬砌。

5.10 双侧壁导坑法

5.10.1 双侧壁导坑法定义

双侧壁导坑法是先开挖隧道两侧导坑，及时施作导坑四周初期支护及临时支护，必要时施作边墙衬砌，然后再根据地质条件、断面大小，对剩余部分采用二台阶或三台阶开挖的施工方法(图 5-23)。双侧壁导坑法施工工序如图 5-24 所示。

5.10.2 工艺特点

采用双侧壁导坑法必须遵守弱爆破、短进尺、强支护、早封闭、勤量测的施工原则。侧壁导坑采用台阶法开挖，台阶长度可取开挖面宽度的 1～1.5 倍。采用风钻钻孔，上下台阶可同时爆破，周边全部采取光面爆破控制成形，开挖循环进尺 0.5～1.0 m。开挖后先进行初喷，及时

图 5-23　双侧壁导坑法开挖

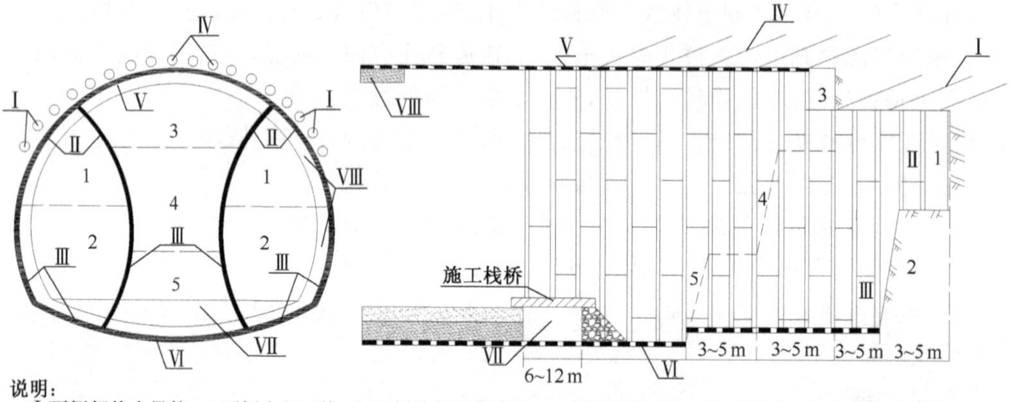

说明：
Ⅰ.两侧超前小导管；1.两侧上部开挖；Ⅱ.两侧上部初期支护；2.两侧下部开挖；Ⅲ.两侧下部初期支护；Ⅳ.拱部超前小导管；3.中壁上部开挖；Ⅴ.中壁上部初期支护；4.中壁中部开挖；5.中壁下部开挖；Ⅵ.中壁下部初期支护；Ⅶ.仰拱混凝土施工；Ⅷ.拱墙混凝土

图 5-24　双侧壁导坑法施工工序示意图

施作初期支护及临时支护，加强监控量测，指导安全施工。

5.10.3　适应范围

适用于浅埋双线或三线隧道Ⅴ、Ⅵ级围岩以及断面较大的不良地质洞口工程的施工。

5.10.4　开挖施工工艺

1. 工艺流程

双侧壁导坑法施工工艺流程如图 5-25 所示。

2. 工艺要点

(1)先开挖隧道两侧壁导坑，及时施作初期支护及边墙衬砌，再根据地质条件、断面大小，采用台阶法开挖隧道拱部及下台阶和仰拱。

(2)侧壁导坑形状应近似椭圆形，导坑断面的宽度控制为整个断面的 1/3。

(3)侧壁导坑、中央部上部、中央部下部开挖错开一定距离平行作业，左右导坑前后距离不小于 5 m，侧壁导坑超前中央部 10～15 m。

(4)侧壁导坑开挖后及时进行初期支护及临时支护，并尽快封闭成环。

(5)侧壁导坑采用短台阶法开挖，左右侧壁导坑施工可同步进行。

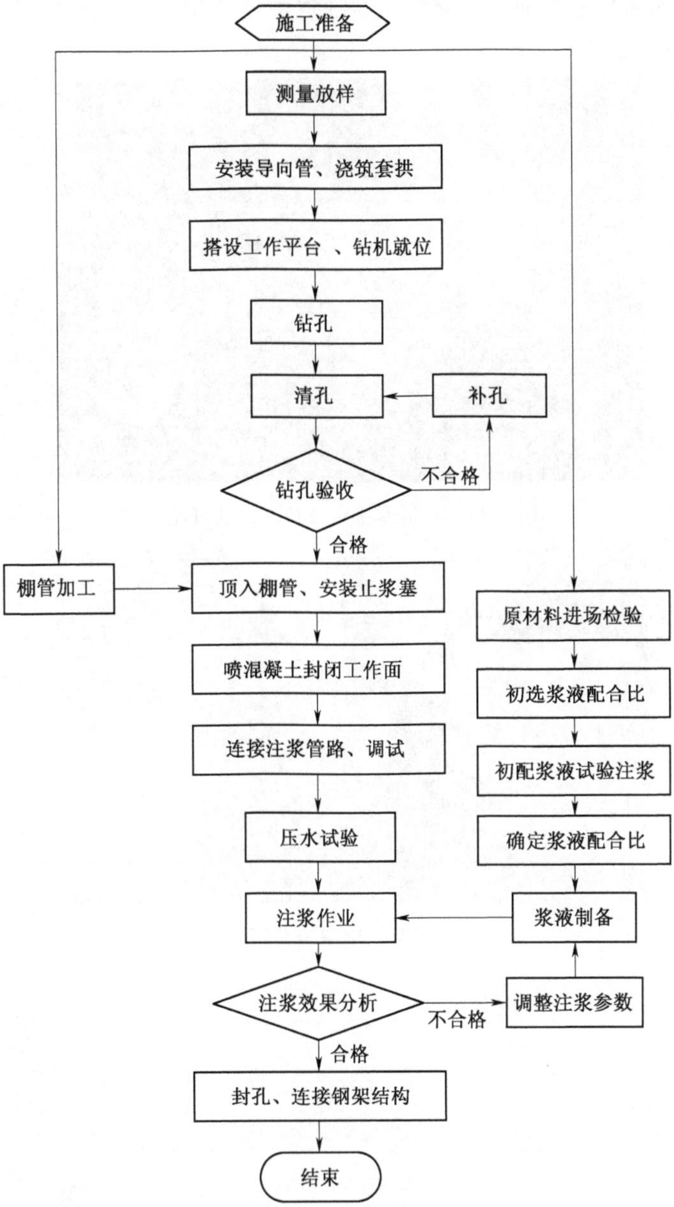

图 5-25 双侧壁导坑法施工工艺流程图

(6)断面初期支护封闭成环,且监控量测显示初期支护稳定时,方可拆除临时支护,临时支护拆除期间要加强监控量测,一次拆除长度控制在 15 m 以内。

(7)临时支护拆除后应及时施作仰拱并进行二次衬砌。

5.11 其他开挖方法

高速铁路隧道常用的其他开挖方法还包括环形开挖预留核心土法(图 5-26)、铁路大断面隧道三台阶七步开挖法、单侧壁导坑法等,其工程原理与上述一种或两种方法类似,或者由上述方法针对特殊地质条件演变而来。异形断面隧道中还可能使用中洞法(图 5-27)、侧洞法开挖方法。

图 5-26 环形开挖预留核心土法开挖

图 5-27 中洞法开挖

6 高速铁路隧道支护施工技术

采用新奥法原理设计、施工的隧道，支护施工是整个隧道施工最为重要的环节之一。新奥法的内涵就是保护围岩，充分调动和发挥围岩的自承能力。从这样一个原则出发，施工中可以根据隧道工程具体条件灵活地选择开挖方法、爆破技术、支护形式、支护施作时机和辅助工法。至于对围岩变形的控制，根据不同情况，有时应强调释放，有时应强调限制。

通过国内外高速铁路隧道多年的设计、施工经验，概括起来隧道施工支护主要有以下几种类型：大管棚、超前小导管、锚杆、钢筋网、钢架、喷射混凝土等。这几种支护类型并不是单一使用，往往是根据隧道的地质条件，选择两种或几种类型对围岩进行联合支护。

6.1 大管棚施工

6.1.1 大管棚及其作用

在隧道开挖前沿开挖轮廓线钻设与隧道轴线平行的钻孔，然后插入不同直径的钢管，并向管内注浆，固结围岩形成棚架支护体系，即在隧道拱顶形成一伞状保护环(图 6-1)，提高周围岩体的抗剪强度，达到加固围岩并扩散围岩压力的目的；大管棚结构可有效承载局部松弛的地层荷载，适时提供隧道开挖后而支护尚未施作或发挥作用前所需的支撑力，使隧道开挖面得以稳定并同支护和结构共同形成空间支撑系统。

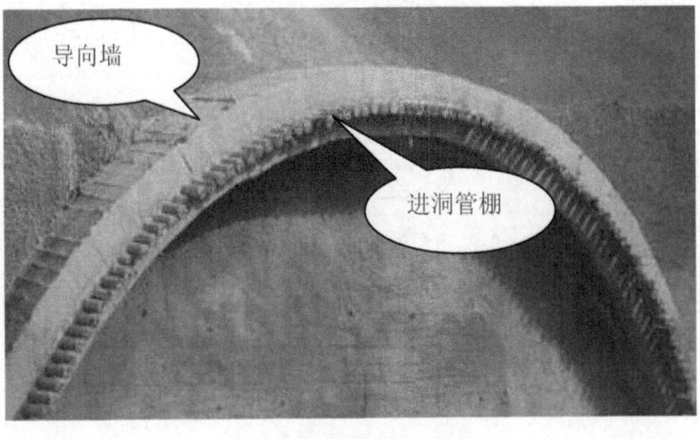

图 6-1　隧道进洞管棚

大管棚常采用直径为 ϕ70 mm～ϕ127 mm 钢管，特别地段也有采用直径 ϕ300 mm～ϕ500 mm 大钢管，壁厚一般不小于 6 mm。工程中多采用 ϕ108 mm，壁厚 6 mm 的热扎无缝钢管；钢管中心间距宜为管径的 2～3 倍；管棚长度根据地质、机械设备及施工条件确定，一般为 10～40 m。如需设置的管棚段落过长可分组设置，纵向两组管棚的搭接长度应大于 3.0 m。

适用于隧道洞口浅埋地段或软弱破碎围岩地段进洞施工；富水软弱破碎地质、砂砾地层、岩溶地质等不良地质地段的隧道开挖辅助措施。

6.1.2 施工工艺流程

大管棚施工工艺流程如图 6-2 所示。

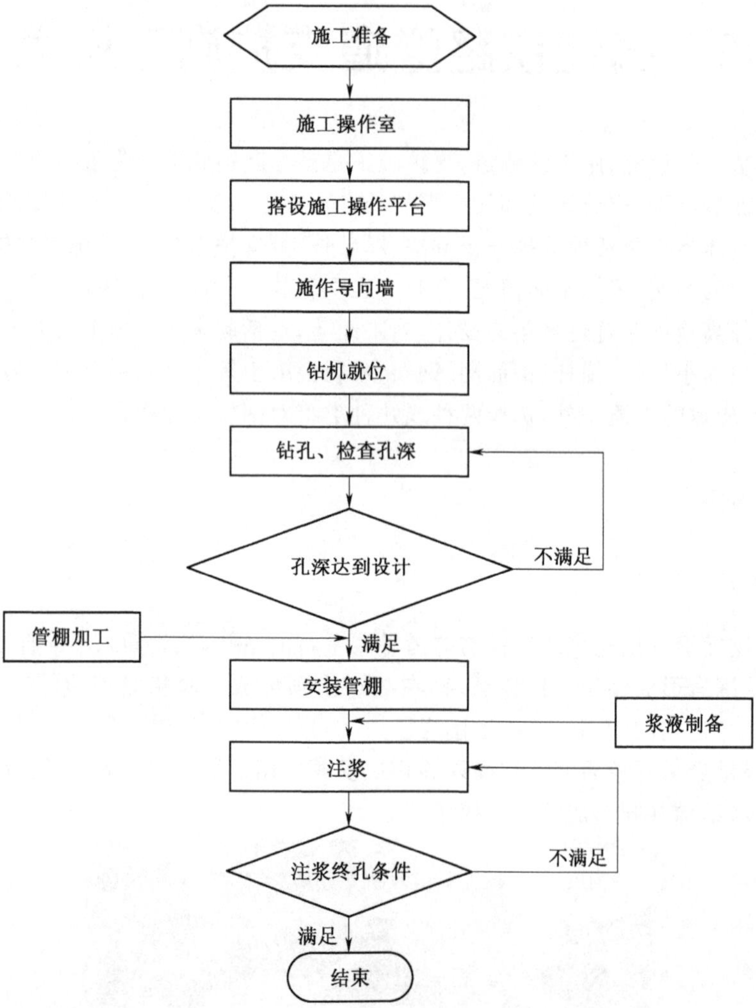

图 6-2 大管棚施工工艺流程图

6.1.3 大管棚施工

1. 管棚的加工制作

管棚钢管直径宜为 ϕ70 mm～ϕ127 mm，一般采用 ϕ108 mm，壁厚 6 mm 的热轧无缝钢管。管棚钢管单节长度通常为 4～6 m，接头采用 15～20 cm 长螺纹连接(套管采用内螺纹，钢管端采用外螺纹)，以保证连接强度和顺直；钢管接头位置应错开，避免设置在同一横断面上。钢管壁加工注浆花孔，孔径一般为 ϕ6 mm～ϕ8 mm，间距 10～15 cm，一周 4 排左右，呈梅花形排列，前端为尖形，尾端 50 cm 范围内不钻孔作为止浆段。

2. 测量定位

根据设计的大管棚和导向墙位置，分别用全站仪和精密水准仪进行管棚位置和导向墙位置放样，特别要控制大管棚位置与隧道开挖线之间的距离，以免出现大管棚位置侵入隧道初期支护空间范围的现象。

3. 开挖工作室、施作导向墙

在洞内为提供管棚钻孔施工空间，应开挖工作室，工作室的开挖尺寸应根据钻机和钢管推进机的规格确定，一般应超出隧道外轮廓线 0.5～1.0 m，并设钢支架。

施作导向墙：一般情况为便于施钻和提高钻孔精度，常在明挖和暗挖交界处（或隧道坍塌位置）施作混凝土导向墙，如图 6-3 所示。

（1）导向墙在隧道外廓线以外施作，内埋设 3～4 榀工字型钢支撑，钢支撑与管棚孔口管焊成整体。孔口套管沿拱圈环向布设，孔径比管棚钢管大 20～30 mm 。

（2）孔口套管间距、位置及方向应准确。用经纬仪以坐标法在工字钢架上定出其平面位置；用激光导向仪设定孔口管的倾角；用前后差距法设定孔口管的外插角。孔口管应牢固焊接在工字钢上，防止浇筑混凝土时产生位移。

4. 钻机配置

钻机选型由一次钻孔深度和孔径决定，图 6-4 是日本 RPD-180 系列钻机，该设备采用后顶锤式旋转冲击作业，克服潜孔锤污染大、遇高压水很难钻进等缺点，具有钻进速度快，操作简便、劳动强度低等优点。钻进速度每小时可达 10～20 m，且通过转动旋臂，在钻机定位一次的情况下，可完成较大范围的单管、套管和跟管钻孔作业。

图 6-3 管棚导向墙施工

图 6-4 日本 RPD-180 型钻机

5. 钻孔

（1）钻机就位。采用自行钻机，在钻机就位后，需对其进行必要的加固，锁定位置防止在钻进过程中钻机位置发生偏移，影响管棚钻孔精度。

钻机如需施工作业平台，一般采用钢管脚手架搭设。平台搭设长度为钻机钻孔长度（单根管棚长度）加 50 cm。平台支撑连接要牢固、稳定，防止在施钻时钻机产生不均匀下沉、摆动、位移等影响钻孔质量。平台上可准备短方木若干，以备调准钻机高度时使用。

钻机要求与已设定好的孔口管方向平行，必须精确核定钻机位置，采用经纬仪、挂线、激光导向仪导向相结合的方法反复调整，确保钻机钻进时的倾角、仰角符合要求。

（2）导向系统选择及控制。导向成功与否直接关系到导向孔成孔精度，导向系统可根据现场实际灵活选择，一般采用激光导向仪进行导向控制。选用 ECLIPSE 无线地下定位系统，管棚埋深在 8 m 以内配备普通探棒；管棚埋深在 8～10 m 范围内配备加强型探棒；埋深超过 10 m 后采用地磁地下定位系统。

导向技术人员随着导向孔的钻进,必须时刻观察探头角度变化情况,角度偏差大于0.3°时,应及时纠偏。当纠偏无效、偏差大于0.6°时,应停止钻进,及时报告,研究对策后再施工。现场须及时进行导向数据记录和钻具前端长度及每次加管长度详细记录。根据不同的导向系统,进行导向孔水平偏差调整和导向孔高程偏差调整。

6. 安装管棚钢管

(1)钻孔完成后及时安设管棚钢管,避免出现塌孔。

(2)棚管顶进采用大孔引导和棚管机钻进相结合的工艺,即先钻大于棚管直径的引导孔,然后可用10 t以上卷扬机配合滑轮组反压顶进,也可利用钻机的冲击力和推力低速顶进钢管。

(3)钢管在专用的管床上加工好螺纹,棚管四周钻 ϕ6 mm～ϕ8 mm 出浆孔。钢管逐节顶入,采用螺纹连接,螺纹长15～20 cm。

(4)为保证管棚钢管的焊接相连处不集中在同一断面,相邻两孔的管棚钢管接头应前后错开,确保受力情况良好。同一横断面内的接头数不大于50%,相邻钢管接头至少错开1 m。对长大管棚为加强其刚度,可在钢管内加钢筋笼然后再注浆。

(5)及时将钢管与钻孔壁间缝隙填塞密实,在钢管外露端焊上法兰盘、止浆阀,并检查焊接强度和密实度。

7. 管棚注浆

(1)浆液配置。注浆材料及配合比:注浆材料和配比根据试验现场确定,一般情况下注浆浆液多采用水泥砂浆或水泥—水玻璃双液浆。对于有空洞较多的坍方体,可采用先注水泥砂浆,等到注入压力达到预计压力时,注入水泥—水玻璃双液浆。水泥可采用标号42.5R以上的普通硅酸盐水泥。水泥砂浆浆液水胶比宜为(0.5∶1)～(1∶1);双液浆配合比为水泥浆∶水玻璃(体积比)=1∶1。

单根钢管理论注浆量公式:(不同的地层计算数值有所不同)

$$Q=\pi R^2 L\eta\alpha\beta \tag{6-1}$$

式中 L——钢管总长度;

R——浆液扩散半径;

α——浆液有效充填率;

η——地层孔隙率;

β——浆液损耗系数。

(2) 注浆管的设置。注浆采用分段后退式注浆,利用自制的注浆套管与管棚用套丝连接,注浆套管上准备出气管与进浆管,由阀门来控制开关,如图6-5所示。然后安装塑料管作为排气管,连接注浆管等各种管路,利用锚固剂封闭掌子面与管棚间的孔隙,防止漏浆。关闭孔口阀门,开启注浆泵进行管路压水试验,如有泄漏及时检修,试验压力等于注浆终压。

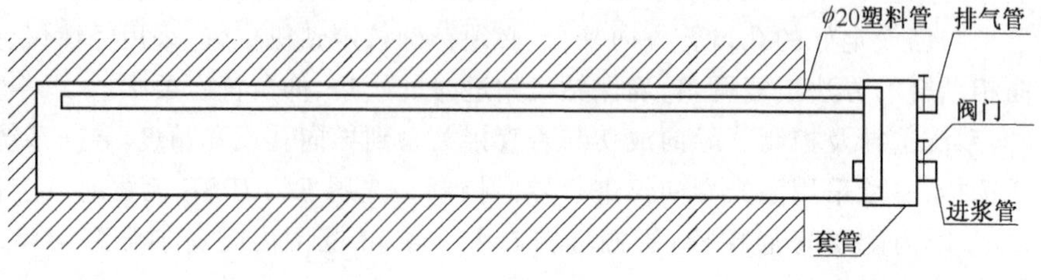

图6-5 注浆管示意图

(3)注浆控制。

1)管棚施工完成后开始注浆,注浆前对所有孔眼安装止浆塞,同时对管口与孔口外侧进行密封处理。

2)水泥砂浆浆液采用拌和机制浆,采用液压注浆机将浆液注入管棚钢管内,注浆前先检查管路和机械状况,确认正常后做压浆试验,确定合理的注浆参数。

3)注浆分两步完成,当第一次注浆的浆液充分收缩后,进行第二次注浆,以使孔隙填充密实。注浆采取注浆终压和注浆量双控措施,拱脚的注浆终压高于拱腰至拱顶。初压 0.5~1.0 MPa 为宜,终压宜控制在2 MPa,持压 3~5 min 后停止注浆,注浆量一般为钻孔圆柱体的 1.5 倍。若注浆量超限,未达到压力要求,应调整浆液浓度继续注浆,直至符合注浆质量标准,确保钻孔周围岩体与钢管周围孔隙均为浆液充填,方可终止注浆。注浆过程中压力如突然升高,可能发生堵管,应停机检查。

4)注浆结束后及时清除管内浆液,并用等级不低于 M30 的水泥砂浆充填,增强管棚的刚度和强度。

5)注浆过程应派专人负责填写注浆记录表,记录注浆时间、浆液消耗量及注浆压力等数据,观察压力表值,监控连通装置,避免因压力猛增而发生异常情况。

6)为防止注浆浆液到处扩散,可根据隧道的实际情况,设置浆砌片石、混凝土或挂网喷射混凝土等形式的止浆墙。

(4)注浆效果判断。

1)对注浆加固区进行钻孔取芯,观察注浆充填情况。

2)管棚注浆后再打无孔管作为检查管,检查注浆质量。有水地层可观察无孔管孔内涌水颜色及涌水量,水颜色如较澄清或夹带水泥渣块,则注浆效果较好,如涌水为泥浆颜色或涌水量较大时,应补注或重注。

6.1.4　施工技术要点

1. 钻孔施工技术要点

(1)必须经常检查支架的稳固性,发现问题及时进行加固处理;测量人员应在支架顶面设置测量观测点,用经纬仪和精密水准仪对观测点进行测量,检查支架是否发生偏移或下沉。

(2)每钻进 2 m,用经纬仪进行一次钻杆轴线检查,误差超限及时纠偏。

(3)根据钻机钻进的现象及时判断成孔质量,要分析钻进速度变化较大的原因。

(4)钻孔前,精确测定孔的平面位置、倾角、外插角,并对每个孔进行编号。

(5)钻孔仰角的确定应视钻孔深度及钻杆强度而定,一般控制在 1°~15°。钻机最大下沉量及左右偏移量为钢管长度的 1%左右,并控制在 20~30 cm。

(6)严格控制钻孔平面位置,管棚不得侵入隧道开挖线内,相邻的钢管不得相撞和立体交叉。

(7)经常量测孔的斜度,发现误差超限及时纠正,至终孔仍超限者应封孔,进行原位重钻。

2. 注浆施工技术要点

(1)浆液配置必须按设计配合比进行,实验室根据不同的岩层,选用不同的浆液配合比(如水泥砂浆、水泥－水玻璃双液浆等),掺加不同的外加剂;浆液配置所需的水泥、水玻璃、水及其他外加剂(如速凝剂等)均要经过试验检测,并满足质量要求;浆液拌制必须使用机械拌和,严格控制拌和的时间;实验室要加强对浆液质量的检查。

(2)注浆过程中随时检查孔口、邻孔、覆盖层较薄部位有无串浆现象,如发生串浆,应立即停止注浆或采用间歇式注浆封堵串浆口,也可采用麻纱、木楔、快硬水泥砂浆或锚固剂封堵,直至不再串浆时再继续注浆。

(3)注浆时相邻孔眼需间隔开,不能连续注浆,以确保固结效果,同时达到控制注浆量的目的。

(4)注浆时,注浆机压力应与规定压力配套,不宜升压过快;注浆压力达到规定值时应予以稳定一定的时间,应持压 3～5 min,以利浆液进一步渗入缝隙;要经常检查注浆压力表的准确度;要根据注浆终压和注浆量双控注浆质量;要根据单根钢管注浆量并结合岩体的松散程度,综合考虑注浆量。

(5)采取抽芯等措施进行注浆效果检查,如注浆效果不好,应分析原因。如未设置止浆墙可能导致浆液外流,由于注浆压力不够或注浆量没有达到计算值造成注浆效果差。

6.2 超前小导管施工

6.2.1 小导管及其作用

小导管超前支护是在隧道开挖轮廓线外一定距离,以一定的外插角,向开挖面前方打(钻、压)入小导管(锚杆)并压注具有胶凝性质的浆液,使浆液在压力的作用下渗透、扩散到地层孔隙或裂隙中,以改善围岩物理力学性能,在开挖面周围形成一个具有既可止水又有一定强度骨架的硬壳固结体,从而提高围岩的整体性、抗渗性和稳定性,是隧道辅助开挖的一种方法,具有施工机具设备简单,施工操作方便,费用低的优点,如图 6-6 所示。

图 6-6 超前小导管

超前小导管注浆支护适用于自稳时间很短或无自稳能力的砂层、砂卵(砾)石层、土层、断层破碎带、涌水地段、软弱围岩及地层加固和塌方处理。一般来说,围岩较破碎的地段应优先选用超前小导管预注浆加固措施。

6.2.2 施工工艺流程

超前小导管预注浆施工工艺流程如图 6-7 所示。

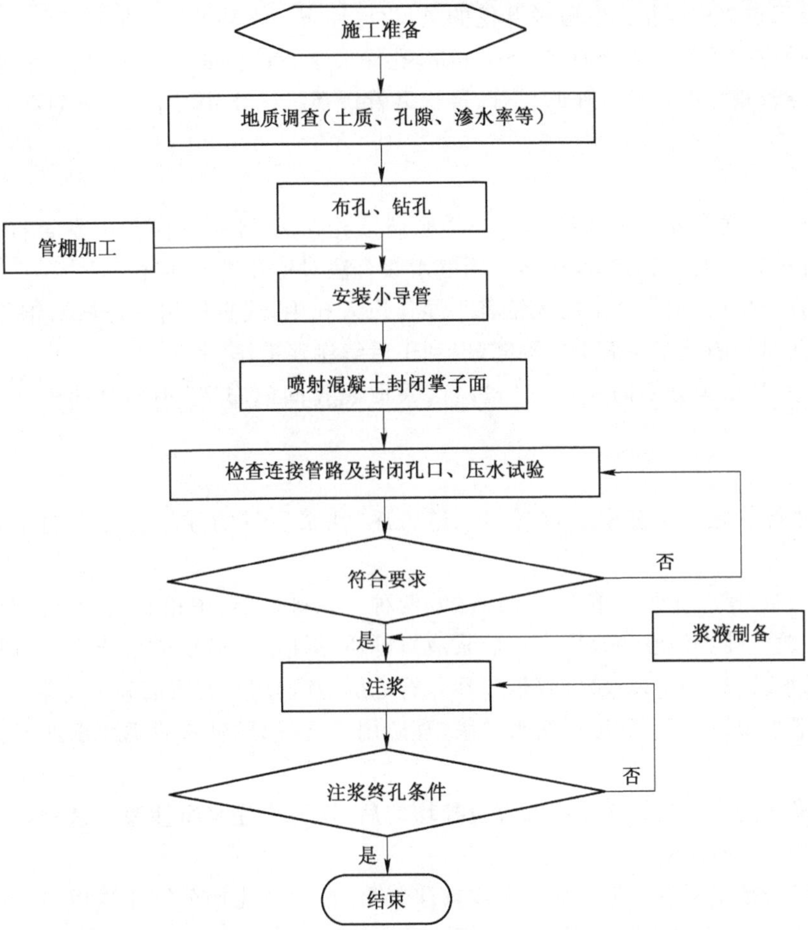

图 6-7 超前小导管预注浆施工工艺流程图

6.2.3 超前小导管施工

1. 参数选择和加工

超前小导管一般选用 ϕ42 mm～ϕ50 mm 热轧无缝钢管加工制成，长度为 3～6 m。间距根据围岩地质条件通过试验确定，视地质条件按 20～50 cm 选用。可以采用均匀间距布置，也可由拱顶至拱脚采取由密至疏不均匀间距布置。外插角大多为 5°～10°，但用于坍方处理以注浆固结塌体形成人工护顶其倾角宜选为 30°。超前小导管可根据围岩的地质情况设置一排或数排。对于超前小导管注浆加固范围较长的地段，前后排之间搭接长度一般在 1～1.5 m 范围内。小导管前部应钻注浆孔，孔径一般为 6～8 mm，孔间距为10～20 cm，呈梅花形布置。小导管前端加工成锥形，尾部不钻注浆孔的范围长度不小于 30 cm，作为预留止浆段。

2. 测量布孔

小导管管孔一般布置在开挖轮廓线以外 5～10 cm。用全站仪进行小导管位置的测量放样工作，并用红油漆在作业掌子面上作好小导管位置的标记。

3. 钻孔

钻孔时一般采用风钻（台车）开孔，以设计的外插角向外钻孔。为保证超前小导管的有效搭接长度，施工过程中严格控制隧道开挖的进尺，以使下一循环的施工顺利进行。

钻孔直径应大于设计导管直径 3～5 mm，孔深大于设计长度 10 cm。对于砂类土，也可采用直径比小导管稍大的钢管制作吹风管，将吹风管缓缓插入土中，用高压风射孔，成孔后将小导管插入。

4. 布管

钻孔完毕后，通常要对钻孔进行冲洗并检查钻孔孔深、孔径和倾斜度是否符合设计要求后，方能进行小导管的安装，工程中多采用气水联合法对钻孔进行冲洗。

钻孔检查合格后，用带冲击的风钻将小导管顶入孔中，或直接用锤击插入钢管，再用塑胶泥封堵导管孔口周围及工作面上的裂缝，以利于后续注浆工作。

布管顺序：从拱顶分别向左右方向进行，采取隔孔间隔布置；小导管的外露长度一般为 30～50 cm。

5. 注浆

注浆是小导管施工工艺中最重要的一道工序，注浆质量的好坏直接影响小导管施工的效果。

(1)浆液的选择。注浆有单液和双液注浆两种。在砾砂层、中粗砂层、圆砾层中宜选用注单液注浆(一般分纯水泥浆和改性水玻璃浆液)，砾质黏性土及砂质黏性土中宜选用双液注浆(一般为水泥水玻璃浆液)；断层破碎带和砂卵石地层，宜选用水泥浆液和水泥水玻璃浆液；中、细粉砂层及细小裂缝岩层、断层泥堵水注浆，宜选用渗透性好、低毒及遇水膨胀的改性水玻璃浆液。

单液注浆法是将注浆材料全部混合搅拌均匀后，用一台注浆泵注浆。这种方法适用于凝胶时间大于30 min的注浆。

双液注浆法是用两台注浆泵或一台双缸注浆泵，按一定比例分别压送甲、乙两种浆液，在孔口混合器混合后，再注入到岩层中。采用这种方法，浆液凝胶时间一般为几十秒到几分钟。

(2)浆液的配制。一般根据现场试验确定，通常情况下按如下原则配置：

纯水泥浆液：浆液的水胶比宜为(0.5：1)～(1：1)，采用强度等级为 32.5R 以上水泥。如需要缩短注浆的凝结时间，则可以加入食盐、三乙醇胺速凝剂等外加剂。

改性水玻璃浆液：由硫酸与水玻璃配制而成。首先将 98%的工业浓硫酸稀释成 18%～20%的稀硫酸，将 40Be 的水玻璃稀释成 20Be；在快速搅拌的情况下，将水玻璃缓慢地倒入稀硫酸中，并用试纸测量 pH 值，以 3～4 为宜。

水泥水玻璃浆液：浆液水胶比宜为(0.8：1)～(1.5：4)，水泥浆与水玻璃的体积比一般为(1：0.3)～(1：1)。

(3)注浆参数的选择。注浆参数根据试验确定。一般情况下扩散半径可按公式计算：

$$R=(0.6\sim0.7)L \tag{6-2}$$

式中 L——注浆导管之间的中心距离。

单管理论注浆量可按公式计算：

$$Q=\pi R^2 L\eta \tag{6-3}$$

式中 η——岩体孔隙率。

注浆压力应根据地层致密程度和选用的浆液类型决定，一般为 0.3～1.0 MPa。纯水泥浆的注浆压力可稍微大一些，一般为 0.6～1.0 MPa；其余浆液的注浆压力一般为 0.3～0.6 MPa。

注浆压力一般可按下式计算：

$$P=(0.4\sim0.6)\gamma h \tag{6-4}$$

式中 P——注浆压力，kPa；

γ——砂、围岩的重量，kN/m^3；

h——被注浆岩体的厚度，m。

注浆过程根据实际情况确定，可以通过加入少量的缓凝剂（如磷酸氢钠）来控制初凝时间，初凝时间一般控制在 8～10 min，但加缓凝剂的浆液对结石体的强度有不良影响，因此掺量不能超过水泥质量的 2%。

(4)注浆工艺。选用合适的注浆泵注浆，采用浆液搅拌桶制浆。为防止浆液从其他孔眼溢出，注浆前对所有孔眼安装止浆塞，注浆顺序宜从两侧拱脚向拱顶。由于岩体孔隙不均匀，考虑开挖的方便，同时要达到固结破碎松散岩体的目的，保证开挖轮廓线外环状岩体的稳定，形成有一定强度及密实度的壳体，特别是确保两侧拱脚的注浆密实度和承载力，宜采取注浆终压（0.8～1.2 MPa）和注浆量来双控注浆质量，拱脚的注浆终压高于拱腰至拱顶。通过现场试验确定拱脚终压值。注浆时相邻孔眼需间隔开，不能连续注浆，以确保固结效果、同时达到控制注浆量的目的。

6.2.4 施工技术要点

1. 钻孔施工技术要求

(1)钻孔前，精确测定孔的平面位置（误差±15 mm）、倾角、外插角，并对每个孔进行编号。

(2)严格控制钻孔平面位置，超前小导管和超前锚杆不得侵入隧道开挖线内，相邻的钢管不得相撞和立体交叉。

(3)终孔后，要检查锚杆孔的位置、孔深、方向和外插角；然后用高压风将钻孔吹洗干净。

2. 注浆施工技术要点

注浆施工技术要点详见 6.1.4 节。

6.3 锚杆施工

6.3.1 描杆类型、特点及其作用

1. 锚杆的定义与分类

锚杆是指在岩土体内部钻孔中，用黏接剂（如水泥砂浆、锚固剂、水玻璃双液浆等）将钢筋（或其他杆材）与岩土体黏接成一个整体，对岩体起支承、加固、提高层间摩阻力的作用，是将因施工引起岩土体产生的重新分布力传至稳定结构物或岩土层的一种构件。当采用钢绞线或高强钢丝束作杆体材料时，也可称为锚索。目前国内外使用锚杆种类已达数百种，如图 6-8 所示。按锚固形式上可划分为全长黏结型锚杆、端头锚固型锚杆、摩擦型锚杆和其他类型锚杆；按受力状态可划分为非张拉型锚杆和张拉型锚杆，张拉型锚杆又分为张拉锚杆和预应力锚杆。

端头锚固型锚杆：分为机械锚固型锚杆和黏结锚固型锚杆。机械锚固型锚杆分为楔缝锚杆、倒楔锚杆和涨壳锚杆；黏结锚固型锚杆分为砂浆锚杆、快硬水泥卷锚杆和树脂药卷锚杆。

全长黏结型锚杆：分为树脂锚杆和砂浆锚杆。

摩擦型锚杆:分为缝管锚杆和楔管锚杆。

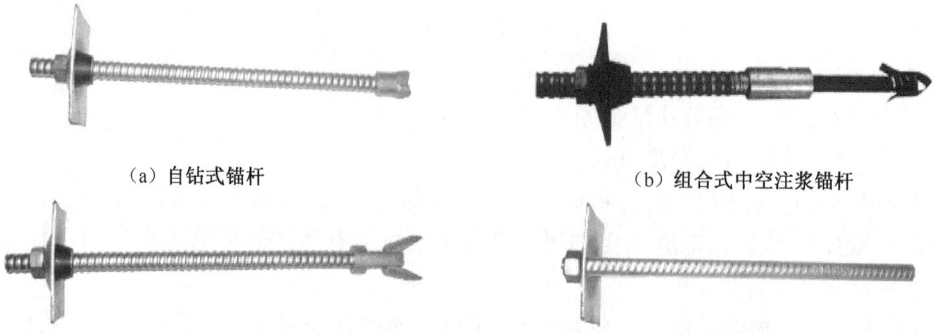

(a) 自钻式锚杆　(b) 组合式中空注浆锚杆

(c) 涨壳式中空注浆锚杆　(d) 树脂锚杆

图 6-8　各类锚杆产品

2. 锚杆特点及作用

(1)锚杆的特点。

1)在岩土体开挖后,能较快提供支护力,有利于保护岩土体的固有强度,阻止岩土体的进一步扰动,控制岩土体变形的发展,提高施工过程的安全性。

2)提高岩土体软弱结构面、潜在滑移面的抗剪强度,改善岩土体的其他力学性能。

3)改善岩土体的应力状态,使其向有利于稳定的方向转化。

4)锚杆的作用部位、方向、结构参数、密度和施作时机可以根据需要方便地进行设定和调整,以获得最佳的稳定效果。

5)将结构物与岩土体紧密地联锁在一起,形成共同工作体系。

6)锚杆施工理念是尽可能通过锚杆发挥岩土体自稳性能,而使外支护结构变得简单。

7)对预防、整治滑坡,加固、抢修出现病害的结构物具有独特的作用。

(2)锚杆的作用。

1)支承围岩:系统锚杆是嵌入隧道开挖后未扰动的稳定围岩中,对隧道开挖后周边已扰动(重新分布应力)的围岩起限制约束变形与支撑围岩的作用。

2)加固围岩:隧道系统锚杆使围岩松动区的节理裂隙、破裂面等得以联结,增大了锚固区围岩的强度(即 c、φ 值)。实践证明,隧道施工中锚杆对加固节理发育的岩体和围岩松动区是十分有效的,有助于裂隙岩体和松动区形成整体,成为"加固带"。

3)提高层间摩阻力,形成"组合梁":水平或缓倾斜的层状围岩,用锚杆群能把数层岩层连在一起,增大岩层间摩阻力,从结构力学观点来看,就形成了"组合梁"。

4)"悬吊"作用:所谓"悬吊"作用是指隧道开挖后,为防止个别危石的掉落或滑落,用锚杆将其同稳定围岩联结起来,主要表现在加固局部失稳的岩体。

3. 锚杆适用范围

(1)不太稳定的岩土体,为确保不在一般情况下出现崩坍等地质灾害而需要的加固。

(2)工程改变岩土体结构而形成的边坡和自然边坡支护。

(3)坑道开挖后形成的临空面支护。

6.3.2　施工工艺流程

隧道系统锚杆施工工艺各不相同,同一类锚杆不同的杆材和锚固黏接剂,以及不同组合支护形式下，其施工工艺差别也很大。比如系统锚杆采用砂浆锚杆和药卷锚杆其施工工艺就不同；采用普通钢筋锚杆和装配式锚杆（中空注浆锚杆、自进式锚杆）其施工工艺也不相同；在设计有钢架支护和没有钢架支护的情况下，系统锚杆的施工工艺也有所不同。普通钢筋药卷锚杆（系统锚杆）施工工艺流程如图 6-9 所示。

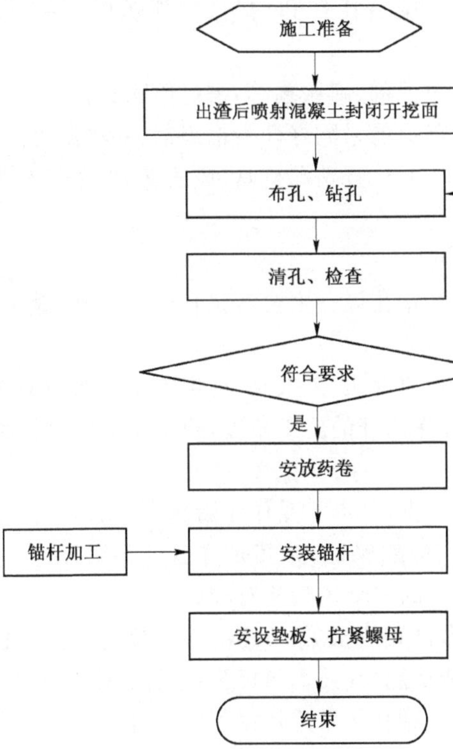

图 6-9 普通钢筋药卷锚杆工艺流程图

6.3.3 锚杆施工

1. 施工准备

(1)锚杆孔定位。锚杆钻孔前根据设计要求定出孔位，作出明显标记。锚杆孔定位通常采用挂中线，通过尺量；采用了自动极坐标测量系统的隧道掘进，系统锚杆可通过自动极坐标测量系统定位。

(2)锚杆及配件的加工或采购。

1)普通钢筋锚杆及垫板加工。用于加工锚杆及垫板的钢筋和钢板材料通过复检合格，统一在场地加工房内加工；锚杆根据隧道不同围岩级别类型支护，截取成需要的长度，杆体需调直，表面无缺损、无锈、无杂物。加工后的锚杆尺寸符合设计要求，车丝部分无偏心，焊缝表面不得有裂纹、焊瘤等缺陷；垫板采用设计厚度的钢板加工，按要求规格下料，中间钻孔。

2)装配式特种锚杆采购。常用的装配式特种锚杆有中空注浆锚杆和自进式锚杆，配件主要包括分段杆材、接头套筒、特制垫板，自进式锚杆还包括特种钻头。采购前对供应商进行考察，实行货比三家，招标采购；进场锚杆需进行检查、验收后，才能用于现场施工。

(3)锚杆辅助材料准备。

1)水泥:普通水泥砂浆选用普通硅酸盐水泥,在自稳时间短的围岩条件下,宜采用早强水泥。

2)砂:宜采用清洁、坚硬的中细砂,粒径值不宜大于 3 mm。

3)砂浆制备:砂浆严格按设计配合比拌和均匀,随拌随用。一次拌和的砂浆在初凝前用完。

4)外加剂:一般采用减水剂、早强剂、膨胀剂等,需提前购买备用。

5)锚固剂:若采用药卷锚杆,需提前采购好药卷锚固剂,并在使用前一定时间就开始浸泡。

(4)设备检查。施工锚杆前,全面检查钻孔机具、风压动力、注浆设备以及其他机械是否正常,确保锚杆施工持续进行。

2. 锚杆成孔

(1)锚杆钻孔设备。目前,锚杆钻孔设备主要有锚杆钻孔台车、凿岩台车、手持凿岩机等,它们各有其优缺点。

锚杆钻孔台车和凿岩台车成孔速度快,工效高,能够有效保证锚杆的施工质量;锚杆台车能够施工任何部位的锚杆,并且确保锚杆的施工角度,施工安全风险相对较低。主要缺点是设备一次性投入较大。

手持凿岩台车设备一次性投入少,基本不受作业断面大小的影响。主要缺点是:施工工效相对较低;锚杆施工质量不易得到可靠保证,尤其是隧道拱部锚杆施工角度很难按照设计施工;由于人员紧靠开挖面,锚杆施工的安全风险相对较大。

目前,国外锚杆钻孔设备技术已相当成熟,Boltec LD 就是一款全机械化锚杆台车,它具有锚杆定位、钻孔和安装锚固多种功能,其技术指标为:锚杆长度为 1.5 ~ 6 m,施工高度最大为 12 m(图 6-10)。此外,隧道开挖钻孔也可采用凿岩台车(图 6-11)。

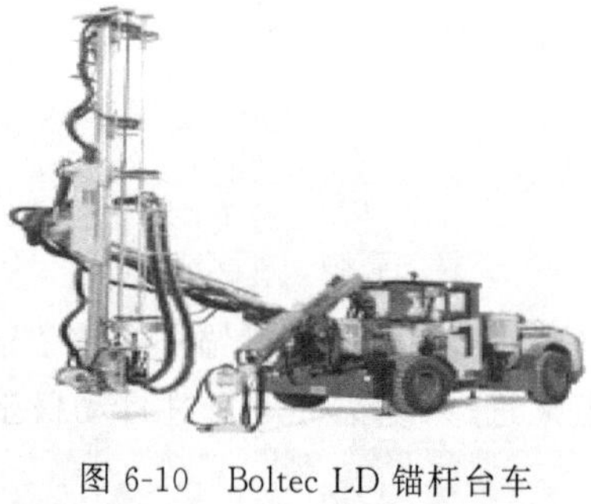

图 6-10 Boltec LD 锚杆台车

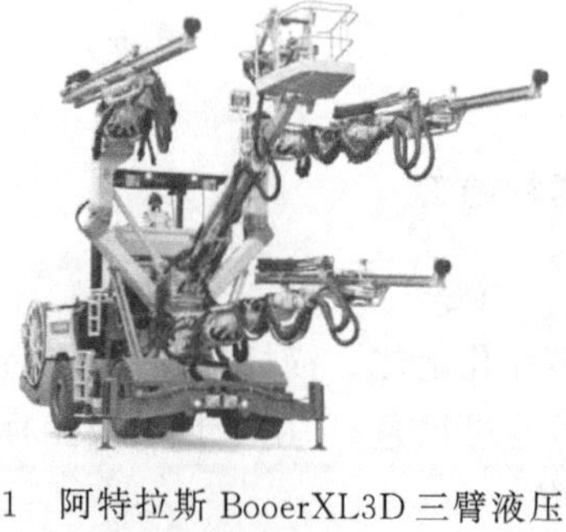

图 6-11 阿特拉斯 BooerXL3D 三臂液压凿岩台车

(2)钻孔作业。

1)隧道锚杆钻孔一般在分部开挖台阶上或洞内钻爆支护台架上进行。钻设前严格按照设计间距布孔,选择与孔径大小相对应的钻头。钻孔方向尽可能垂直结构面或初喷混凝土表面。

2)钻孔过程中随时检查钻孔方向和钻进深度,随时密切观察岩层特性,为合理的进行支护提供依据。

3)锚杆钻孔完成,立即用高压风、水冲洗干净孔内碎屑,确保顺利插入锚杆。

4)钻孔过程常会卡钻头,当钻头确实无法取出时,应在孔位旁边补钻孔;当隧道位于软弱围岩或不均匀岩层中,出现卡钻头导致无法成孔,或者钻孔容易,取出钻杆后钻孔产生变形,无法插入锚杆时,可考虑将原设计锚杆更改为自进式锚杆。

3. 锚杆安装

(1)普通水泥砂浆锚杆。

1)砂浆配合比:水泥∶砂宜为(1∶1)～(1∶1.5);水胶比宜为0.45～0.50,砂的粒径不宜大于3 mm;砂浆拌和均匀,随拌随用,一次拌和的砂浆在初凝前用完。

2)灌浆前将钻孔吹净。注浆开始或中途停止超过30 min,应采用水润滑灌浆罐及其管路;灌浆孔口压力一般不大于0.4 MPa。

3)灌浆时堵塞孔口,灌浆管插至距孔底5～10 cm处,随水泥砂浆的注入缓慢匀速拔出,随即迅速将杆体插入,若孔口无水泥砂浆溢出,将杆体拔出重新灌注。

4)锚杆杆体宜对中插入,插入后在孔口将杆体固定。锚杆插入孔内的长度不小于设计规定。锚杆安设后,不得随意敲击。

(2)早强水泥砂浆锚杆。早强水泥砂浆锚杆施工方法同普通水泥砂浆锚杆,不同之处在于锚固砂浆一般采用硫酸盐早强水泥并掺早强剂。灌浆过程时,应注意在开始或中途停止作业超过30 min时,需测定砂浆坍落度,当其值小于10 cm时不能注入罐内使用。

(3)早强药卷锚杆。

1)选择好药卷直径和药卷长度,药卷使用前检查有无结块和受潮。药卷要求浸透,安装前需浸泡在清水中。

2)安装采用专用装药卷工具,缓慢地把药卷推入孔底,推入过程中保证药卷不破裂。

3)锚杆杆体插入后注意旋转,使药卷充分搅拌。

(4)缝管式摩擦锚杆。

1)缝管式摩擦锚杆安装采用一般风动凿岩机时需配备专用冲击器;宜随钻随安设锚杆,也可集中钻孔、集中安设,一般不隔班隔日安设。

2)缝管式摩擦锚杆安装前检查风压,要求不小于0.4 MPa。安设前再次清孔,并核对孔深是否符合要求。

3)缝管式摩擦锚杆推进过程中,保持凿岩机、锚杆、钻孔的中心线在同一轴线上。凿岩机推进过程中可适当放水冷却冲击器;推到末端降低推进力,当垫板抵紧岩石时立即停机,以免损坏垫板和挡环。

(5)楔缝式锚杆。楔缝式锚杆安装前将楔子与锚杆杆体连接安装好,送入孔内时不偏斜。打紧楔块过程中注意不破坏螺纹,安设后立即安装好托板,拧紧螺帽。

(6)树脂锚杆。

1)根据设计锚杆直径和胶凝时间选择树脂锚固剂的规格和型号。

2)根据设计锚固长度,用杆体将选用的锚固剂送入孔底,启动搅拌器带动杆体旋转(30±5)s,匀速推进到孔底。卸下搅拌器后,及时在孔口将杆体楔住,固化前使杆体不移位或晃动。

3)对于采用快速树脂锚固剂的锚杆,应在锚杆安装完成7 min后安装托板,并在15 min后测试锚固力;对于采用中速树脂锚固剂的锚杆,应在锚杆安装完成15 min后安装托板,并在40 min后测试锚固力。

4)搅拌安装工具根据现场动力条件,可采用TJ-9风动锚杆搅拌机或电煤钻加连接头,紧螺母可采用QB-16风动扳手或手动扳手;若采用锚杆钻机作业,钻孔和安装锚杆同机操作更为方便。

6.3.4 施工技术要点

1. 孔位及方向

(1)孔位根据设计要求和围岩情况作出标记,孔位允许偏差为 50 mm。

(2)钻孔方向沿隧道周边径向钻孔,不宜平行于岩层层面。

(3)锚杆钻孔保持直线。

2. 孔深、孔径

(1)砂浆锚杆孔深度误差不宜大于±50 mm;缝管式锚杆孔深不得小于杆体长度;楔缝式锚杆孔深不大于杆体长度,保证尾部垫板和螺栓安设紧固。

(2)砂浆锚杆孔径大于杆体直径 15 mm;缝管式锚杆孔径根据设计要求并经过试验确定。此外,施工中需考虑因钻头磨损导致孔径缩小的影响。

3. 锚杆安装

(1)锚杆位置允许偏差 15 mm;锚杆深度允许偏差为±50 mm。

(2)锚杆杆体调平直,使用前必须除锈和除油。

(3)必须安设垫板,如有缝隙必须采取措施处理,确保垫板与喷混凝土面密贴。

6.4 钢架、W 型钢带施工

6.4.1 钢架的主要类型

隧道工程新奥法(NATM)是以隧道工程经验和岩体力学理论为基础,将钢架、锚杆和喷射混凝土组合在一起作为主要支护手段的一种施工方法,已在各种重、难点地下工程中广泛应用,几乎成为软弱破碎围岩地段修建隧道的一种基本方法,该法施工支护具有及时性、封闭性、黏结性和柔性特点。目前,隧道钢架主要有型钢钢架、格栅钢架、W 型钢带等类型。

型钢钢架:相对于格栅钢架,具有强度高、整体性好、刚度大等特点;型钢钢架受型钢截面限制,结构材料受力发挥不充分;型钢钢架的冷弯加工适用范围不广;后工序喷混凝土回弹大,与所喷混凝土结合相对较差。

型钢钢架一般可承受较大初期围岩压力,宜用于坍方处或处于Ⅴ、Ⅵ级围岩破碎带需要立即支撑的大断面隧道。因型钢钢架与所喷混凝土结合不好,易造成空洞和壳体纵向不连续,导致初期支护整体性差;同时由于型钢断面不对称,初期支护易沿隧道纵向失稳。

格栅钢架:相对于型钢钢架,它具有柔性好、与所喷混凝土结合较好,形成钢筋混凝土结构,可转化为永久支护,但加工工作量大。适用于自稳时间短的软弱围岩或有一定变形、后期围岩压力有较大增长的围岩段隧道,如图 6-12 所示。

W 型钢带:是一种新型支护材料,是典型的柔性支护。钢带与各种锚杆共同组成组合锚杆支架,通过它可以把分散的多根锚杆连接起来形成一个整体承载结构,显著的提高锚杆的整体效果。如图 6-13 所示。W 型钢带在专业厂采购,具有不加工、安装方便、节约钢材的巨大优越,能充分发挥锚杆的潜能,让坑道周边围岩充分释放应力、应变,但因其在岩溶、断层、软弱、破碎带的富水隧道掘进中安全性不高,因而适用范围不广。

图 6-12 格栅钢架

图 6-13 W 型钢带

6.4.2 施工工艺流程

(1)钢架施工工艺流程如图 6-14 所示。

(2)W 型钢带施工工艺流程如图 6-15 所示。

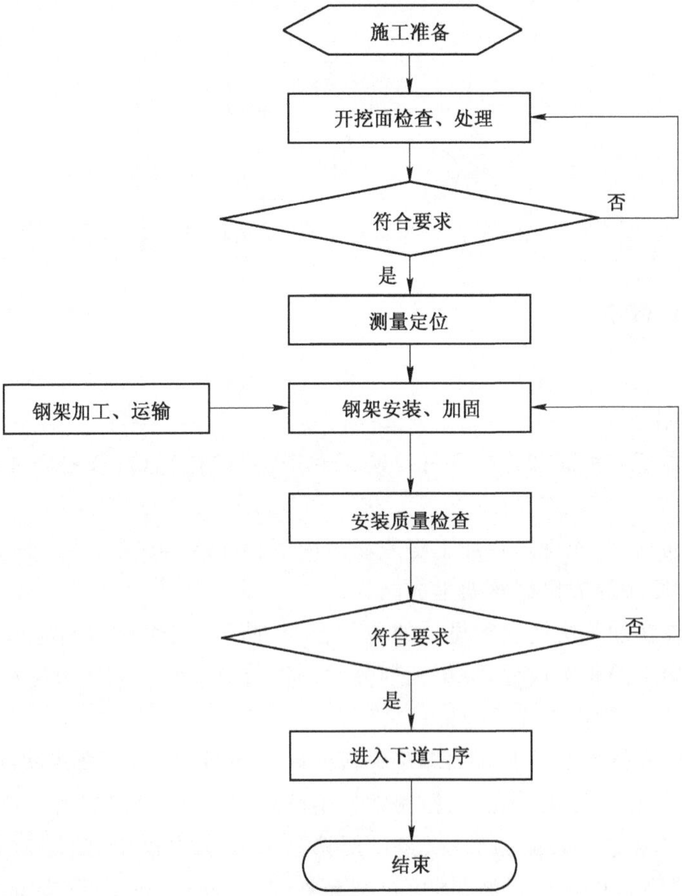

图 6-14 钢架施工工艺流程图

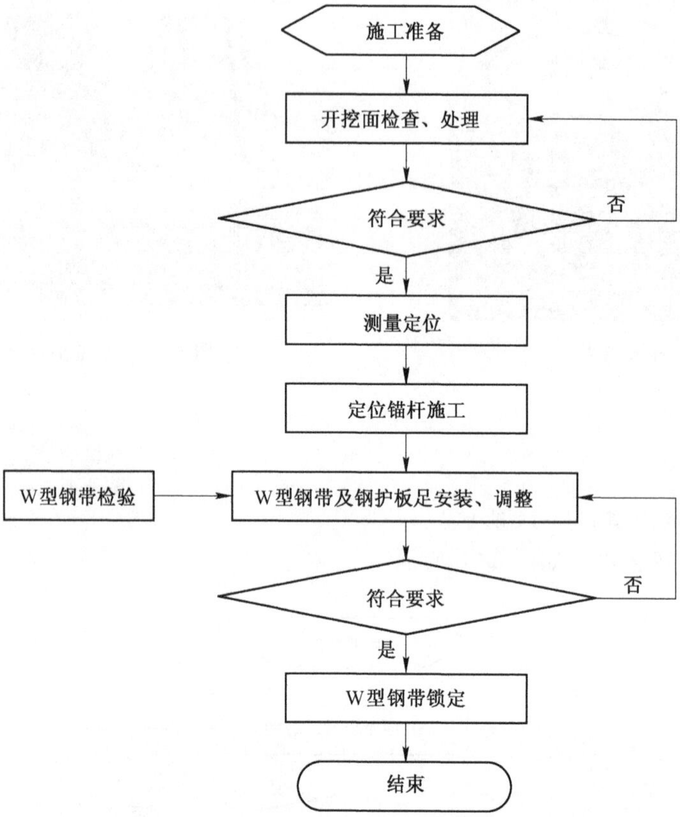

图 6-15　W 型钢带施工工艺流程图

6.4.3　钢架、W 型钢带施工

1. 钢架制作

(1)格栅钢架制作。

1)按设计把各类直径钢筋和连接件材料购买回来,并进行复检,合格后才能进行调直、下料工作。

2)格栅钢架主筋、腹筋和箍筋在加工房或场地内下料并冷弯成形,然后分类整齐堆放在分节拼焊加工房旁,方便拼焊成格栅钢架半成品。

3)格栅钢架拼焊在加工房内自行设计的工作台上进行。工作台用钢板加焊钉制成,其上根据不同断面的钢架主筋轮廓放样,按单元划分成钢筋弯曲模型。钢架焊接在 1∶1 比例实地放样的胎模内进行,以达到控制变形目的。

4)在拼焊好的格栅钢架节段两端加焊接头板或配对不等边角钢,要求接头板或配对不等边角钢预先已下好料、钻设好螺栓孔,与格栅钢架主筋对位准确,焊接牢固。

5)分节加工好的格栅钢架成品节段,经过严格的检尺和焊接检查(不得有假焊,焊缝表面有裂纹、焊瘤等缺陷),以及试拼装(周边拼装允许误差为±3 cm,平面翘曲小于 2 cm),合格后进行编号,整齐地堆埋在钢架半成品区,标明其检验试验状态,以备转运到隧道内使用。

(2)型钢钢架制作。

1)按设计的型钢钢架把其需用的型钢和连接件材料购买回来,并进行复检,合格后方可使用。

2)型钢上冷弯机前,要在硬化、平整场地上按 1∶1 比例进行实地放样,设置型钢钢架加工工作平台并根据设计线形制作加工模具。

3)型钢冷弯机弯曲量调试是通过上一根型钢进行试顶,然后用模具去反复多次对比试顶型钢的曲率,直到完全符合后才确定下来。

4)为节约材料和方便冷弯操作,型钢连接在上冷弯机前进行,连接遵循规范采用嵌口焊接,保证焊缝长度和焊接饱满,必要时加贴焊腹板。

5)冷弯机把型钢顶弯成需要的曲率半径后,再根据型钢钢架分节长度进行截断(一般用等离子切割机),切割线方向需标准。

6)截好的型钢段送往拼焊场地加焊接头钢板。要求接头钢板预先已下好料、钻设好螺栓孔,与截好的型钢段端头对位准确并焊接牢固。

7)分节加工好的型钢钢架成品节段,经过严格检查(不得有假焊,焊缝表面有裂纹、焊瘤等缺陷),以及试拼装(周边拼装允许误差为±3 cm,平面翘曲小于 2 cm)合格后进行编号,整齐地堆埋在钢架半成品区,标明其检验试验状态,以备转运到隧道内使用。

(3)W 型钢带。W 型钢带直接向厂方购买,按照隧道开挖方法及隧道断面曲率分节进行弯制,节段之间通过垫板、螺栓进行连接。

2. 钢架或 W 型钢带安装

(1)格栅、型钢钢架安装。

1)钢架安装前检查开挖断面净空,合格后才开始进行安装。

2)首先测定出线路中线,确定高程,然后再测定其横向位置,确保每榀钢架不偏斜、扭曲,并位于同一铅垂面。

3)根据测设位置,各节钢架在掌子面用螺栓连接,上、下端螺栓孔对齐,连接板面密贴。

4)为保证各节钢架在全环封闭之前置于稳固的地基上,安装前清除各节钢架底脚下的虚渣及杂物,当拱脚(或墙脚)超挖,不能用土回填,应采用钢垫板进行调整。钢架架立后尽快施作锁脚锚杆(或锚管)将其锁定;底板(或临时仰拱底)开挖完后,及时进行底部初期支护或临时仰拱施工。

5)Ⅴ级及以上软弱围岩可在拱部钢架基脚处增设槽钢以提高基底承载力,为保证钢架位置安设准确,隧道开挖时在钢架的各连接处预留连接板凹槽。初喷混凝土时,在凹槽处打入木楔,为架设钢架留出连接板(和槽钢)位置。

6)安设过程中,当钢架和初喷层之间有较大间隙宜每隔 2 m 用混凝土预制块楔紧,钢架背后用喷混凝土填充密实。

7)成榀型钢钢架拼装完并检查无误后,才开始焊接纵向连接体系。钢架纵向连接体系根据实际情况可采用钢筋、钢管、角钢或槽钢等,环向间距一般为 0.5～1.0 m,内外交错布置。

8)在软弱地层中钢架接长落底应单边交错进行,每次单边接长钢架 1～2 榀。在一般地层中可同时接长落底和仰拱钢架相连并及时喷射混凝土。接长钢架段和上部钢架段间通过垫板用螺栓牢固连接。

9)钢架需与锚杆露头及钢筋网焊接,以增强其联合支护的效应;钢架架立好后尽快进行喷混凝土作业,使钢架与喷混凝土形成共同受力。喷射混凝土应从拱脚或墙角处由下向上喷射。

(2)W 型钢带安装。

1)W 型钢带纵向间距按照锚杆的纵向间距设置,围岩特别软弱时适当加密。

2)根据锚杆的纵向间距,测放出 W 型钢带的安设位置,打设定位锚杆,对 W 型钢带分段进行拼接。W 型钢带底部置于稳固的地基上,两侧进行锁定。

3)按设计进行系统锚杆施工,系统锚杆可采用注浆锚杆、水力膨胀式锚杆、砂浆锚杆等。

4)锚杆加设垫板和螺栓,锚杆安装好后拧紧螺栓,使 W 型钢带将所有锚杆连接在一起,与锚杆共同承受围岩的压力。W 型钢带与锚杆之间尽可能保持垂直,锚杆垫板和 W 型钢带贴紧;当 W 型钢带与围岩之间有较大的空隙时,应沿钢带外缘采用混凝土预制块楔紧。

5)W 型钢带和锚杆安装完成后进行挂网与喷射混凝土施工,形成锚杆、W 型钢带、钢筋网、喷混凝土的联合支护体系。

6.4.4 施工技术要点

1. 原材料

(1)制作钢架所用型钢及 W 型钢带进场检验按批抽取试件作力学性能(屈服强度、抗拉强度和伸长率)工艺性能(冷弯)试验,其质量符合现行国家标准《碳素结构钢》(GB/T 700)等的规定和设计要求。

(2)制作钢架和 W 型钢带的钢材品种和规格符合设计要求。

2. 加工制作

(1)钢筋、型钢、W 型钢带等原材料平直、无损伤,表面不得有裂纹、油污、颗粒状或片状锈蚀。

(2)采用型钢弯制钢架,分节长度根据设计尺寸及所采用的开挖方法确定,各节长度不大于 4 m,腹板上钻孔位置符合设计要求。

(3)钢架节点焊接长度大于 4 cm,且对称焊接。钢架周边拼装允许偏差为±3 cm,平面翘曲应小于2 cm。W 型钢带每节段长度小于 4 m,锚杆孔眼位置符合设计的锚杆间距。

3. 安装

(1)钢架及 W 型钢带安装不侵入二次衬砌断面,底部不能有虚渣,相邻钢架、W 型钢带及各节钢架、W 型钢带间的连接符合设计要求。

(2)混凝土保护层厚度不小于 4 cm,表面覆盖层厚度不小于 3 cm。

(3)沿钢架、W 型钢带外缘每隔 2 m 用钢楔或混凝土预制块与初喷层顶紧,钢架与初喷层间的间隙采用喷射混凝土充填密实。

6.5 喷混凝土施工

6.5.1 湿喷混凝土及其特点

喷射混凝土是通过混凝土喷射机具、压缩空气、喷射来实现混凝土布料、输送、添外加剂并把混凝土直接喷贴到岩土面的施工方法。根据混凝土类型,喷射混凝土可分为喷射普通混凝土和喷射纤维混凝土;按照具体施工工艺可分为干喷、潮喷和湿喷。高速铁路隧道喷混凝土应采用湿喷工艺。

湿喷工艺是采用拌和机将骨料、水泥、水拌制成混凝土后，利用湿喷机械设备，通过压缩空气将混凝土送至喷头，在喷头处添加液态速凝剂后喷射到岩土面上，在很短的时间内拌和料凝结成具有一定强度的混凝土，达到支护和封闭围岩的目的。湿喷工艺相对前两类工艺具有喷射回弹量小、粉尘少、对环境污染小、喷射混凝土强度高的特点，但喷射设备相对复杂，对混凝土的骨料和坍落度要求较高，对风压及风量要求较大，液态速凝剂成本也较高。

目前，湿喷混凝土主要采用湿喷机械手(图 6-16)和小型湿喷机(图 6-17)。

图 6-16　湿喷混凝土机械手

图 6-17　TK-961 型湿喷机

6.5.2　湿喷混凝土施工工艺流程

湿喷工艺流程如图 6-18 所示。

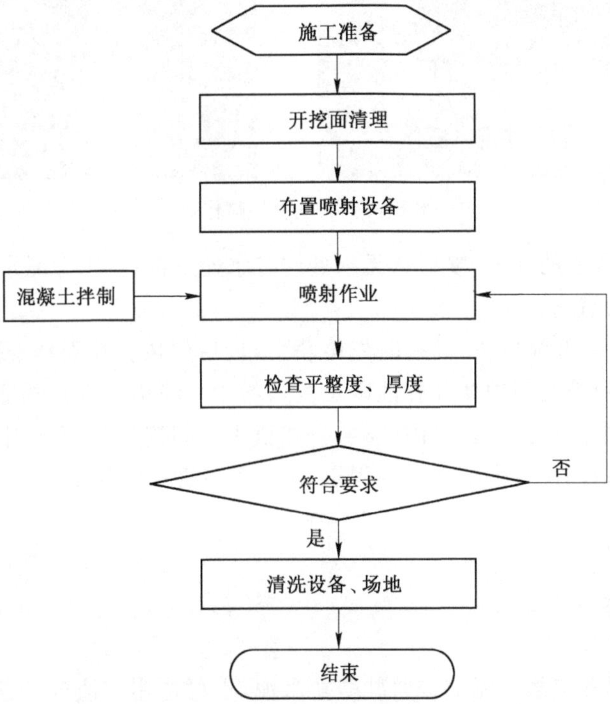

图 6-18　湿喷混凝土施工工艺流程图

6.5.3 湿喷混凝土施工

1. 现场准备

平整场地,将喷射机移至喷射地点,将高压风管与喷射机连接,用电缆线将喷射机与配电箱连接,喷射管与喷射机、速凝剂管与喷头连接、喷头与喷射管也应进行相应连接。全部连接完成后先开风调试喷射管路是否通畅,再启动速凝剂泵并设置速凝剂掺量,最后启动喷射机电源调试喷射机。

2. 混合料或混凝土加工运输

湿喷混凝土的加工采用大型拌和站拌制,用配料机严格按确定配合比将 0～15 mm 的碎石、中粗砂进行配料,通过拌和机将骨料、水泥、水均匀拌和形成混凝土,用混凝土运输车运至喷射地点。

3. 外加剂的添加

湿喷混凝土的外加剂采用机械添加,掺量控制比较准确。尤其是机器人喷射手可根据所设置的每小时喷射量及外加剂掺量精确控制外加剂用量。

4. 混凝土喷射作业

(1)喷射时喷嘴垂直于受喷岩面,并保持 1 m 左右距离分区域作螺旋往复运动,直到达规定厚度,并控制好喷射混凝土表面的平整度,如图 6-19 所示。

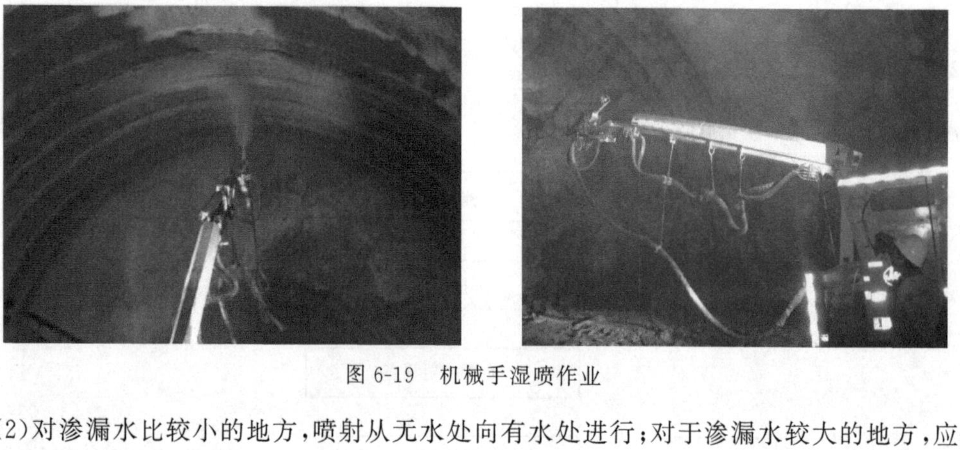

图 6-19 机械手湿喷作业

(2)对渗漏水比较小的地方,喷射从无水处向有水处进行;对于渗漏水较大的地方,应采取先引流后喷混凝土的措施。

(3)喷射先开风、后开喷射机;停喷时先停喷射机、后停风。喷射作业时,喷射手应佩戴好防护面罩和手套,避免速凝剂灼伤和腐蚀以及吸入粉尘。喷射作业前检查喷射机和喷射管连接是否牢固、喷射管之间连接是否牢固、喷射管和喷头之间连接是否牢固,避免喷射中连接处脱落发生事故。遇堵管时,应先把出料端固定,避免喷射管摆动伤及施工人员。

6.5.4 施工技术要点

1. 原材料质量控制

(1)水泥质量控制。

1)水泥一般选用硅酸盐水泥或普通硅酸盐水泥,也可选用矿渣硅酸盐水泥或火山灰质硅酸盐水泥,强度等级不低于 32.5 R。

2)水泥是喷射混凝土最重要的原材料,严格把好水泥进库检查关及使用前检验关。对水泥强度、安定性、凝结时间进行抽样检查,合格后方可用于施工。

(2) 粗骨料质量控制。

1)采用坚硬耐久的卵石或碎石,粒径不宜大于 15 mm。

2)粗骨料级配、最大粒径等质量指标符合《锚杆喷射混凝土支护技术规范》中的相关规定。

(3)细骨料质量控制。砂子宜选择优质中粗河砂,细度模数为 2.5～3.3,含泥量、泥块含量等指标满足相关技术要求。

(4)外加剂质量控制。速凝剂使用前,需进行与水泥的相容性试验和水泥净浆凝结效果试验。速凝剂应保证初凝时间不大于 5 min,终凝时间不大于 10 min。其他各项试验项目应符合《喷射混凝土用速凝剂》(JC 477—2005)的要求。

(5)水的质量控制。喷射混凝土所用水为无杂质的洁净水,不能使用污水及 pH 值小于 4 的酸性水,也不能使用硫酸盐含量超标的水(SO_4^{2-}离子含量超过混合用水量的 1%)。

2. 喷射混凝土强度控制

(1)配合比控制。

1)喷射施工所用混合料和混凝土的配合比是在保证原材料合格前提下,通过试验试配出来。

2)配合比确定后,按其设计准确称量进行搅拌。原材料按重量计,称量允许偏差:水泥和速凝剂为±2%;砂、石料为±3%。

3)当原材料规格、指标发生变化,需灵活调整配合比。

(2)喷射方法控制。

1)喷射作业分段分片依次进行,严格按先墙后拱,先下后上的顺序,以减少混凝土因重力作用而引起滑脱现象的发生。

2)喷射作业要掌握好喷嘴与受喷岩面的距离和角度。距离最好为 0.8～1.2 m,喷嘴与岩面垂直,并稍微偏向刚喷的部位,凹处先喷并适当多喷,凸处后喷并适当少喷。

3)喷射时采用螺旋形或 S 形往返移动前进,调节好风压和水压,并使水压稍高于风压。

(3)外加剂掺量控制。外加剂掺量根据产品说明书中提供的掺量范围,通过试验确定其最佳掺量。

3. 喷射混凝土质量评估

(1)喷射混凝土抗压强度检测。

1)隧道每隔 10 m 至少在拱部和边墙上各取一组试样;材料或配合比变更时需另取一组,每组至少取 3 个试块进行抗压强度试验。试块制作可采用大板切割法,也可采用凿方切割法。试验结果同时满足以下条件者为合格,否则为不合格。

2)同批(指同一配合比)试块的抗压强度平均值不低于设计强度或 C20 混凝土强度。

3)任意一组试块抗压强度平均值不低于设计强度的 80%。

4)同批试块为 3～5 组时,低于设计强度的试块组数不多于 1 组;试块为 6～16 组时,不多于 2 组;17 组以上时,不得多于总数的 15%。

检测发现强度不合格时需查明原因并采取加厚喷射层或增设锚杆等补强措施。

(2)喷射混凝土厚度检测。喷射混凝土厚度可采用凿孔或激光断面仪、光带摄影等方法检查。凿孔检查宜在混凝土喷后 8 h 以内,发现厚度不够时需及时补喷。喷射混凝土厚度每

10 m 至少检查一个断面,并沿拱顶中线每隔 2 m 凿孔检查一个点。每个断面拱、墙分别进行统计,达到以下要求为合格:

1)全部检查孔喷层厚度有 60%以上不小于设计厚度。

2)平均厚度不小于设计厚度,最小厚度不小于设计厚度的 1/2。

3)钢筋网喷射混凝土的厚度不小于 60 mm。

当发现喷射混凝土表面有裂缝、脱落、露筋、渗漏水等情况,应立即予以修补、凿除重喷或进行整治。

6.6 隧底处理

6.6.1 隧底处理主要方法

目前,隧底处理技术主要有旋喷桩、灰土挤密桩、搅拌桩、袖阀管注浆等方法。原理和适用范围分述如下:

搅拌桩是使用钻机钻入设计深度后,利用钻机钻头在软土层中喷入水泥或水泥浆,同时将水泥(浆)和软土在钻头的旋转作用下均匀搅拌,形成柱状水泥稳定土桩,使地基土的物理力学性能得到改善,提高地基承载力。该法适用于淤泥质土、黄土、黏土、粉土、砂土及人工填土等的隧道基底加固。

旋喷桩是利用钻机把有喷浆嘴的注浆管钻至土层的预定位置,将浆液从喷嘴中喷出,冲击、破坏土体。当能量大、速度快和呈脉动状的喷射流的动压超过土体结构强度时,土粒便从土体剥落下来与浆液搅拌混合,并按一定的浆土比例和质量大小重新排列。浆液凝固后,便在土中形成一个固结体,从而加固地基。该法适用于砂类土、黏性土、黄土、淤泥质隧道基底加固。

灰土挤密桩是利用桩锤夯击挤密消除基底地层中的孔隙,并对地基起一定的加筋作用。桩锤夯扩成孔成桩的过程中,桩孔中原有土被强制性侧向挤出,桩周一定范围内的土被压缩、扰动和重塑。该方法适用于处理地下水位以上的湿陷性黄土、素填土和杂填土等隧道基底加固,处理深度一般为 5~15 m。

袖阀管注浆是通过较大压力将浆液注入岩土层中,注浆芯管上下的阻塞器可实现分段分层注浆,可由施工需要选择连续或跳段注浆,通过注浆,使松软地层得到较好的注浆加固效果。该法适用于软黏性土隧道基底的处理。

6.6.2 施工工艺流程

(1)搅拌桩施工工艺流程如图 6-20 所示。

(2)旋喷桩施工工艺流程如图 6-21 所示。

(3)灰土挤密桩施工工艺流程如图 6-22 所示。

(4)袖阀管注浆施工工艺流程如图 6-23 所示。

6.6.3 施工技术要点

1. 旋喷桩施工技术要点

(1)施工前应通过试桩修正浆液配合比、注浆压力、钻杆旋转和提升速度等施工参数。

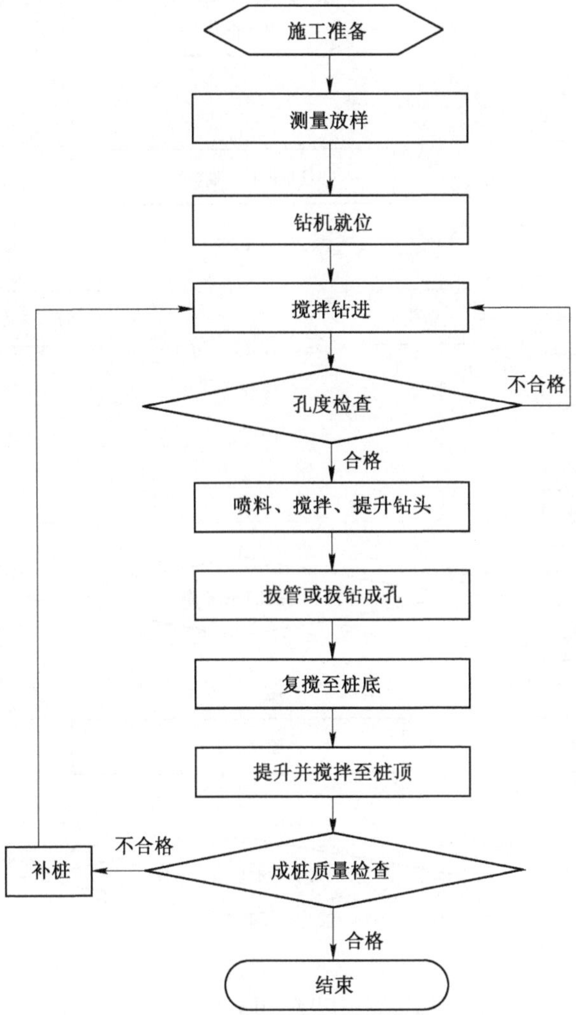

图 6-20 搅拌桩施工工艺流程图

(2)应按照设计桩位、桩径、桩长施工,桩位允许偏差为±5 cm,桩径和桩长不小于设计值,垂直度偏差不大于1.5%。

(3)旋喷桩施工采用射水、锤击、振动、机械钻孔等方法成孔,旋喷管插至孔底,自下而上进行旋喷。

(4)钻杆应匀速旋转、提升,拆卸钻杆或因故停喷后续喷时,应重复旋喷至少0.1 m,确保桩体连续、均匀。

(5)出现压力骤然升降、孔口冒浆量超过20%或完全不冒浆时,应查明原因及时处理。

(6)旋喷作业完成后,桩顶凹穴应及时用水泥浆补平。

(7)成桩28 d后进行桩体质量检验,可采用开挖、钻孔取芯、标准贯入、荷载试验等方法。

2. 搅拌桩施工技术要点

(1)采用的加固料、固化剂和外加剂的种类和规格应符合设计要求,并应具有质量合格证。采用粉体喷射时不得使用受潮结块与变质的加固料。

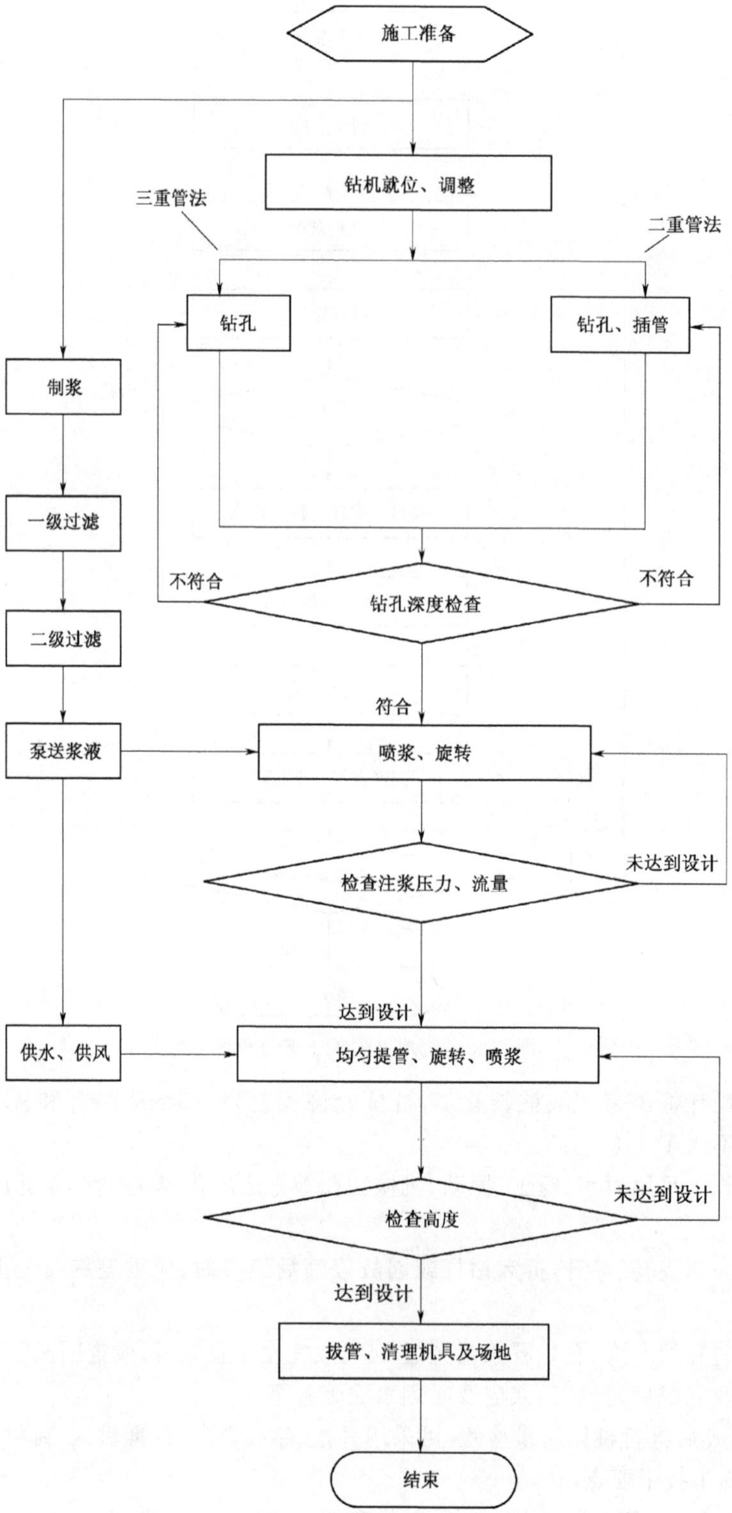

图 6-21 旋喷桩施工工艺流程图

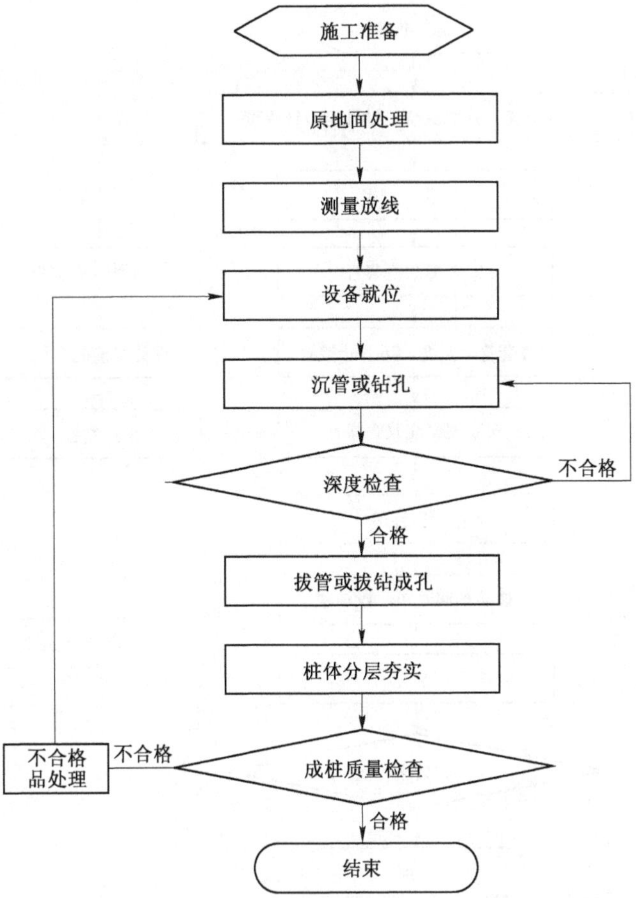

图 6-22　灰土挤密桩施工工艺流程图

(2)搅拌桩使用的粉喷机或注浆机应有经检验合格的计量装置,施工中严格控制粉体和灰浆用量。

(3)浆体喷射搅拌桩施工前应按照设计要求进行配合比试验,通过试桩确定水胶比、固化剂最佳用量以及外加剂用量。配制的浆液应流动性好、不离析,便于泵送、喷搅。

(4)必须按照设计的桩位、标顶高程、桩长、桩数、喷料量、复搅长度及试桩确定的参数施工,桩位允许偏差为±10 cm,桩长不应小于设计值,垂直度偏差不应大于1.0%,单桩喷料量不应少于设计值,桩体无侧限抗压强度不应低于设计值。

(5)搅拌桩施工应按试桩确定的工艺参数一次喷搅成桩。当中途停喷,续喷时粉体喷射搅拌桩应重复喷搅至少1.0 m,浆体喷射搅拌桩应重复喷搅至少0.5 m。

(6)成桩后7 d内应采用轻型动力触探检查桩的质量,28 d后进行无侧限抗压强度试验。

3. 灰土挤密桩施工技术要点

(1)石灰应事先消解,使用的土应符合设计要求,且有机质含量不应大于5%。

(2)灰土或水泥土应采用机械集中拌制,随拌随用。

(3)素填土和杂填土区段土质含水率低于12%时,施工前4～6 d宜进行增湿处理。

(4)挤密桩成孔和孔内回填的施工顺序为:当整片处理时,宜由内向外间隔1～2孔进行;

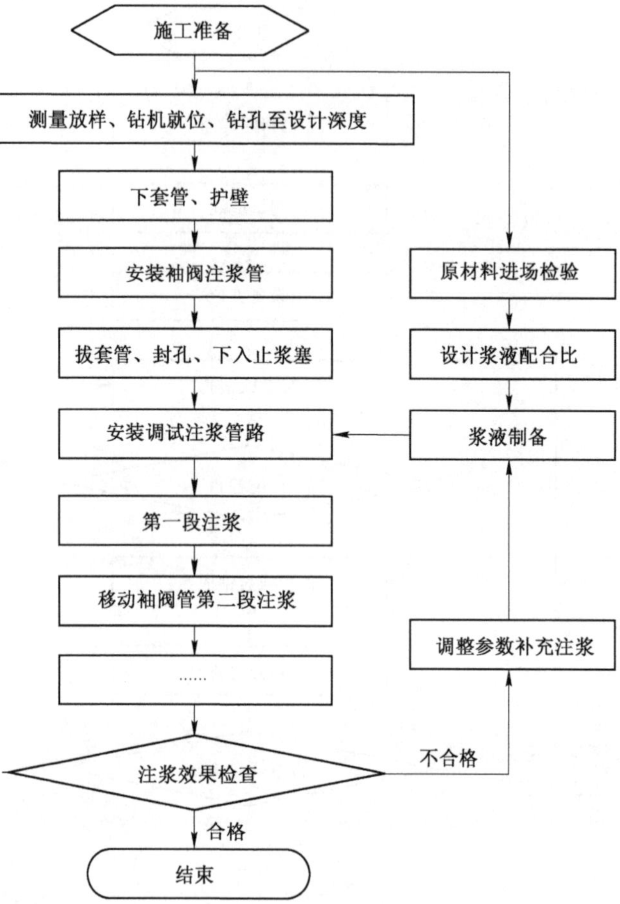

图 6-23 袖阀管注浆施工工艺流程图

当局部处理时,宜由外向内间隔 1～2 孔进行。

(5)挤密桩应采用钻机成孔,孔底应夯实,向孔内及时分层填筑拌和均匀的灰土或水泥土,并进行夯实直至满足设计要求。

(6)挤密桩的数量、布置形式应符合设计要求,设计未明确布置形式时,宜采用等边三角形布置。

(7)发生桩孔严重缩颈或回淤时,应填入干砂等材料并重新成孔。

(8)应按照设计桩位、桩径、桩长施工,桩位允许偏差±5 cm,桩径和桩长不小于设计值,垂直度偏差不大于 1.5%。

(9)成桩后采用复合地基承载力试验进行质量检验,桩体无侧限抗压强度应符合设计要求,处理后桩间土的干密度和压缩模量应符合设计要求。

4. 袖阀管注浆施工技术要点

(1)钻孔作业应采用套管跟进、泥浆循环护壁成孔,成孔后须立即清孔。钻孔过程中详细记录地层条件变化情况。

(2)下管过程中应尽量使袖阀注浆管保持竖直。钻孔较深时,袖阀注浆管可分段装入孔中。

(3)袖阀管采取分段后退式注浆工艺，袖阀注浆管应采用止浆塞封闭孔内注浆段的上、下两端。

(4)孔壁与袖阀管间应填充封闭，距地面 3 m 以下段采用粗砂或砾石填充，距地面 3 m 至孔口部位采用速凝水泥砂浆填充封孔。

6.7 隧道注浆施工

在地层富水、围岩破碎或自稳能力差的特殊地质地段，采用预注浆对围岩进行处理，形成较大范围的加固区，改善围岩力学性质，提高围岩整体稳定性。若在富水地段，通过预注浆，还能较好地在隧道与围岩隔断水力联系，阻止地下水进入隧道开挖断面，为隧道正常施工创造条件。隧道预注浆根据其注浆目的的不同，主要有帷幕止水注浆、围岩加固注浆两类；根据注浆的施工位置不同，分洞内注浆和地表注浆等。本节仅介绍施工中经常用到的全断面帷幕注浆和地表深孔加固注浆。

6.7.1 全断面帷幕注浆施工技术

1. 帷幕注浆的机理

帷幕注浆是加固地层，封堵水源的一种方法，对保持围岩稳定，增强隧道施工安全有着积极的作用。

对于破碎岩层、砂卵石层，中、细、粉砂层等有一定渗透性的地层，采用中低压力将浆液压注到地层中的裂缝、孔隙里，经过物理化学作用凝固后将岩土或土颗粒胶结为整体，称为渗透注浆。对于颗粒更细的不透水、不透浆液的地层，采用高压浆液强行挤压注浆孔壁，使地层劈裂成缝并使浆液充塞凝结于其中，从而起到挤压加固地层的作用，称为劈裂注浆。

2. 帷幕注浆适用范围

帷幕注浆适用于大型溶洞软塑充填物或厚度较大的软塑状断层破碎带、自稳性能较差的含水地层的加固，更适用于有压地下水及地下水丰富的地层加固与堵水。对于隧道洞内全封闭预注浆加固而言，单次注浆段长度宜为 20～50 m，某个注浆段完成后预留 3～8 m 不开挖作为下一注浆段的止浆岩盘。

3. 帷幕注浆施工工艺流程

帷幕注浆工艺流程如图 6-24 所示。

4. 施工技术要点

(1)地质判断及注浆范围确定。地质判断是为了搜集有关施工帷幕注浆地段的工程地质和水文地质情况，为正确选择注浆参数和采取相应的技术参量提供依据。一般的超前地质判断手段有超前探水孔钻探、红外线、TSP 地质雷达超前地质预测预报和地质素描等手段，通过对地质预报信息的综合分析，可以比较准确地判明相应施工区域的地质情况，从而可以掌握岩土的渗透性、土颗粒的组成、孔隙率、饱和度及地下水量、水压和水质等物理化学性质，为合理的采取注浆方法和获得理想的注浆效果提供了理论依据。

注浆范围与地质情况、开挖断面大小、开挖方法、对周边的影响密切相关，可根据自身工程所处的地质环境、设计图纸和试验效果来确定注浆范围。

(2)注浆材料的选择及配比。注浆材料的选择与地质条件和涌水量有关，通常有以下几个

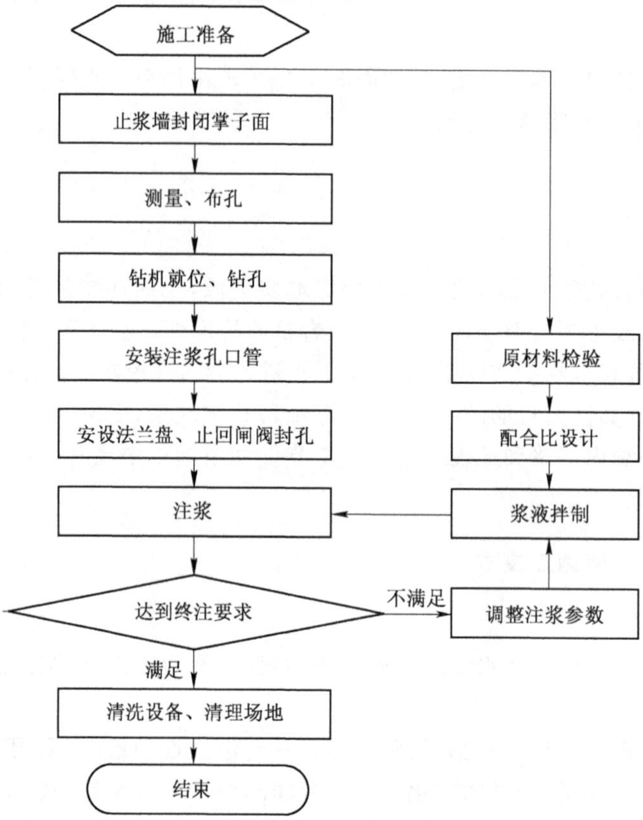

图 6-24 注浆工艺流程图

方面:

1)断层破碎带和砂卵石地层,当裂隙宽度(或粒径)大于 1 mm 时,加固地层或者堵水注浆,宜优先选用料源广、价格便宜的水泥浆和水泥—水玻璃浆液。

采用水泥浆液时,水胶比宜采用(0.8∶1)～(2∶1)。为缩短胶凝时间,可加入食盐或三乙醇胺速凝剂。采用水泥—水玻璃浆液时,应根据胶凝时间配置。一般水泥浆液的水胶比为(0.8∶1)～(1.5∶1);水玻璃浓度为 25～40Be,水泥浆与水玻璃的体积比宜为(1∶1)～(1∶0.3)。

2)断层破碎带,当裂隙宽度(或粒径)小于 1 mm 时,加固注浆宜优先采用水玻璃类和木胺类浆液。

3)中、细、粉砂层及细小裂隙岩层,断层破碎段,宜采用渗透性好,遇水膨胀的化学类浆液。

根据注浆工程的需要,水泥浆中可掺入下列掺和料:

砂:应为质地坚硬的天然砂或机制砂,粒径不宜大于 2.5 mm,细度模数不宜大于 2.0,SO_3 含量宜小于 1%,含泥量不宜大于 3%,有机物含量不宜大于 3%。

黏性土:塑性指数不宜小于 14,黏粒(粒径小于 0.005 mm)含量不宜低于 25%,含砂量不宜大于 5%,有机物含量不宜大于 3%。

粉煤灰:应为精选的粉煤灰,烧失量宜小于 8%,SO_3 含量宜小于 3%,细度不宜低于同时使用水泥的细度。

水玻璃:模数宜为 2.4～3.0,浓度宜为 30～45Be。

另外帷幕注浆要求的水泥细度为通过 80 μm 方孔筛的筛余量不宜大于 5%,注浆材料采用重量称量。现场制浆时,要求加料准确并注意加放顺序,即先往搅拌机中放入规定量的水,然后加入水泥搅拌均匀,最后再加入外加剂。

总之,注浆材料的选择应根据工程的具体要求、地质条件、浆液性能、注浆工艺及成本等综合考虑。

(2)止浆墙的设置。为了便于钻孔布置注浆管和防止注浆时浆液从前方掌子面渗出,注浆时必须设置止浆墙对前方临空掌子面进行封闭。止浆墙不但可以防止注浆时浆液漏失,还可以起到稳定和加固掌子面的作用。同时,在注浆过程中通过观察止浆墙的表层变化,可以直观的判断前方土体的受力状况和对在实际施工过程中控制注浆压力和注浆间歇时间具有很大的现实指导意义。止浆墙可以采用模筑混凝土,也可在围岩稳定性差的部位打设锚杆,充分利用加固的围岩做止浆墙(图 6-25)。

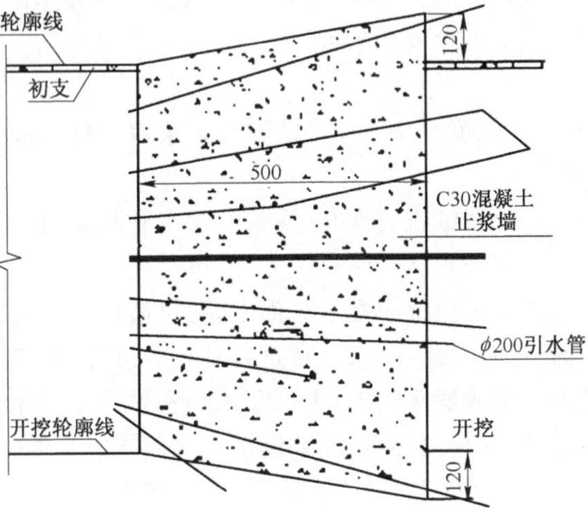

图 6-25 止浆墙纵断面图

根据相关资料,止浆墙厚度一般可按下列公式计算:

$$B = K_0 \sqrt{Wb/2h\,[\sigma]} \tag{6-5}$$

式中 K_0——安全系数,取 1.5;

W——作用在止浆墙上的荷载,$W = P \times F$(其中 P 为注浆终压,F 为混凝土止浆墙面积);

b——隧道跨度;

h——隧道高度;

$[\sigma]$——混凝土允许抗压强度。

为了确保注浆堵水顺利进行,保证注浆质量和注浆效果,在施作止浆墙的同时,应在止浆墙内预设注浆孔口管,注浆孔口管宜呈伞状布置,并按设计好的位置和角度钻孔预埋,同时在孔口管上安设高压闸阀。注浆孔口管一般采用 ϕ150 mm 无缝钢管,管长根据止浆墙厚度确定,确保浆液能到达预期部位。孔口管一定要固定牢固,防止在施工中偏位。为了防止孔口管在钻进过程出现松动,要求在管外壁包裹麻巾(沾水泥浆)增加管与混凝土的摩阻力。

(3)注浆量的计算。注浆量的大小与很多因素有关,且存在着诸多的不确定性,要精确计算注浆量存在较大困难。理想情况下,可以根据浆液的扩散半径、注浆管的密度来计算注浆量。考虑注浆范围的互相重叠,扩散半径可按下式计算:

$$R=(0.6\sim0.7)L \tag{6-6}$$

式中 L——注浆孔之间的中心距离。

单孔注浆导管的注浆量采用下式计算:

$$Q=\pi R^2 H\eta\alpha\beta \tag{6-7}$$

式中 R——注浆加固半径;

H——注浆段长度;

η——岩体孔隙率;

α——浆液有效充填系数,一般取0.8~0.9;

β——浆液损耗系数,取1.15。

注浆作业时,可参照理论量来估算注浆量的大小,但实际操作时,以注浆压力和现场实际情况来灵活控制进浆量,以免发生安全事故。

5. 钻孔

待止浆墙强度达到设计强度的70%,孔口管与止浆墙连接牢固,并且止浆墙及周边范围无渗漏水时方可进行钻孔。

孔位布设:严格按照设计图纸进行布孔,注浆孔由工作面向开挖方向呈伞形辐射状布置,内外圈按梅花形排列,并采用长短孔相结合的方式,以达到注浆充分、不留死角的目的。

施工时,将钻孔位置直接定位标志在掌子面上,孔位偏差不得大于5 cm,钻孔偏斜率最大允许偏差为0.5%,同时应满足设计要求。在进行钻孔定位时,孔口采用全站仪按三维坐标进行标准控制,钻孔偏角采用地质罗盘定向,水平角采用在钻孔平台上放设标准点的方式控制,并用全站仪按三维坐标进行抽检,控制精度要满足允许偏差的要求。

钻机就位:根据孔位将钻机定位,钻头对准孔口管,按照注浆孔角度的设计要求调整钻杆角度。孔位对准后钻机不得随意移位。

钻进成孔:第一个钻孔施工时要慢速运转,掌握钻机对地层的适应情况,确定在该地层条件下的钻进参数;密切观察钻屑和溢水情况,出现大量溢水时应立即停钻,分析原因后再进行施工。钻孔过程中应及时对岩层、岩性以及孔内各种情况进行记录,特别是要对钻孔穿越破碎带和溶蚀空腔进行详细记录,以便为注浆浆液及方案的确定提供依据。当出水量较大,无法继续钻进时,应停止钻孔、安装闸阀关水,测量涌水量和水压力后再进行注浆。

6. 注浆参数的确定及浆液配制

注浆参数的确定主要取决于注浆目的、围岩特性及注浆方式,注浆前应先在施工现场做单孔或群孔压注试验,根据试验结果确定注浆压力、注浆速度、注浆量及注浆间歇时间等施工参数。注浆过程中应根据地层实际情况做适当调整。

岩石地层注浆压力宜比静水压力大0.5~1.5 MPa;当静水压力较大时,宜为静水压力的2~3倍;注浆泵的压力应达到设计压力的1.3~1.5倍。

7. 注浆及注浆异常现象的处理

每次注浆前均应对钻孔的水压、水量进行测定,以便确定浆液类型和注浆终止压力。出水量通常采用桶装法测定,水压采用关闭高压闸阀并在止回阀位置安装高压水表进行测定。注浆顺序为从注浆段两边到中间间隔跳孔进行注浆，以达到挤密加固地层的目的。开始注浆后，随时控制好注浆压力(测量水压的基础上增大 0.5～1.5 MPa)。注浆压力表安装在注浆泵靠近出浆管上，记录压力波动的平均值，压力波动范围不宜大于灌浆压力的 20%。当压力突然迅速增加时应立即停机，以防破管发生安全事故；监测浆液性能(比重、含灰量等)，适时调整浆液性能，使浆液性能保持在最佳状态。

为防止注入浆液过早堵塞浆液渗透通道及过多浆液向要求注浆的范围以外扩散，浆液浓度遵循由稀到浓逐级改变的原则，并在注浆量达到预期数量后注入浓浆对外渗通道予以封堵。对于注浆孔周围有裂隙水渗流的部位，采取由浓到稀或先双液后单液浆的方式进行注浆，使先注入的浆液在地下水流动通道中凝固，堵塞地下水外排通道，然后换注浓度较低的浆液或单液浆，使浆液沿注浆孔内出水通道压入(浆液转换必须精确掌握转换时间，过早会导致对出水通道封堵无效，过迟则会阻碍后续浆液压入通道)。

单孔注浆结束条件：预注浆各孔段均达到设计终压并稳定 10 min，且注浆量不小于设计注浆量的 80%，进浆速度为开始进浆速度的 1/4。注浆过程应派专人进行过程控制，负责填写注浆记录表，记录注浆时间、注浆压力、浆液消耗量等数据，以便注浆结束后进行效果检查。注浆结束后，必须在分析资料的基础上进行注浆效果检查，可采取钻孔取芯法对注浆效果进行检查；或进行压(抽)水试验，当检查孔的吸水量大于 1.0 L/(min·m)时，必须进行补充注浆；或采取连续测流量的方法，当所测流量小于设计涌水量时，表明注浆效果满足要求。

串浆、跑浆现象的处理：注浆过程中随时检查孔口、邻孔、覆盖层较薄部位有无串浆、跑浆现象，如发生串浆、跑浆现象，应立即停止注浆，采用间隔一孔或几孔压注浆液的方法来控制上述现象，亦可采用间歇式注浆封堵或采用麻纱、木楔、快硬水泥砂浆或锚固剂封堵串浆孔，直至不再跑浆时再继续恢复注浆。

注浆压力突然升高的处理措施：注浆过程中严格控制注浆压力，同时密切留意注浆量，当压力突然升高，可能是由以下原因造成：

(1)若浆液是单液注水泥浆，此时可能发生了堵管，应立即停机进行检查。

(2)若浆液是水泥与水玻璃双液浆，此时应关闭注浆泵，进行单液注浆或注清水，待泵压正常时再进行双液注浆。

浆液进浆量很大，但注浆压力长时间不升高的处理措施：注浆过程中，若浆液进浆量很大且注浆压力长时间不升高时，首先应调整浆液浓度和配合比，缩短胶凝时间，进行小量低压力注浆或间歇式注浆，使浆液在裂隙中有相对滞留时间以便凝结，但需要注意的是滞留时间不能超过混合浆液的凝结时间。

8. 施工技术要点

(1)注浆孔的布设及注浆顺序。开钻前，由测量人员严格按照施工设计图将注浆孔位定位于掌子面上。钻机定位前，先平整钻机安装所需的场地并检查钻机是否能正常运转。开钻前钻杆角度要准确对位，钻头点位与布孔点之距相差不得大于 2 cm，钻杆角度与设计角度相差不得大于 1°，以此保证孔位布置的合理性和浆液扩散的均匀性。

注浆时一定要按上述注浆施工工序施工，不得盲目的随意对注浆孔进行注浆，以防止注浆不到位或注浆效果差的现象发生，从而起不到加固围岩和堵水的作用。

(2)浆液配合比的控制。浆液配置时，严格按照实验室给出的浆液配比单进行配制，所有配置浆液的原材都要采用经标定的计量工具进行计量控制，特别是对外加剂的控制。现场需要调整浆液配合比时应立即通知实验室,经试验部门同意后方能对浆液配合比进行调整。

(3)注浆压力和压注流量的控制。现场操作时根据注浆试验确定的注浆参数严格控制注浆压力和注浆流量,压力过大或过小都会影响浆液流量,而浆液流量则直接对注浆效果的好坏产生影响,故注浆压力和压注流量的控制是注浆过程的一个非常关键的环节,施工时必须重点加以控制,注浆压力一般控制在静水压力的基础上增大 0.5～1.5 MPa,同时升压不宜过快,当注浆压力达到规定值时应予以稳压一定时间 (3 ～5 min),以利浆液进一步渗入地层孔隙。

6.7.2 地表注浆加固

1. 地表注浆加固原理及适用条件

地表注浆加固技术是通过从地表钻孔到隧道开挖轮廓线,安设注浆管进行注浆,达到改善和提高围岩力学性质的目的,为隧道顺利通过浅埋段或围岩地质条件较差地段创造条件。地表注浆适用于覆土较浅的隧道(一般在 50 m 以内),且围岩相对比较破碎即可注性较好的地层。根据注浆范围的不同,分为全长注浆和分段注浆两种。

全长注浆:注浆孔钻至设计孔深后,进行全孔一次注浆,其优点是一次钻孔,一次完成注浆,减少安设、起拔止浆塞和其他辅助工序时间,加快注浆施工进度。其缺点是由于注浆段的加大,为保证注浆质量,需采用高压注浆来保证孔下部浆液的扩散距离,中途不得中断,注浆材料消耗大。

适用条件:含水层厚度不大,钻孔深度范围内上部岩层裂隙不够发育,下部岩层裂隙较发育或整个注浆孔范围岩层裂隙发育较均匀的情况。

分段注浆:当注浆深度较大时,钻孔一般穿过较多的含水层,由于上下岩层裂隙大小与发育程度不同,导致在一定注浆压力下浆液扩散距离不同。另外,由于静水压力随着注浆深度的增加而增大,在一定注浆压力下,上部岩层裂隙进浆多扩散距离远,下部岩层裂隙进浆少扩散距离近,甚至不扩散。此时,宜采用上行式分段注浆。其优点是无重复钻孔,可加快注浆进度,但需要配备性能良好、工作可靠的止浆塞。

2. 施工工艺流程

地表注浆施工工艺流程如图 6-26 所示。

3. 注浆材料的选择及浆液配比

(1)原材料质量。水泥一般选择标号 42.5 级以上普通硅酸盐水泥,水玻璃选择工业水玻璃,水玻璃模数为 2.4～2.8,波美度 35～40Be。

(2)浆液相对密度的测定采用比重计。

(3)浆液流变参数。水泥浆液黏度的测试方法通常采用 1006 型漏斗黏度计,容积 700 mL,测试流出 500 mL 浆液所需的时间。流变参数的测定采用六速旋转黏度计,以不同的剪切速率通过测量获得相应的剪切应力,求出塑性黏度和屈服强度。

(4)浆液流动性。将拌制好的浆液装满圆锥内,然后迅速上提,测定浆液在玻璃板上的扩散直径,用以表征其流动性。

(5)浆液的凝结时间。凝结时间包括初凝和终凝时间,测试仪器为锥形维卡仪。

(6)浆液结石的强度、渗透性等。将浆液装入 20 mm×20 mm×20 mm 试模中,试件终凝成型后拆模,置于快速养护箱内养护至 3 d、7 d、28 d,分别在压力机上测试其 3 d、7 d、28 d 抗压强度。

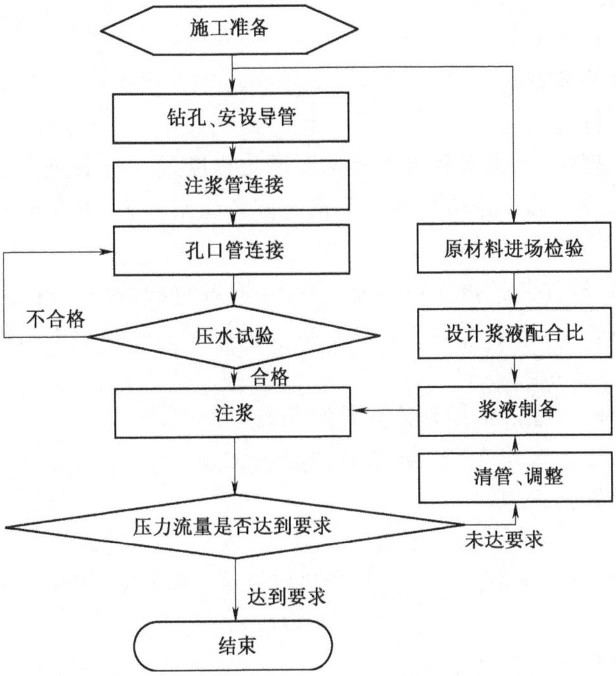

图 6-26 地表注浆施工工艺流程图

4. 钻孔方法

(1)不跟管钻进。当地质条件较好不易塌孔，可采用不跟管钻进。通常当钻孔深度达到 2.5 m 后设置孔口管，并外露 20～30 cm 作为钻孔导向管。钢管外壁缠麻丝，用早强速凝锚固剂固定在钻孔中，角度与设计钻孔角度一致。

(2)跟管钻进。当地质条件较差钻孔时常发生塌孔，可采用边钻孔边下套管的办法进行施工，直至导管下至岩石层为止。钻进过程中若遇岩石，则更换钻机钻头，采用冲击偏心器。偏心器外安装套管，钻孔时偏心器不断冲击岩石，由于偏心器的作用，钻孔孔径略为大于导管直径，从而致使套管自动下降，直至套管到达不易坍塌的岩石层为止，再改换潜孔冲击钻头钻至设计高程。

5. 注浆参数的选取

(1)注浆试验段选取。为了掌握施工工艺与地质特性，可根据小范围施工，掌握钻孔时间、成孔的难易程度，以便决定采用多少台钻机钻孔；根据钻孔岩层裂隙发育及出水量情况，可以估算注浆量；通过在相邻孔之间钻孔和取样观察浆液扩散情况，推算浆液达到设计扩散半径时需要的压力，同时根据进浆速度，可以确定浆液浓度或双液浆比例；在试验段施工过程中，检查止浆塞的效果。通过对上述试验为后续的正式注浆施工积累经验。

(2)水泥—水玻璃双液浆配合比。采用 C-S 双液浆，在同时满足强度、工作性、耐久性和经济性四项基本要求的前提下，还应考虑水玻璃浓度、水泥浆水胶比、C-S 液的体积比以及胶凝时间。若地下裂隙发育，需浆量大，浆液凝结时间要求较短，一般双液浆配合比采用(0.8∶1)～(1∶1)。

(3)注浆压力。

$$P = P_0 + m_1 m_2 D \quad (6\text{-}8)$$

式中 P_0——容许压力初值,Pa;

m_1——注浆方法系数;

m_2——注浆次序系数;

D——注浆段埋深,m。

综合考虑隧道的埋深、地表布孔方式及岩石风化程度进行计算确定。地表注浆的压力一般在0.5~2.5 MPa之间,施工中应根据实际情况调整注浆压力,确保浆液扩散半径不小于设计要求。

(4)扩散半径。计算注浆扩散半径的公式较多,而各自的适用条件不同,采用不同的方法对注浆扩散半径进行计算,以求得合理的注浆扩散半径R。一般采用工程类比法得到的地表注浆扩散半径为1.0~2 m。

在砂砾石地层中注浆柱形扩散理论推导的公式为:

$$R^2 = 2Kht/[\beta n\ln(R/r)] \tag{6-9}$$

在岩石地层的计算公式为:

$$R = [2Kt\ (hr)^{1/2}/(\beta n)]^{1/2} \tag{6-10}$$

(5)单孔注浆量与总注浆量。单孔注浆量采用充填注浆计算,计算公式:

$$L = \pi R^2 Hn\beta \tag{6-11}$$

式中 R——浆液扩散半径,取1.3~1.5 m;

H——注浆高度,m;

n——岩体裂隙率;

β——浆液充填系数。

注浆总量还要考虑岩体的空隙率、注浆体积及无效浆液的损失系数。式(6-11)计算结果只能是一个理论值,实际注浆量可以利用灌浆自动记录仪记录进行计算。

6. 注浆施工工艺与方法

(1)注浆方式。

1)后退式注浆。当钻孔能较好成形,孔壁较规则,为避免重复钻孔工作,可一次性钻至设计孔底,然后由下到上分段式注浆,在分段位置安设止浆塞,该范围注浆完成后,待合适时间提出止浆塞固定到下一个位置,再实施注浆,直至设计注浆高度。

2)前进式注浆。当钻孔易坍孔或水量极大,孔壁严重不规则,止浆塞不能安装,坍孔处理也十分费工费力,在这种情况下,采用从上到下分段前进式注浆。先钻注第一段,然后再钻注下一段,如此循环至设计深度。当成孔十分困难时,即使长度不足一段,仍然实施分段注浆后再钻注下一段。

(2)注浆管连接。通常采用KZY80型双液注浆泵压浆,水泥浆和水玻璃浆在距注浆孔8~10 m位置用Y型结构混合,水玻璃及水泥浆出浆管上分别安装流量计和控制阀门控制流量,然后进入注浆孔,与止浆塞导管相连。在注浆管上安装自动流量计记录注浆过程中流量、压力等变化,为排泄钻孔内空气,在孔口高压注浆上连接三通管,主要目的是安装排泄阀,既能排除孔内空气,使注浆饱满,也能排除多余回流浆液。

(3)钻孔冲洗及裂隙冲洗。钻孔冲洗是将残存在孔底和黏附在孔壁的岩屑等杂质冲出孔外,以免堵塞裂隙,影响浆液注入。

裂隙冲洗常用压力水或风将岩石裂隙或空洞中所充填的松软、风化的泥质充填物冲出孔外,或是将充填物推移到需要注浆处理的范围以外。裂隙冲洗干净后有利于浆液进入裂隙,并与裂隙面胶结,起到防渗和提高岩体强度的作用。

(4)止浆塞安装。采用机械式止浆塞控制分段注浆压力和注浆范围,其原理是利用中心管穿一串胶塞,两端用托盘限位,固定上端托盘,下端托盘沿中心管移动,用注浆钻杆下端连接止浆塞下到预定止浆位置,通过钻杆在孔口施加一个机械压力使胶塞产生纵向压缩横向膨胀与孔壁挤紧,达到封堵与止浆的目的。止浆塞技术参数见表 6-1。

表 6-1 止浆塞技术参数

项　目	参　数	备　注
外径(mm)	90、110	
每节高度(mm)	100	
胶筒长度(mm)	500～800	
承受压力(MPa)	20	

(5)压水试验。止浆塞压缩 10～12 cm 使胶塞膨胀后,上端在孔口位置固定,然后进行压水试验,试验压力为注浆终压的 80%。当检测到注浆孔无返水现象即可判定为满足止浆要求。否则,要重新进行止浆塞安装固定。

压水试验段长度与注浆段长度一致,在孔口安装孔口封闭器后,将射水管下至距孔底 10 cm 处,在回水管路上量测压水压力,同时测量流量,据此可粗略了解各灌浆段在灌浆前的岩体渗透性,查看各次序注浆孔透水率变化的规律,指导注浆工作。

(6)注浆操作。打开混合器注浆阀,注水约 2～3 min 使围岩孔隙畅通,然后注水泥浆约 3 min 至正常后,迅速将两个吸浆龙头分别放进水泥浆桶和水玻璃桶,实施双液注浆。停止灌注时,先停水玻璃泵,后停水泥浆泵,并用清水清洗管路以预防堵管。

注浆完成后,止浆塞应在适当的时间拔出,拔出时打开泄浆阀观察其凝结情况,如不见还浆,即可试拔;时间过长,浆液凝固后则不易拔出。根据现场情况,一般大致停浆 25 min 拔管较为合适。

(7)注浆顺序。为防止窜浆,实施隔孔注浆,灌浆孔钻孔分 3 个次序进行,先钻Ⅰ序孔,再钻Ⅱ序孔,最后钻Ⅲ序孔。

(8)注浆终止标准。最理想的状态是达到终压完全不吸浆,但在实际施工中难以做到,一般的注浆终止标准为当最后一个孔的末次注浆压力达到设计值,并且该区段注浆总量接近设计值时,即可结束注浆。

单孔注浆结束标准:

1)以注浆压力的终值控制,当注浆压力由小增大,注浆量由大到小,最终达到或接近设计的注浆终压,并维持 10 min 以上。

2)注浆流量随时间逐渐减少,最终小于 1 L/(min · m),并维持 10 min 以上。

遇到较大裂隙,将导致进浆量很大而压力上不去的情况出现,当经过浆液浓度的变换后仍达不到终压与注浆量的标准时,应采取间歇注浆,即养护 24 h 后进行复注,以控制注浆量和注浆终压满足设计要求。

7. 常见注浆故障排除

常见注浆故障排除方法见表 6-2。

表 6-2　注浆常见故障排除方法

序号	故　障	发 生 原 因	排 除 方 法
1	不吸浆	(1)泵缸或吸浆管道漏气； (2)进浆管道堵塞	(1)检查漏气情况,设法排除； (2)清除异物或砂石沉积等
2	出浆减少或停止	(1)阀球被异物或阀网卡住； (2)填料密封不严空气进入泵缸； (3)球或法兰盘磨损严重,产生间隙后大量漏浆	(1)清除异物或更换阀网； (2)压紧或更换填料； (3)更换已损件
3	活塞填料漏浆	(1)填料密封不严； (2)活塞磨损严重； (3)原橡胶填料缺油脂时易磨损	(1)压紧或更换填料； (2)更换活塞； (3)经过一段时间后向橡胶中添加适量润滑剂
4	压力突然下降	(1)输浆管路突然被脱开； (2)浆液突然冲破阻碍,灌入大型溶洞	(1)修复管道； (2)根据具体情况处理,如加大水玻璃波美度或间隙注浆等
5	压力表指针不动或达不到规定值	(1)压力表可能损坏； (2)可能产生 1、2、4 等故障	(1)更换压力表； (2)参见序号 1、2、4 中的排除方法

7　高速铁路隧道二次衬砌施工技术

7.1　概　　述

目前，高速铁路隧道衬砌主要采用复合式衬砌、单层衬砌（模筑混凝土衬砌）、拼装式衬砌等结构形式。隧道衬砌结构类型的选择往往综合考虑地质及埋深等环境条件、隧道断面形状与大小、防水要求、使用功能、施工方法与措施等因素。衬砌结构必须满足运营安全、防水以及美观的要求。

1. 运营安全要求

高速铁路隧道运营安全要求包括衬砌强度、变形和耐久性三个方面，也就是在其使用年限内，隧道衬砌应能可靠地承受各种可能的作用而不致破坏，且不应出现影响正常使用的变形、裂缝等。此外，隧道内运行的是高速列车，其振动作用大，列车风力大，空气压力波动频繁，在长期的运营过程中局部细微的裂缝可能出现疲劳破坏，进而引起混凝土掉块，对行车安全构成威胁，因此，结构的抗裂性能尤其重要。

2. 防水要求

高速铁路隧道防水等级要求达到国家标准规定的一级。即隧道内不允许渗水，衬砌表面无湿渍。为保证隧道的防水效果，衬砌自身应具有一定的防水能力。

3. 美观要求

衬砌表面应平整、光滑。整体形状应满足牢固、安全的表观感觉。

为了达到上述目的，按照现代支护理论和新奥法施工原则，作为安全储备的二次衬砌一般在围岩或初期支护体系稳定后施作，主要采用由下到上、先墙后拱的顺序连续浇筑混凝土；而在隧道纵向上，通常按9～12 m分段施作。

7.2　衬砌结构的形式及构造

7.2.1　衬砌结构形式

满足时速 300 km、350 km 的高速铁路隧道，净空有效面积双线不小于 100 m^2，单线不小于 70 m^2；满足时速 250 km 的高速铁路隧道，净空有效面积双线不小于 90 m^2，单线不小于 58 m^2。

与常速铁路隧道相比，高速铁路隧道由于开挖断面面积增大，开挖时围岩自稳能力变差，变形加快，松弛范围加大，因此支护和衬砌必须及时施作。铁道部在《关于进一步加强软弱围岩及不良地质铁路隧道设计施工有关规定的通知》（铁建设〔2010〕120 号）和《关于进一步加强铁路隧道设计施工安全管理通知》（建技〔2010〕352 号）中明确在软弱围岩段掌子面距二次衬砌的安全步距。

钻爆法施工的隧道最有效的快速支护手段是采用喷锚支护和复合式衬砌。在围岩自稳能力好的地段,可采用单层衬砌(模筑混凝土衬砌);采用盾构法施工的隧道,则主要采用拼装式衬砌。根据《高速铁路设计规范(试行)》(TB 10621—2009),高速铁路暗挖隧道应采用复合式衬砌,明挖隧道应采用整体式衬砌(类似单层衬砌)。

(1)复合式衬砌。复合式衬砌结构由中间设置隔离层(防水层)的内、外两层结构组成,内层结构与外层结构之间可以传递压力,但一般不传递剪力。外层结构采用喷锚支护,内层结构采用模筑混凝土(或钢筋混凝土) 衬砌。

复合式衬砌结构具有以下优点:

1)防水性能好,从工程实践经验看,在地下水发育地段,复合式衬砌结构的防水性能明显优于单层衬砌。

2)外层结构采用喷锚支护,能适应围岩变形和充分发挥围岩自身的承载能力。

3)内层结构采用模筑混凝土,既可以保证隧道内表面光滑平整,也进一步提高结构的安全性。

采用复合式衬砌时,二次衬砌可根据设计要求和围岩稳定情况及时施作。

(2)单层衬砌。单层衬砌一般是由单层或多层混凝土构成的承载结构,其支护层与衬砌层是一体的,共同组成支护体系,各层间能够充分传递剪力。单层衬砌示意如图 7-1 所示。

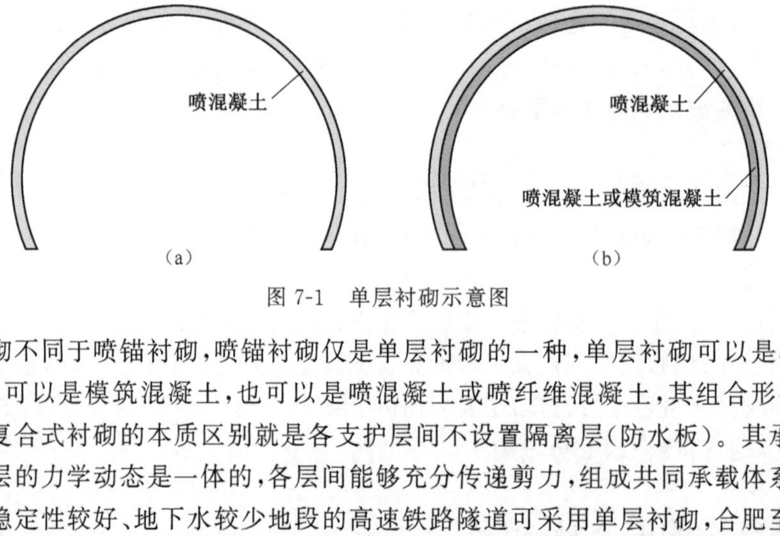

图 7-1 单层衬砌示意图

单层衬砌不同于喷锚衬砌,喷锚衬砌仅是单层衬砌的一种,单层衬砌可以是单层的,也可以是多层的;可以是模筑混凝土,也可以是喷混凝土或喷纤维混凝土,其组合形态多种多样。单层衬砌与复合式衬砌的本质区别就是各支护层间不设置隔离层(防水板)。其承载机理是支护层与衬砌层的力学动态是一体的,各层间能够充分传递剪力,组成共同承载体系。

在围岩稳定性较好、地下水较少地段的高速铁路隧道可采用单层衬砌,合肥至武汉客运专线大别山隧道就采用了模筑混凝土单层衬砌和喷射混凝土结合模筑混凝土单层衬砌。

但大量的工程实践表明,开挖时无水的地段经过若干年后仍可能有一定的地下水。因此,高速铁路隧道采用单层衬砌时应采用多种有效的措施确保衬砌结构自防水性能。

(3)拼装式衬砌。拼装式衬砌主要用于采用盾构掘进机施工的隧道。隧道开挖后,利用管片拼装机将预制好的管片按规定的形状拼装成隧道衬砌结构。管片的类型有钢筋混凝土管片、钢管片、铸铁管片、钢—混凝土复合管片等,目前最常用的是钢筋混凝土管片。各管片接缝面设有防水橡胶垫。

拼装式衬砌结构断面形状一般为圆形。也有矩形、单拱形、连拱形等形式。我国广深港客运专线狮子洋水下隧道采用盾构法施工,其衬砌结构形式即为钢筋混凝土管片拼装式衬砌。

7.2.2 衬砌构造

(1)复合式衬砌结构。根据二次衬砌在运营期间是否承受水压力,复合式衬砌结构可分为排水型衬砌和防水型衬砌两种类型。前者二次衬砌不承受水压力,后者承受水压力。

时速 350 km 双线铁路隧道排水型复合式衬砌代表性衬砌结构断面如图 7-2 和图 7-3 所示。

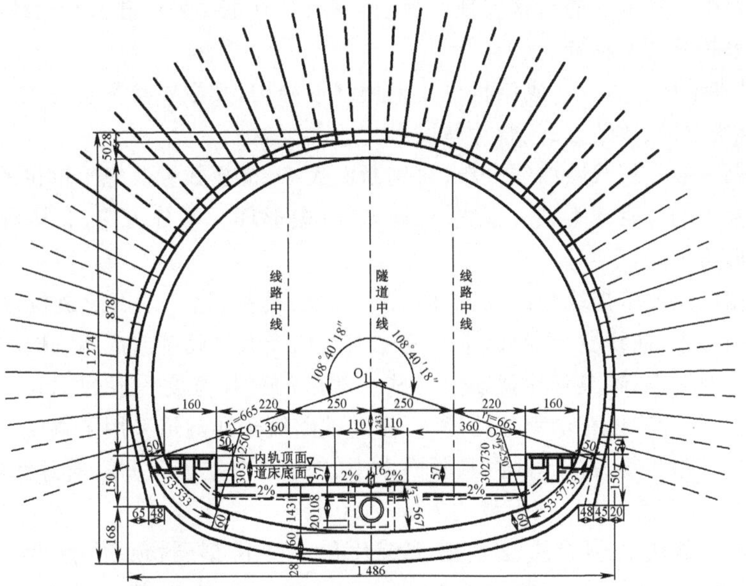

图 7-2 高速铁路隧道衬砌结构断面(双线,Ⅴ级围岩)(单位:cm)

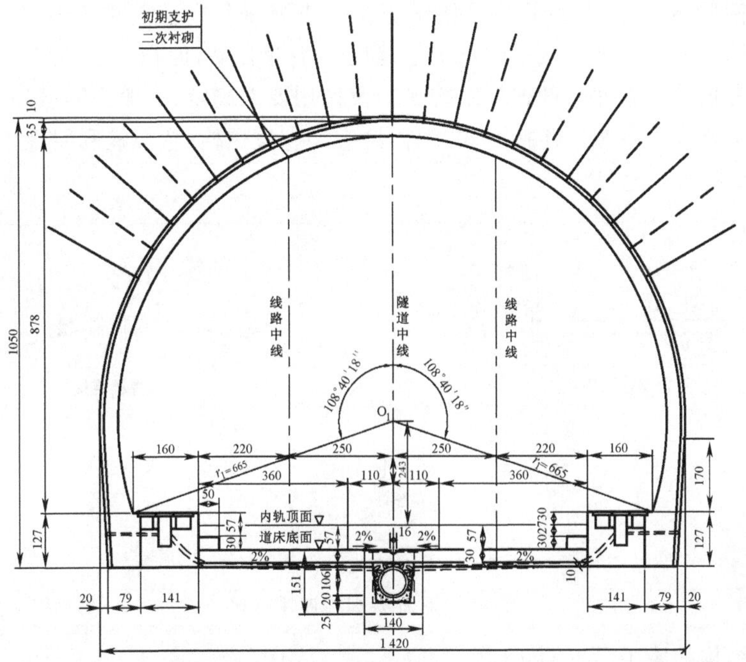

图 7-3 高速铁路隧道衬砌结构断面(双线,Ⅱ级围岩)(单位:cm)

(2)单层衬砌结构。单层衬砌结构形式是随着喷混凝土技术的出现和发展而不断发展和完善起来的,特别是湿喷技术的出现以及纤维混凝土在隧道工程中的应用,成功地解决了混凝土衬砌的防裂和耐久性问题,为单层衬砌的发展创造了良好的条件。最早的单层衬砌结构形式主要是单层喷射混凝土与锚杆构成的支护体系,后来逐渐发展出现了两层或多层的喷射混凝土和模筑混凝土构造。

与复合式衬砌相比,单层衬砌最显著的特征之一就是支护层与衬砌层之间取消了防水板,结构的防水靠衬砌材料的自防水来实现。目前,单层衬砌主要采用硅树脂钢纤维混凝土、聚合物水泥混凝土来提高防水性能。

(3)管片衬砌结构。管片衬砌结构主要采用圆形结构,其主要参数有衬砌环类型、环宽、楔形量、衬砌环分块方式、拼装方式、管片厚度等。

衬砌环类型一般根据线路曲线分布、衬砌断面大小、模板数量及施工单位的习惯等因素综合比选确定。常用的衬砌环类型有直线环、楔形环(楔形环又可分为左、右转弯环和通用楔形环),也有螺旋形等形式。

衬砌环的宽度主要依据线路曲线、断面大小、盾构设备、施工进度及造价等因素确定。高速铁路隧道断面较大,曲线段半径大,不影响施工。从降低衬砌制造成本、减少接缝和漏水、提高施工进度等方面考虑,希望管片宽度大一些。常用的管片宽度一般为 1.5～1.8 m。目前,在大直径盾构中,管片宽度有增大的趋势,广深港铁路狮子洋隧道采用了宽度 2 m 的管片。

楔形量根据线路曲线、衬砌环类型、断面大小、围岩条件、施工纠偏、管片制造等条件确定。一般管片环径在 10～12 m 时,楔形量约为 35～80 mm。

衬砌环一般由数块 A 型管片、2 块 B 型管片和 1 块 K 型(封顶块)管片组成。一般直径 10 m 左右的隧道由 8 块管片组成,直径 14 m 左右的隧道由 10 块管片组成。

管片拼接方式有通缝和错缝两种。通缝拼装的施工工艺相对简单,管片的制作精度要求较低。当制作精度不高时,引起的顶碎比错缝少。错缝拼装在控制结构变形方面比通缝好。在拼装质量有保证的情况下。接缝防水丁字缝比十字缝容易,但在拼装质量不高的情况下可能导致管片容易顶碎。管片厚度根据结构受力及使用要求确定,一般为隧道外径的4%～6%。

管片连接主要采用有螺栓连接方式,螺栓接头又有直螺栓、弯螺栓和斜螺栓等三种连接方式,如图 7-4 所示。

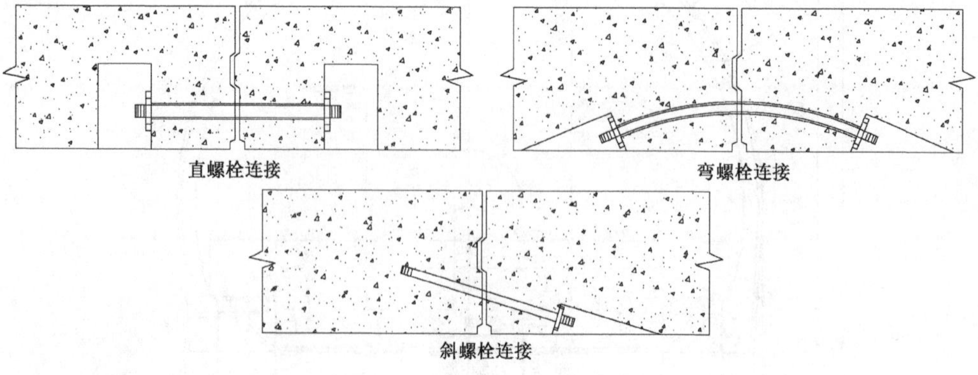

图 7-4 管片有螺栓连接方式

管片衬砌结构的施工参见第 16 章。

7.3　模筑混凝土衬砌的施工

模筑混凝土衬砌施工作业程序是先浇筑仰拱、仰拱填充层和边墙基础，然后采用模板台车一次浇筑拱墙。混凝土采用自动计量装置计量，集中拌和后由混凝土输送车运送到现场，混凝土泵泵送入模，浇筑完毕后进行养护、拆模，然后进入下一循环。

7.3.1　模筑混凝土衬砌施工方法

衬砌往往是在围岩或支护基本稳定后施作，采用由下而上，先墙后拱的顺序浇筑，须具有足够的混凝土连续生产能力以及衬砌台车。衬砌台车的长度即单次模筑混凝土段长度，应根据施工进度要求、混凝土生产能力和浇筑技术要求以及曲线隧道的曲线半径等条件来确定，一般为 9～12 m；衬砌台车腹部应留通行空间，以保证洞内运输的畅通；上部应留通风管的通过空间。

目前暗挖隧道主要采用整体移动式衬砌台车，明挖隧道主要采用分离式移动衬砌台车。

1. 整体移动式衬砌台车

整体移动式衬砌台车主要用于全断面一次开挖成型或大断面开挖成型的隧道衬砌施工。它是采用大块曲模板、机械或液压脱模、背附式振捣设备集装成整体，并在轨道上走行，有的还设有自行设备，从而缩短立模时间，加快衬砌施工速度(图 7-5)，其施工流程如图 7-6 所示。

图 7-5　整体移动式模板台车

(1)施工准备。在浇筑衬砌混凝土之前，要作好隧道中线和水平测量、开挖断面检查、放线定位、立模、混凝土制备和运输等准备工作。

(2)断面检查。根据隧道中线和水平测量，检查开挖断面是否符合设计要求，欠挖部分按规范要求进行修凿。墙脚地基应挖至设计高程，并在浇筑前清除虚渣、排除积水、找平支承面。

(3)放线定位。根据隧道中线、高程及断面设计尺寸，测量并确定轨道的铺设位置。轨道铺设应稳固，其位移和沉降量均应符合施工误差要求。轨道铺设和台车就位后，进一步检查位置、尺寸。

放线定位时，为了保证衬砌不侵入建筑限界，须预留误差量和预留沉落量。

一般在模板制作时即将衬砌内轮廓尺寸扩大 5 cm。

预留沉落量是考虑到混凝土的荷载作用会使拱架模板变形和下沉；后期围岩压力作用和衬砌自重作用(尤其是先拱后墙法施工时的拱部衬砌)会使衬砌变形和下沉，故须预留沉落量。这部分预留沉落量根据实测数据确定或参照经验确定。

预留误差量和预留沉落量应在拱架模板定位放线时一并考虑确定，并按此架设拱架模板和确定模板架的加工尺寸。

(4)模板准备。整体式衬砌台车一般在隧道外拼装，拼装时应检查模板尺寸、形状，不符合要求的应予以修整，配齐配件。每一次混凝土浇筑施工前要认真检查模板外观，并在表面涂抹防锈剂。

(5)衬砌台车就位。衬砌台车就位后应作好各项检查，包括位置、尺寸、方向、高程、坡度、稳定性等，注意台车的行走轨道应铺设稳定，轨枕间距要适当。

台车模板千斤顶顶升到位后，对边墙侧模要进行加固，一般采用螺旋丝杆加固。个别衬砌台车主体结构刚度不够，边墙混凝土浇筑时，易造成模板和主体结构内移，施工中还必须使用横向支撑，但这将影响洞内交通。因此，施工前必须检算衬砌台车的刚度。

衬砌台车加工时，必须一并将内圈挡头钢板加工完毕，并一同送达施工现场；外圈挡头模板一般采用木板加工现场拼铺，应安装稳固并将其与岩壁之间的缝隙嵌堵严密(可采用气囊式堵头)。

各种防水卷材、背贴式止水带应先行安装好，并注意挡头板不得损伤防水材料，以免影响防水效果。防水施工参见第8章。

(6)混凝土制备与运输。混凝土在集中拌和站拌制好后，用运输工具运送到工作面浇筑。混凝土运输工具的选择须选择装卸方便、运输快速的运输工具，保证混凝土在运输过程中不发生漏浆、离析泌水、初凝等现象。结合工程情况，一般选用各种罐式混凝土运输车、斗车、输送泵等机械运输。

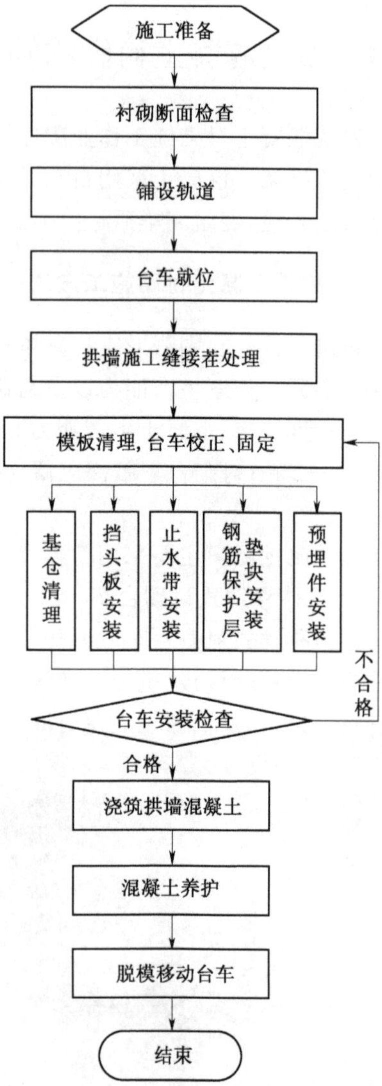

图7-6 衬砌施工流程图

(7)混凝土浇筑。墙拱混凝土均采用混凝土泵泵送入模。浇筑前先在输送主管的端部安装三岔管和控制阀，然后接输送支管，分别插入台车两侧中部起拱线附近的浇筑窗内，由控制阀控制两侧边墙浇筑速度，使两侧混凝土高差不大于0.5 m。混凝土面上升至浇筑窗时，拆除三岔管，将输送主管固定在拱顶第一浇筑口上，前段拱顶灌完后再移动至第二浇筑口，以保证混凝土的流动性和混凝土泵的压力，逐渐将拱部混凝土灌满。混凝土强度达到允许拆模强度时即可拆模。

2. 分离式衬砌台车

明挖隧道根据开挖方式的不同采用不同型式的衬砌台车，放坡开挖采用全断面分离式衬砌台车(图7-7)，其外模与内模分别采用不同的模板支架，行走在不同的轨道上；竖直开挖采用拱墙分离的分离式衬砌台车，该分离式衬砌台车的专利为中铁二局所有，已形成铁道部部级工法。

由于全断面分离式衬砌台车施工方法与暗洞施工方法大同小异，本章不作具体介绍，主要介绍拱墙分离式衬砌台车的操作要点及施工注意事项(图 7-8)。

图 7-7　明挖隧道全断面分离式衬砌台车实例

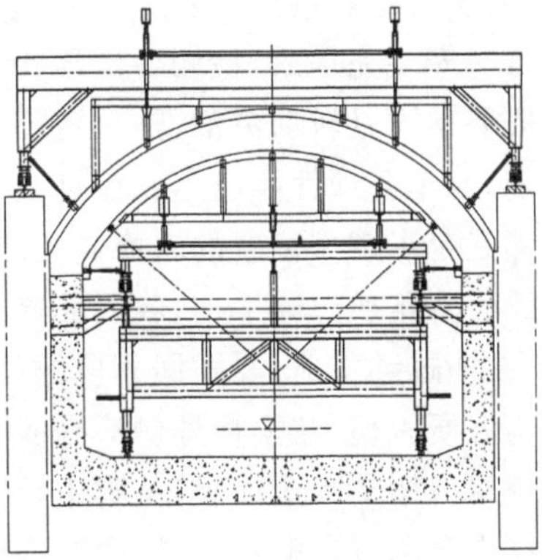

图 7-8　拱墙分离式衬砌台车设计示意图

施工工艺流程如图 7-9 所示。

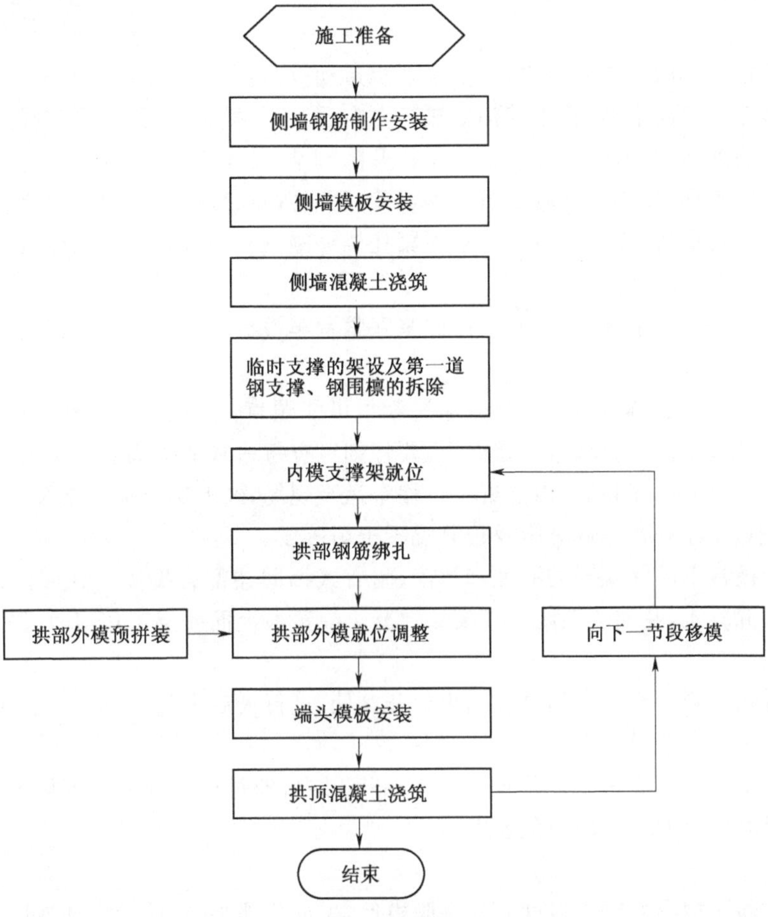

图 7-9　拱墙分离式衬砌台车施工工艺流程图

(1)准备工作。台车在厂内加工完成后运至现场，且每一台台车配一台起重机负责台车吊放拼装。厂家派技术人员参与台车拼装及现场指导,起重工参与配合操作,熟练掌握台车拼装。

(2)台车行走和就位。

1)台车安装完毕后,检测各部结构是否安全到位,检查各部位螺栓连接是否牢固,各连接销必须安装牢固且转动灵活,然后进行初步调试。初步调试时,各螺旋千斤顶应转动灵活,能牢固锁定,台车各项性能应达到设计要求。

2)测定台车工作位置的轨面高程后,按相对隧道中心线对称、轨面平整的要求布设轨道。

3)操作多路换向阀手柄,收回侧向油缸,回缩下部模板总程;收回竖向油缸,使上部模板总程下降,在油缸动作前,要缩回相应的托架支承千斤顶。

4)为方便脱模,在模板外侧涂抹脱模剂。

5)旋回门架支承千斤顶(基脚千斤顶),使其离开轨面。

6)操作台车行走电器按钮,台车在电机牵引下自动行走到工作位置。

7)台车就位后,锁定行走轮,旋出基脚千斤顶撑紧钢轨,防止台车移动。

8)当施工曲线段隧道衬砌时,可将顶模、托架横梁及小车连接梁均加长即增大断面;在直线段时,取下加长段即减小断面。

(3)立模。

1)合上模板台车的电源开关,按下油泵电机启动按钮。

2)操作多路换向阀手柄,让平移油缸进行左右调节,使模板外形中心线与隧道中线重合。

3)操作多路换向阀手柄,让竖向油缸进行升降调节,使上部模板拱顶高程达到施工要求;操作多路换向阀手柄,让侧向油缸进行伸缩调节,顶紧既有边墙,达到设计宽度。

4)台车模板就位后,托架支承千斤顶撑紧托架纵梁,旋出侧向千斤顶,撑紧千斤顶连接梁。此时,上下模板应结合密贴。

5)安装挡头板及止水条,用橡胶条或砂浆塞紧台车模板与既有混凝土墙面的空隙。

(4)灌注。

1)布设、连接混凝土输送管,布设时输送管尽可能顺直,弯头最好不超过 4 个。输送管终端应接入台车模板工作窗。输送管接好后,要仔细检查每一管节接头安装牢固。

2)混凝土经过集中拌和后,由混凝土运输车运至现场,经混凝土输送泵泵送入模,拌和、运输、泵送过程中,要注意各作业时限及检测混凝土坍落度。

3)先进行模板下部混凝土的灌注和捣固(附着式捣固器配合捣固),在灌注过程中逐一从各工作窗灌入混凝土,并陆续关闭工作窗。混凝土灌至最上面一层工作窗时,输送管终端接到拱顶管口。

4)最后将输送管置于台车的拱顶挡头板开口处,进行最后少量顶部空间灌注。完成后,逐段清除输送管内的多余混凝土。

5)灌注混凝土面升高速度必须控制在 1 m/h 以内,即每边上升高度不得大于 1 m/h。台车最大灌注混凝土厚度不得超规范要求。

(5)脱模。

1)在经实验室检测混凝土强度并同意脱模后,先拆除挡头板,然后启动液压站工作。

2)收回侧向千斤顶,操作换向阀手柄,缩回侧向油缸,收回下部模板,使其离开混凝土面。

3)收回竖向托架支承千斤顶,操作换向阀手柄,缩回竖向油缸,脱下上部模板,使其离开混凝土面。

4)移动台车离开该施工段,停止油泵电机。

5)清洗台车,除掉模板表面上黏接的混凝土。同时,对刚脱模的混凝土进行养护和缺陷处理。

施工工序实例如图 7-10 所示。

(a) 台车内模拼装就位

(b) 台车外模就位

(c) 拱部混凝土浇筑

(d) 台车脱模

图 7-10　分离式衬砌台车施工顺序显示

3. 隧道衬砌施工注意事项

(1)台车行走轨道必须顺直,且必须固定,以减小模板位移,减小衬砌误差。

(2)台车就位后浇筑前,台车行走装置与轨道间必须作相对固定。可用 22 mm 钢筋在四个角 8 个点布置与行走架点焊;同时,行走轮下部要用木楔等相关措施进行锁定,防止浇筑时门架与模板间的相互错位。

(3)台车就位后,检查油缸及各千斤顶与门架纵梁是否保持垂直,如感觉明显偏斜,则必须将各千斤顶松开,让油缸动作,模板重新定位,偏斜状态下强行启动油缸将导致模板及门架的扭曲变形;模板就位后,各千斤顶要基本保持水平,不水平时要通过油缸进行调整。竖向托架支承千斤顶走完行程后若仍达不到衬砌高度,则必须调整轨面至设计高度。

(4)衬砌过程中,要有专人检查各连接螺栓是否松动、各支承千斤顶是否均匀受力,否则要作必要的调整和紧固。每模脱模后,同样要做上述工作。

(5)模板最下部的底模支承千斤顶,衬砌时必须撑紧地面,地面接触点要稳妥可靠,否则,将导致门架变形及跑模。

(6)衬砌前、后所有油缸及支承千斤顶的工作长度,必须用塑料布包裹好,否则,溅落太多的混凝土,将会损坏油缸及丝杆。

(7)浇筑上升速度不能过快,要保持 1 m/h 左右。模板上附着式振捣器只能在顶模浇筑时才能使用,使用时,也只能一台工作,绝对不允许多台工作,否则,将造成模板的损坏,振动过大,会造成模板局部变形。

(8)台车正常设计衬砌厚度如超过 1 000 mm,在顶部衬砌时,必须分层浇筑,待上部第一层达到初凝时,方可进行再次浇筑,同时,要增加门架纵梁下部支承点,浇筑速度还要适当减慢,否则,台车将不堪负重。

(9)在混凝土浇筑前,将所有门架千斤顶撑紧。采用分离式衬砌台车时,上下两层轨道固定,并上好轨道夹轨器;同时,借助底板预埋 ϕ22 mm 的钢筋利用紧线器将外模拉紧,防止外模上浮。

(10)首段灌注设置断面监测点,通过监测获得数据,指导下段施工。

4. 衬砌质量的保证措施

(1)浇筑前复核衬砌台车中线、水平,拆模后及时检查衬砌内轮廓尺寸。

(2)根据需要可适当加入微膨胀剂、粉煤灰、减水剂,以减少混凝土的水化性、泌水性、收缩量,并增加混凝土的可泵性。

(3)定期抽查水泥、砂、砂石料的质量。

(4)采用自动计量以保证配料准确。每次浇筑搅拌前,应检查计量设备是否准确,搅拌后应检查混凝土的坍落度。

(5)不得使用超过初凝时间的混凝土,浇筑时不得向混凝土内加水。

(6)立模前应将模板表面的混凝土清理干净,并涂脱模剂。

(7)冬季施工时,洞外砂石料及混凝土拌和温度应严格按冬期施工规定进行。

7.3.2 施工需注意的几个关键问题

(1)二次衬砌施作时机确定。国内外实践表明,二次衬砌和仰拱的施作时机直接影响衬砌结构的安全。过早施作会使二次衬砌承受较大的围岩压力,过晚又不利于初期支护的稳定。因此,在施工中应进行监控量测,掌握围岩和支护结构的变形规律,及时调整支护与衬砌设计参数,并确定二次衬砌和仰拱的施作时间,以保证衬砌结构的安全与质量。

根据铁道部推荐规范《高速铁路隧道工程施工技术指南》(铁建设〔2010〕241 号)的规定,二次衬砌应在围岩变形基本稳定后施作。主要条件如下:

1)隧道周边变形速率明显下降并趋于缓和。

2)水平收敛(拱脚附近 7 d 平均值)小于每天 0.2 mm/d,拱顶下沉速度小于 0.15 mm/d。

3)已产生的累计位移量已达极限位移值的 80%以上。

另外,在高地应力软弱围岩、膨胀岩等可能产生大变形、且变形长期不能趋于稳定的不良地质隧道,二次衬砌可提前施作,衬砌结构应有足够的强度和刚度。

为了确保隧道施工安全,《高速铁路隧道工程施工质量验收标准》(TB 10753—2010)进一步要求:“软弱围岩及不良地质隧道的二次衬砌应及时施作,二次衬砌距掌子面的距离Ⅳ级围岩不得大于 90 m,Ⅴ、Ⅵ级围岩不得大于 70 m”。

(2)拱部回填。用模板台车、混凝土泵施工的混凝土,在拱顶上方因不能精确把握混凝土浇筑数量或由于排气不畅易出现空洞,将直接影响衬砌安全。对此,应采取如下措施:

1)改进操作方法,采用封拱顶工艺进行施工,确保气体排出顺畅。

2)采用先进的衬砌背后密实度检测仪,对已衬砌地段进行检查,有空洞及时处理,并改进浇筑时的操作方法。

《高速铁路隧道工程施工技术指南》提供了一种封拱顶工艺——纵向预贴注浆管道法,是一种比较好的拱部回填方法,如图7-11和图7-12所示。

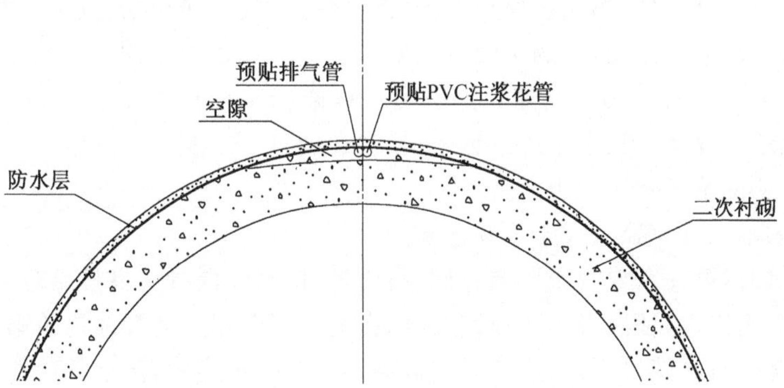

图7-11 纵向预贴注浆管道法横断面示意图

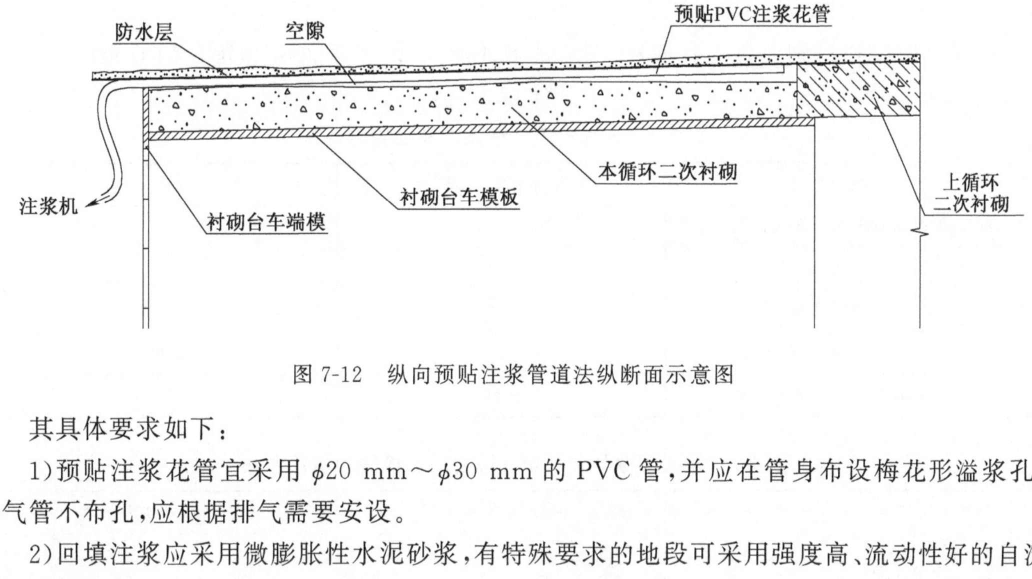

图7-12 纵向预贴注浆管道法纵断面示意图

其具体要求如下:

1)预贴注浆花管宜采用ϕ20 mm～ϕ30 mm的PVC管,并应在管身布设梅花形溢浆孔。排气管不布孔,应根据排气需要安设。

2)回填注浆应采用微膨胀性水泥砂浆,有特殊要求的地段可采用强度高、流动性好的自流水泥浆。

3)回填注浆应在孔口封堵材料达到一定强度后进行。

4)注浆压力达到0.2 MPa或排气孔出浆时,即可结束注浆。

(3)确保高速铁路隧道衬砌结构耐久性的措施。影响高速铁路隧道衬砌结构耐久性的主要因素就是结构物所处的环境。《铁路混凝土结构耐久性设计规范》(TB 10005—2010)将混凝土结构所处的环境类别分为碳化环境、氯盐环境、化学侵蚀环境、盐类结晶破坏环境、冻融破坏环境和磨蚀环境。

除了环境因素影响高速铁路隧道衬砌结构耐久性外,高速列车运行引起的压力波动以及列车振动作用也是影响结构耐久性的主要因素。有初始裂纹的衬砌结构在气动压力波正压、负压的反复作用下,衬砌结构将产生疲劳,裂纹不断扩展,直到断裂破坏;同时,衬砌结构底部在列车振动荷载的作用下，也容易出现疲劳性破坏。

高速铁路隧道衬砌结构设计使用年限为100年，其他附属结构设计使用年限为60年或30年。因此，《高速铁路隧道工程施工质量验收标准》提出了对不同设计使用年限的混凝土在电通量、抗氯离子渗透性、抗化学侵蚀性、抗硫酸盐结晶破坏、抗冻性等方面的具体要求。

衬砌混凝土应从原材料的质量要求、配合比设计、混凝土拌和、混凝土入模温度控制、入模捣固、养护等几个环节来控制，以满足耐久性要求。具体要求可参见《铁路混凝土结构耐久性设计规范》(TB 10005—2010)、《高速铁路隧道工程施工质量验收标准》(TB 10753—2010)以及《高速铁路隧道工程施工技术指南》(铁建设〔2010〕241号)等。

(4)防止间隔浇筑影响混凝土质量。

1)混凝土的输入管直径应大于150 mm。

2)开始浇筑时，第一车混凝土要调整砂、石用量，使新旧混凝土良好结合。

3)合理组织施工，保证混凝土的连续泵送，在前一层混凝土初凝前浇筑第二层混凝土。

4)若间隔浇筑时间超过规定，应待表层混凝土达到一定强度，凿毛并冲洗后先浇筑一层等强度的砂浆，再浇筑后续混凝土。

7.3.3 混凝土衬砌质量检验项目

高速铁路隧道衬砌主要检查模板安装、结构外形尺寸、预埋件和预留孔洞的允许偏差(表7-1～表7-4)。

表7-1 模板安装允许偏差和检验方法

序号	项　目	允许偏差(mm)	检验方法
1	边墙脚平面位置及高程	±15	尺　量
2	起拱线高程	±10	
3	拱顶高程	+10 0	水准测量
4	模板表面平整度	5	2 m靠尺和塞尺
5	相邻浇筑段表面高低差	±10	尺　量

表7-2 模板预埋件和预留孔洞的允许偏差和检验方法

序号	项　目		允许偏差(mm)	检验方法
1	预留孔洞	中心线位置	10	尺　量
		尺寸	+10 0	
2	预埋件	中心位置	3	
		外露长度	+10 0	

表7-3 衬砌结构外形尺寸允许偏差和检验方法

序号	项　目	允许偏差(mm)	检验方法
1	边墙平面位置	±10	尺　量
2	拱顶高程	+30 0	水准测量
3	边墙、拱部表面平整度	8	2 m靠尺检查或自动断面仪测量

表 7-4 衬砌预埋件和预留孔洞的允许偏差和检验方法

序号	项目		允许偏差(mm)	检验方法
1	预留孔洞	中心线位置	15	尺量
		尺寸	$^{+15}_{0}$	
2	预埋件	中心位置	5	尺量
		外露长度	$^{+10}_{0}$	

7.4 仰拱及底板施工

为保证隧道衬砌工程质量。高速铁路隧道施工中要求仰拱必须分段一次整体施作。因此,为使开挖仰拱底及浇筑混凝土时出渣、进料等运输工序能平行作业,需要采用仰拱栈桥施工。

中铁二局股份有限公司研发的CRECGG-1型高速铁路双线隧道仰拱快速施工设备(图7-13、图7-14)解决了隧道仰拱施工过程中运输与施工相互干扰的问题,该设备只需设置一个仰拱工作面,即可实现每天浇筑一组仰拱及填充层混凝土的目标,且可根据开挖进度设置相应长度的模架来满足进度要求,彻底解决了隧道仰拱施工进度落后于开挖进度以及制约二衬等后继工序的难题。另外,该设备稍作改装即可实现底板混凝土浇筑施工。

图 7-13 仰拱快速移动设备俯视图

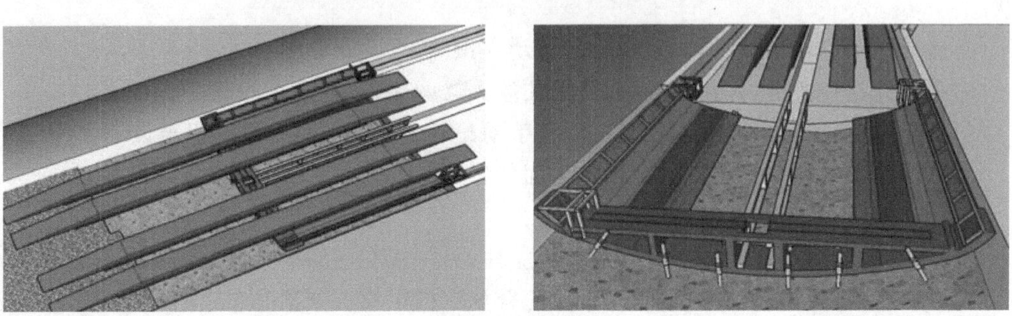

图 7-14 仰拱快速移动设备施工示意图

在该设备上形成了仰拱快速施工工法,该工法的特点是:

(1)把一个仰拱作业面分为两个作业区进行流水作业方式进行施工。

(2)采用了双车道分离式简易栈桥。

(3)仰拱模板设计为固定部分和活动部分,利用铰接形成组合式模板。

(4)采用端头梁来固定仰拱模架和中心水沟模架,同时在移动时运载模架系统,使模板系统形成了一个整体,定位准确,移动就位快捷。

(5)模板系统可以自行移动到下一工作区。

1. 施工工序如图 7-15 所示。

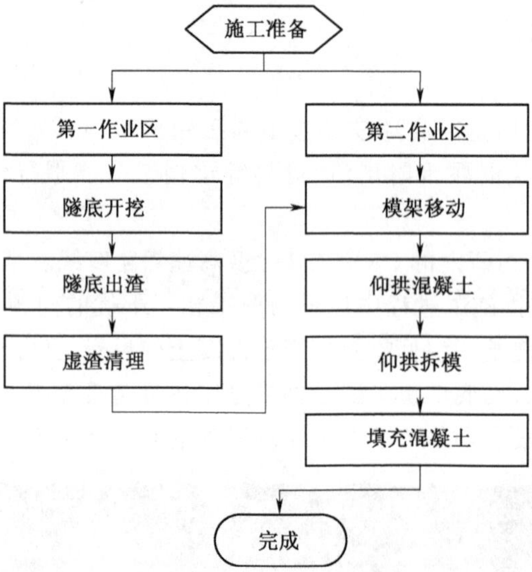

图 7-15 施工工艺流程图

2. 现场施工要点

(1)隧底开挖、出渣、清底(此步骤为第一工作区作业内容,可在后续第二工作区作业时同时进行)。

(2)测量放样,确定端头梁位置。

(3)栈桥就位,使栈桥与隧道中线平行。

(4)用拉杆把端头梁与两边栈桥吊车连接拉紧后,收起端头梁的支腿,使模架系统处于悬吊状态。

(5)启动电动绞车,拉动模架系统向前移动 6 m(模板设计长度)。

(6)利用挂在栈桥上的两个手动葫芦吊住端头梁两端,轨道吊车卸载。

(7)松开轨道吊车与端梁之间的拉杆,用手动葫芦上下调整端头梁高程至设计位置。

(8)用千斤顶横向调整端头梁至设计平面位置。

(9)放下端头梁支柱,使端头梁固定。

(10)仰拱排架一端靠紧端头梁上的端头立柱,另一端利用仰拱接茬钢筋和绞车自重固定。

(11)用绞车拉住翻折的仰拱模板,人工配合放下仰拱模板至预先布设销钉上,固定模板。

(12)撑开中心沟模架,一端在端头梁上定位,另一端在已施作混凝土上定位。

(13)安设仰拱填充端头木板和止水带等防排水系统。

(14)浇筑仰拱混凝土,中部无模板部分混凝土通过自然摊铺的方式,从仰供中部开始纵向摊铺,再向左右两边同时浇筑,混凝土浇至仰拱模板下沿时,混凝土改由仰拱两侧的顶部入模,使仰拱混凝土不留施工缝,一次浇筑完成。

(15)仰拱模板拆除:利用绞车和滑轮拉起模板翻折到模架上。

(16)浇筑填充混凝土。

(17)中心沟脱模后,模架系统整体移到下一作业区。

7.5 主要设备配置

隧道衬砌及仰拱主要的施工设备主要由混凝土搅拌站、运输罐车、输送泵(仰拱不需要)、模型体系、供电设备等五部分构成。模型体系已在前文详细阐述,现对其他四部分的配置选型进行总结。

(1)混凝土搅拌站。

1)混凝土搅拌站的生产量。混凝土搅拌站的生产量根据工期计划、设计数量(加允许超挖)、每环衬砌长度、衬砌循环时间等来确定。

2)混凝土搅拌站的搅拌方式。采用强制搅拌机、电子计量配料机、上(配)料机、储料斗(仓)、水泥仓(罐)等组成混凝土搅拌站,为现场生产各种标号的混凝土。

3)混凝土搅拌站的安装、调试。搅拌站(楼)应根据施工、运输现场条件综合考虑安装在运距经济、进料方便、场地适宜、水电较近、道路方便之处。

对于安装好的混凝土搅拌站一定要按照操作规程严格检查确认,各部准备就绪后方可启动。施工前主要应该对混凝土拌和供料系统、电子称等进行检查,并校正计量系统的指示量与实际量的一致性。要先按照配合比的要求对水泥、水和各种集料的用量根据设计配合比进行试拌,准确调试以后,输入到自动计量的控制存储器里,经过试拌检验并对配合比调整以后方可投入正式拌和生产。为确保混凝土的可靠质量,在混凝土的搅拌过程中经常要注意搅拌设备的运转状况,并观察排出的混凝土的流动状态和颜色,确保混凝土的和易性和均匀性符合要求。要按规范要求对原材料质量和混凝土的各项指标进行现场取样抽查。

4)混凝土运输罐车的选型及配置。根据道路或运输距离等运输条件分别选用混凝土运输罐车的规格型号。

按照搅拌机的生产率确定混凝土运输罐车的配置数量 N:

$$N=\frac{Aq(t_1+t_2+t_3)}{60Q_0} \tag{7-1}$$

式中 A——车辆的储备系数 1.15~1.25;

q——搅拌设备的生产率,m^3/h;

t_1, t_2, t_3——分别为重载、空载、转料及等待时间,min;

Q_0——运输车辆的斗容量,m^3。

按照混凝土输送泵连续压送的生产率确定混凝土运输罐车的配置数量 N:

$$N=\frac{Q_m\left(\frac{60L}{V}+T\right)+C}{60V} \tag{7-2}$$

式中 Q_m——计划每台输送泵平均压送量,m^3/h;

L——运输距离,km;

V——搅拌车的平均斗容量,m^3;

T——单个运输周期内总的停歇时间(含出发、停车、装卸、冲洗等),min;

C——考虑其他原因(加油、设备完好等因素)增加的台数。

5)混凝土输送泵的选型及配置。混凝土输泵一般分为高、中、低压泵,具体结构形式有闸板阀,S管阀等。混凝土输送泵的输送能力直接受输送管道阻力的影响,由最大水平输送距离和最大垂直输送高度表示。实际使用过程中往往按照阻力统一折算为水平输送距离,具体参照混凝土输泵的有关具体机械参数选用。在隧道台车衬砌施工中一般选用中低压泵即可满足使用要求。

混凝土输送泵的台数 N 按照下式确定:

$$N=\frac{Q}{E_{t}Q_{max}} \tag{7-3}$$

式中 Q_{max}——混凝土泵的最大排量,m^3/h;

Q——浇筑计划中每小时需要的混凝土量,m^3/h;

E_t——混凝土输送泵的作业效率,对中等坍落度(8~18 cm)的普通混凝土输送距离不大于120 m时可以取0.35~0.55。

6)轮式装载机的选型及配置。轮胎式装载机的主要技术参数包括额定装载质量、斗容量、自重、发动机功率、轴距、轮距最大装载高度、卸载距离、转弯半径、爬坡度等。

施工中应结合现场实际和工作要求来确定。

轮胎式装载机配合搅拌设备上料时额定斗容量按照下式确定:

$$q_0=\frac{QT_m}{3\,600}Kg \tag{7-4}$$

式中 q_0——装载机的额定斗容量,m^3;

Q——生产能力,m^3/h;

K——铲斗系数,一般取0.8;

g——作业效率,取0.6~0.8;

T_m——循环时间,s。

(2)供电系统的配置。为了保证供电系统的可靠性,在电力供应性较差的地方,施工组织用电设计中应该采用发电机作为预留备用电源。

1)台车工作过程供电。配置专用配电线路和配电箱,液压泵、捣固、行走使用的380 V和220 V动力电源必须装配漏电保护器并定期检查其动作的可靠性。仓内照明必须采用36 V低压,仓外照明可用220 V电压。堵头处、泵管沿线、混凝土泵车、支撑等处必须设置满足照度要求的照明灯具。

2)混凝土搅拌站、混凝土输送泵供电。配置专用配电线路和配电箱,其备用功率按照下式确定:

$$P_s=(1.1\sim1.2)\times\sum P \tag{7-5}$$

式中 $\sum P$——电动机额定功率之和。

8 高速铁路隧道防排水施工技术

8.1 概　　述

相对一般铁路隧道来说，高速铁路隧道防排水要求更高，主要体现在防水标准、防排水原则和防排水类别上。

8.1.1 隧道防水标准

《高速铁路设计规范(试行)》(TB 10621—2009)规定高速铁路隧道防水标准应达到地下工程防水一级标准，即二次衬砌不允许渗水、二次衬砌表面无湿渍。

8.1.2 隧道防排水原则

高速铁路隧道防排水应遵循防、排、截、堵结合，因地制宜，综合治理的原则。其中：

“防”：即要求隧道衬砌结构具有一定的自防水能力，能防止地下水渗入，如采用防水混凝土或防水板等。

“堵”：在隧道施工过程中，有渗漏水时，可采用注浆、喷涂等方法堵住；运营后渗漏水地段也可采用注浆、喷涂，或用嵌填材料、防水抹面等方法堵水。

“截”：隧道顶部如有地表水易于渗漏处所或有坑洼积水，应设置截、排水沟和采取清除积水的措施。

“排”：即隧道应有排水设施并充分利用，以减少渗水压力和渗水量，但必须注意大量排水后对周围环境引起的后果，如地层细颗粒流失、降低围岩稳定性及造成当地农田灌溉和生活用水困难等，应事先妥善处理。

8.1.3 隧道防排水类型

隧道分为防水型隧道及排水型隧道两类。

防水型隧道的静压水头一般不超过 60 m，一般在地面生态和社会环境敏感区域、地表下沉会危及结构物以及地下水具有腐蚀性的地区，隧道选择全封闭、不排水的防水原则，宜采用防水型隧道。

排水型隧道是以堵为主，还是以排为主，要根据具体情况确定。一般而言，当隧道穿过岩溶发育带、断裂破碎带，预计围岩中地下水水量丰富，适量排水不影响生态环境时，应根据实际情况采用以堵为主、限量排放的原则，达到堵水有效、防水可靠、经济合理的目的；排水不影响生态环境时，则采用以疏为主、以堵为辅的原则，尽量维系岩溶暗河的既有通路，不随意封堵溶洞、暗河。

在一座隧道的不同区段，也可能存在以排为主的排水型，同时又有全周防水的防水形式。不同防排水类型隧道的特点对比见表 8-1。

表 8-1 不同防排水类型隧道特点对比

比较项目	防水型隧道	排水型隧道	
		控制排水	不控制排水
地下水流失	基本无流失	部分流失	地下水流失
衬砌压力	全水压	部分水压	无水压
建造费用	随水头的增大而明显增加	随水头的增大而增加	低
维护成本	少	随时间的增长而增加	随时间的增长而增加

8.2 防水系统设计与施工

高速铁路隧道防水工程措施包括地表处理、注浆堵水、初期支护喷射混凝土防渗、防水层、接缝防水、衬砌混凝土自防水、衬砌背后回填注浆等,构成一个完整的防水系统。隧道内防水施工流程如图 8-1 所示。

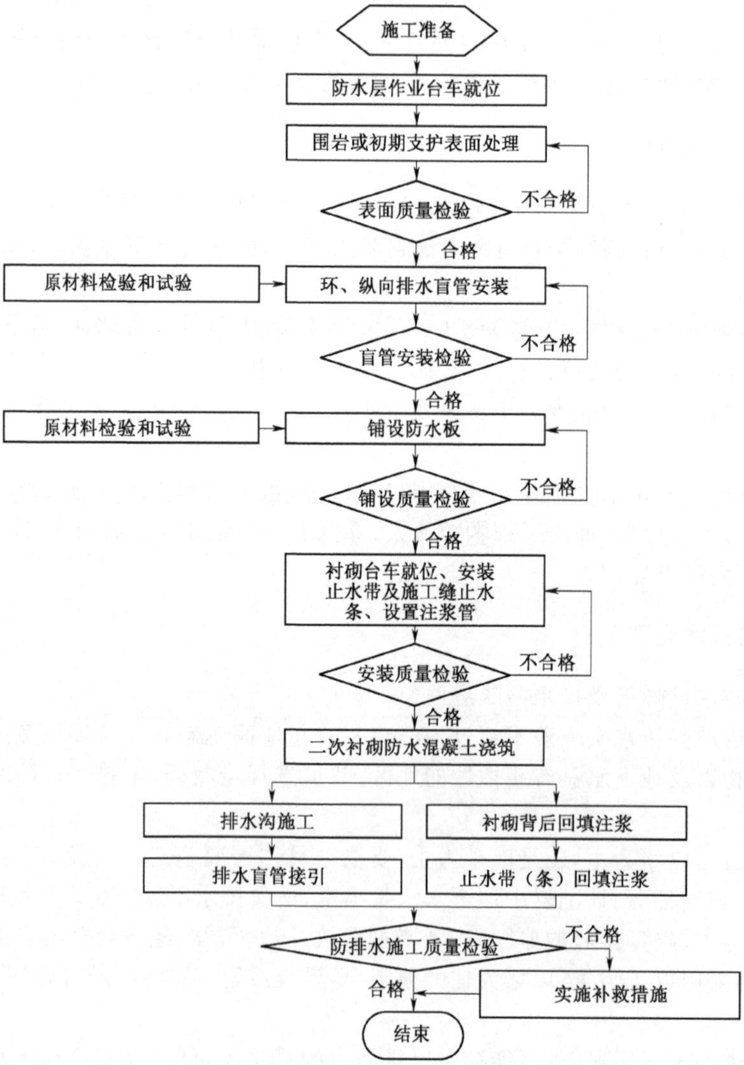

图 8-1 隧道防水施工流程图

8.2.1 地表处理

地下水主要来自大气降水和地表水的迁移，对地表水的采取截、排、挡措施，清除地表积水，阻截地下水向下渗流的通道，减少地下水的补给，是隧道最有效的防排水措施之一。

隧道施工前，应对隧道附近的地面、井泉、池沼、水库及河流进行调查、观测与试验，分析其对隧道渗漏水的影响，并编制相应的地表处理计划。

地表处理主要分为地面引排、地表加固和地下降水等措施。

(1)地面引排。

1)隧顶天沟、截水沟等不宜拘泥于设计图所绘走向，应结合地形条件选择对地面植被破坏最小、排水畅通的方案，并结合永久排水系统先行修建。

2)施工前还应仔细核对与隧道相接的路堑水沟排水方向，应保证隧道、明挖工段与辅助坑道等排水系统与洞外排水系统的有效连接，水流应通畅，并不会破坏地表环境。

3)在施工期间，应对隧道周围的地表水采取有效的截水、排水、挡水和防洪措施，防止地表水流入隧道内。当出洞方向路堑为上坡时，应在距离洞口 2 m 处设一道截水沟，拦截洞外路面积水，并宜将洞外侧沟做成与线路坡度相反且不小于 2‰的反坡侧沟。

4)为防止洞口及明挖施工段边、仰坡范围内的地表水下渗和冲刷，应在边、仰坡坡顶修建截、排水沟(图 8-2)，且宜在边、仰坡开挖前修建完成。排水沟、截水沟排水应顺畅，无淤积阻塞。隧道洞门的排、截水设施宜与洞门工程同步施工，挡墙翼墙式及单侧挡墙式洞门的洞顶排水一般情况宜采用单向排水。

图 8-2 洞口仰坡截水沟

5)边、仰坡上的截水沟应设在距边、仰坡开挖边缘至少 5 m 距离的地方，黄土地区应在 10 m 以上。为防止泥砂淤塞，截水沟坡度不得小于 3‰。当土质纵坡大于 200‰，石质纵坡大于 400‰时，应分段采用不低于 M7.5 水泥砂浆砌片石铺砌，保证截水沟的稳定。截水沟根据地形可设计成单侧或双侧排水，并与路堑排水系统顺接，出水口必须防止顺坡散流、冲刷，危害线路及农田房舍。

(2)地表加固。

1)采用地表注浆等地表防水措施时，必须先于隧道施工并对其效果进行评估。

2)当隧道覆盖层较薄或地表水有可能渗入隧道时，施工前应对地表的积水、坑、洼等进行处理，其中：洞口附近和浅埋地段洞顶地表应平整，不积水；地表坑洼、钻孔、探坑、陷坑等应用不透水土回填,并分层夯实;黄土陷穴和岩溶孔洞等特殊地质的处理应符合设计要求;洞顶有流水的沟槽应予整治,确保水流畅通,必要时对沟床进行铺砌;周边影响范围内有河流、水塘等时,应采取防渗漏措施。

3)洞口排水沟和截水沟可采用 M5 浆砌片石砌筑,砌缝砂浆应饱满密实;不铺砌石质水沟的缝隙应填塞密实;填土中的水沟基底土应夯实。

4)对于浅埋隧道和洞口浅埋段地质条件差或有涌水时,宜采用地表注浆进行加固处理。地表注浆前,首先应做好洞顶截水沟,再按设计进行地表封闭及注浆加固。注浆时钻孔应严格按照设计孔位开孔,并保证孔向准确;地表注浆施工必须坚持先试验后施工的原则,以便选定注浆参数最佳值;地表注浆加固 15 d 后方可进行洞内施工;地表注浆应合理进行施工组织,制定严格的施工现场环境保护措施和顶案,防止注浆施工影响环境;地表注浆应根据注浆设计、注浆工艺、地表状况及地质条件,进行各种设备、材料和浆液配比的选择和调整。

(3)地下降水。

1)明挖施工段降水施工时,地下水位应降至工程底部最低高程 50 cm 以下,降水应持续至结构完成回填完毕。

2)隧道底板范围内的集水井,在施工降水结束后应用微膨胀混凝土填筑密实。

8.2.2 注浆堵水

1. 注浆堵水材料

注浆材料按照材料性质分为无机类注浆材料和有机类注浆材料。无机系主要包括单液水泥类(水泥—氯化钙浆液、水泥—三乙醇胺—氯化钠浆液等)、水泥—水玻璃类(水泥—水玻璃双液黏土类等)、水玻璃类(水玻璃—氯化钙浆液、水玻璃—铝酸钠浆液等)、水泥黏土类、其他类等。有机系包括丙烯酰胺类、丙烯酸盐类、木质素类(纸浆浆液—重铬酸钠浆液、纸浆废液—硫木素浆液等)、脲醛树脂类、聚氨酯类、糠醛树脂类、环氧树脂类、甲基丙烯酸甲酯类等。几种常见的注浆材料如图 8-3 所示。

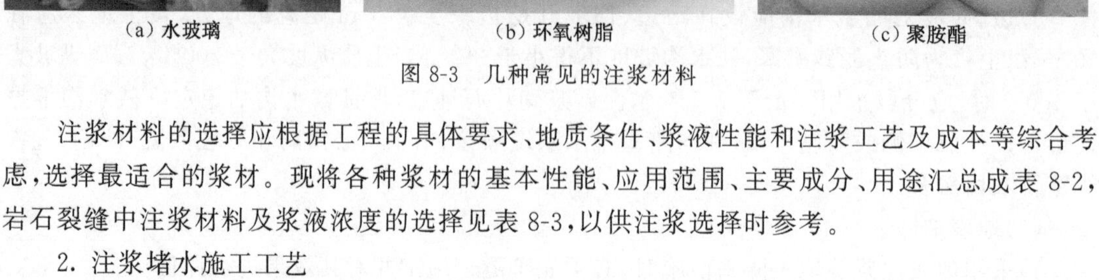

(a) 水玻璃　　(b) 环氧树脂　　(c) 聚胺酯

图 8-3　几种常见的注浆材料

注浆材料的选择应根据工程的具体要求、地质条件、浆液性能和注浆工艺及成本等综合考虑,选择最适合的浆材。现将各种浆材的基本性能、应用范围、主要成分、用途汇总成表 8-2,岩石裂缝中注浆材料及浆液浓度的选择见表 8-3,以供注浆选择时参考。

2. 注浆堵水施工工艺

根据工程地质情况、设计及施工需要,注浆堵水可采用前进式注浆、后退式注浆和全孔一次性注浆三种方式。这三种注浆方式有不同的适用条件:孔深小于 6 m 或地层裂隙较均匀的地层,可按图 8-4 采取全孔一次性注浆;裂隙发育或破碎难以成孔的岩层,深孔注浆可按图 8-5 采用分段前进式注浆;围岩局部破碎,但可以成孔的岩层,可按图 8-6 采用后退式分段注浆。

表 8-2 各种注浆材料基本性能、成分及适用范围汇总表

浆液名称	黏度(10^{-3}Pa·s)	可注最小粒径(mm)	渗透系数(cm/s)	凝胶时间	抗压强度(MPa)	注入方式	扩散半径(cm)	适用范围	主要成分	备注
水泥浆	15～140	1	10^{-1}～10^{-4}	6～15 h	10～25	单液	20～30	地面、工作面预注浆、岩石裂隙注浆	水泥及其他附加成分	
水泥—水玻璃浆	15～140	1	10^{-2}～10^{-3}	数秒～几十分钟	5～20	双液	20～30	地面、工作面预注浆、岩石裂隙注浆及壁后注浆,封堵涌水等	水泥及水玻璃	
水玻璃类	3～4	0.1	10^{-2}	瞬间～几十分钟	<3	双液	30～40	地基加固、冲击层注浆	水玻璃及助剂	部分助剂成本高
铬木素类	3～4	0.03	10^{-3}～10^{-5}	十几秒～几十分钟	0.4～2	单液或双液	30～40	冲击层注浆、壁内或壁后注浆	纸浆废液、重铬酸钠、过硫酸铵等	重铬酸钠对地下水有污染
丙硒酰胺类	1.2	0.01	10^{-5}～10^{-6}	十几秒～几十分钟	0.4～0.6	双液	50～60	冲击层注浆、壁内或壁后注浆	丙硒酰胺过硫酸铵、亚甲基双丙烯酰胺	

表 8-3 岩石裂缝中注浆材料及浆液浓度的选择

项目	裂隙含水层岩层中注浆孔涌水量(m^3)					岩层中冲洗液漏失量(m^3)		
	<6	6～12	12～30	30～60	>60	<3	3～4.8	4.8～6
浆液类型	单液水泥浆	单液水泥浆	水泥水玻璃浆	水泥水玻璃浆	水泥水玻璃浆	单液水泥浆	单液水泥浆	水泥水玻璃浆
水胶比	(1.1∶1)～(0.8∶1)	(0.8∶1)～(0.6∶1)	(1∶1)～(0.8∶1)	(0.6∶1)～(0.8∶1)	(0.6∶1)	(1∶1)～(0.8∶1)	(1∶1)～(0.8∶1)	(1∶1)～(0.8∶1)
水泥外加剂用量	氯化钙 3%～5%或水玻璃 3%～5%或三乙醇胺 0.05%及食盐 0.5%					氯化钙 3%～5%或水玻璃 3%～5%或三乙醇胺 0.05%及食盐 0.5%		
水玻璃浓度 Be			35～40	35	30～35			35～45
水泥浆与水玻璃体积比			(1∶1)～(0.8∶1)	(1∶0.8)～(1∶0.6)	(1∶0.6)～(1∶0.3)			1∶0.3

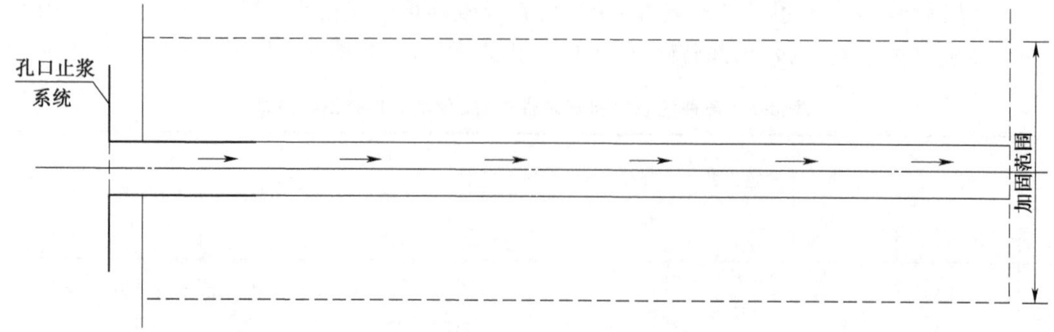

图 8-4　全孔一次性注浆示意图

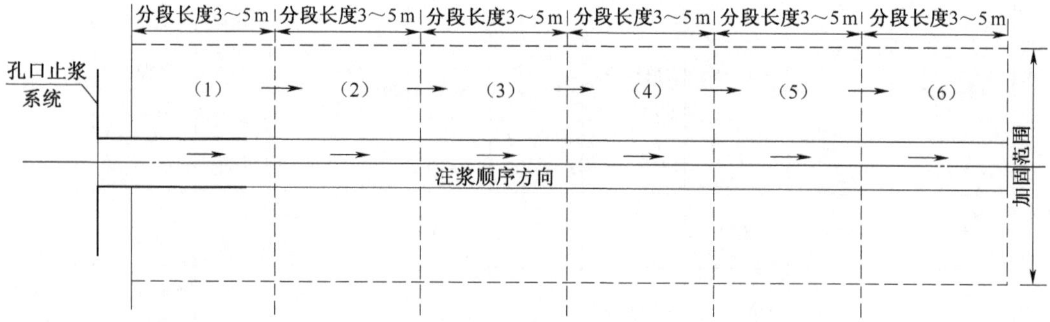

图 8-5　分段前进式注浆示意图

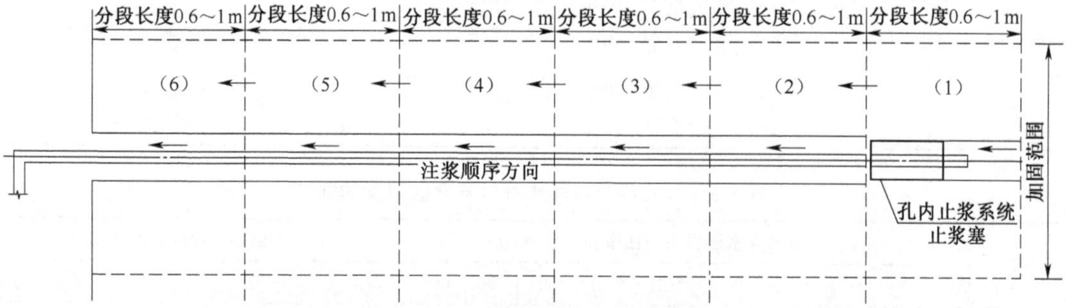

图 8-6　分段后退式注浆示意图

注浆堵水的主要施工工艺流程如图 8-7 所示。

(1)注浆施工准备。注浆施工准备工作应符合下列要求：

1)泵站的布置：泵站布置应考虑紧凑、操作方便、有利于通风防尘，并尽量靠近工作面，场地狭窄时可采用移动式泵站。注浆管路可参照图 8-8 进行连接。

2)压水试验：注浆施工应通过压水试验测定岩层的吸水性和渗透性，同时冲洗钻孔，检查止浆塞效果和注浆管路是否有跑、漏水现象。

3)设置止浆墙：为了便于钻孔布置注浆管和防止浆液从前方掌子面渗出，注浆时必须设置止浆墙对前方临空掌子面进行封闭。止浆墙设置可以采用 5～10 cm 的喷射混凝土或模筑混凝土封闭层，也可以在围岩稳定性差的部位打设锚杆，充分利用加固围岩作止浆墙，并在周边预埋注浆管并注浆填充空隙。

止浆墙厚度一般可按式(8-1)计算，一般情况下不超过 8 m 厚。

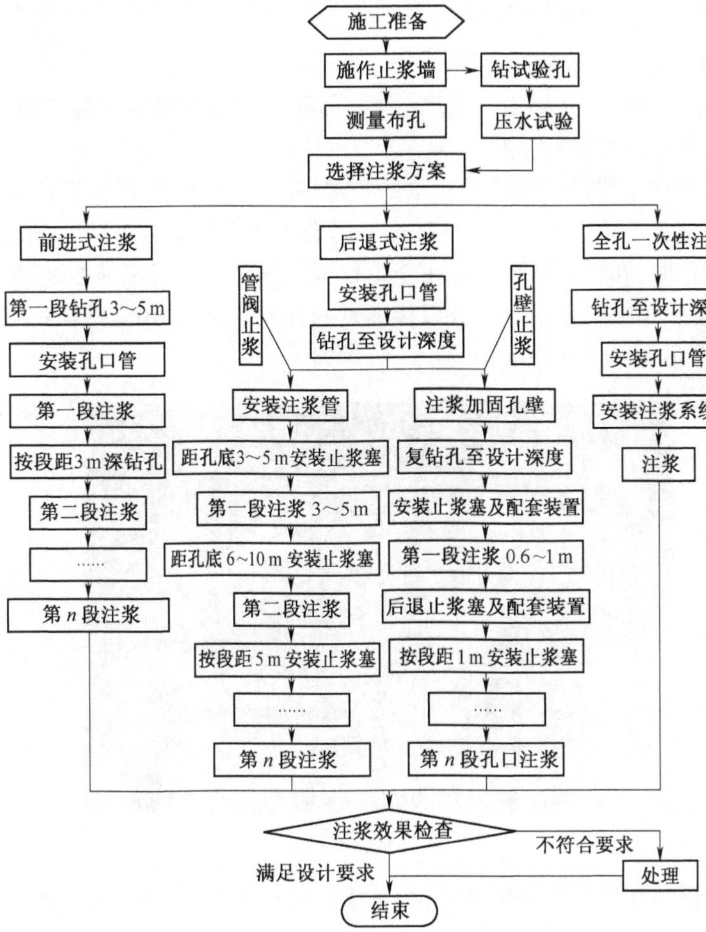

图 8-7 注浆施工工艺流程图

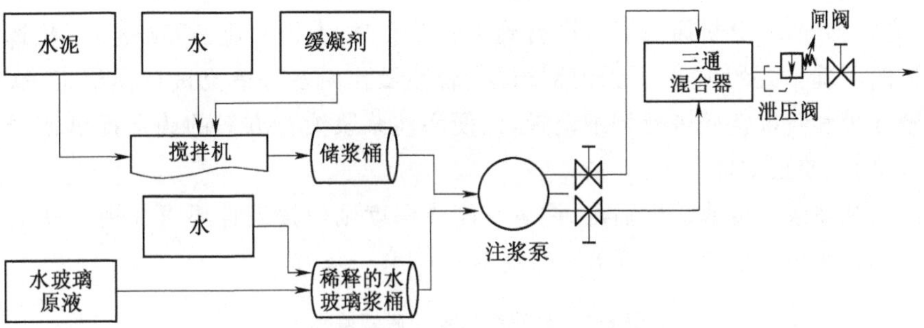

图 8-8 注浆管路连接示意图

$$B = K_0 \sqrt{\frac{Wb}{2h[\sigma]}} \tag{8-1}$$

式中 K_0——安全系数,取 1.5;

W——作用在止浆墙上的荷载($W=P\times F$,P 为注浆终压,F 为混凝土止浆墙面积);

b——隧道跨度,m;

h——隧道高度,m;

$[\sigma]$——混凝土允许抗压强度,MPa。

(2)钻孔。待止浆墙强度达到设计强度的75%,孔口管与止浆墙连接牢固,并检查止浆墙及周边范围无渗漏水时方可进行钻孔。

1)孔位布设。严格按照设计图纸对孔位的要求进行布孔,将其位置直接定位标识在掌子面上(图8-9),孔位偏差不得大于5 cm,钻孔偏斜率最大允许偏差为0.5%,同时应满足设计要求。在进行钻孔定位时,孔口按钻孔设计用全站仪按三维坐标进行标准控制,钻孔偏角采用地质罗盘定向,水平角采用在钻孔平台上放设标准点的方式控制,并用全站仪按三维坐标进行抽检,控制精度要求满足允许偏差要求。

图8-9 围帷注浆施工

2)钻机就位。根据孔位位置将钻机定位,钻头对准孔口管,在技术人员指导下按照注浆孔角度的设计要求调整钻杆角度,尽量使钻杆中心线与设计注浆孔中心线吻合。孔位对准后,钻机不得移位,也不得随意起降。

3)钻进成孔。第一个钻孔施工时,要慢速运转,掌握地层对钻机的影响情况,出现大量溢水出水时,应立即停钻,分析原因后再进行施工。钻孔时,安排专业工程师值班,指挥作业人员根据注浆目的明确钻孔的顺序,并及时对岩层、岩性及孔内各种情况进行详细记录,特别是对钻孔穿越破碎带和溶蚀空腔进行详细记录,以便为注浆浆液及方案的确定提供依据。钻孔作业中应经常检查、校正钻杆方向。

钻孔深度视注浆长度或深度而定,注浆长度或深度则应按设计要求并视水文地质情况合理调整。钻孔孔底偏差值应符合表8-4的规定。

表8-4 预注浆钻孔孔底偏差标准

项　目	注浆孔	检查孔	其他孔
允许偏差	$\leqslant\frac{1}{40}L$	$\leqslant\frac{1}{80}L$	$\leqslant\frac{1}{60}L$

注:L——孔深。

(3)注浆及注浆异常情况的处理。

注浆及注浆异常情况处理见第6章。

3. 注浆机具配置

根据隧道设计注浆目的、范围、注浆类型和数量等，选用性能好、操作简单的注浆机具设备，并要进行现场试验运转。实际施工时应根据自身的工程特点和施工空间来有针对性的选择钻机、注浆机、搅拌机等注浆机具。设备的选择应符合下列要求：

(1)钻机可选用回转式、冲击式钻机等，钻孔机具应满足注浆段长的要求。

(2)灌注水泥浆宜采用单液泵或泥浆泵，灌注砂浆宜采用专用砂浆泵，灌注双液浆应采用双液浆泵。注浆泵的最大压力应能达到设计压力的 1.5～2.0 倍。

(3)注浆管根据设计要求选用相应规格的管材。

8.2.3　喷射混凝土防渗

喷射混凝土也是一种防水层，是复合式衬砌外的第一道防水屏障。喷射混凝土作为隧道防水层与防水板同样重要，如果忽视这个问题也会导致隧道的渗漏。但喷射混凝土暴露于含有侵蚀性物质的地下水环境中，必须采取特殊措施，如添加硅粉或钢纤维、采用低水化热水泥等，才能提高喷混凝土的防渗性能。

为提高喷混凝土支护层的防水质量，应做到以下几点。

(1)对喷射混凝土的围岩基面进行处理，尤其是对松散危石、渗漏水的处理特别重要。松散危石的节理、已经张开的裂隙是喷层背后的主要积水空间，使结构承受的水压力加大；围岩渗漏水直接影响喷射混凝土的喷射质量，对大股涌水宜采用注浆堵水，对小股水或裂隙渗漏水宜采用注浆或导管引排后再喷射混凝土，大面积潮湿的岩面宜采用黏结性强的喷射混凝土，如添加外加剂、掺合料以改善喷射混凝土的性能。

(2)对喷射混凝土背后空隙进行注浆。在软弱围岩段，支护要采用格栅钢架或型钢钢架，再加上锚杆、钢筋网、纵向连接筋等。使喷射混凝土层内部钢筋密布，加大喷射难度，不可避免地在内部及靠围岩侧形成阴影，造成喷射混凝土内部及其与围岩接触面之间不密实，形成空隙，因而对支护及其背后进行注浆是十分必要的，是提高支护抗渗能力的重要保证。

(3)对突出的锚杆头进行处理。突出于围岩面的锚杆端部，可事先进行切割；对喷后突出的钢筋头，对其切割后再补喷或用砂浆覆盖。

(4)加强喷射混凝土的湿润养护，减少裂纹。若喷射混凝土发生裂纹时，应视裂纹情况，采用补喷混凝土、灌浆等方式将裂缝封闭。

(5)调整混凝土配合比或掺加外加剂等，提高混凝土的抗渗能力。通过试验确定喷射混凝土的最佳配合比或采用掺加抗渗外加剂这两种途径均可提高混凝土的抗渗能力。当围岩变形大时，可采用纤维喷射混凝土以提高支护层防裂能力。

综上所述，喷射混凝土支护层作为复合式衬砌的最外层支护及第一道防水屏障，其施作质量和防水效果受围岩开挖、施作工艺及结构形式影响很大，不作任何处理的喷射混凝土的防水能力是非常有限的。

喷射混凝土施工作业与设备配置见第 6.7 节。

8.2.4　防 水 层

1. 防水层的作用及主要类别

防水层是隧道防排水技术的核心，是保证隧道防水功能的重要措施。防水层为不透水、表面光滑的高分子防水卷材,它的作业就是将地层渗水拒于二次衬砌之外。防水层通常由缓冲垫层与防水板两部分组成。缓冲垫层直接安设在基层上作为防止静力穿刺的保护层,也提供一定的排水能力。

高速铁路隧道复合式衬砌中的防水层多采用各类塑料防水板(图 8-10)。包括 PVC(聚氯乙烯)、ECB(乙烯、醋酸乙烯与沥青共聚物)、EVA(乙烯—醋酸乙烯共聚物)、LDPE(低密度聚乙烯)及 HDPE(高密度聚乙烯)类或其他性能相近的材料。对于围岩地下水丰富的隧道,《调整铁路隧道工程施工技术指南》建议采用分区防水技术,区段的长度应根据隧道内渗漏水量的大小确定。富水地段可按二次衬砌的分段长度确定,分区防水应采用带注浆管的背贴式止水带,发生渗漏时可进行补注浆。

图 8-10 不同材质和不同颜色的防水板卷材

2. 结构防水板施工

围岩如有淋水,应先采用注浆措施将大的淋水或集中出水点封堵,然后在围岩表面设排水管或排水板竖向盲沟将局部渗水引排。初期支护如有淋水,在初期支护与二次衬砌之间设竖向排水。竖向排水在拱脚处用硬聚氯乙烯排水管穿过二次衬砌排入侧沟或中心排水沟中。在初期支护与二次衬砌之间铺设土工布、防水板,变形缝、施工缝采用中埋式橡胶止水带或其他止水措施。

(1)基面处理。

1)喷射混凝土基面的表面应平整(图 8-11),两凸出体的高度与间距之比不大于 1/10,否则应进行基面处理。

2)拱墙部分自拱顶向两侧将基面外露的钢筋头、钢丝、锚杆、排水管等尖锐物切除锤平,并用砂浆抹成圆曲面。

3)欠挖超过 5 cm 的部分需作处理。

4)仰拱部分用风镐修凿,清除回填渣土和喷射混凝土回弹料。

5)隧道断面变化或突然转弯时,阴角应抹成半径大于 10 cm 的圆弧,阳角处应抹成半径大于 5 cm 的圆弧。

6)检查各种预埋件是否完好。

7)喷射混凝土强度要求达到设计强度。

(2)缓冲垫层的铺设(图 8-12)。缓冲垫层铺设过程如下:

1)将垫衬横向中线同隧道中线对齐。

2)由拱顶向两侧边墙铺设。

3)采用与防水板同材质的专用塑料垫圈压在垫衬上,使用射钉或胀管螺钉锚固。

图 8-11　隧道内平整的喷射混凝土面

图 8-12　已安装好的防水板缓冲层

4)垫衬缝搭接宽度不小于 5 cm。

5)锚固点应垂直基面并不得超出垫圈平面，锚固点呈梅花形布置。锚固点间距拱部为 0.5～0.8 m，边墙为 0.8～1.0 m，隧底为 1.0～1.5 m，凹凸处应适当增加锚固点。

(3)防水板铺设。防水板铺设采用无钉(暗钉)铺设法。无钉铺设法是先在喷混凝土基面上用明钉铺设法固定缓冲层，然后将防水板热焊或黏合在缓冲层垫圈上，使防水板无穿透钉孔如图 8-13 所示。防水板铺设要点如下：

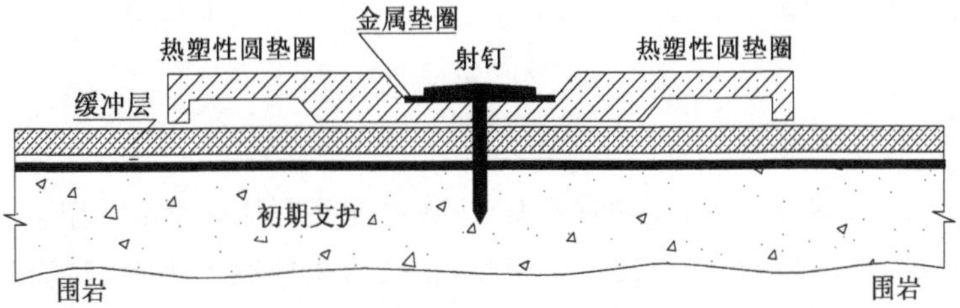

图 8-13　无钉铺设防水板示意

1)防水板需环向铺设，相邻两幅接缝错开，结构转角处错开不小于规定值。

2)防水板短长边的搭接均以搭接线为准。防水板搭接处采用双焊缝焊接(图 8-14)，焊缝宽度不小于 15 mm，且均匀连续，不得有假焊、漏焊、焊焦、焊穿等现象。

图 8-14　防水板焊接

3)防水板铺设应自上而下进行，铺设时根据基面平整度的不同，应留出足够的富余。防止浇筑混凝土衬砌时因防水板绷得太紧而拉坏防水材料或使衬砌背后形成积水空隙。

4)在检查焊接质量和修补质量时,严禁在热的情况下进行,更不能用手撕。

5)防水板铺设可采用自制台车进行。

(4)防水板搭接。防水板采用自动爬行热合机双焊缝焊接。防水板焊接在热融垫片表面焊接前将防水板铺设平整、舒展,并将焊接部位的灰尘、油污、水滴擦拭干净,焊缝接头处不得有气泡、褶皱及空隙,而且接头处要牢固,强度不得小于同一种材料;防水板焊接时,要严格掌握焊接速度或焊接时间,防止过焊或焊穿防水材料;防水板之间搭接宽度为 15 cm,双焊缝的每条缝宽 15 mm,两条焊缝间留不小于 15 mm 宽的空腔作充气检查用。焊缝处不允许有漏焊、假焊,凡烤焦、焊穿处必须用同种材料片焊贴覆盖。防水板搭接应采用丁字接缝,如图 8-15 所示。

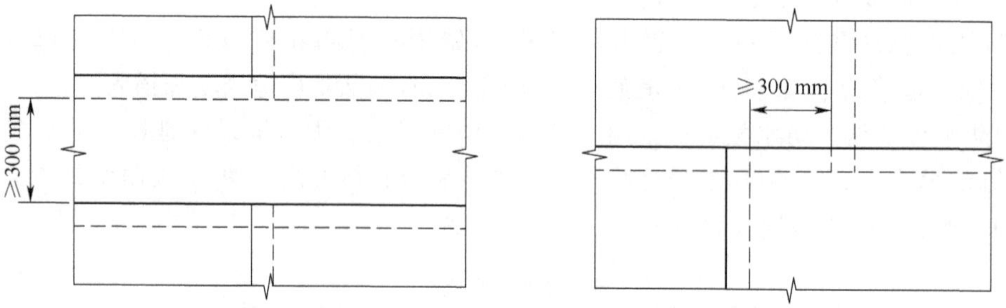

图 8-15 防水板搭接示意图

(5)质量检验。

1)在洞外检查防水板及土工布的颜色、厚度、合格证是否符合要求。用手将已固定好的防水板上托或挤压,检查其是否与喷混凝土层密贴,检查防水板有无破损、断裂、小孔,吊挂点是否牢固,焊缝有无烤焦、焊穿、假焊和漏焊,搭接宽度是否符合设计,焊缝表面是否平整光滑,有无波形断面,如图 8-16 所示。

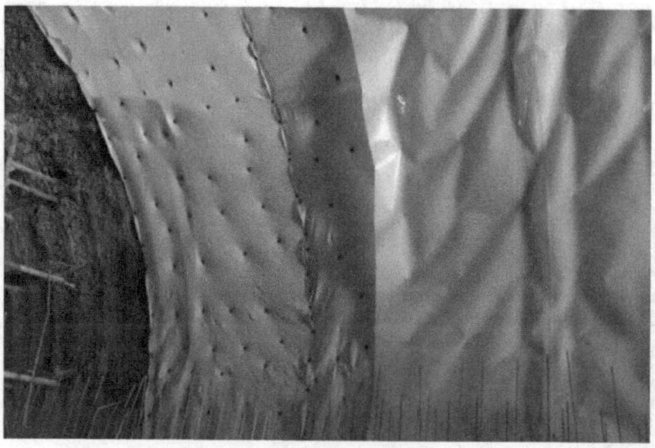

图 8-16 缓冲层与防水板

防水板安装后至混凝土浇筑前这段时间的施工非常容易损伤防水卷材,从而影响整体的防水效果。如果防水卷材两面的颜色是对比色,裂痕或损伤会明显地表现出卷材内层较深的颜色,这样可直接看出安装好的卷材整体质量,对破损处通过焊接同材质的材料可进行修补。

2)防水板焊接质量检测。防水板铺设应均匀连续,焊缝宽度不小于 15 mm,搭接宽度不小于 150 mm，焊缝应平顺、无褶皱、均匀连续。无假焊、漏焊、焊过、焊穿或夹层等现象。

①压气检查。防水板接缝用热合机进行焊接，接缝为双焊缝。检查方法：5 号注射针与压力表相接，用打气筒充气，当压力达到表 8-5 数值时停止充气，保持该压力 15 min，压力下降在 10％以内，说明合格（图 8-17）。

表 8-5　防水板焊接检查压缩空气压力标准

防水板厚度（mm）	1.0	1.5	2.0	2.5	3.0
气压（MPa）	0.15	0.18	0.3	0.35	0.42

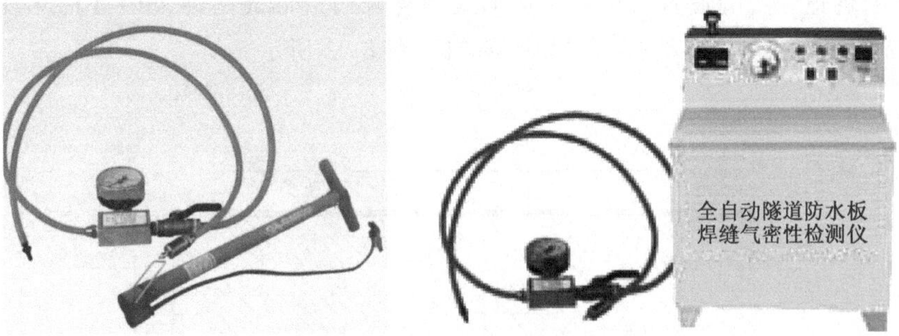

图 8-17　两种不同类型的防水板充气检查设备

② 压缩空气枪检测法。压缩空气经枪管以一定速率从喷嘴射出，垂直冲击防渗膜搭接焊缝的外缘，同时喷嘴以一定速度沿焊接缝移动，当喷嘴经过漏焊部位时，高速气流会经未焊接缝隙钻入防渗膜防渗层下面，通过声音的变化或防渗膜的鼓起现象可以判断漏焊缝隙的位置。

③焊缝拉伸强度、抗剥离强度检查。拉伸强度不低于母材强度的 70％；抗剥离强度应≥0.7 MPa。

④防水板破损的修补。检查出防水板上有破坏之处时，必须立即做出明显标记，以便毫不遗漏地把破损处修补好，补后一般用真空检查法检验修补质量。补丁不得过小，离破坏孔边缘≥7 cm。补丁要剪成圆角，不要有正方形、长方形、三角形等的尖角。

(6)混凝土施工时防水板保护。

1)底板防水层可使用细石混凝土保护。

2)衬砌结构钢筋绑扎时不得划伤或戳穿防水板，钢筋头采用塑料帽保护。焊接钢筋时，用非燃物（如石棉板）隔离。

3)浇筑混凝土时，振动棒不得接触防水层。

8.2.5　接缝防水

施工缝是由于隧道衬砌混凝土施工所产生的冷接缝，是防水薄弱环节之一，也是隧道中最易发生渗漏的地方。隧道衬砌施工缝处理不好。不仅造成衬砌混凝土裂缝及洞内漏水，严重影响隧道的正常使用和行车安全，而且还会降低结构的强度和耐久性。为防止由于衬砌不均匀下沉而引起裂损，在地质条件变化显著、衬砌受力不匀地段，应设置沉降缝，为防止由于温度变化剧烈或混凝土凝结时的收缩影响而引起衬砌开裂，应设置伸缩缝。这两种结构缝统称变形缝。变形缝应采用柔性材料做防水处理。

施工缝、变形缝的防水设计应满足以下要求:

(1)变形缝应满足密封防水、适应变形、施工方便、检修容易等要求。严寒地区洞口段应设多条伸缩缝。变形缝处混凝土结构的厚度不宜小于 30 cm。

(2)用于沉降的变形缝,其最大允许沉降量差值不应大于 30 mm。当计算沉降量大于 30 mm 时,应在设计时采取措施。

(3)用于沉降的变形缝宽度宜为 20～30 mm,用于伸缩的变形缝的宽度宜小于此值。

(4)变形缝的材料包括橡胶止水带、钢边止水带、遇水膨胀橡胶条和嵌缝填料,均需满足一定的性能指标要求。其中,嵌缝填料的最大拉伸强度不应小于 0.2 MPa,最大伸长率应大于 300%。

高速铁路隧道施工缝设置有单一构造形式和复合构造形式两种,单一构造结构形式如图 8-18～图8-20所示,复合构造结构形式如图 8-21～图 8-23 所示。

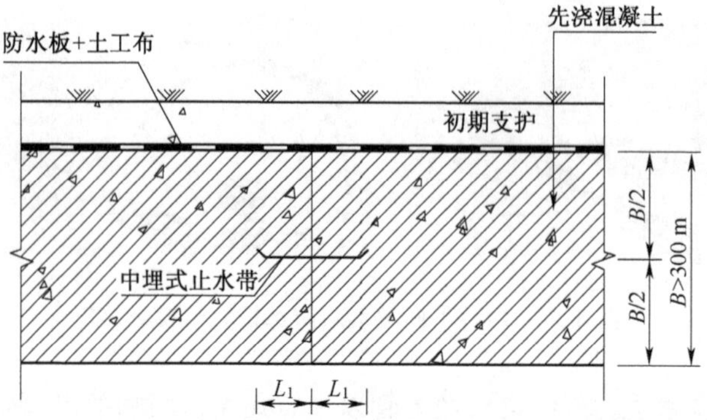

图 8-18　中埋式止水带

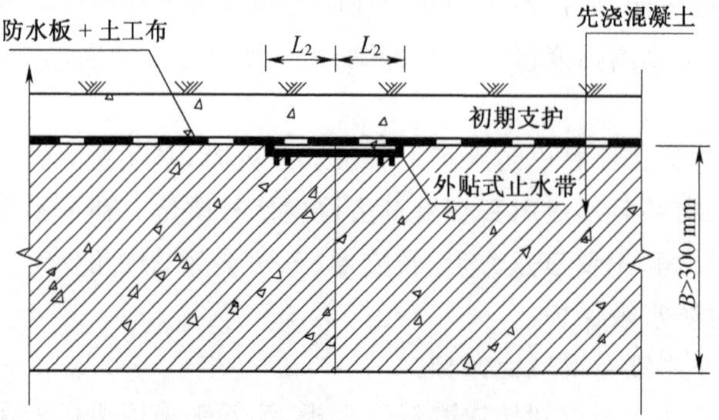

图 8-19　外贴式止水带

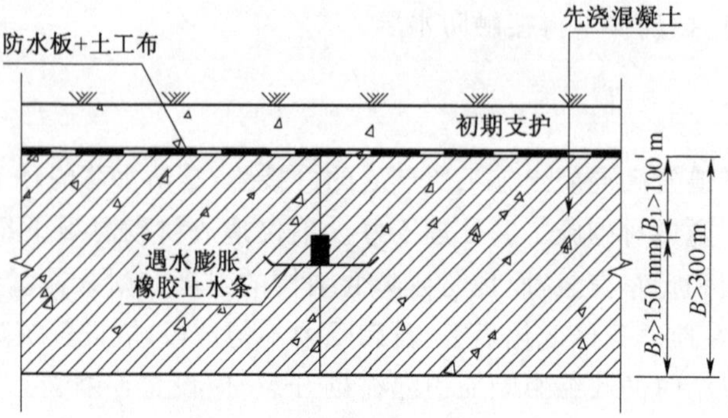

图 8-20　遇水膨胀橡胶止水条

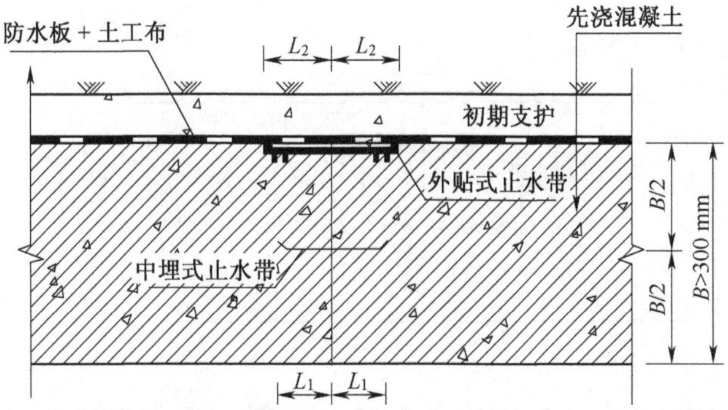

图 8-21　中埋式止水带和外贴式止水带复合防水构造形式(施工缝)

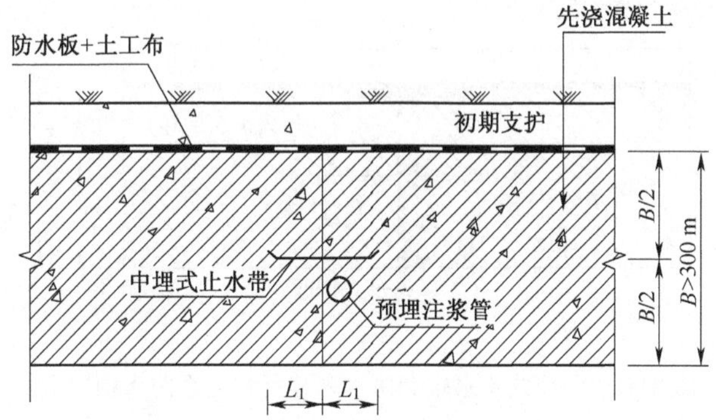

图 8-22　中埋式止水带和预埋注浆管复合防水构造形式

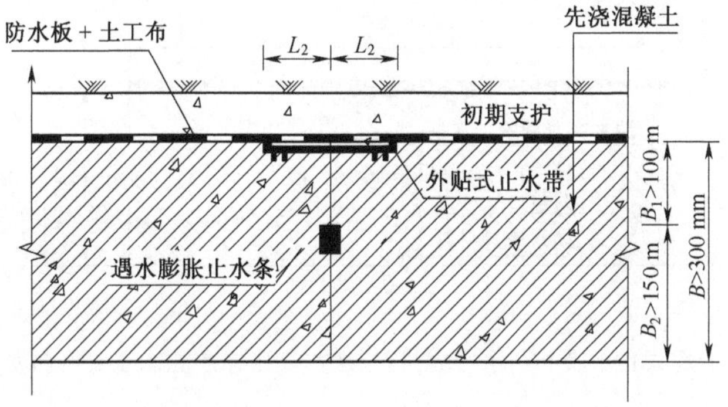

图 8-23　遇水膨胀橡胶止水条和外贴式止水带复合防水构造形式

高速铁路隧道变形缝设置往往采用复合式结构，如图 8-24～图 8-27 所示。

1. 变形缝、施工缝材料及要求

(1)止水带选择及质量要求。止水带一般选用橡胶或塑料止水带(图 8-28、图 8-29)。对水压大、变形大的施工缝、变形缝要选用钢边止水带。橡胶止水带和钢边止水带采用三元乙丙橡胶制作，不得采用再生橡胶。塑料止水带不得采用再生塑料。当设计选用其他新型、成熟、可靠的材料时，其物理性能要符合国家相关标准的要求，还要满足一些外观质量和物理力学性能方面的要求。

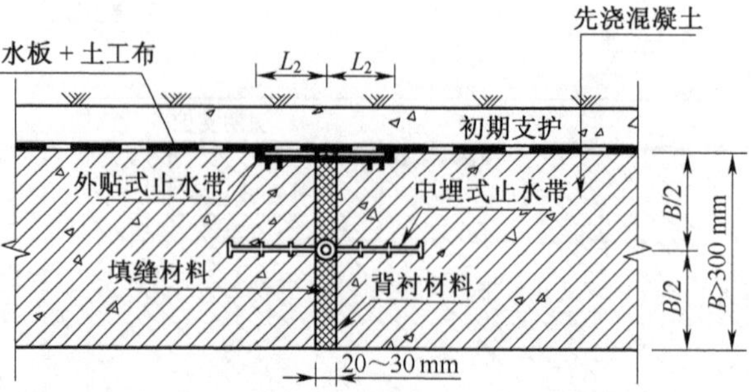

图 8-24 中埋式止水带和外贴式止水带复合防水构造形式(变形缝)

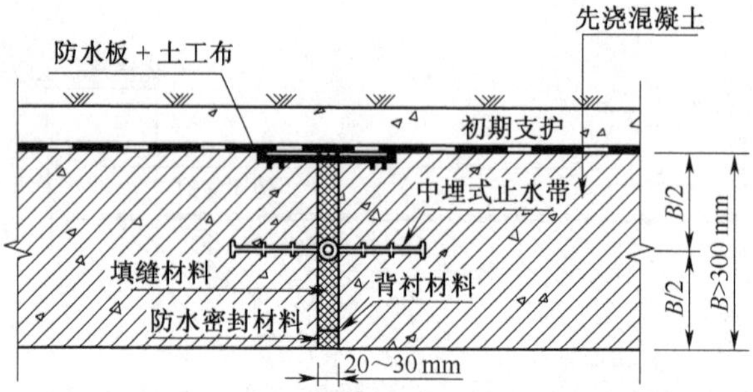

图 8-25 中埋式止水带和防水密缝材料复合防水构造形式

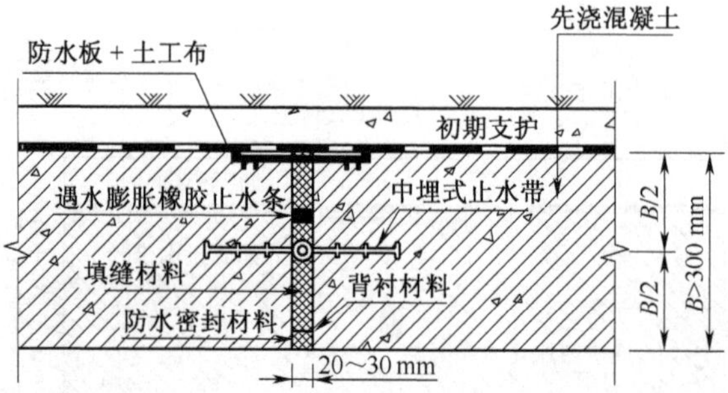

图 8-26 中埋式止水带和防水密缝材料、遇水膨胀橡胶止水条复合防水构造形式

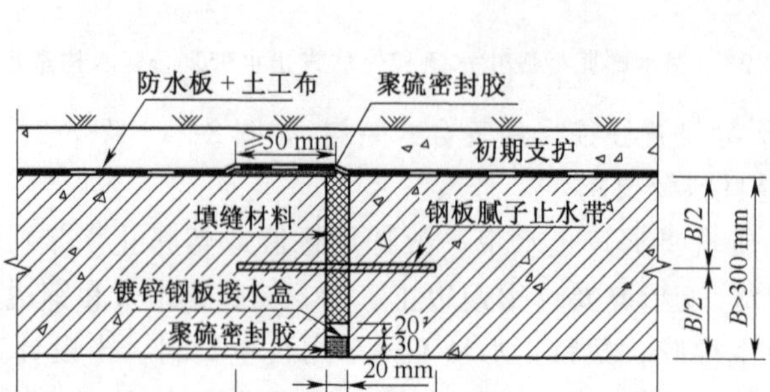

图 8-27 带接水盒的变形缝构造形式

图 8-28 两种不同截面的背贴式止水带

图 8-29 不同宽度、不同截面的中埋式止水带

在外观质量方面，止水带表面不允许有开裂、缺胶、海绵状等影响使用的缺陷，其中塑料止水带外观颜色为材料本色，不得添加颜料和填料，特殊要求除外。具体的外观质量要求还要符合表 8-6 的规定。

表 8-6 止水带产品外观质量要求

编号	缺陷类型	开挖工作面
1	气泡	直径不大于 1 mm 的气泡，每米不得超过 3 处
2	杂质	面积不大于 4 mm^2的杂质，每米不得超过 3 处
3	凹痕	不允许有
4	接缝缺陷	高度不大于 1.5 mm 的凸起或不平，每米不得超过 2 处

止水带安装完成后一般要检查止水带安装的横向位置，用钢卷尺量测内模到止水带的距离，与设计位置相比，偏差不超过 5 cm；还要检查止水带安装的纵向位置，通常止水带以施工缝或伸缩缝为中心两边对称，用钢卷尺检查，要求止水带偏离中心不能超过 3 cm；止水带与二次衬砌端头模板是否正交也要用角尺检查。

(2)止水条。止水条的种类很多，一般选用制品型遇水膨胀止水条，分别有带注浆孔和不带注浆孔的两种结构形式，如图 8-30 所示。

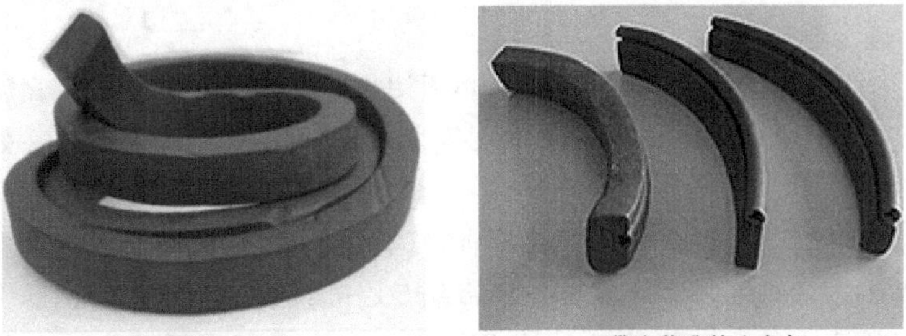

遇水膨胀止水条　　带注浆孔的止水条

图 8-30 两种不同的止水条

带注浆孔遇水膨胀止水条是针对施工缝、变形缝渗漏开发的一种新型接缝防水材料,通过预留注浆孔,在接缝发生渗漏时注入浆液进行封堵。

带注浆孔遇水膨胀止水条施工时应符合以下规定。

1)拆除混凝土模板后,凿毛施工缝、用钢丝刷清除界面上的浮渣,并涂 2～5 mm 的水泥浆,待其表面干燥后,用配套的胶黏剂或水泥钉固定止水条。再浇筑下一循环混凝土。

2)止水条接头处应重叠搭接后再黏结固定,沿施工缝形成闭合回路,其间不得留断点。

3)将止水条上的预留注浆连接套管套入搭接的与另一条止水条上连接的三通上(图 8-31)。

4)根据所安装止水条的长度,约在 30 m 处安装三通一处,三通的直线两端有一头插入止水条内,另一头插入注浆连接管内。丁字端头插入备用注浆管内,以备缝隙渗漏水时注浆(图 8-31)。

5)注浆连接管与三通连接件应黏结牢固,保证注浆管畅通。安装在三通上的备用注浆管,应引入二次衬砌内侧。

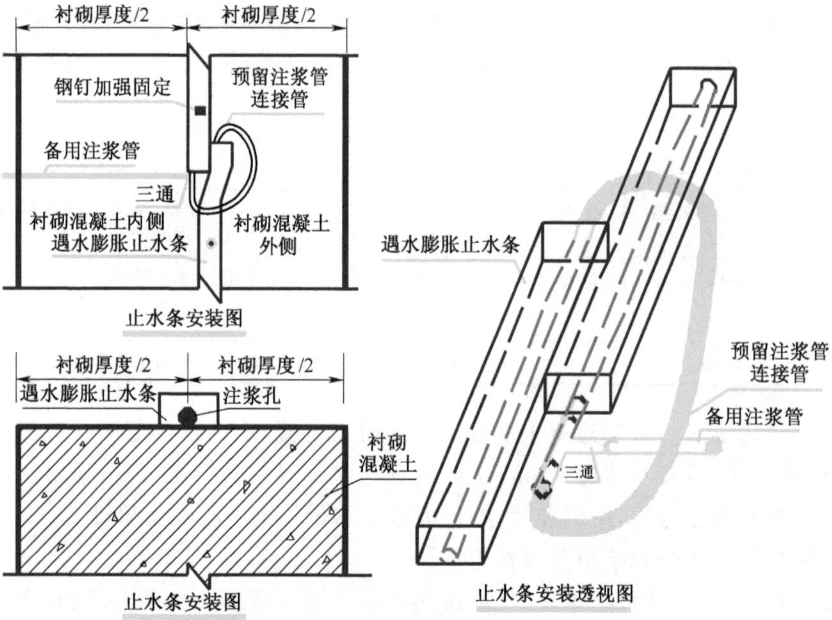

图 8-31　带注浆孔遇水膨胀止水条安装示意

2. 变形缝、施工缝施工

施工缝、变形缝是防水的薄弱环节,因此必须按规范规定和设计要求认真施作。

(1)施工缝。施工缝处采用止水带或止水条防水,设置在结构厚度的 1/2 处。施工缝的具体要求是:

1)施工时要对其材质、性能、规格进行检查,符合设计要求,无裂纹和气泡。

2)先施工结构中预埋的一半止水带。应每隔 50 cm 设置一个止水带钢筋夹固定或通过止水带边孔的钢丝固定在结构钢筋骨架上,并用设置在衬砌台车模板端头的内层钢模与外层木模两块挡头板牢牢固定住(图 8-32),避免混凝土浇筑过程中止水带移位。明挖隧道则采用图 8-33 方式固定中埋式止水带。止水带不得打孔或用铁钉固定。

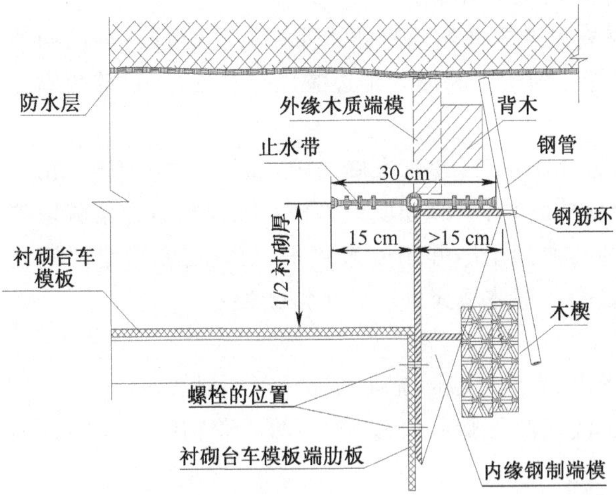

图 8-32 暗挖法隧道中埋式止水带安装示意图

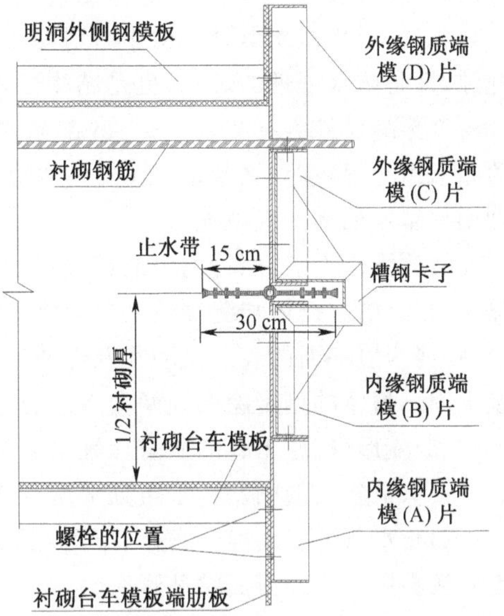

图 8-33 明挖法隧道中埋式止水带安装示意图

3)拆模时和进行施工缝凿毛处理时,应仔细保护止水带,防止破坏。后施工的结构在浇筑前,必须对止水带加以清洗。

①背贴式橡胶止水带的施工。背贴式止水带设置在衬砌结构施工缝、变形缝的外侧,施工时按设计要求先在需要安装止水带的位置放出安装线。

施工缝处设计有防水板的,如止水带材质与防水板相同,则采用热焊机将止水带固定在防水板上;如设计为橡胶止水带时,则采用黏接法将其与防水板黏接。

②中埋式橡胶止水带的施工。中埋式止水带主要采用内、外缘端模夹持并固定方式设置,如图 8-32 所示,安装时可采用 ϕ10 mm 钢筋卡槽钢卡子卡紧。

止水带安装的横向位置,用钢卷尺量测内模到止水带的距离,与设计位置相比,允许偏差为±5 cm。

止水带安装的纵向位置,通常止水带以施工缝或伸缩缝为中心两边对称,用钢卷尺检查,要求止水带偏离中心的允许偏差为±3 cm。

用角尺检查止水带与衬砌端头模板是否正交,不正交会降低止水带的有效长度。

检查接头处上下止水带的压茬方向,此方向应以排水畅通、将水外引为正确方向。即接茬部位下部止水带压住上部止水带。

用手轻撕接头来检查接头强度,观察接头强度和表面打毛情况。接头外观应平整、光洁,抗拉伸强度不低于母材,不合格时应重新焊接。

③遇水膨胀橡胶止水条的施工。选用的遇水膨胀橡胶止水条应具有缓胀性能,其 7 d 的膨胀率不大于最终膨胀率的 60%。

遇水膨胀止水条应牢固地安装在缝表面或预留槽内。先将预留槽清洗干净,然后涂一层胶黏剂,将止水条嵌入槽内,并用钢钉固定。止水条连接应采用搭接方法,搭接长度大于 50 mm,接头要用水泥钉钉牢。止水条应沿施工缝回路方向形成闭合回路,不得有断点。

止水条安装仪置、接头连接应符合设计要求。止水条表面没有开裂、缺胶等缺陷,无受潮提前膨胀现象。止水条与槽底密贴,没有空隙。

(2)变形缝。变形缝是由于考虑结构不均匀受力和混凝土结构胀缩而设置的允许变形的缝隙,即是防水处理的难点,也是结构自防水中的关键环节。

变形缝设计为缝宽 20～30 mm,防水材料可选用橡塑钢片止水带、双组分聚硫橡胶、四油两布双组分聚氨酯、聚苯板、EVA 防水砂浆等。结构中间埋入钢边橡胶止水带,止水带两侧分别用聚苯乙烯泡沫板填充。

具体操作方法:用特制钢筋箍夹紧橡塑钢片止水带,使其准确居中,在封口处开宽90 mm、深 35 mm 槽。槽体与缝交接处放双组分聚硫橡胶,其余部分填聚苯板。在嵌双组分聚硫橡胶前,将缝两边基面的表面松动物及浮渣等凿除,清扫干净并用砂浆找平,使其与变形缝两侧黏接牢固。槽体的槽帮涂四油两布双组分聚氨酯。槽体填充 EVA 防水砂浆。

(3)变形缝、施工缝的质量保证措施。

1)保证施工缝粘贴止水条处混凝土面光滑、平整、干净,施工缝凿毛时不被破坏。

2)止水条的安装确保密贴、牢固、混凝土浇筑前无膨胀失效,使用氯丁胶粘贴并加钢钉固定。接头用氯丁胶斜面粘贴紧密。

3)止水带的安装确保居中、平顺、牢固、无裂口脱胶,并在浇筑混凝土的过程中注意随时检查,防止止水带移位、卷曲。塑料止水带接头采取焊接。

4)各种贯通的施工缝、变形缝的止水条、止水带的安装确保形成全封闭的防水网。

5)浇筑混凝土前,先将混凝土基面充分凿毛并清洗干净。采用手工凿毛时,对施工缝的清洗必须彻底,必要时还要用钢刷刷干净。

6)混凝土浇筑时,确保新旧混凝土结合良好,使混凝土结合处有 20～30 mm 厚的水泥砂浆。水平施工缝可先铺设厚 20～30 mm 的与混凝土等强度的防水砂浆。

8.2.6 衬砌混凝土自防水

隧道二次衬砌混凝土既是外力的承载结构,也是防水的最后一道防线,因此要求衬砌既要有足够的强度,还要具有一定的抗渗性。防水混凝土是以水泥、砂、石为原料,通过规定的级配比,并渗入少量外加剂。通过调整配合比、抑制或减少空隙率、改变空隙特征、增加各原材料界面间的密实性等方法,配制成的具有一定抗渗能力的防水混凝土。二次衬砌防水混凝土抗渗等级应达到设计要求。

1. 防水混凝土施工

为了能够更好地满足防水混凝土的设计要求,施工中要加强管理,对混凝土施工进行全过程控制。

(1)防水混凝土施工尽量在围岩和初期支护基本稳定后进行,施工前要做好初期支护的注浆堵水和结构外防水的防水层铺设。

(2)为减少水化热的产生,施工时在混凝土中掺入部分粉煤灰,借以提高混凝土的和易性。粉煤灰采用Ⅰ级标准,掺量不大于 25%。

(3)防水混凝土的搅拌除可使材料均匀混合外,还起到一定的塑化和提高和易性作用,这对防水混凝土的性能影响较大,为此混凝土搅拌要达到色泽一致后方可出料。拌和时间不应小于 2 min。混凝土采用混凝土罐车运送,在运输过程中要避免出现离析、漏浆,并要求浇筑时有良好的和易性。坍落度损失减至最小或者损失不至于影响混凝土的浇筑质量与捣实。

(4)防水混凝土的浇筑。

①防水混凝土采用高压输送泵输送入模。施工前,用等强度的水泥砂浆润管,并将水泥砂浆摊铺到施工接茬面上,摊铺厚度20～25 mm,以促使施工缝处新旧混凝土有效结合。混凝土泵送入模时,左右对称浇筑,每一循环应连续浇筑,以减少接缝造成的渗漏现象。为了控制其自由倾落高度,应将混凝土输送管接到离浇筑面不大于2 m的位置,并随着模内混凝土浇筑高度的上升而时常提升管口,混凝土应接先下后上、由后向前的顺序在模板台车逐孔浇筑,防止发生混凝土砂浆与骨料分离。

②混凝土振捣时,振捣棒应等距离地插入,均匀地捣实全部混凝土,插入点间距应小于振捣半径,前后两次振捣棒的作用范围应相互重叠,避免漏捣和过捣,振捣时严禁触及钢筋和模板。顶部浇筑混凝土时,采用附壁式振捣器捣固。混凝土的振捣时间宜为10～30 s,以混凝土开始出浆和不冒气泡为准。

③隧道拱顶混凝土浇筑采用泵送挤压混凝土施工工艺,拱顶宜设计三个浇筑孔,由后向前灌注。为便于拱顶浇筑方便,可在衬砌台车顶部加工一方便纵向移动的浇筑平台车。由于客观原因,拱顶混凝土往往会产生不密实、灌不满等现象,对此部位的混凝土施工,根据工程经验,可在拱顶最高位置贴近防水板面预埋注浆管。其目的一是作为排气孔,排除拱部附近空气,减小泵送压力;二是通过浇筑过程观察灌浆情况,检查混凝土灌满程度;三是作为注浆管,对二次衬砌实施回填注浆,以弥补混凝土因收缩或未灌满造成的拱顶空隙。

④混凝土浇筑完毕,待终凝后应及时采用喷水、洒水养护。由于模板台车和组合钢模板不能及时拆除,初期养护洒水至模板表面和挡头板进行降温,待拆模后,对结构表面及时进行洒水养护,保持混凝土表面湿润,养护期不短于14 d,以防止在硬化期间产生干裂,形成渗水通道。

2. 防水混凝土施工过程中的质量控制要求

(1)严格按照配合比进行配料,不得随意增减。

(2)防水混凝土必须在自动控制的集中拌和站搅拌。掺外加剂时,严格按外加剂的技术要求确定搅拌时间,应按一定比例检测水胶比,高温天气时更应加强检测。

(3)浇筑时要清除模板内杂物。浇筑高度不应超过2 m,并分层浇筑。每层厚度不大于25 cm。必须使用振捣器进行振捣,振捣时间为10～30 s,振捣器的插入间距不大于50 cm,并插入下层不小于50 mm。

(4)可通过掺入外加剂(如减水剂、缓凝剂或粉煤灰)控制大体积混凝土的收缩裂缝。

3. 防水混凝土的质量检验要求

(1)防水混凝土的原材料,在施工过程中必须进行检查。

(2)每班检查混凝土原材料称量不应小于2次。

(3)在拌制和浇筑混凝土地点测定混凝土坍落度,每班不应少于2次。

(4)掺引气剂的防水混凝土含气量测定,每班不应少于1次。

(5)连续浇筑混凝土量为500 m^3以下时,应留2组抗渗试件,每增加250～500 m^3应增加1组。如使用的原材料、配合比或施工方法有变化,均应另行留置试件。试件应在浇筑地点制作,其中一组应在标准条件下养护,另一组应与现场相同情况下养护。试件养护期不得少于28 d。衬砌混凝土的抗渗等级应符合设计要求,并应按现行国家标准《普通混凝土长期性能和耐久性能试验方法》的规定进行试验评定。

8.2.7 衬砌背后回填注浆

回填注浆是二次衬砌完成后,为了填充二次衬砌与防水板之间的空隙而进行的注浆。回填注浆应在衬砌混凝土强度达到70%后进行。

(1)注浆材料。衬砌背后回填注浆宜选用水泥浆液、水泥砂浆,浆液宜选用不低于42.5的普通硅酸盐水泥。浆液的配合比,必须经现场试验后确定。

(2)注浆压力。回填注浆应在衬砌混凝土达到设计强度的70%后进行。回填注浆在衬砌内注浆的压力应小于0.5 MPa。

(3)注浆结束条件。单孔注浆结束的条件为衬砌后回填注浆达到设计终压。

8.3 结构排水系统设计与施工

高速铁路山岭隧道多数设计为限量排放的隧道,因此在设计上考虑了诸多引排设施。如:衬砌背后、防水层外有土工合成材料、环向排水盲管以及顺隧道方向的纵向盲管;隧道内有侧沟、横向排水盲管,以及中心排水管(沟);在地下水丰富的地区,在不影响环境的情况下,有的隧道还设置了引水洞或引水管。侧沟、中心排水管(沟)施工工艺及要求见10.2节。

8.3.1 土工合成材料

(1)土工布。土工合成材料包括土工织物、土工膜、土工复合材料和土工特种材料。在隧道中,土工合成材料应用最多的是针刺土工布(图8-34)。土工布兼有缓冲、滤水和排水的功能。土工布作为缓冲层设在喷射混凝土和防水板之间,可以较好地整平喷射混凝土基面,防止防水板在长期使用过程中被刺破;同时,还能较好地滤除渗水中的泥砂,防止泥砂堵塞排水系统;另外,土工布与防水板在夹层中共同组成一个排水通道,使地下渗水能自由地向环向盲管、衬砌底部的纵向盲管汇聚外排。

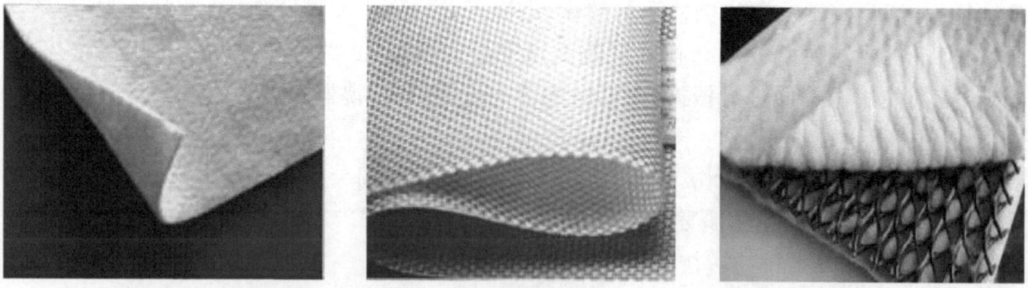

(a)针刺无纺土工布　(b)机织复合土工布　(c)叠合在排水网上的长丝透水土工布

图8-34 几种不同类型的土工布

(2)立体网状排水材料。对于隧道内涌水较大的部位,可采用包括三维乱丝网状材料、土工布保护层和防水膜组成的三维网状排水材料(图8-35),三维网状排水材料是同热塑材料、单丝或其他结构组成的聚合体结构,其目的是在临时或永久条件下,提供一种高孔隙率材料促进地下水自由流动。

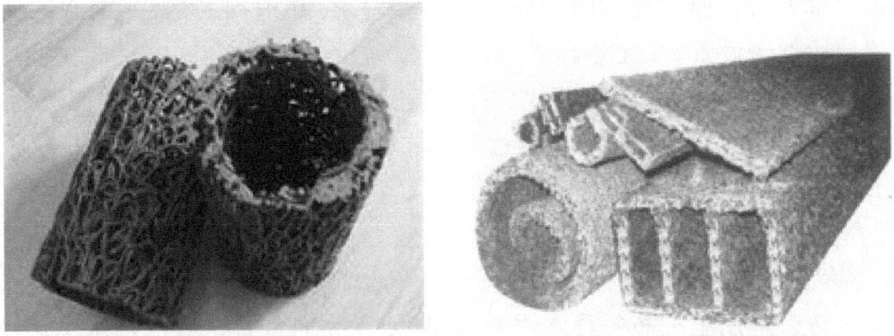

(a)管状三维网状排水材料　(b)多种形状的三维网状排水材料

图 8-35　不同形状的三维网状排水材料

8.3.2　排水盲管

(1)排水盲管的作用。环向排水盲管的作用是在岩面和初期支护喷射混凝土之间、初期支护喷射混凝土与防水板之间提供过水通道,并使之下渗到纵向排水管。环向盲管一般选用 ϕ50 mm 软式透水管(图 8-36);环向排水盲管视施工期间地下水的渗漏情况设置,具有很大的灵活性,间距一般不应大于 10 m。

(a)软式透水管　(b)弹簧排水盲管　(c)高强度硬质塑料管

图 8-36　不同类型的透(排)水管

纵向排水盲管是沿隧道纵向设置在衬砌底部防水板与初期支护间的透水盲管,目前常用的纵向排水管是直径为 80～150 mm 的弹簧排水盲管(图 8-36)或带孔透水管。纵向排水管的作用是将环向排水管等排下来的水汇集并通过横向排水管排到侧沟或中央排水管(沟)。

横向排水盲管位于衬砌基础的下部,布设方向与隧道轴线垂直,是连接纵向排水管与侧沟或中央排水管(沟)的水流通道。横向排水盲管通常为高强度硬质塑料管(图 8-36),施工中先在纵向盲管上预留接头。接头要牢靠,保证纵向盲管与侧沟或中央排水管(沟)间水路畅通,严防接头处断裂,致使纵向盲管排出水在基床面下漫流,造成翻浆冒泥。

(2)排水盲管的施工。

1)环向、纵向排水盲管施工主要有钻定位孔、安装锚栓、铺设盲管、安装连接等环节,其施工流程如图 8-37 所示。

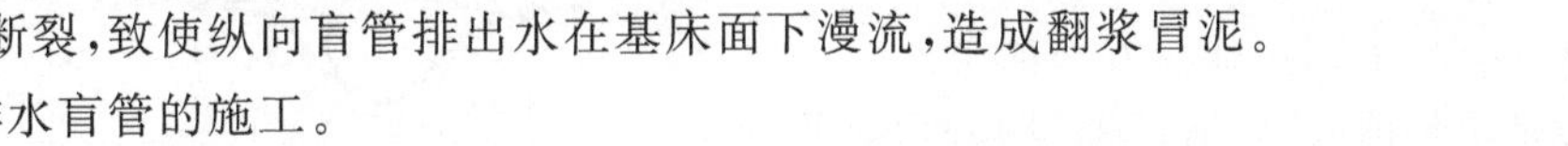

图 8-37　环向、纵向排水盲管施工工艺流程图

2)环向排水盲管沿纵向设置的间距应符合设计要求,并根据洞内渗、漏水的实际情况,在地下水较大的地段加密设置;在无渗漏水地段,宜根据设计每隔 5 ～10 m,在喷混凝土表面安装环向排水盲管,使隧道在使用期内,因地下水的迁移变化而产生的渗漏水能顺利排出洞外。

3)环向排水盲管布设时沿环向应尽量圆顺,尤其在拱顶部位不得起伏不平,应尽可能走基面的低凹处和有出水点的地方;环向排水盲管安装时应先用钢卡等固定,使其紧贴渗水基面,尽量减小地下水渗入到排水盲管的阻力;环向排水盲管应采取适当的保护措施,防止泥砂、喷混凝土料或杂物进入排水盲管,堵塞管道。

4)纵向排水盲管宜用土工布等渗水材料包裹、使在纵向盲管位置的渗水尽量流入管内;纵向排水盲管的管径应由围岩渗漏水量的大小决定,盲管中间不得有凹陷、扭曲等,以防泥砂淤积堵塞;纵向排水盲管应按设计规定的排水坡度安装,当设计无要求时,其坡度不宜小于 2‰。

5)横向排水盲管通常采用硬质塑料管,其上部应有一定的缓冲层;横向排水盲管的设置间距宜为 5～15 m或根据水量适当调整,坡度宜为 2%;横向排水盲管施工时应先在纵向排水盲管上预留接口,然后在仰拱及填充混凝土施工前接长至侧沟或中心排水管(沟)。

6)纵向排水盲管、环向排水盲管、横向排水盲管应用变径三通连为一体,形成完整的排水系统,确保其排水通畅。

7)环、纵向排水盲管可按下列步骤与方法施作。

①按规定划线,划线时注意盲管尽可能走基面的低凹处和有出水点的地方,以使盲管位置准确合理。

②钻定位孔,定位孔间距宜为 30 ～50 cm,在凹凸不平处应适当增加固定点。

③将膨胀螺栓打入定位孔。

④排水盲管布置时应尽量顺直,并与初期支护表面密贴。空隙不得大于 5 cm,盲管与喷混凝土基面脱开的长度不得大于 10 cm,不得有扭曲现象,尽量减小地下水渗入排水盲管的阻力。

⑤排水盲管应用扎丝捆好并用钢卡固定在膨胀螺栓上。

⑥环、纵向排水盲管可采用三通相连,施工中三通管预留位置应准确,且接头牢固,并符合设计要求。

⑦排水盲管应固定牢固,并采取适当的保护措施,防止泥砂、喷身混凝土废料或杂物进入。

⑧对集中出水点,应铺设单根排水盲管,并用速凝砂浆将周围封堵,使地下水从管中集中引出(图 8-38)。

⑨当隧道初期支护表面有大面积渗漏水,可设双根或多根排水盲管或塑料防水板,将水引入纵向排水盲管。

8)排水板宜按下列步骤与方法铺设。

①铺设排水板前,应先清理铺设基面,必要时应用喷混凝土找平,使基面没有明显凹凸处。

②铺设排水板前,应先把土工布作为缓冲层铺在已经完成的隧道初期支护上,铺设固定土工布的钢钉和垫片不应存在明显突起,以免影响排水板的铺设。

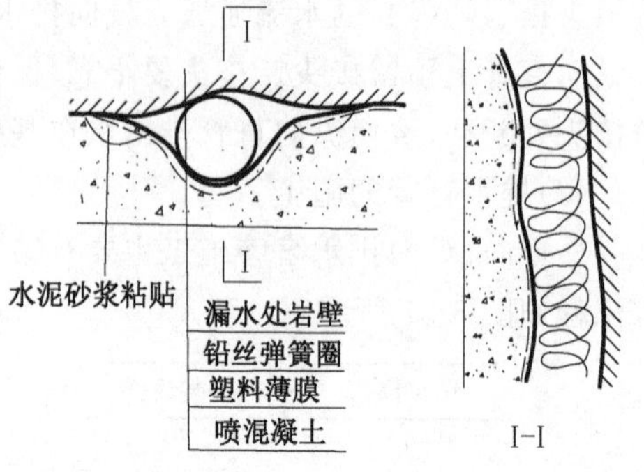

图 8-38 集中出水点出排设单根排水盲管

③选用的排水板的长度宜与隧道设防的周边长度一致,避免出现搭接。

④在排水板铺设过程中,应有专人进行检查,不要让杂物、岩土等进入排水板的正面空间,确保排水板的空间畅通,发现排水板有破损处应及时修补,以免留下渗漏水隐患。

⑤捆扎钢筋时应尽量避免损伤排水板,二衬模筑混凝土应有较好的和易性,使其能充填密实排水板的凹壳,将混凝土与防水板形成一体。

9)在隧道埋深大、节理发育、地下水丰富的情况下,可在初期支护(喷射混凝土层)完成之前视情况埋设排水半管,形成暗埋、永久式排水通道系统,将水引出集中处理。暗埋排水半管安装如图 8-39 所示。排水半管埋设的施工工艺如下:

①当隧道开挖后在围岩表面有线流或股流时可设排水半管,在排水半管周围喷射厚度为 1 ～2 cm 水泥砂浆后,再进行喷射混凝土作业。

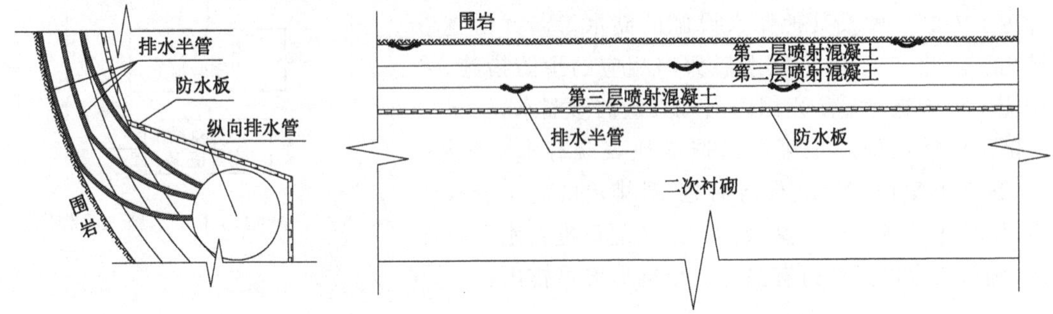

图 8-39 暗埋排水半管安装示意图

②隧道同一断面只能铺设一道排水半管,避免造成初期支护出现薄弱断面或薄弱带。

③排水半管铺设时,利用工作平台,根据裂缝形状或打孔位置,排水半管紧贴岩面,用水泥钉每隔 30 cm 对称钉牢,然后喷射速凝水泥砂浆封固。

④施工中必须严格控制各喷层厚度,保证排水半管埋设质量,避免凿槽或返工。各层排水半管铺设或各喷层的间歇时间必须在前一层喷射混凝土终凝后进行。

⑤必要时在无渗漏水地段,也可每隔一定间距安设排水半管,使隧道在使用期内因地下水的迁移变化而产生的渗漏水能顺利排出洞外。

8.4 施工排水系统

隧道防水设计一般采用全防水、有限排放和无限排放三种形式,无论采用何种排放形式,隧道施工过程中必然需要排出积水,这些水分别来自地下水和施工用水,其中有:掌子面开挖地下水涌突或渗流、已初期支护段渗流水、开挖钻孔用水、混凝土养护用水以及隧道内清扫用水等。

施工排水应根据设计要求并结合实际情况引水归槽,集中引排,设置排水系统,确保排水畅通,保障隧道施工安全。施工中产生的废水,应经处理达标后排放。

当隧道内一侧水沟施工时,应设横向截水沟将水汇入另一侧的排水沟,不应阻塞隧底水流。

隧道施工排水主要的施工流程如图 8-40 所示。

施工前要对场区内水文地质进行详细地调查，收集区域内地质构造、水文气象等资料；查明该区域内水文地质、环境地质条件，地下水类型特征、地下、地表水的补给、径流、排泄条件及地下各含水层的水力联系、查明隧道施工排水对周边可能产生的影响及范围等。对收集的资料进行综合分析，制定有效的施工排水方案。方案中应包含洞内涌水量估算、排水方案和排水设备配置。

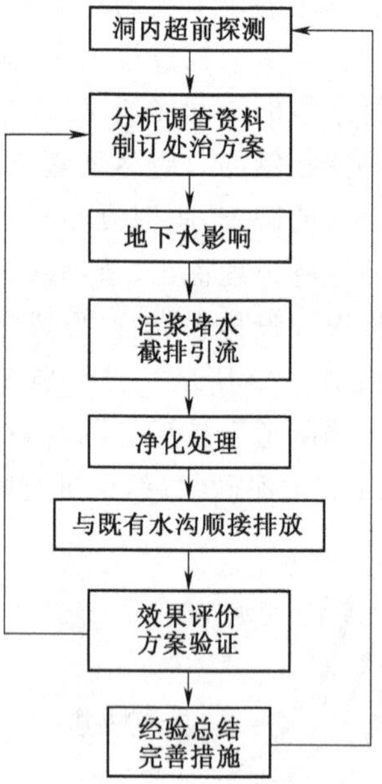

图 8-40　隧道施工排水施工流程图

排水措施要根据洞内及地下水形式和强度、地表水流量、旱季、汛期以及洞内顺坡、反坡和不同地质、气象、环境等条件下来制订和实施。

大量水(地下水)排出后可能影响地表的生态环境。如隧道上方的水库或其他储水设施的储水渗漏并由隧道内排出。对此，应于施工调查后作出相应的预防措施，采取相应工程措施尽量防止洞内出现大量的渗漏水。

隧道内排出的施工废水易造成地表既有水的污染。对此，施工方案应有专项预防措施，对排出的施工废水要进行净化(化学或物理过滤)处理，经处理后进行水质化验检测，确认符合国家现行有关排放标准后方可排出。

8.4.1　顺坡排水

在未衬砌地段两侧(有横坡时单侧)设置排水沟(根据水量确定水沟断面形式)、已衬砌地段应结合或尽快完成设计结构排水系统、仰拱施工时，于基坑内设置集水坑，将水抽出基坑，利用已施作的侧沟将洞内各类水(地下渗水、施工废水)顺坡自然排出洞外。施工时应注意：

(1)洞内顺坡排水时，应在隧道单侧或双侧设排水沟，排水沟大小依隧道坡度及涌水量确定。

(2)洞内顺坡排水沟断面及坡度应能满足隧道内渗漏水和施工废水的排出需要，排水沟应经常清理以防堵塞。

(3)施工时临时排水沟的设置应与永久排水沟统筹考虑。

(4)在膨胀岩、土质地层、围岩松软地段，可根据需要铺砌水沟或用管槽排水。

(5)仰拱、底板混凝土浇筑前应将基底虚渣、杂物、积水等清除干净；施作仰拱时应在作业区前端设置临时集水井，并妥善解决排水管路跨基坑问题。

(6)底板坡面应平顺，浇筑底板混凝土应考虑作业期间的基坑排水，确保排水畅通。

8.4.2　反坡排水

高速铁路长隧道(≥3 000 m)线路纵坡一般设置为人字坡，由洞内中点分别向进、出口方向将洞内水顺坡排出洞外。但短隧道，尤其是长度小于 1 000 m 的隧道线路纵坡一般设计成单坡，支洞、斜井等辅助坑道一般为单坡，在这类隧道和辅助坑道施工，就存在反坡排水的情况(图 8-41)。

洞内反坡排水要根据隧道内反坡排水距离、纵坡大小、设计出水量和实测渗(涌)水量来确

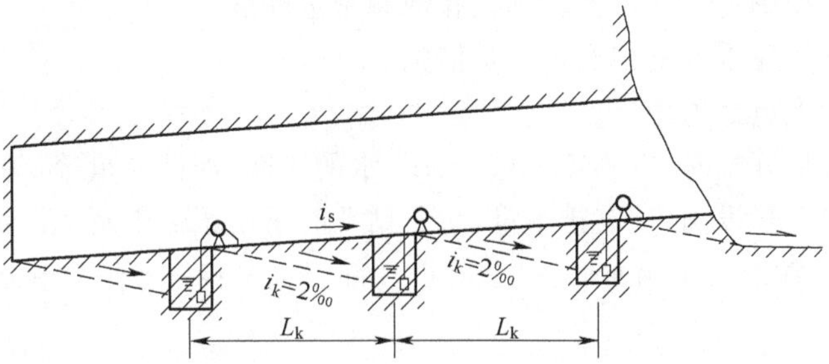

图 8-41　隧道内反坡抽排示意图

定抽水设备规格和分级排水的级数。

(1)对于较长的反坡排水距离,采用分级设置临时集水井或临时储水仓、中转泵站,分级排水的方式排水。通过抽水设备、排水管道将洞内水逐级抽排出洞外。

分段最大长度:

$$L_k=\frac{h_k}{i_k+i_k} \tag{8-2}$$

式中　h_k——水沟最大深度(一般不超过 0.7 m),m;

i_s——隧道坡度,‰;

i_k——水沟坡度,‰。

(2)对于较短反坡排水距离,在掌子面或相应位置设置集水坑,采用大功率水泵、较大直径的排水管道,将洞内水直接抽排出洞外。

反坡排水施工应注意:

(1)洞内反坡排水可根据距离、坡度、水量和设备情况布置管路、水仓和泵站,一次或分段接力排出洞外。

(2)设置隧道及辅助坑道的排水泵站时,主排水泵站和辅助排水泵站位置、排水能力,集水坑的有效容积应符合设计规定。

(3)长大隧道在地下水发育地段进行反坡施工(包括斜井和竖井施工)时,反坡排水系统应具有两个独立的供电系统。

(4)反坡排水时,配备抽水机的抽水能力应大于预测最大涌水量的 20%以上,并应有足够数量的备用抽水设备,同时满足施工要求。

(5)洞内反坡排水应采用机械抽水,主要有下列两种方式:一是隧道较短、线路坡度较缓时,分段开挖反坡侧沟,在侧沟每一分段上设一集水坑,用抽水机将水排出洞外;二是隧道较长、涌水量较大时,开挖面的积水宜通过小型水泵抽到最近的集水坑内,再用抽水机从集水坑通过水管直接或分段将水排出洞外。

(6)反坡排水时,应根据施工中的变化及时调整排水能力。

8.4.3　钻孔排水

通过超前地质探测发现掌子面前方有可能给施工带来危害的地下水体,且通过调查发现该水体与地面水体无连通时,而又必须采取预排放措施时,可以通过钻孔排水消解风险。

采用钻孔排水前,应对工程地质和水文地质作详细的调查分析,必要时进行超前探测,判断地下水流方向，从而确定钻孔位置、方向、孔数和钻进深度。

钻孔排水施工时，应采取下列安全预防措施：

(1)非钻孔施工人员必须撤出。

(2)当隧道向下坡开挖时，应测算水量、水压、水的流速、泥沙含量等，备足抽水设备。

(3)孔口应预先埋管设阀，控制排水量，防止钻孔时承压水冲击及淹没坑道等灾害发生。

(4) 钻孔至预期深度尚未出水时，可会同设计部门进一步进行地质和水文的勘测工作，重新判定地下水情况。

8.4.4 辅助坑道排水

在岩溶地区，探明有地下溶洞与地面水体贯通或有地下暗洞时，设计上通常采用泄水洞排除地下水，以方便施工。长隧道为实现工期目标，通常也采用平行导坑、横洞、斜井等增加工作面。这些辅助坑道的施工排水应因地制宜实施。

辅助坑道口截水、排水系统和防冲刷设施，应在辅助坑道施工前按设计要求尽早完成。辅助坑道洞门应尽早施作。

(1)泄水洞排水。

1)隧道应根据水源方向、位置、流量、流速、含泥量的大小，选择泄水洞的位置、方向、断面形式、大小和坡度，并确保排水通畅，防止泄水洞淤塞。

2)拦截地下水时，泄水洞应设置在地下水流方向的上游；疏干地层时，泄水洞高程应低于隧道高程，以利降低地下水位。

3)永久泄水洞应施作衬砌，在泄水洞衬砌上留有足够的泄水孔以引入地下水，必要时，可增加导坑或导水管将正洞的水引入泄水洞排出。

(2)横洞或平行导坑排水。隧道应充分利用横洞或平行导坑降低正洞水位，使正洞水流通过横洞或平行导坑引出洞外。横洞和平行导坑排水应满足下列要求：

1)横洞和平行导坑内应设排水沟，过水断面、坡度应满足隧道正洞排水的要求。

2)横洞底部应有不小于3‰的横向排水坡度；平行导坑纵向坡度应与正洞一致，其底部高程应较隧道底面低0.2～0.6 m。

3)当隧道正洞为反坡时，平行导坑应分段设集水坑排水。排水设备的能力应大于隧道正洞和平行导坑涌水量之和。

(3)斜井排水。斜井排水应符合下列要求：

1)斜井掘进排水，宜采用边掘边排的方法。

2)当斜井单点涌水量大于50 m^3/h时，应采取注浆等措施进行封堵。

3)斜井宜在井底处设立中心水仓，高差在100 m以上的斜井中部可设置固定水仓，作为斜井施工排水的中转站。斜井排水采取分段截排水的措施，将作业面的积水采用水泵吸到中心集水仓，中心集水仓中的水利用水泵转排到固定水仓，然后再从固定水仓排出井外。固定水仓设置的位置不得影响井内运输和安全。当斜井中部未设固定水仓，则作业面的积水采用水泵直接排至井外。

4)抽排水设备应根据排水需要，选用体积小、移动及维修方便的水泵。

5)斜井的两侧应设置排水沟，侧沟中的水可截至积水坑后排出。

(4)竖井排水。隧道设置竖井出渣或排除污风时，也可兼作排水。竖井排水应符合下列要求：

1)竖井凿井期间的排水方案应根据竖井的水文地质资料、井身深度及各施工阶段井身涌水量大小等因素确定。

2)当竖井单点涌水量大于 50 m^3/h 时，应采取注浆等措施进行封堵。

3)竖井宜在井底设置固定水仓(或集水坑)，用抽水设备将水抽出井外，固定水仓(或集水坑)设置的位置不得影响井内运输和安全。

4)竖井井口应作好外围防水工作，可设置截水沟和排水沟，防止地表水流入。

8.4.5 排水设备的选择原则

在充分调查、预探测、了解洞内地下水状况的基础上，并根据当前施工方法、工艺等，计算相应的排水量，一般情况下，排水设备要根据计算排水量的 1.2 倍来配备、设置；岩溶或富水地区，则应按计算排水量的 2 倍配备、设置。

8.4.6 配电设备及配电线路

由主电力线路接入负载的配电线路采用橡胶套铜芯电缆，小型抽水机接入线路采用与之配套的电缆。

8.5 隧道涌水量估算与涌水段防排水

8.5.1 涌水量估算

隧道施工遇到的水文地质条件千变万化，根据地下水的类型，可以将隧道渗流涌水分为潜水渗流涌水、承压水渗流涌水、降水渗流涌水和集中涌水四类。

(1)潜水渗流涌水量预测。潜水渗流是指隧道穿越潜水层时由地层渗到隧道排水系统的水流(图 8-42)。这是高速铁路隧道修建中最常见的一种渗流，其特点是地下水位相对比较稳定，且水位面高于隧道纵向排水管高程。

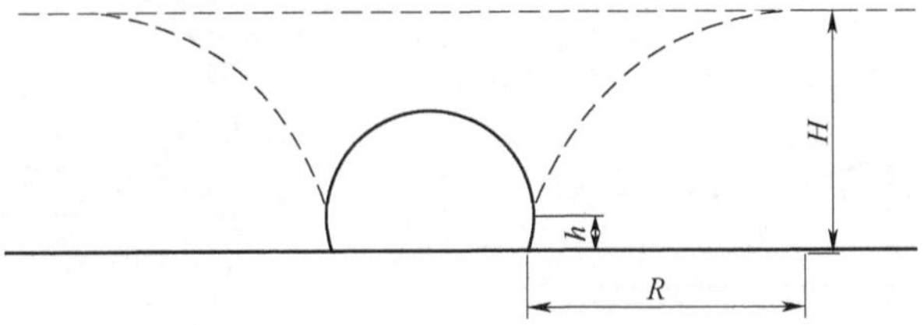

图 8-42 潜水渗流涌水量计算模型

隧道建成后，地下水流向隧道，隧道两侧一定范围内水面不断下降，在隧道两侧形成对称于隧道轴线的浸润曲线，这种渗流属于非恒定流。但若含水层的体积很大，经过隧道一段时间排水后，可近似地看成无压恒定渐变流，隧道衬砌外保持某一恒定水深 h，两侧浸润曲线的形状与位置不变，在一定长度范围内所有垂直于隧道轴线的剖面上渗流情况相近，可近似看作平面渗流问题。因此，这类渗流的计算方法与集水廊道的渗流计算类似，可导出隧道单位长度涌水量 q 计算公式为：

$$q=\frac{k(H^2-h^2)}{R} \tag{8-3}$$

式中 k——地层渗透系数；

H——自然水位高度，m；

h——衬砌后水深，m；

R——隧道渗流影响范围(水平距离)，m。

隧道衬砌后的水深 h，一般远小于含水层厚度 H(从隧道纵向排水管高程算起)，若略去 h 不计，上式可简化为：

$$q=\frac{kH^2}{R} \tag{8-4}$$

R 与地质条件有关，应由抽水试验确定，或近似地用浸润曲线的平均坡度进行估算。

对于长隧道及特长隧道，沿隧道纵向地下水位有一定的坡度，这时可将隧道沿纵向分段(图 8-43)，确定各段的平均水位 H_i，分段计算 q_i，各段的涌水量为：

$$Q_i=q_iL_i \tag{8-5}$$

若隧道渗水区有 n 段，则总涌水量 Q 为：

$$Q=\sum_{i=1}^{n}Q_i \tag{8-6}$$

(2)承压水渗流涌水量预测。承压水渗流是指隧道穿越承压水层时由地层渗到隧道排水系统的水流(图 8-44)，其特点是地下水承压并且压力较为稳定，这类地下水易造成隧道路面溢水。

隧道建成后，地下水向隧道渗流，隧道周围岩层中的水压逐渐降低。这种渗流亦属不稳定渗流。如果水体较大，经过一段时间后压力基本稳定，可视为平面稳定渗流问题。为了求解方便，作以下假设：

1)隧道衬砌壁后渗流水压为 0，即水从围岩渗出后便被排走。

2)用隧道衬砌的外接圆代替隧道衬砌边界进行计算，外接圆半径为 r_0。

3)在隧道渗流的影响半径 R 处，水压为 H，并保持恒定。

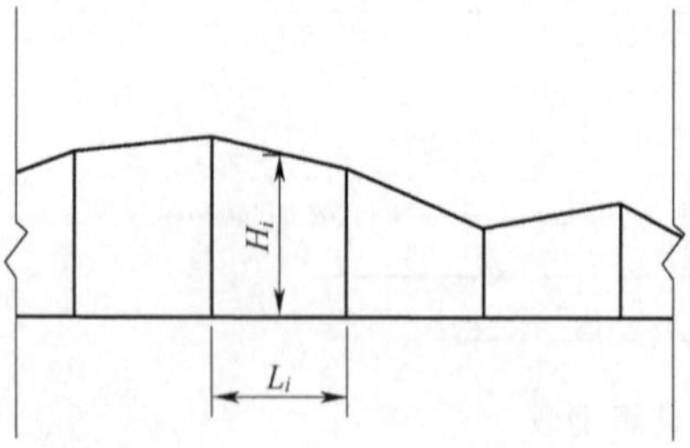

图 8-43　渗流区段划分

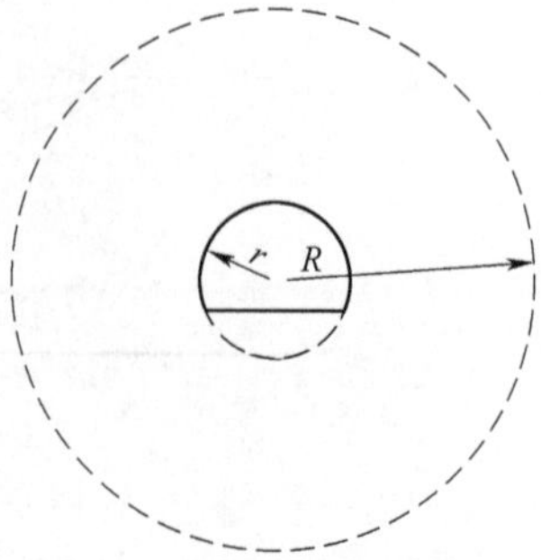

图 8-44　承压水涌水计算模型

4)渗流沿径向流向隧道，无切向渗流。

5)隧道围岩渗透系数为 k，各向同性。

解算过程与普通完全井的类似，沿隧道纵向单位长度的涌水量公式为：

$$q=\frac{2\pi kH}{\ln R-\ln r_0} \tag{8-7}$$

估算时，R 可按经验酌情选用，H 可取隧道形心处的初始水头值。若承压水区段长为 L，则该段隧道的渗水量 Q 为：

$$Q=qL \tag{8-8}$$

(3)降水下渗涌水量预测。降水下渗涌水量是指隧道设置在地下水位之上，地表降水在下渗过程中遇隧道而从排水系统排出的水量。这类渗流的特点是渗流为铅垂向下或沿岩层主导裂隙方向向下渗流，渗流线被隧道所截的从隧道排出，未截的则不受隧道影响(图 8-45)。

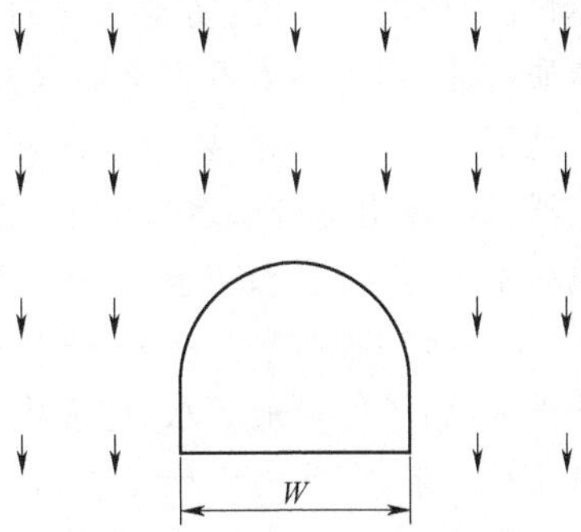

图 8-45 降水渗流涌水量计算模型

降水下渗速度为：

$$v=kJ \tag{8-9}$$

式中 k——渗透系数；

J——水力坡度，m/d。

若隧道衬砌宽度为 W，隧道单位长度涌水量 q 为：

$$q=Wv=WkJ \tag{8-10}$$

值得说明的是，如果隧道围岩裂隙发育，地表降水量又较大，隧道较长时，应考虑由降水下渗引起的涌水量。估算中，水力坡度 J 和渗透系数 k 可通过试验或用经验方法选取，考虑到隧道开挖会使围岩出现一定范围的松动，W 的计算值可在衬砌宽度基础上适当加大。

(4)集中涌水处涌水量预测。集中涌水是指隧道穿越岩溶、地下暗河及与地表河流、水库等有水力联系的断层破碎带而流入下渗隧道排水系统的水量，这类涌水的特点是出水点集中，出水量大。但其涌水情况复杂，无规律可循，一般采用水均衡法预测涌水量。采用水均衡法预测涌水量较符合实际，尤其是对地质结构相对简单的向斜岩溶盆地更为准确。

修正后的水均衡法预测岩溶涌水量表达式为

$$Q=Q_g+Q_d \tag{8-11}$$

$$Q_g=\mu V$$

$$Q_d=Q_{js}+Q_{bs}+Q_{ys}$$

$$Q_{js}=\alpha LA$$

$$Q_{bs}=\lambda_b Q_b$$

式中 Q_g——岩溶水静储量，m^3；

Q_d——岩溶水动储量，m^3；

μ——岩石给水度(线岩溶率)；

V——隧道开挖围岩体积，m^3；

Q_{fs}——降雨渗入量，m^3；

α——降雨入渗系数(0.02～0.5)；

L——隧道岩溶段长度，m；

A——隧道岩溶段集水面积，m^2；

Q_{bs}——表水渗入量，m^3；

λ_b——地表水入渗参数(0.1～1)；

Q_b——地表水流量(包括河水等)，m^3；

Q_{ys}——远水或相邻含水层补给量，m^3。

8.5.2 涌水段防排水技术

涌水段防排水一般在超前探测地下水状况的基础上,采用限量排放的原则,其核心是根据实际情况,按以堵为主、防排结合的原则来设计隧道防排水,排放流量根据具体的工程要求、水文地质特征、周边环境等因素加以控制。但是,按限量排放原则来设计和施工隧道。

地下水超前探测主要采用红外探水与超前钻孔相结合的方法来实现。

涌水段隧道防排水多采用多道防线、层层设防的办法,其主要工程措施有:围岩注浆堵水、回填堵水、加强排水和防水。

(1)围岩注浆堵水。在涌水段修建隧道,应特别加强超前地质预报。对于可能发生涌水的局部地区,为了保护地下水、地表水环境,应当根据实际情况,选择全断面深孔预注浆、部分断面深孔预注浆、深孔周边预注浆、开挖后周边注浆及开挖后局部注浆等堵水措施。

注浆堵水应有专门的注浆堵水队伍,足够的技术工人和熟练工人以及必要的打孔注浆机具,加强管理,确保施工安全和注浆效果。

(2)回填堵水。对于隧道穿越溶洞、溶缝等流动水量较小,对岩溶水采用封堵方法进行处理时,应当做好溶洞等的回填堵水工作。回填采用喷射混凝土、素混凝土、浆砌片石等主要材料。当溶洞空腔较大时,还需要采用型钢支护或模筑混凝土护拱等支护措施,在封闭溶洞空腔后,对混凝土外侧未完全充填的空洞泵送混凝土、砂子等进行回填。为了减小回填结构物的水压力,在回填时应当埋设相应的排水管道,并引至排水通道。

(3)加强排水和防水。对于小量地下水,以及经过注浆、回填堵水后存在的地下水,应当以疏排为主,加强隧道衬砌外和衬砌内的排水措施,防止水压升高,增大衬砌压力和防水压力。同时,也应做好防水处理。

涌水地区加强排水的措施有:

1)利用岩溶自然通道排水。当岩溶水主要存在于岩溶管道、暗河等中时,隧道施工应尽量保持原有的岩溶水排泄通道,对于与隧道相交的排水通道,可采用设涵恢复排水的办法。

2)新增人工通道排水。人工修建新的排水通道种类较多,主要有泄水洞与集水廊道、衬砌外的环向与纵向排水管道、隧道内的排水边沟与中央排水沟等。这些排水设施的排水能力应根据水力计算确定,必要时应加大。除此之外,不设仰拱的隧道内,可加厚垫层混凝土并在垫层混凝土内加设排水盲沟。

富水地区隧道防水措施应当注意:

①富水段、周边水压力较高的区段,应进行专门的抗水压力衬砌设计,保证隧道衬砌在水压力作用下不开裂,不发生过大变形。

②富水地区隧道初期支护和二次衬砌应当采用防水混凝土施作,其防水等级以能抵抗水压力为准。

③富水地区隧道应当特别注意防水层施工质量,在仰拱(或无仰拱的垫层混凝土)外设置防水层,与上部防水层形成全外包防水层。必要时,可以设置双层防水板。

8.6 寒冷地区隧道防排水

在寒冷地区,隧道防水是隧道防冻的关键所在,应该尽可能搞好。由于低温冰冻原因,寒区隧道的排水体系经常出现问题，科学合理地设计施工隧道排水体系，将极大地有助于寒区隧道的可靠防水，进而避免隧道冻害。

8.6.1 寒冷地区隧道围岩注浆堵水

了解隧道地下水环境，对隧道工程，尤其是对寒冷地区隧道工程十分重要。由于种种原因，目前隧道在设计前对隧址区的水文地质情况经常勘探精度不够，很少能掌握沿隧道全长各区段的地下水赋存特性。所以，有必要在隧道施工中，随着地层的水文条件逐渐揭露，记录并分析隧道穿越地层的地下水特征，并灵活采取必要的工程措施，为隧道的防水防冻创造有利条件。

(1)隧道地下水贮存状况调查。为了摸清隧道围岩水的赋存状况，在隧道施工过程中应对各区段的出水情况进行测量与记录。一般情况下，隧道的围岩水多属潜水。地下水与地表水的联系较为密切，潜水随季节和大气降水的补给而起伏变化，个别区段施工过程中甚至会出现有一定射程的地下涌水。只有认真搞好隧道的防水防冻，才能使隧道后期运营中免受冻害影响。

(2)隧道围岩注浆堵水。隧道开挖后，在渗水量较大的区段应采用注浆堵水，在隧道附近区域围岩中形成较为密实的止水圈，减小地下水向隧道方向的渗流。为了保证注浆效果，需要采取必要的工程措施：

1)加强拱顶范围内的围岩注浆。洞顶是隧道防渗防冻的重点和难点，采用注浆堵水十分必要，其原因有：

①开挖使洞顶围岩裂隙张开，渗透性增强。隧道开挖后，改变了围岩的原始受力状态，在洞顶围岩中，易出现近于铅垂方向的拉应力，从而使围岩出现张性裂隙，渗流通道相互连通，渗透性增加，地下水容易沿洞顶直接下渗。

②洞顶衬砌外表面环向坡度小，水流向两侧流动速度慢。地下水向下渗至防水板后，在洞顶处将沿防水板向两侧流动。在防水板上，水流的速度主要取决于防水板的坡度。显然该坡度越向中央，坡度越小。若因某种原因，使防水板存在缺陷，渗水将直接与衬砌混凝土接触，容易导致渗漏。

③由于隧道拱顶混凝土混合料的沉析和施工困难，拱顶衬砌混凝土的上部容易积水；此外，在春融期，拱顶衬砌上部的冰冻经常先于两侧壁后的冰冻而融化。两种情况都会引发隧道渗漏。所以，在做好一般注浆堵水的同时，有必要加强隧道拱顶围岩的注浆堵水。

2)围岩注浆防水施工注意事项。

①在隧道开挖过程中，凡是有滴水的部位或喷混凝土表面湿渍较大的地方，均采用注浆堵水。对于大面积渗水，采用密孔浅孔注浆；对于裂隙渗水，疏孔深孔注浆。根据渗水形式，决定布孔方式，设定钻孔间距、钻孔深度。

②注浆可采用的多种浆液，形式不限。其中，水泥基类的浆液配制应按先轻后重的顺序投料，根据设计的水胶比，先在搅拌筒内添加好清水，在开动搅拌机的情况下，缓慢加入与清水质量相应的水泥质量。如要掺入水玻璃，水玻璃则应装入专用的注浆筒内，未开始注浆前不能混装。

3)注浆结束标准及依据。

①当压力超过终压或达到终压的80%，出现较大跑浆时，经间歇注浆后可结束注浆。

②当部分孔位注浆量特别大(单孔注浆量超过 20 m^3),在一次停歇后再次注浆,注浆量仍较大,可停止注浆。

③对注浆堵水效果进行钻孔检查,同时观察岩层表面渗漏情况。注浆未达到设计要求或预期目标的里程段,要进一步完善注浆设计,补孔注浆。

4)注浆效果检查评定。

①根据注浆结束分析判断,并绘制相应的 P-Q-t 曲线来判断注浆效果。

②根据围岩变形量测结果来间接判断改善地层效果。

③对注浆堵水效果进行钻孔检查,同时观察岩层表面渗漏情况,并对注浆前后岩层表面情况进行对比。

8.6.2 寒冷地区隧道防水层防水

寒冷地区隧道渗漏的原因很多,但最基本的原因则是防水层(第二圈层)破损,以及由衬砌混凝土与止水带组成的防水圈层(第三圈层)不严密。如果两个防水圈层都十分严密,或者其中一层十分严密,即便是寒冷地区的隧道,也不应出现任何渗漏以及由此引发的各种冻害。现实中的隧道常常发生渗漏,说明两个防水圈层都存在问题。这些问题可能出现在三个方面:认识方面、技术方面和施工方面。如果出现在施工方面,则相对容易解决,只要认真施工并加强管理便可。如果问题出现在认识方面或技术方面,则需要进行仔细的研究。前面对隧道防水技术已有详细说明,在此不再赘述。

8.6.3 寒冷地区隧道排水

通过有效排水,可以降低隧道防水体系周围的水压,从而减少隧道渗漏的机会。在寒冷地区或季节性冻结区,隧道的防排水设计理念也是同样。结合寒冷地区隧道的特点,应对隧道的环向排水、纵向排水和洞外出水口等几个环节进行适当调整。

寒冷和严寒地区隧道排水系统以堵为主,洞口、结构和排水系统都增加了保温措施,防止冬季水流冻结造成病害,危及行车和人身安全。隧道二次衬砌施工时,对防水混凝土还应采取抗裂、防渗、抗冻等措施。

寒冷和严寒地区冬季有水隧道的冻害地段,应设置保温水沟、中心深埋水沟、防寒泄水洞和采用电加热等防寒措施,保证水流畅通,防止冻害。

(1)保温水沟。最冷月平均气温在－5 ℃以下地区,隧道排水沟形式应按表 8-7 的规定选用。

表 8-7 不同气温的排水沟形式

最冷月平均气温(℃)	黏性土最大冻结深度(m)	主排水沟形式
－5～－15	1.0～1.5	双侧保温水沟
－15～－25	1.5～2.5	中心深埋水沟
低于－25	＞2.5	防寒泄水洞

保温水沟应采用浅埋方式(即小于隧道内最大冻结深度),宜在两端洞口 150～400 m 范围内双侧设置,低洞口可适当加长。保温水沟上部设双层盖板,在两层盖板间充填保温材料,保温层厚度不应小于 30 cm,保温材料宜采用矿渣、沥青玻璃棉、矿渣棉、泡沫聚氨酯、泡沫塑

料等，并应有防潮措施。

(2)中心深埋水沟。中心深埋水沟应将水沟埋置于隧道内冻结深度以下，并满足下列要求：

1)水沟断面形式应根据地质条件选用U形、圆形、箱形或拱形，在Ⅲ～Ⅵ级围岩中，拱形水沟应铺底。

2)水沟埋置深度应结合当地气温、冻结深度、水量、水温、水沟坡度，以及隧道走向与寒冷季节主导风向等条件确定，并宜大于当地黏性土的最大冻结深度。

3)水沟回填除应满足保温、渗水性好的要求外，还应防止石屑、泥砂渗入水沟引起水沟淤积。

4)水沟应设置检查井，检查井间距为30～50 m，断面形式可采用方形或圆形，检查井下应设沉淀池，以便清淤，检查井应设双层盖板，盖板之间应填塞干草或泡沫聚氨酯等其他保温材料。

(3)防寒泄水洞。防寒泄水洞拱部及边墙应留有足够的泄水孔，其间距不宜小于1 m。为便于对防寒泄水洞的检查及夏季通风，宜每隔150～200 m设一检查井，中心检查井设于线路中心线上，侧检查井设于大避车洞内，检查井应设双层盖板，盖板之间应填塞保温材料。

(4)其他防寒设施。设置保温水沟、中心深埋水沟或防寒泄水洞的隧道，应修筑盲管(沟)、泄水孔、横沟、横导沟、洞外暗沟、保温出水口等设施，并要求做到：

1)盲管(沟)的设置深度不宜小于1 m，可在盲管(沟)处增设保温墙。

2)汇集于纵向或环向盲管(沟)的地下水，通过泄水孔流入保温水沟中，泄水孔的断面宜按计算确定。

3)中心深埋水沟通过隧底横沟与盲管(沟)连接，横沟的坡度不宜小于5%。

4)设防寒泄水洞的隧道，横沟应以暗挖的横导洞代替，衬砌背后盲管(沟)与横导洞以钻孔沟通，钻孔直径不宜小于10 cm。当钻孔处于Ⅳ～Ⅵ级围岩时，宜安装花管，防止钻孔堵塞。

5)保温水沟和防寒泄水洞的水流出隧道后，应采用暗沟通过路堑地段流入地形低洼处。暗沟应埋置于冻结深度以下，其坡度不宜小于5%，并每隔50 m设一检查井和沉淀坑。

6)最冷月平均气温低于－15 ℃地区，中心深埋水沟、防寒泄水洞、洞外暗沟均应设防寒出水口。当出水口地形较陡时，其结构宜用端墙式；地形平坦时，宜用掩埋保温圆包头式。

7)出水口砌筑结束后，将出水口周围路堤坡面用沥青涂黑，使坡面在春融期能够尽可能多地吸收太阳能，提高出水口的温度，以利于融冰防冻。

8)将出水口的朝向尽量朝南，并尽可能背风。

(5)寒冷地区和严寒地区混凝土施工。防水寒冷和严寒地区二次衬砌混凝土施工应符合下列规定：

1)当环境昼夜平均气温连续3 d低于5 ℃或最低气温低于－3℃时，混凝土的抗压强度在达到设计强度30%前或未达到5 MPa前，均不得受冻。浸水冻融条件下的混凝土开始受冻时，其强度不得小于设计强度的75%。

2)搅拌混凝土前，应先通过热工计算，并经试拌确定水和骨料需要预热的最高温度，尽可能保证混凝土的入模温度不低于5 ℃。水泥、矿物掺和料、外加剂等可在使用前运入暖棚进行自然预热，但不得直接加热。掺减水剂的混凝土，应通过试验确认电热法养护对其强度无影响后，方可采用。

3)混凝土的配制宜选用较小的水胶比和较小的坍落度,骨料中不得混有冰雪、冻块和易被冻裂的矿物质。加热处理时水加热的温度不宜高于 80 ℃;骨料不加热时,水温可加热至 80 ℃以上,并应先投入骨料,和热水搅拌均匀后再投入水泥;骨料加热的温度不应高于 60 ℃;当混凝土出现坍落度减小或发生速凝现象时,应重新调整拌和料的加热温度。混凝土搅拌时间宜较常温施工时延长 50%左右。

4)混凝土的运输容器应有保温措施,运输时间应缩短,并尽量减少中间倒运环节。

5)混凝土在浇筑前,应清除模板及钢筋表面的冰雪和污垢。当环境气温低于－10 ℃时,应将直径大于或等于 25 mm 的钢筋和金属预埋件加热至正温。混凝土结构施工缝的处理应符合《铁路隧道防排水施工技术指南》(TZ 331—2009)第 10 章有关规定,当先浇混凝土面和外露钢筋(预埋件)暴露在冷空气中,应采取防寒保温措施。

6)当混凝土强度达到《铁路混凝土工程施工技术指南》第 7.10.1 条和第 10.1.3 条抗冻强度规定后,方可拆除模板。当环境温差在 10～15 ℃范围时,模板拆除后的混凝土表面宜采取临时覆盖措施。采用外部热源加热养护的混凝土,养护期结束后的环境温度仍在 0 ℃以下时,应待混凝土冷却至 5 ℃以下且混凝土与环境之间的温差不大于 15 ℃后,方可拆除模板。

7)寒冷和严寒地区混凝土施工时应增加其与结构同条件养护的施工试件不少于 2 组,此种试件应在解冻后方可试压。

(6)排水盲管的保温。寒冷地区的隧道常因衬砌壁后排水系统的冻结,特别是环向排水管的冻结,而导致隧道排水不畅。通过保温方法可解决排水体系的冻结问题。

现有的隧道保温方法有两种:一是在隧道衬砌的外表面全面设置保温层;二是在隧道衬砌壁后全面设置保温层。由于上述两种方法存在因渗水浸湿保温层而影响其保温性能的缺陷,所以隧道保温方法仍在发展中,有学者提出了第三种方法,即条带保温排水体系,具体而言,是使用两层防水层,在两层防水层中间夹设保温层和环向排水管的方式,来弥补上述缺陷。

9 高速铁路隧道施工监控量测技术

9.1 概　　述

隧道施工监控量测是指通过量测设备与仪器，对围岩、支护结构的变形及应力进行动态监测。由于隧道工程地质条件的复杂性与不确定性，监控量测结果可为判定隧道围岩及支护结构的稳定性、施工方案的合理性以及二次衬砌的合理施做时机提供科学依据，是隧道工程施工安全的有力保障，在隧道施工过程中起着重要的作用；同时，通过掌握围岩变形动态及支护结构的工作状态，可对隧道施工方案进行动态优化设计，确保施工安全。

9.2 监测项目与监测方法

隧道监测项目分为必测项目和选测项目，应根据地质条件、隧道埋深、断面尺寸、开挖方案、设计要求、周边环境等因素综合选定。必测项目包括：洞内、外观察，周边收敛，拱顶、拱脚下沉，地表沉降（隧道浅埋段）。选测项目包括：围岩压力，初期支护与二次衬砌接触压力，喷射混凝土、钢架以及二次衬砌内力，锚杆轴力，隧底隆起，围岩内部位移，爆破振动，孔隙水压力，隧道渗漏水量等。

9.2.1 拱顶下沉与周边收敛

拱顶下沉监测是指对隧道拱顶的绝对下沉位移量进行监测，监测结果可用于判定隧道拱顶围岩的稳定性。监测方法：在隧道监测断面的拱顶位置设置测点（图 9-1），采用变位观测计、钢尺、水平仪等仪器进行量测，常规段监测频率参照表 9-1，浅埋段监测频率参照表 9-2，现场监测工作如图 9-2 所示。

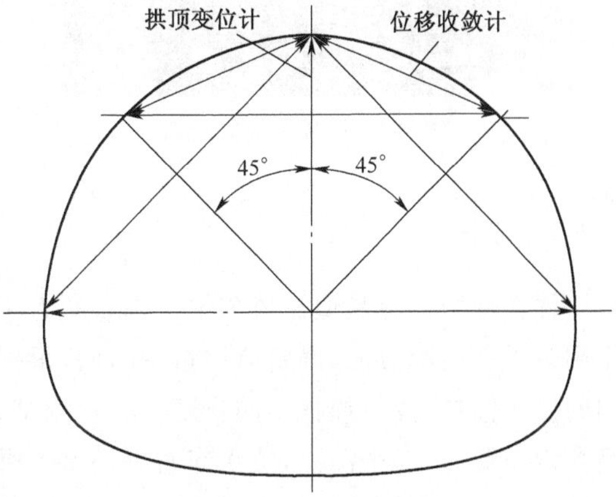

图 9-1　拱顶与周边收敛监测测点布置

表 9-1　拱顶与周边收敛监测频率（常规段）

位移速度(mm/d)	距工作面距离	频率	备　注
＞10	(＜1)*D*	2～4 次/d	*D* 为隧道宽度
5～10	(1～2)*D*	1 次/d	
1～5	(2～5)*D*	1 次/2d	
＜1	＞5*D*	1 次/周	

注：1. 从不同测线得到的位移速度不同，监测频率应按速度高的取值。

2. 若根据位移速度和距工作面距离两项指标分别选取的监测频率不同，则从中取高值。

3. 变形相对稳定的后期监测，监测间隔时间可适当加大至几个月一次。

表 9-2 拱顶与周边收敛监测频率(浅埋段)

监测项目	测点布置	测试精度	量测频率			
			1~15 d	16~30 d	1~3 月	>3 月
地表沉降	每个代表性地段 1~2 个量测断面,每个断面 7~11 个测点	1 mm	1~2 次/d	1 次/2~3 d	1 次/周	1~3 次/月

隧道周边收敛监测是指对隧道内壁两点连线方向的相对位移或监测点的绝对位移进行监测,监测结果可直观反映洞室周边围岩的变形情况。监测方法:根据地质条件及相关规范的要求设置监测断面与测点,每个监测断面设置 4~6 对测线,测桩分别布置在拱顶及两侧(图 9-1);测点应在距开挖面 2 m 的范围内尽快安设,并应保证在爆破后 24 h 以内或下一次爆破前测读初始读数。测试仪器可采用 XGJ-21 型隧道位移计(或其他可替代的收敛计、全站仪等),监测频率宜根据围岩变形速率和距工作面的距离选取,见表 9-2。现场监测工作如图 9-3 所示。

图 9-2 拱顶下沉监测

图 9-3 周边收敛监测

9.2.2 锚杆轴力

锚杆轴力监测是通过监测锚杆轴力的大小,了解锚杆的受力状态,并合理评价锚杆的支护作用效果。监测方法:确定监控量测断面,根据实际情况沿隧道周边钻孔,施做与锚杆材质相同的监测锚杆,并沿锚杆不同长度上布置测试元件,监测沿锚杆长度范围内各点的轴力(每个测孔内布置 3~5 个测点,测点布置如图 9-4 所示,监测锚杆如图 9-5 所示)。测试仪器可采用钢筋应力传感器连接而成的锚杆轴力计,或其他可替代的仪器(图 9-6),监测频率可参照表 9-3。

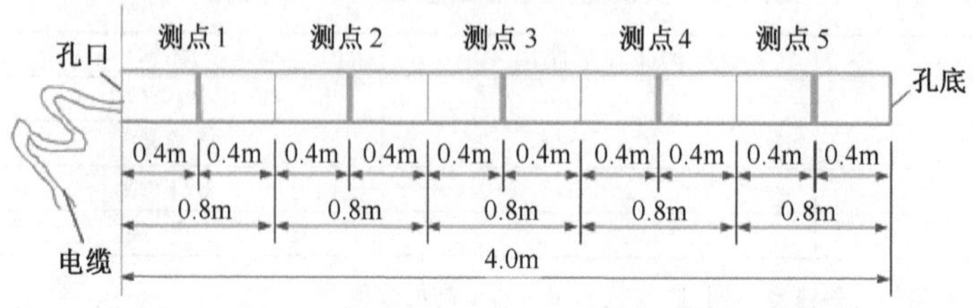

图 9-4 单个锚杆测点布置示意

表 9-3　锚杆轴力监测频率

开　挖(d)	频　率	开　挖(d)	频　率
1～15	2～4 次/d	30～90	1 次/周
16～30	1 次/d	>90	1 次/月

图 9-5　监测锚杆

图 9-6　钢筋应力计

9.2.3　围岩与支护压力

围岩与支护压力是指围岩与初期支护之间以及初期支护与二次衬砌之间的压力。通过了解初期支护对围岩的支护效果、初期支护与二次衬砌的实际承载情况，可以推断出复合式衬砌中围岩荷载的大小，进而优化支护参数。监测方法：沿隧道周边在围岩与初期支护之间以及初期支护与二次衬砌之间埋设土压力盒进行监测，测试仪器可采用 TYJ-22 型振弦式土压力传感器（图 9-7），或其他可替代的仪器。测点布置可参考图 9-8，监测频率可参照锚杆轴力监测（表 9-3）。

图 9-7　TYJ-22 型振弦式土压力计

9.2.4　钢架内力

通过测试钢架的应力或内、外侧的应变，可计算出钢架所受到的轴力和弯矩，了解钢架的实际工作状态以及钢架与喷混凝土组合对围岩的支护效果。监测方法：沿隧道周边在钢架内、外侧侧壁对称布置 5 对钢筋应力计进行监测。测试仪器可采用钢筋应力传感器，或其他可替代仪器。测点布置如图 9-8 所示，监测频率可参照锚杆轴力监测（表 9-3）。

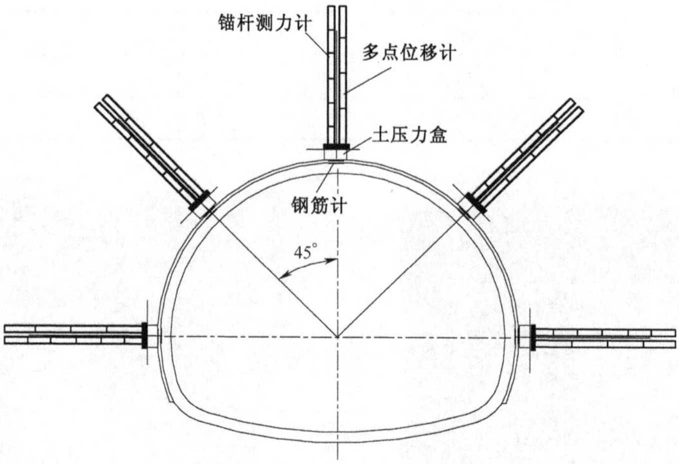

（a）锚杆轴力、格栅内力、初期支护内力

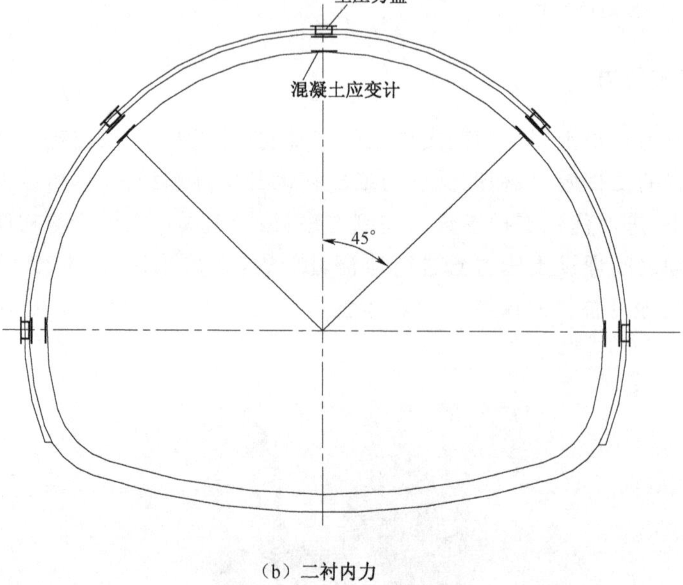

（b）二衬内力

图 9-8　内力监测项目测点布置示意

9.3　监控量测数据分析

监测工作应分阶段对量测结果进行总结和分析，及时处理、分析监测数据，评价围岩与支护体系的稳定性，并对施工方案提出合理建议。监控量测数据分析流程：首先，通过科学、合理的方法，用频率分布的形式把原始数据的分布情况显示出来，进行数据的数值特征计算，删除离散数据；然后，根据各监测项目数据变化规律和趋势进行曲线拟合，及时绘制位移—时间曲线；最后进行数据回归分析，掌握围岩、隧道结构受力的变化规律，并推算最终位移。监控量测数据分析应符合下列要求：

(1)根据量测值绘制曲线。

(2)选择回归曲线,预测最终变形值,并与控制基准值进行比较。

(3)对支护及围岩工作状态、施工方案进行评价。

(4)及时反馈评价结论,并提出合理建议。

监控量测位移数据管理等级见表 9-4。

表 9-4 位移数据管理等级

管理等级	管理位移(mm)	施工状态
Ⅲ	$U<U_0/3$	可正常施工
Ⅱ	$U_0/3\leqslant U\leqslant 2U_0/3$	应加强支护
Ⅰ	$U>U_0/3$	应采取特殊措施

注:U 为实测位移值;U_0为允许最大位移值。

9.4 监控量测信息反馈

监控量测信息反馈可按图 9-9 的流程进行。

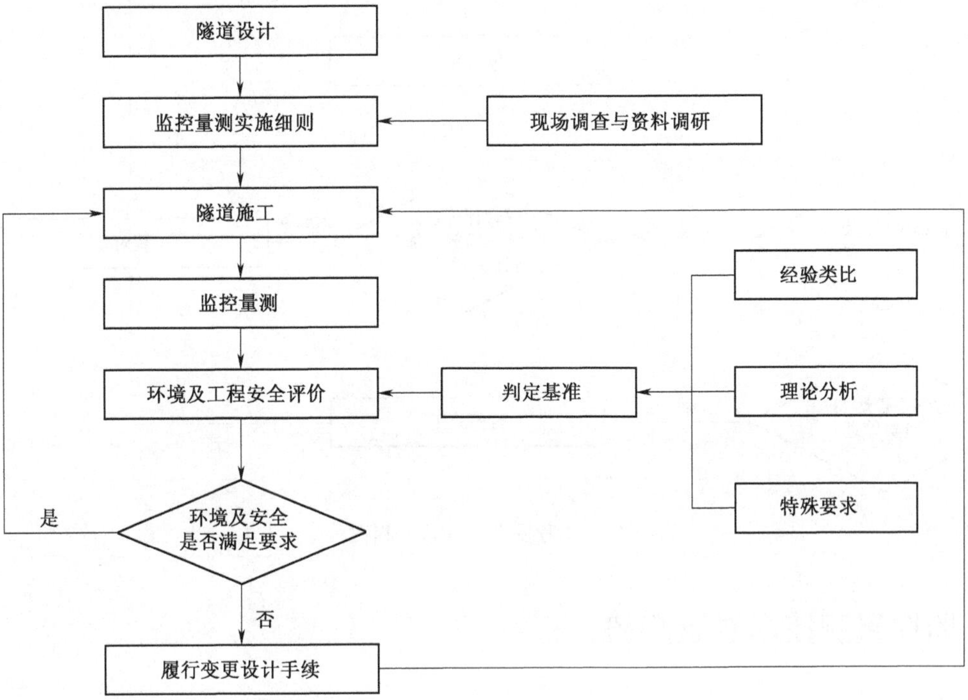

图 9-9 监控量测信息反馈流程

工程安全性评价及工程对策应符合表 9-5 的规定。工程安全性评价根据设计位移基准分为三个等级,评价流程如图 9-10。

表 9-5 工程安全性评价及工程对策

管理等级	距开挖面 1B	距开挖面 2B	工程对策
Ⅲ	$U<\frac{1}{3}U_{1B}$	$U<\frac{1}{3}U_{2B}$	量测小组负责人应向现场技术负责人汇报,并通知现场继续施工。监控量测数据分析完成后应反馈有关各方
Ⅱ	$\frac{1}{3}U_{1B}\leqslant U\leqslant\frac{2}{3}U_{1B}$	$\frac{1}{3}U_{2B}\leqslant U\leqslant\frac{2}{3}U_{2B}$	量测小组负责人应向现场技术负责人汇报,现场技术负责人应对分析结果进行复核,并将复核结果立即反馈到有关各方。监理单位应立即召集有关各方进行综合评价,提出处理意见。现场在上报分析结果的同时,应加密监控量测频次,必要时采取适当的工程措施
Ⅰ	$U>\frac{2}{3}U_{1B}$	$U>\frac{2}{3}U_{2B}$	量测小组负责人应立即向现场技术负责人汇报,确认后采取应急措施(包括暂停掘进、实施应急支护、撤离工作面作业人员和设备等),加强现场观测,防止发生危害。同时立即将信息反馈到有关各方。建设单位应立即召集有关各方综合评价,制定处理方案

注:B 为隧道最大开挖宽度;U 为实测位移值;U_{1B}、U_{2B}为位移控制基准值。

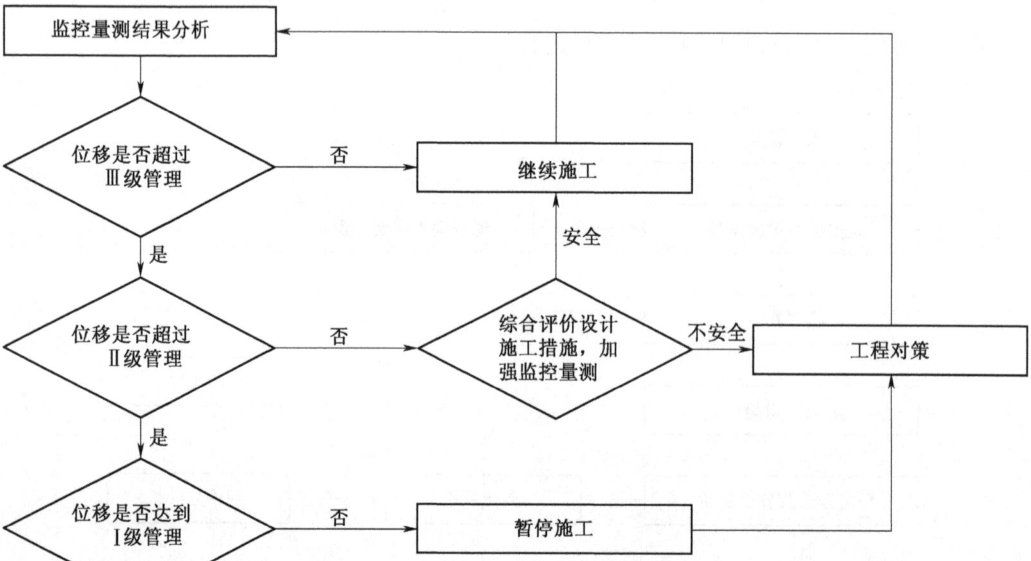

图 9-10 工程安全性评价流程图

9.5 监控量测技术发展趋势

目前,传统的隧道监控量测工作存在较多缺陷,以隧道净空收敛监测为例,通常是在隧道周围布置多个传感器,通过测得的角度计算出测点水平和竖直方向的变形。当存在大量断面需要观测时(如:Ⅴ级围岩地段需 5 m 设置一个断面),此时需布设大量的传感器,工作量较大;同时,该方法受环境影响较大,尤其是在光线较弱的条件下对其精度的影响较大,并且自动化程度不高,测量效率较低。

随着科学技术的发展与进步，隧道监控量测将逐渐朝着自动化的方向发展，越来越多的隧道将采用自动化监控系统开展监控量测工作。隧道变形自动化监控系统应用示意如图 9-11 所示，该系统通过现场采集仪进行数据采集，利用后台程序进行数据分析与提供报表，并结合系统和短信平台进行实时预警。系统由激光发射装置、图像传感器接收靶构成测试部件，并结合激光收敛测试仪对隧道变形进行监测，即通过在隧道内或洞口固定点设置激光定位器，测试点设置接收靶，激光定位器光斑投射至接收靶面，接收装置图像传感器采集激光光斑图像，通过特定图像处理算法，计算出光斑的位置坐标，测试坐标值并与初始坐标值进行比较，即可求得测点位置的水平及垂直位移，测试数据通过现场总线或无线模块传输至洞外现场监控中心；现场监控中心数据支持本地分析查看，并可通过网络发布至数据服务器，实现广域的隧道结构安全监测管理，从而构成网络化自动监控系统。

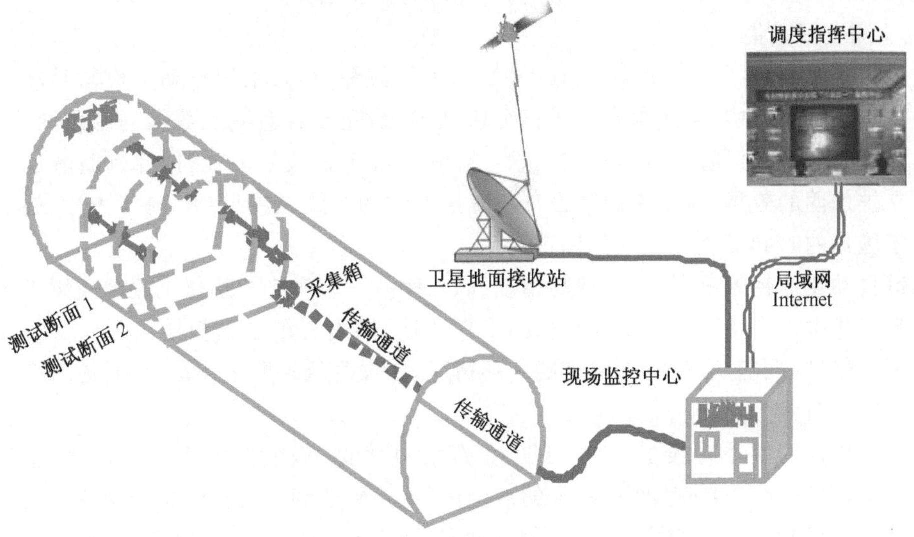

(a) 监测断面布置

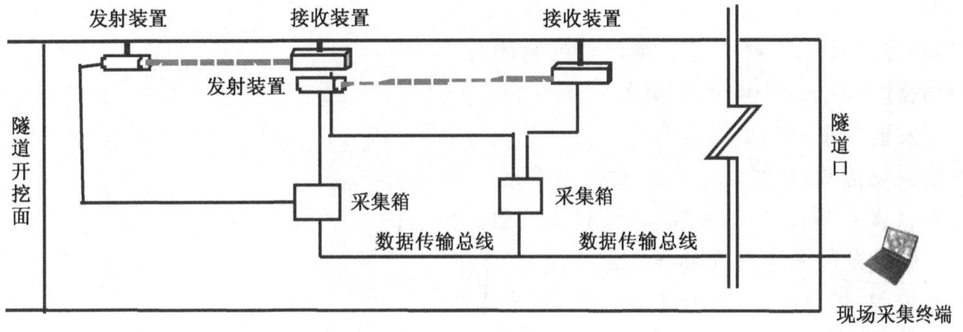

(b) 数据传输

图 9-11 隧道变形自动化监控系统应用示意

隧道变形自动化监控系统功能如下。

1. 实时分析查询监测信息

自动监测采集到的数据具有两个特点：一是数据量特别大；二是监测数据采集的频率不一

样,是个动态的过程。针对这两个特点,必须对自动监测数据采取动态分析的办法,系统将通过单纯采用数学方法与结合施工参数进行分析两种方法对施工安全状态进行评估。系统操作人员可以方便地查询当前和历史的监测数据信息,实时生成各类报表、监控量测数据时程曲线等。

2. 实时预警

数据服务器实时分析各类监测数据,通过短消息和在平台发布信息等多种形式组成预警、报警系统。一旦发现监测数据异常,系统就会进行报警提示,同时能够在网络上清晰地表现各工点、各测点的预警情况。

通过对实测值与报警值进行比较,将隧道工程施工划分为四个状态,其预警报警的等级分为四个等级:安全状态、三级警戒(关注)、二级警戒(预警)和一级警戒(报警)。针对不同的警戒等级,分别给出与之相对应的施工控制措施,确保隧道施工安全。

3. 常规监测数据采集与分析

常规监测内容主要包括地表沉降、拱顶下沉、周边收敛等内容,采用自动生成与手动录入的方式将数据储存在系统中,通过对数据进行分析处理,绘制出各监测点数据的变化曲线,同时将施工情况、工程进度、风险控制等相关信息一起提交给工程技术人员,据此判断隧道工程的稳定性及支护加固的效果,对施工前预设计所确定的结构形式、支护参数、施工方法、施工工艺以及各工序施作的时间等进行检验和修正。

除了隧道自动化监控系统以外,一些高精度、高效率的三维激光扫描仪也逐渐应用于隧道工程监控量测工作中。与传统的隧道监控量测工作相比,使用三维激光扫描仪可以快速的采集隧道空间三维信息,准确、全面把握隧道的变形情况,大大降低外业工作量,同时还具有高精度、高效率、环境适应能力强等优点。

三维激光扫描仪的型号有很多。以 RIEGL VZ-400 为例,该设备可从上至下,从左至右对目标快速扫描,获取整个目标表面高密度的点坐标(点云),达到对目标信息全面覆盖式的采集(图 9-12)。该设备数据采集效率高,一个测站通常 3~6 min 即可完成扫描,大大降低了外业工作时间;与传统仪器相比,数据信息传输、加工更为便捷与准确。以下是设备的基本参数(图 9-13):

扫描距离:600 m(对反射率为 90%的物体);

扫描精度:3 mm(100 m 距离处);

激光发射频率:300 000 点/s;

扫描视场范围:100°×360°(垂直×水平);

连接:LAN/WLAN 数据接口,支持无线数据传输;

对人眼安全的激光器:Laser Class1;

操作控制:机载面板 HMI,PDA 或笔记本电脑。

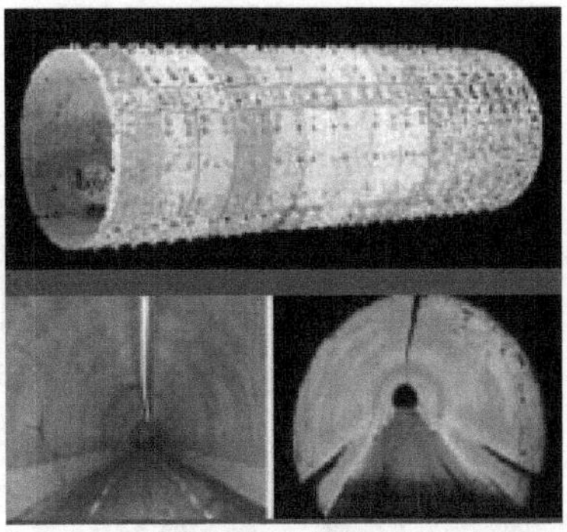

图 9-12　三维激光扫描仪点云采集

图 9-13　RIEGL VZ-400 三维激光扫描仪

10　高速铁路隧道附属构筑物施工技术

10.1　联络通道

高速铁路隧道作为特殊的行车空间，与一般开放路段截然不同，主要表现在封闭性、可达性低、情况不明性、联络与救援困难等。一旦发生事故，由于其封闭性的特点，极易酿成二次事故。带来更大的灾难与伤亡。对于长度超过 3 000 m 的特长隧道，联络通道设置不可或缺，如图 10-1 所示。

图 10-1　联络通道

10.1.1　联络通道施工工艺流程

联络通道施工工艺流程如图 10-2 所示。

10.1.2　联络通道施工

1. 开挖

联络通道开挖方式采用人工风镐进行开挖，局部较硬岩石可采用静力爆破方式进行开挖。开挖时严格按照设计要求断面开挖作业，不应欠挖，对欠挖部位进行修整，保证结构尺寸。超挖量严格按设计要求控制。开挖过程中应做好安全防护工作，并安排专人负责工作面的安全观察。

联络通道分做一次开挖完毕，开挖方法为正台阶(两个台阶)开挖方式进行开挖，上台阶开挖完毕可作为砂浆锚杆施工施作平台，断面开挖全部完成后立即进行通道初支施工。

2. 初期支护

联络通道采用喷锚网支护或挂网钢架支护。

沿通道拱部一定范围内环向布设砂浆锚杆。砂浆锚杆施工要点：

(1)钻孔前根据设计要求定出孔位，做出标记，孔位允许偏差为±15 mm。

(2)钻孔应圆而直，钻孔方向宜尽量与岩层主要结构面垂直，水泥砂浆锚杆孔径应大于锚杆直径 15 mm，并用高压风或高压水清孔。

(3)钻孔深度允许偏差为±50 mm。

(4)砂浆配合比(质量比)，水泥∶砂∶水宜为 1∶(1～1.5)∶(0.45～0.5)。砂的粒径不宜大于 3 mm，拌和均匀，随拌随用，一次拌和的砂浆应在初凝前用完。早强型黏结剂采用的水泥为早强型水泥，并加入早强剂；

(5)锚杆及黏结剂材料应符合设计要求，锚杆按设计要求截取，并整直、除锈除油；

(6)注浆开始或中途暂停超过 30 min 时，应用水润滑浆罐及管路，注浆口压力不得大于 0.4 MPa，注浆管应插至距孔底 5～10 cm 处，随水泥砂浆的注入缓慢匀速拔出，随即迅速插入锚杆，锚杆杆体插入孔内的长度不得短于设计长度的 95%，若孔口无砂浆流出，应将杆体拔出重新注浆；

(7)锚杆安设后不得随意敲击，其端部 3 天内不得悬挂重物。

按照设计要求采用一定直径和间距的钢筋网，钢筋网与锚筋采用点焊焊牢。喷射混凝土、钢架安装可参照隧道正洞初期支护喷射混凝土和钢架安装施工方法。

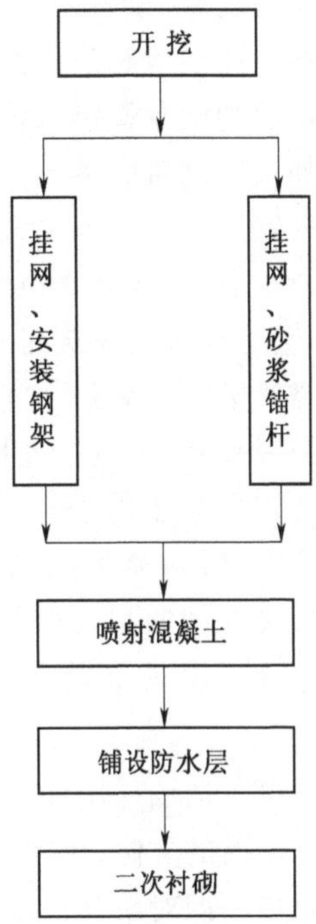

图 10-2　联络通道施工工艺流程图

3. 防水施工

联络通道采用 PVC 分区及注浆防水系统，分区采用背贴式止水带和防水板热风密实焊接，在每一道环向施工缝处及变断面两侧均设置背贴式止水带进行分区，环向施工缝间距不大于 9 m。同时在每个区域内预先设置注浆管和注浆嘴，注浆嘴间距 3 000 mm，以便针对局部渗漏点进行二衬和附加防水层之间的注浆。

联络通道防水层采用土工布缓冲层加复合防水板无钉铺设。施做顺序：首先对临时支护进行处理，当基面平顺并达到净空要求后，用射钉将垫圈和土工布缓冲层固定于基面之上，最后铺设 PVC 防水板，防水板之间采用搭接双焊缝热风焊接，搭接宽度 10 cm。

4. 二次衬砌

二次衬砌在防水设施铺设完毕后进行，主要包括钢筋制作安装、支模、混凝土浇筑等。其中，含进水泵房的通道在泵房底板、边墙、盖板施工完毕后进行二衬施工。

(1)钢筋。按照施工图纸的要求，在地面钢筋场加工钢筋，然后用电瓶车(或地面运输通过竖井吊入)运至通道处进行焊接、安装，焊接、安装的质量安装钢筋制作安装的有关规范和设计技术要求进行。

因隧道内施工净空小，对比较长的纵向钢筋可切为两段，在隧道内进行搭接，但应保证相邻搭接点错开距离大于 500 mm。搭接采用单面焊接方式，搭接长度 10 d(d 为钢筋直径)。

需要注意的是，在钢筋焊接过程中，避免把防水板烧破，影响防水质量。

(2)模板。拱顶部位使用特制钢模板，根据拱的直径，每圈定做一定数量的弧形钢模，并在封顶块和收口块预留供混凝土泵管伸入的位置，模板的支撑采用木桁架支撑。

(3)混凝土浇筑。因联络通道顶部为全封闭的结构，混凝土浇筑难度比较大，混凝土入仓、振捣都比较困难。为保证混凝土的浇筑质量，在完成底板混凝土(浇筑高程至边墙 30 cm 高)

达到一定强度后,拟采用边墙、拱顶混凝土一次浇筑成形。具体做法如下:

1)在安装模板时预留拱顶块模板。

2)将混凝土泵管接长,末端接上可转动的弯头,将弯头伸入待浇筑混凝土仓内,固定泵管(图 10-3)。混凝土的输入靠电瓶车运输,将混凝土罐和输送泵装在电瓶车上,运输至通道施工处,混凝土罐可以反复装罐,直至混凝土浇筑完毕。

3)浇筑按由两端到中间、由下至上的顺序进行。即由洞门两头开始浇筑,先把竖直段浇筑完毕,边墙段为了浇筑混凝土的需要,安装边墙模板时预留混凝土浇筑口,后封模板;然后浇筑拱顶部分,拱顶部分由两边向中间收口,最后安装预留有泵管位置的封顶块模板;由地面浇筑封口部位混凝土,直至注满。

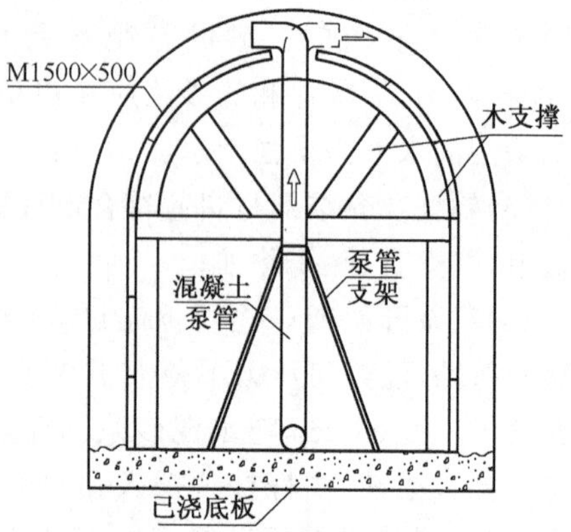

图 10-3　混凝土入仓示意图

4)振捣。边墙采用插入式振捣器结合外部振捣方法进行振捣,因拱顶混凝土仓空间有限,采用外部振捣的方法,用附着式振捣器在模板外部振捣,或在竖井内振捣。

5)收口。即对泵管的位置进行收口。泵管拆出后,安装封顶块模板,由竖井内浇筑混凝土收口(预留大约 0.3 m^3左右在竖井内),并振捣密实。

6)回填注浆。由于拱顶混凝土在浇筑混凝土过程中,由于混凝土自重作用,拱部混凝土背部无法浇筑密实,因此,在安装拱部模板时在拱顶位置预埋长度为 0.5 m 直径为 42 mm 的小导管进行注浆回填,小导管纵向间距为 2m,拱部布置一根。此工序在混凝土浇筑完毕即可进行。混凝土浇筑完毕,将混凝土罐、输送泵一起撤出。联络通道施工台车移至下一个通道处,继续施工。

10.2　水沟与电缆槽

10.2.1　技术要求

在施工电缆槽槽身混凝土时要结合各种预埋管线图和预埋洞室施工,保证预埋管线相通。

为保证路面净宽,防止电缆槽槽身混凝土施工时模板发生变形或移动侵入路面宽度,在模板定位时可整体向两侧偏移 1 cm,但必须保证模板垂直、槽壁厚度、和槽内净空尺寸。

单位工程施工前,选取一循环,进行水沟电缆槽试验,确定施工工艺参数。

10.2.2　水沟电缆槽常规施工方法

1. 施工程序

(1)电缆槽施工工序。

测量放线→电缆槽与矮边墙结合面凿毛→基底清理、冲洗→靠边墙电缆槽侧壁模板安装、混凝土浇筑→靠水沟侧电缆槽侧壁钢筋绑扎→电缆槽泄水管安装→底部混凝土浇筑→靠水沟侧电缆槽侧壁模板安装、混凝土浇筑→养护、拆模→电缆槽盖板预制及安装。

(2)排水沟施工工序。

测量放线→基底清理、冲洗→侧壁模板及塑料泄水管安装→混凝土浇筑→养护、拆模→水沟底部混凝土找平→排水沟盖板预制及安装。

2. 施工要求

(1)施工准备。

1)测量放线。为保证结构尺寸符合设计要求,两侧电缆槽、两侧排水沟与隧道中线的相对尺寸必须按施工图进行,不能随意改变。测量组根据设计图和施工技术交底要求,放样电缆槽、水沟定位基准线和水平基准线,并采用书面交底和现场技术交底形式将有关资料和测量点位交付现场技术员和领工员,书面交底资料必须交给该工区的技术负责人和生产副经理一份。

2)凿毛。若两侧矮边墙与电缆槽结合面光滑,必须采用凿毛处理,才能保证后施工的电缆槽壁与矮边墙黏结牢固,不产生裂缝或脱落,影响施工质量。因此在电缆槽施工前,采用风镐或短钎将矮边墙与电缆槽结合面凿毛,根据测量放线,局部电缆槽壁较薄的部位用小直径钢筋(ϕ8 mm)加强联结,植筋深度 10 cm,植筋锚固材料用锚固剂。

3)基底清理、冲洗。边墙结合面凿毛后,将水沟和电缆槽基底的松渣、杂物、淤泥清理,并用高压水凿毛后边墙结合面和基底冲洗干净。

4)试验段施工。单位工程施工前,选取一循环长度作为排水沟电缆槽施工试验段,确定工艺参数,用以指导该工序施工。

(2)施工工艺。

1)模板安装。根据测量放线,放出模板定位安装边线,然后安装模板,模板安装必须垂直,模板与模板之间的缝隙必须控制在 2 mm 以内,基底不平整部位在关好模板后用砂浆封堵,防止浇筑混凝土时漏浆,模板与模板之间不能有错台。为防止浇筑混凝土时模板上浮和跑模,影响混凝土施工和浇筑质量,沿模板底在基底纵向每 2 m 打设 ϕ22 mm 的固定钢筋,用铁丝加固牢固。模板每次安装前须清除板面混凝土块,涂抹脱模剂。模板在搬运过程中须轻拿轻放,防止模板变形,特别是定形钢模板。

2)钢筋绑扎。在浇筑通信信号电缆槽底混凝土时插入定位钢筋,保证钢筋绑扎过程中稳定,定位钢筋利用电缆槽主筋为 ϕ12 mm 钢筋,长度与间距与电缆槽主筋相同,埋置深度为 25 cm。纵向钢筋绑扎搭接长度不小于 20 cm。

3)PVC 横向导水管安装。横向导水管每 30 m 设一个,把纵向间距 5～10 m 的塑料管进水孔引入排水沟侧壁,在施工电缆槽排水沟底混凝土时安装,要定位牢固,孔口采用土工布封堵,防止浇筑混凝土时塑料泄水管跑位或混凝土灌入孔内。

4)泄水槽。在电缆沟底部设置泄水槽,泄水槽与侧沟排水沟侧壁连接,泄水槽宽 4 cm,间距 3～5 m。

5)混凝土施工。

①电缆槽身混凝土施工。电缆槽身混凝土强度等级为 C25,施工分三步施工,首先施工矮边墙侧槽壁混凝土及靠近中线侧槽壁,然后施工槽底混凝土,最后施工靠水沟侧槽壁。电缆槽身混凝土要分层浇筑,由于电缆槽在侧壁厚度仅有 15 cm,不能采用捣固棒振捣,用 ϕ25 mm 钢筋插捣密实,在插捣过程中注意对的 ϕ100 mm 塑料管进水孔保护,避免对其损坏。并用木棒轻轻敲打模板,使附着在模板上的气泡逸出,保证混凝土外观质量平整,无气泡和蜂窝麻面产生。当混凝土浇筑到槽壁顶后,电缆槽盖企口部位安放 10 cm×5 cm 木条。

②排水沟身混凝土施工。排水沟身混凝土强度等级为C25,施工分二步施工,首先施工两侧壁混凝土,然后施工沟底混凝土。电缆槽身混凝土要分层浇筑,由于排水沟侧壁厚度仅有13 cm,不能采用捣固棒振捣,用 ϕ25 mm 钢筋插捣密实,在插捣过程中注意保护塑料管进水孔,避免其损坏,并用木棒轻轻敲打模板,使附着在模板上的气泡逸出,保证混凝土外观质量平整,无气泡和蜂窝麻面产生。

6)电缆槽、排水沟盖板安装。在电缆槽槽身和排水沟沟身混凝土施工后,电缆槽、排水沟盖板安装前,测量组对已施工段电缆槽盖板、排水沟盖板安装基座进行检查,对不合格部位进行修凿或砂浆找平,确保电缆槽盖板、排水沟盖板安装基座平整,高程符合设计要求。电缆槽、排水沟盖板安装平顺,不晃动。

10.2.3 水沟电缆槽移动模架施工

隧道内水沟电缆槽断面小,轮廓面多、线条多,传统工艺施工中对人工技能要求高,成本高,施工质量受人为因素影响多,而且没有可用于水沟电缆槽施工的标准化设备。本条介绍的水沟电缆槽移动模架较好的解决了这个问题。

1. 传统水沟电缆槽施工方案利弊分析

传统的混凝土模板安装方案主要采用小块钢模(宽 30 cm,长 150 cm)按照构件尺寸的拼装,利用钢管、方木、型钢等作为背梁加强模板的整体刚度,再通过杆件支撑,使模板的空间位置固定。即所用的各种部件是零散的,每次使用都要把每个部件组装和拆卸一次。这种方案使沟槽整体线形难控制,易形成S轮廓线,如图 10-4 所示,板缝多,模板间错台容易超标,对工人的专业技能要求高,人工花费大。需要找到一种安装加固速度快,使用方法简单、费用低,既能保证沟槽质量,又能控制成本、满足进度要求的施工方案。

2. 水沟电缆槽移动模架的设计

移动模架总重约 4 t,长 11 m,宽 2 m,可采用人工推行移动或机械牵引移动,如 11 kW 的电动卷扬机。主要由模板、模架、定位卡组成,使用方便、简单,制作成本低,如图 10-5 所示。

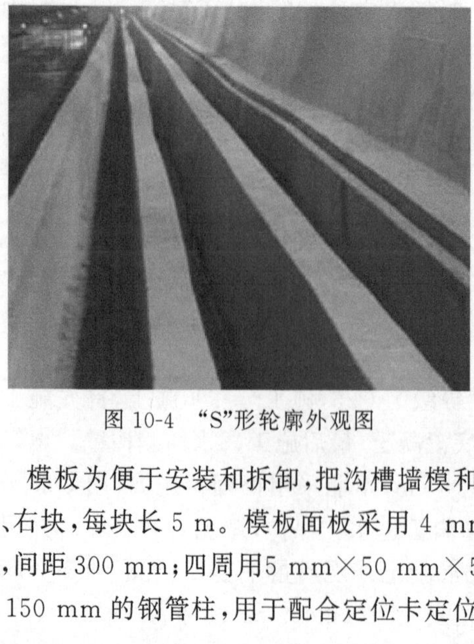

图 10-4 "S"形轮廓外观图

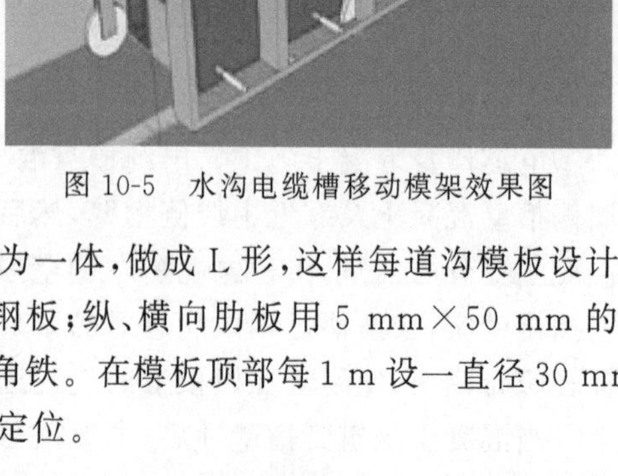

图 10-5 水沟电缆槽移动模架效果图

模板为便于安装和拆卸,把沟槽墙模和底模设为一体,做成L形,这样每道沟模板设计为左、右块,每块长 5 m。模板面板采用 4 mm 厚的钢板;纵、横向肋板用 5 mm×50 mm 的扁铁,间距 300 mm;四周用5 mm×50 mm×50 mm 角铁。在模板顶部每 1 m 设一直径 30 mm、长 150 mm 的钢管柱,用于配合定位卡定位使模板定位。

模架全部用 20 cm 槽钢焊接，采用 2 根 20 cm 槽钢作为模架内侧纵梁；外侧纵梁做成排架式，便于沟槽外边模的定位和安装行走滑轮；横梁 4 道，均由两条 20 cm 槽钢双拼形成方钢，中间两道横梁间距 5m，均在横梁中间留有 5 cm 宽的通缝，满足悬挂模板和使模板左右移动的作用；立柱 2 根，下端设行走滑轮，分别位于模架两端中间沟的位置，用于支承模架和移动。水沟电缆槽移动模架设计组装流程如图 10-6 所示。

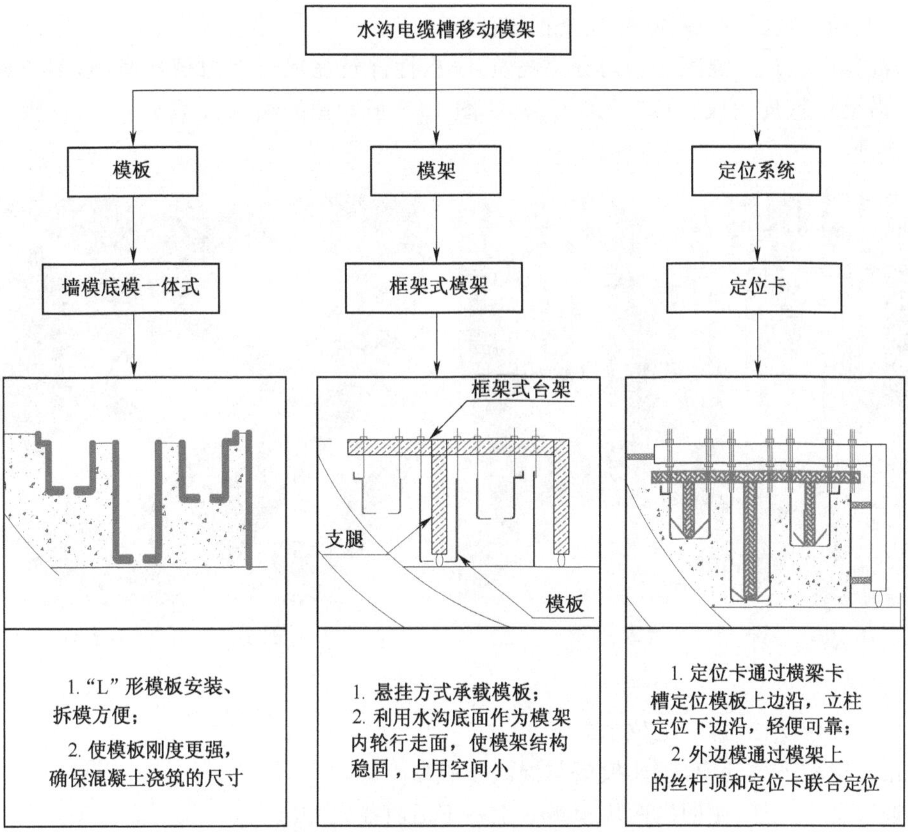

图 10-6 水沟电缆槽移动模架设计组装流程图

定位卡由 1 道横梁 3 条立柱组成。横梁采用 10 mm×100 mm×100 mm 角铁制作，在横梁上钻 U 形卡口卡住模板上的小立柱，定位模板上边沿；定位卡立柱采用 12 cm 槽钢制作，3 条立柱分别对应模板的下边沿，用于固定模板下边沿，如图 10-7 所示。

安装就位和定位措施为通过模架把模板、定位卡组合形成移动模架，总重量约 4 t。移动模架可纵向移动到施工地点，通过悬挂模板丝杆左右移动模板到设计平面位置，拧动丝杆上的螺母，调整模板到设计高程。用定位卡每米设置卡位模板上沿和下沿，再拧动排架上的丝杆顶住边模，便完成了移动模架的就位和固定。

3. 水沟电缆槽移动模架的使用步骤

(1)测量放线。

(2)钢筋制作安装。

(3)预埋件设置检查。

(4)模板安装。

1)测量放样,确定最外侧模板的位置。

2)模架移动就位,调整模架位置,使其外侧距边模位置约(30±10)cm处。

3)通过悬吊模板的丝杆将模板横向移动至设计平面位置,再通过拧动丝杆上的螺帽调模板高程至设计高程。

4)安装定位卡,拧紧定位螺栓,使模板位置固定。

5)安装挡头模板、涂脱模剂、检查预压件等。

(5)混凝土浇筑。混凝土均匀分层浇筑,一次性浇筑完成。因沟槽断面小,不能直接用罐车入模,需要用铁皮制成平口"["形溜槽,如图10-8所示凿孔引导混凝土入模,使模内混凝土面均匀上升。

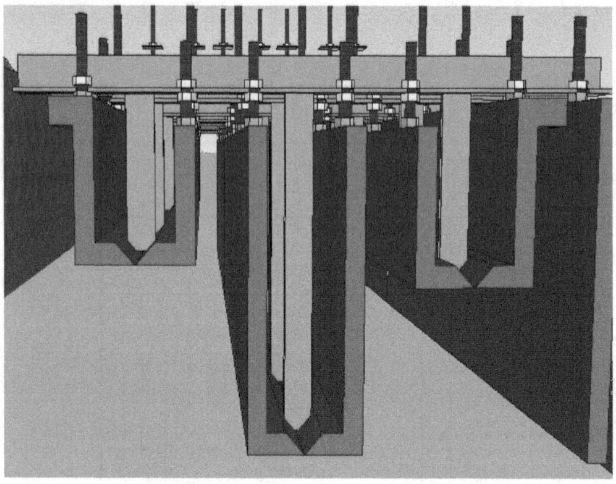

图10-7 模板与定位卡效果图

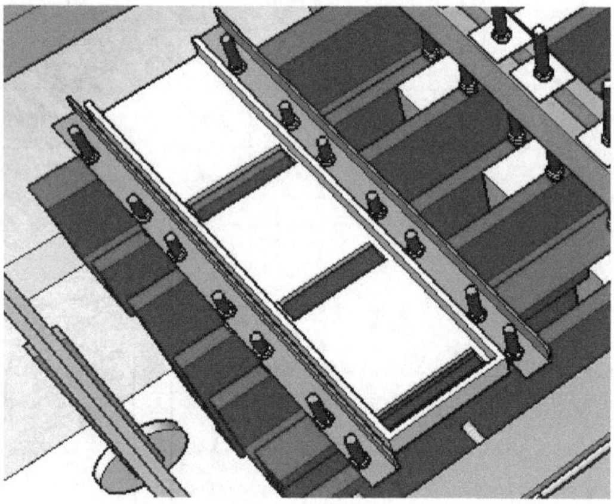

图10-8 "["形溜槽图

(6)拆模。

1)松开定位螺栓,拆除定位卡。

2)用小锤敲击振动模板,使模板与混凝土脱离。

3)调整悬吊丝杆,使槽内两块模板一上一下后收拢,提升。

4)移动模架整体至下一组施工位置,用11 kW电动卷扬机牵引,或人工用撬棍使模架向前滑动后,6人可直接推动行走。

4. 使用水沟电缆槽移动模架效果

(1)水沟电缆槽施工速度明显加快。使用小模板现场用锚固钢筋支撑和拼装,模板安装时间每单侧10延长米约需6 h,有的甚至达10 h以上。使用移动模架后,模板安装时间在2 h内就可完成。

(2)施工成本明显降低。前期使用的拼装小模板每单侧10延长米需要80 kg以上的钢筋来加固和支撑,需要6个专业模工6 h以上的工时来完成安装工作,约需要800元的费用。使用移动模架后,3个普工2 h完成,约需要90元左右的费用,每单边10延长米节省安装费用约700元。

(3)工程质量明显提高。小模板施工存在着板缝多,错台易超限,线条"S"形等情况,移动模架采用整体模板、定位卡定位,整体刚度好,有效避免上述问题,使水沟电缆槽达到了内实外美的效果,如图10-9所示。

图 10-9 成型的水沟电缆槽

图 10-10 泄水洞

10.3 泄 水 洞

泄水洞暗洞段因断面较小，一般可采用全断面开挖，无轨运输；特殊情况下，也可采用有轨运输。爆破、通风后及时清帮、找顶，进行快速初喷，人工安装，出渣后及时进行初期支护；在开挖支护完成后施工铺底混凝土，拱墙采用人工拱架钢模衬砌、泵送混凝土进行衬砌作业。自动计量拌和站生产混凝土，由混凝土运输车运送至衬砌作业面，如图 10-10 所示。

1. 泄水洞洞口段施工

开工前进行导线网复测，施工中及贯通后实行三级复核制，保证开挖结构尺寸正确。及时施作洞顶截水天沟，进行地表加固处理，确保边仰坡稳定。

(1)洞口土石方开挖。土方用挖掘机挖装，人工修整；石方用风钻打眼弱爆破，装载机装渣，自卸汽车运渣。自上而下分层开挖。开挖完成后进行进行边仰坡喷、锚、网、喷防护。

(2)进洞措施。泄水洞进洞措施同斜井洞口施工措施，具体见第 11 章。

2. 泄水洞暗洞开挖、出渣及运输

开挖前进行超前测量放线，画出开挖轮廓线。

(1)泄水洞开挖。泄水洞均采用全断面法开挖、光面爆破，硬岩段循环进尺 2.0 m；软弱围岩地段人工风镐开挖，必要时弱爆破，循环进尺为 0.8 m。

(2)钻爆设计。泄水洞开挖采用光面爆破。根据地质条件、开挖断面、开挖进尺、爆破器材等条件编制爆破设计，通过爆破试验确定爆破参数。

(3)出渣运输。出渣运输采用有轨运输系统，小型装载机装渣，梭式矿车运输至洞外，利用自卸汽车转运至弃渣场。

3. 泄水洞暗洞初期支护及辅助施工措施

喷射混凝土、锚杆、钢筋网铺设与钢架施工均同正洞施工。

4. 泄水洞暗洞模筑混凝土衬砌施工

泄水洞采用模筑衬砌，衬砌工序安排采取先底板后拱墙施工，底板混凝土采用全幅施工，拱墙衬砌采取人工拱架配钢模施工。具体施工方法同斜井施工。

5. 泄水洞暗洞施工通风

泄水洞施工采用压入式通风,保证施工工作面空气清新。

6. 泄水洞暗洞施工排水

泄水洞开挖期间采用潜水泵抽水至临时泵站,通过临时泵站将污水直接抽排出洞外,在泵站处设截水横沟拦截上方流水。

10.4 附属洞室

高速铁路隧道的附属洞室主要有避车洞、变压器室、中继器室、信号设备洞室等。

附属洞室施工时,为减小其对隧道的影响,附属洞室在隧道开挖到相应位置时开挖,采用人工风钻钻孔,预留光爆层光面爆破,装载机装渣,人工施作锚杆、挂网支护,湿喷机喷射混凝土,大小避车洞衬砌采用组合台架配整体钢模施工,其他洞室采用钢木组合模板,正洞衬砌一起施作。衬砌时按要求设置预埋件,衬砌完成后人工安设洞室门。隧道内洞室开口附近的正洞及洞室衬砌均设置钢筋网片,防止混凝土开裂。

11　高速铁路隧道辅助坑道施工技术

11.1　概　　述

辅助坑道一般分为横洞、平行导坑、斜井、竖井四种。它是为增加隧道工作面以缩短工期、改善施工通风、施工排水和施工运输等施工条件所设置的临时性隧道附属工程。

一部分辅助坑道作为运营通风、排水和防灾害使用，则成为永久性的隧道附属建筑。辅助坑道需要提前开工，为隧道施工创造有利条件。辅助坑道一般由设计单位设计。

各种辅助坑道的特点和适用条件见表 11-1。

表 11-1　辅助坑道的适用条件及特点

类型	适用条件	特　点
横洞	(1)隧道沿河傍山，侧面覆盖不厚； (2)隧道洞口桥隧相连施工互相干扰，或影响弃渣及场地布置； (3)洞口地质不良或路堑土石方数量大，工期紧迫，难以及时从正洞口组织掘进； (4)横洞长度一般小于 1/7～1/10 隧道长度	能增加隧道正洞工作面，设备简单，施工及管理方便，出渣、进料运输距离较短，但通风排烟较差，故事先应做好通风机具准备，施工中做好通风管理
平行导坑	(1)长度较大的深埋隧道，难以采用其他类型的辅助坑道； (2)有大量地下水或瓦斯	能增加隧道正洞工作面，提高施工速度，解决施工通风、排水及运输问题，其超前掘进还可以起到地质预报的作用
斜井	(1)隧道旁侧有较低地形，覆盖不厚； (2)井身地质较好，地下水不大	能增加隧道正洞工作面，出渣、进料运输距离较短，但坡度较大时需要有提升设备
竖井	(1)隧道洞身局部地段覆盖层较薄； (2)井身地质较好，地下水不大	能增加隧道正洞工作面，出渣、进料运输距离较短，但提升设备较复杂，深度大于 150 m 时施工正洞造价增加很大

11.2　辅助坑道设置

11.2.1　斜　　井

斜井由井颈、井身、井底平道组成。一般井底平道长 15～25 m。

设置斜井尽量避免穿过软弱破碎富水地层，斜井轴线与隧道中线的平面交角一般不小于 40°，倾角与提升方式相适应，通常不大于 35°。井身一般不设变坡，与井底变坡处采用竖曲线过渡。斜井采用主、附井时，主、附井轴线一般平行设置，间距视地质条件确定，一般为 20 m（图 11-1）。

图 11-1　斜井

斜井井口设在地质条件较好和不受水淹的地方,并有利于布置井口车场和弃渣场地。

1. 斜井的类型

斜井根据出渣运输方式的不同,分为有轨运输和无轨运输斜井两大类。根据提升容器的不同,有轨运输斜井可以分为箕斗、斗车和矿车三种型式,无轨运输斜井分为皮带机和自卸汽车配挖装机械两种型式。

各种斜井特点见表 11-2。

表 11-2　各种斜井特点表

分类	名　称		使用倾角	特　　点
有轨运输	箕斗斜井		≤35°	用箕斗出渣,斗车进料,提升速度较大,运输效率较高,且施工较安全,但井口和井底需有卸渣设备。 由于箕斗用于主井出渣,升降人员与运输材料使用附井,故建井时间较长,费用较高。多在斜井长且倾角大、提升量大的情况下使用
	斗车斜井		≤25° 一般 20°左右	用斗车出渣、进料,设备简单,应用较广,但提升速度受限制,施工安全方面不如箕斗
	矿车斜井	固定式	≤25°	可采用串车提升,由电瓶车牵引,多为混合井,不需设装卸渣仓,设备简单,在井口需摘挂钩,易发生脱钩溜车事故,提升速度较慢,提升能力较小
		倾卸式		可不设附井和渣仓,工程量小,投产快,成本低,设备简单,节省人力,井口不摘钩、较安全
无轨运输	皮带机斜井		≤15°	能连续运输,运量大,安全可靠,多为混合井,设备多,重量大,投资大,安装工期长
	自卸汽车斜井		≤8°	井底装渣后自卸汽车运出至卸渣场,设备少,出渣能力大,但内燃机污染大,要求斜井断面大,通风量大,且因受坡度限制而使斜井增长
	装载机斜井		≤8°	井底装载机自行装渣,在井口装车运至卸渣场。建井时采用装载机出渣效果较好

随着运输车辆性能的不断提高,目前设置斜井多倾向于采用自卸汽车的无轨运输方式,设

置倾角也可以根据选用的运输车辆性能而更大一些。

2. 斜井断面及井内设施

(1)斜井横断面。斜井一般采用拱形断面,断面净空尺寸根据运输工具外形尺寸、管(线)路布置、人行道宽度、安全间距以及施工通风要求等因素确定。

有轨运输斜井按轨道布置分为二轨单道、三轨双道、四轨双道三种断面形式。斜井长度短于100 m,担负隧道运量不大,一般选用二轨单道;斜井长度大于100 m,担负隧道运量较大,一般选用三轨双道;当斜井运量很大时,则选用四轨双道。

(2)井内设施。

1)车道。无轨运输车道宽度需保证运输车辆、挖装机械的安全行驶。有轨运输当采用三轨双道时,为了错车方便,在井身中部设置错车道。斜井倾角大于15°时,需用固定钢轨法或固定轨枕法防止轨道滑动,前者较后者构件简单,防滑可靠。

2)人行道和水沟。人行道有效宽度一般不小于1.2 m,采用皮带输送机的斜井人行道有效宽度不小于0.7 m。

斜井有水时设纵向排水沟,并与隧道内排水沟相连。

3)避车洞。有轨运输斜井调车场和井身每隔30～50 m设置避车洞,避车洞宽1 m,高1.6～1.8 m,深1.0～1.2 m,供人员躲避及临时存放工具。

4)滚轮(托辊)。有轨运输斜井用滚轮,包括大地滚、小地滚、立滚和胶滚四种。滚轮的作用是承托提升钢丝绳,避免其与枕木、道床、岩面发生摩擦,减少运行阻力。

大地滚安装于斜井坡道入口处,采用混凝土基础。小地滚安装于斜井井身坡道上,每隔15～20 m设置一个,可用螺栓固定在枕木上。立滚安装于斜井井底弯道处或安设在甩车道第一组道岔的一侧,以保证提升牵引角不大于15°,如设两个以上的立滚,其间距为1 m左右,并保证钢丝绳的折角不大于5°,为防止石渣坠落影响立滚转动,在其上方安设挡板。有时为了减小摩擦,也可用胶滚代替大地滚。地滚安装高度需注意不得妨碍矿车等通过。

大地滚、立滚和胶滚均可采用活滚筒,用螺栓与轮壳连接,磨损时更换滚筒即可。

5)管(线)路敷设。斜井内的管(线)路一般敷设于人行道侧,便于维修。当管路与电缆在同侧时,电缆线在上,不得将电缆直接挂在管路上,电缆架上也不得悬挂任何东西。电缆线悬吊支点间距不大于3 m。斜井内照明线、动力线、信号线分开敷设,照明需满足规范要求,灯间距不大于30 m。管路的敷设方式和安装方法与正洞基本相同,并以不妨碍行人安全为原则。

图11-2　斜井与隧道交叉口

3. 斜井与隧道连接及井底

斜井轴线与隧道轴线的平面交角一般不小于40°,在斜井与隧道的连接部位15～25 m处变坡布置成井底车场(图11-2),作为隧道与斜井联系的中转站。

箕斗斜井与隧道的连接方式有正交和斜交两种。

斗车、矿车斜井与隧道连接分为单联和双联两种形式。单联式井底车场连接结构简单、施工简便,但只能一个方向进出车,且调车作业较拥挤,适用于运量不大的短斜井。双联式井底车场能双向进出车,调车作业方便,但连接结构复杂,井底开挖量大,适用于运量较大和井身较长的斜井。

无轨运输斜井大多采用单连接方式。

井底车场布置注意事项:

(1) 平曲线半径的大小与车辆的轴距和列车长度有关,平、竖曲线半径一般可按表 11-3 选取。

表 11-3 平、竖曲线半径选取表

曲线类别	适用条件	曲线半径(m)
平曲线	一般斜井 主提升斜井	12～15 15～20
竖曲线	一般斜井 主提升斜井	20～25 25～30

(2)有轨运输道岔:电瓶车牵引地段和甩车道≥4 号,人力推车地段≥3 号。

(3)斗车挂勾车场长度:一辆斗车不小于 2 m,串车两辆以上不小于 4 m。

(4)甩车场空、重车溜放坡度采用 10‰～15‰。

(5)在摘钩地点设避车洞,并兼作信号间。

(6)车场设水泵房时,其底板比车场高 0.5 m,以免水淹。

4. 斜井的安全设施

(1)斜井的信号。以井口为中心,在井口与井底间和井口与绞车房之间,用声光信号联系,并安装直通电话,以随时掌握井上井下的运输状况。

(2)安全设施。

1)绞车要设深度指示器和防过卷装置,并在钢丝绳上设置明显的深度标志。

2)使用斗车的斜井在井口设置阻车器,在井身及井底车场变坡点附近设置挡车器,挡车器必须经常处于正位关闭状态,放车时方可打开。车辆本身设置断绳保险装置以防跑车。

3)斜井防跑车装置分为两种,一种是简易的防跑装置,安装在斜井井身内工作面处(斜井掘进时),或井底约 20 m 外,操作绳由开挖工人或信号工操作;一种是电动防跑车装置,该装置的控制电源与提升绞车的安全回路相互闭锁,自动控制。

4)连挂提升时,要有可靠的连接装置和断绳保险器,挂钩均加保险栓。

11.2.2 横洞及平行导坑

1. 横洞和平行导坑的横断面

横断面形状一般采用拱形,净空尺寸根据运输要求、管路布置、人行道宽度和设备间隙等因素确定。一般地段采用锚喷支护,必要时增加混凝土衬砌(图 11-3)。

2. 横洞与隧道正洞的连接

(1)横洞的线路方向根据隧道正洞的掘进方向确定,与隧道中线的平面交角一般不小于 40°,与隧道相交处的底部高程与该部位隧道底部开挖高程一致,考虑排水及运输要求,一般向洞外下坡修筑,采用有轨运输时纵坡为 3‰～10‰,无轨运输坡度不大于 14%。

图 11-3 横洞及平行导坑

(2)横洞与隧道的连接形式分为单联式和双联式。有轨运输方式下除因隧道洞口有施工干扰,为提前进洞而设的横洞采用单联式外,一般采用双联式。无轨运输一般采用单联式。

(3)平行导坑与隧道的连接。

1)平行导坑与隧道的净距一般为隧道开挖跨度 2～4 倍,两端洞口为争取较好的地形、地质条件可加大洞口的线间距,以斜交的形式进洞,用正向横通道和反向横通道与隧道连接,横通道与隧道交角一般采用 40°。

2)横通道间距一般不小于 120 m,在隧道洞口 500～700 m 地段间距可适当加大,横通道位置可结合洞室位置考虑,并避免通过断层破碎带。

3)正向横通道的方向是由平行导坑斜向正洞的掘进方向。为增加运输回路,每隔 600～800 m 或更长距离设置反向横通道。

4)平行导坑的纵坡通常与隧道纵坡一致,底面高程较隧道对应里程底部开挖高程低,无特殊需要时一般低 0.2～0.6 m,横通道坡度一般为 1%～1.5%。

11.2.3 竖　井

竖井一般由井颈(包括锁口)、井身和连接段(含井底水窝与通道)三部分组成。井颈和连接段受力较大,一般均设置混凝土支护,井身视围岩稳定程度及地下水情况确定支护类型,如图 11-4 所示。

图 11-4 竖井

1. 竖井横断面

竖井横断面有圆形和矩形两种。当围岩压力较大时一般选用圆形断面,井筒受力条件好。当围岩稳定性好井深不大时,则可选用矩形断面,其井筒利用面积大、便于布置、支护方便、进出车便利。当井深小于30 m 时,可用简易竖井,木框支撑。

竖井横断面一般布置有提升间、梯子间和管道间,其断面尺寸根据提升容器尺寸、梯子间尺寸、管路数量以及设备间隙等因素,用图解法确定。为便于竖井开挖,断面尺寸还应考虑凿井设备的布置要求。

(1)提升容器尺寸由每班出渣量确定。

(2)梯子间的平面尺寸一般不小于1.2 m×1.3 m,平台梯子孔长和宽分别不小于0.7 m和0.6 m,梯子宽度不小于0.4 m,上下两层梯子平台的距离不大于6 m。梯子下端距井壁不小于0.4 m,梯子的阶间距离不大于0.4 m,梯子间与井筒提升间要严密隔开。

(3)管道间按管道数量、管端法兰盘的外径尺寸布置,并须留有安装、检修和更换管路的空间。

(4)设备之间的最小间隙见表11-4。

表11-4 设备最小间隙表

罐道类别	间隙部位	最小间隙(mm)	备注
钢木罐道	罐笼与井壁之间	200	
	两个罐笼之间	200	罐道间不设罐道梁
	罐笼与梁之间	150	不装罐道的梁
钢丝绳罐道	罐笼与井壁之间	240~280	
	两个罐笼之间	300~350	
	吊桶与井壁之间	500	
	双吊桶的中间罐道绳之间	$250+H/3$	H为井深(m)
	吊桶与管道之间	500	钢丝绳悬吊管道
固定钢梁及各项悬吊设备与井筒中心之间		100~200	单纯悬吊吊盘≥250 mm
吊盘与井壁之间		100	

2. 竖井与隧道的连接及井底

(1)竖井与隧道的连接方式和井底车场布置。竖井与隧道的连接方式有垂直通道连接和环形通道连接两种,井底车场一般利用隧道正洞布置存车线和调车线,经由连接通道与竖井连接。

垂直通道连接式联络通道与隧道中线垂直,为单向出车,进出车时间较长,但联络通道较短,工程量较小。

环形通道连接式罐笼出车线与隧道中线平行,双向出车,进出车时间较短,但联络通道较长,工程量较大。

(2)竖井井筒与联络通道的连接。为了下放长材料,井筒与通道连接部位的高度较联络通道的一般地段高,采用渐变段过渡。

渐变段长度一般为5 m。渐变段高度计算公式:

$$H=0.7L-B \tag{11-1}$$

式中 L——下放最长材料的长度,m,一般按钢轨长12.5m计算;

B——圆形井筒的切割圆弦长或矩形井筒出车方向的宽度,m。

3. 竖井信号

竖井信号设施主要有电铃和色灯信号两种，凡罐笼或吊桶提升、下降、慢行、上下人、运长材料、运炸药及井筒的闭塞或开通，均用明确的声响或色灯信号显示，同时加设专用电话。

信号系统以井口为中心，在井口设总信号显示，在井口与井底之间和井口与提升机房之间分别设置信号电缆及装置，用铃声、色灯、电话联系井上、井下的作业。凿井时在吊盘上加设信号机。

一般情况下井内信号不得直接向提升机房发送信号，必须经井口信号员转发至提升机房。

11.3　辅助坑道施工工艺流程

辅助坑道洞(井)身掘进工艺流程如图11-5所示。

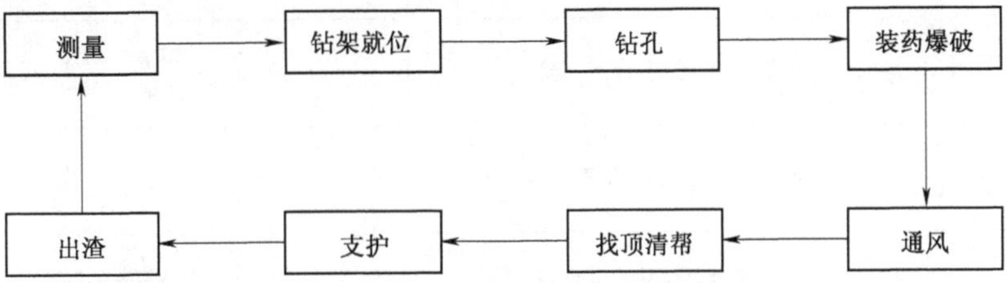

图11-5　洞(井)身掘进工艺流程图

11.4　辅助坑道施工技术要点

11.4.1　施工方案的确定

辅助坑道施工方案要参考设计要求确定。一般来说，横洞和平行导坑的施工方案与正洞采用的施工方案一致。

钻爆法施工的斜井、横洞、平行导坑在确定施工方案时原则上尽量采用无轨运输方式。通过竖井施工的隧道一般采用有轨运输方式。

11.4.2　设备选型与配备

采用无轨运输方式组织施工的辅助坑道设备的选择要综合考虑坑道断面尺寸、掘进长度、管线布置等因素，与隧道正洞无轨运输组织一致，可参考无轨运输部分，这里只介绍有轨运输的情况。

1. 斜井

斜井提升设备的选择通过计算来确定。

(1)一次提升时间。一次提升时间的计算见表11-5。

(2)提升容器容积V。

$$\begin{cases} V_{双钩}=\dfrac{k_2 t V_1}{3\,600 k_1 T} \\ V_{单钩}=\dfrac{k_2 t V_1}{1\,800 k_1 T} \end{cases} \tag{11-2}$$

式中　V_1——隧道每班出渣量，m^3；

T——隧道每班出渣时间,h;

k_1——满载系数,取 0.9;

k_2——提升不均匀系数,取 1.15～1.25;

t——一次提升时间,s。

表 11-5 近似的 t 值计算公式

提升类型	车场布置	计算公式(t 以秒计)
斗车单钩提升	上下部调车场均为甩车道	$t=\frac{2L}{V_{均}}+\frac{4L_{甩}}{V_{甩}}+\frac{4nL_{车}}{V_{甩}}+2t_{甩}+2t_{换}$
	上部甩车道,下部平车场	$t=\frac{2L}{V_{均}}+\frac{2L_{甩}}{V_{甩}}+\frac{2L_{下}}{V_{平}}+\frac{4nL_{车}}{V_{甩}}+t_{甩}+t_{平}+2t_{换}$
	上部平车场,下部甩车道	$t=\frac{2L}{V_{均}}+\frac{2L_{甩}}{V_{甩}}+\frac{2L_{上}}{V_{平}}+t_{甩}+t_{平}$
	上下部调车场均为平车场	$t=\frac{2L}{V_{均}}+\frac{2L_{上}}{V_{平}}+\frac{2L_{下}}{V_{平}}+2t_{平}$
斗车双钩提升	上部平车场,下部甩车道	$t=\frac{L}{V_{均}}+\frac{L_{甩}}{V_{甩}}+\frac{2L_{上}}{V_{平}}+t_{甩}$
	上下部调车场均为平车场	$t=\frac{L}{V_{均}}+\frac{L_{上}}{V_{平}}+t_{平}$
箕斗单钩提升		$t=\frac{2L_{提}}{V_{均}}+t_{斗}$
箕斗双钩提升		$t=\frac{L_{提}}{V_{均}}+t_{斗}$

注:1. L 为斜井井身长度(m);$L_{甩}$ 为甩车道长度(m);$L_{车}$ 为斗车长度(m);$L_{上}$ 为上部平车场长度(m),根据一次拉车数确定,一般取 6～15 m;$L_{下}$ 为下部平车场长度(m),一般取 6～15 m;$L_{提}$ 为提升长度(m)。

2. $V_{均}$ 为平均提升速度(m/s),一般 0.75～0.9,当提升长度小于 200 m 时取下限,大于 600 m 时取上限;V_{max} 为最大提升速度(m/s),斜井斜长≤300 m 时,斗车为 3.5 m/s,箕斗为 5.0 m/s,斜长>300 m 时,斗车为 5.0 m/s,箕斗为 7.0 m/s;$V_{甩}$ 为车组通过甩车道及道岔的速度(m/s),取最大提升速度的一般且不大于 1.5 m/s;$V_{平}$ 为车组在平车场的运行速度(m/s),一般取 1.5 m/s。

3. $t_{甩}$、$t_{平}$ 为在甩车场、平车场的停止时间(s),单钩取 30 s,双钩取 25 s;$t_{换}$ 为电机反转换向时间(s),取 5 s;$t_{斗}$ 为箕斗提升休止时间(s),取 8～10 s。

4. n 为一次提升斗车数(辆)。

一般斗车需要加固其连接装置,安全系数不小于 6。

现箕斗多采用无卸载轮前卸式,几种箕斗技术性能见表 11-6。

表 11-6 前卸式箕斗技术特征表

装载容积	轨距(mm)	轴距(mm)	适用井身倾角(°)	箕斗自重(kg)
2 m^3	900	1 600	<25	1 421.2
3 m^3	900	1 700	<25	1 975.6
4 m^3	900	1 800	<25	2 210.8
6 m^3	900	2 000	≤20	3 153.0

(3)提升钢丝绳的单位长度重量 P_k。

$$P_k=\frac{n(Q_1+Q_2)(\sin\alpha+f_1\cos\alpha)}{\frac{110\sigma}{m}-L(\sin\alpha+f_2\cos\alpha)} \tag{11-3}$$

式中 Q_1——提升容器及连接装置的自重,kg;

Q_2——提升容器的有效载重,kg;

L——钢丝绳提升长度,m;

σ——钢丝绳公称抗拉强度,取 155~170 kg/mm^2;

f_1——提升容器的阻力系数,取 0.01~0.015;

f_2——钢丝绳移动的阻力系数,取 0.25~0.4;

α——斜井倾角;

m——安全系数,提升人时取 9,提升物品时取 6.5;

n——一次提升的车数。

据此选择相应的钢丝绳直径。

(4) 提升绞车。提升绞车的选择,主要根据所悬吊设备的重量和方法来确定。一般单绳悬吊用单卷筒绞车,双绳悬吊用一台双卷筒绞车或两台单卷筒绞车。

1)卷筒径。

$$D=(60\sim80)d_{绳} \text{ 或 } D=(900\sim1\,200)d_{丝} \tag{11-4}$$

式中 $d_{绳}$——钢丝绳直径,mm;

$d_{丝}$——钢丝绳钢丝的直径,mm;

B——卷筒宽度。

单层缠绕时:

$$B=\left(\frac{H_3+l}{\pi D_{卷}}+n_1\right)(d_{绳}+\varepsilon) \tag{11-5}$$

多层缠绕时:

$$B=\left(\frac{H_3+l+(n_1+n_2)\pi D_{卷}}{n\pi D_{均}}\right)(d_{绳}+\varepsilon) \tag{11-6}$$

式中 H_3——斜井提升长度,m;

l——钢丝绳试验的备用长度,可取 30~40 m;

n_1——摩擦圈数,取 3;

n_2——每两个月移动 1/4 周的备用圈数,取 4;

$D_{卷}$——卷筒直径,m;

η——钢丝绳缠绕层数;

$d_{绳}$——钢丝绳直径,mm;

ε——钢丝绳圈间隙,取 2~3 mm;

$D_{均}$——平均缠绕直径(m),$D_{均}=D_{卷}+(\eta-1)\frac{d_{绳}}{1\,000}$。

2)最大静张力 F_{max} 和静张力差 $F_{差}$。绞车的能力是根据钢丝绳的最大静张力来标定的,因此所选用的绞车最大张应力要大于钢丝绳悬吊的终端荷重与钢丝绳自重之和,绞车筒的容绳量要大于绞车的悬吊深度。

$$F_{max}=n(Q_1+Q_2)(\sin\alpha+f_1\cos\alpha)+P_kL(\sin\alpha+f_2\cos\alpha) \tag{11-7}$$

$$F_{差}=F_{max}-nQ_1(\sin\alpha-f_1\cos\alpha) \tag{11-8}$$

3)电动机功率 N 的计算。

单钩提升:

$$N=\frac{K\cdot F_{max}\cdot V_{max}}{102\eta} \tag{11-9}$$

双钩提升:

$$N=\frac{K\cdot F_{差}\cdot V_{max}}{102\eta} \tag{11-10}$$

式中 K——电动机功率备用系数,取 1.2;

η——传动效率,一级传动为 0.9,二级传动为 0.85;

V_{max}——最大提升速度,m/s;

F_{max}、$F_{差}$——分别是最大静张力和静张力差,kg。

根据计算结果选用绞车,一般情况下大多采用卷筒直径小于 2 m 的绞车。

2. 竖井

竖井提升及悬吊设备的选择通过计算确定。提升方式分为单钩提升和双钩提升,选择提升方式主要根据隧道施工对提升能力的要求,并考虑提升电能消耗和调绳方便等因素。

用钢丝绳悬吊井内设备系统与提升系统近似。

(1)井架高度 H_1。

$$H_1=h_1+h_2+h_3+\frac{D_{天}}{4} \tag{11-11}$$

式中 h_1——井口卸渣台高度,m,吊桶提升为 5~6,罐笼提升为 0;

h_2——提升容器连接装置总高,m;

h_3——过卷高度,提升速度≤3 m/s 时,$h_3\geq 4$ m;提升速度>3 m/s 时,$h_3\geq 6$ m;

$D_{天}$——天轮直径,m。

(2)一次提升时间 t。

$$t=t_1+t_2 \tag{11-12}$$

式中 t_1———一次提升运行时间,s;

t_2———一次提升辅助时间,s。

1)吊桶提升。

①双钩:

$$t_1=4\sqrt{H_4}+\frac{2H_5}{V} \tag{11-13}$$

$$t_2=140\sim160 \tag{11-14}$$

②单钩:

$$t_1=8\sqrt{H_4}+\frac{2H_5}{V} \tag{11-15}$$

$$t_2=120\sim140 \tag{11-16}$$

2)罐笼提升。

①双钩:

$$t_1=\frac{H_3}{V_{max}/\alpha} \tag{11-17}$$

t_2 双面进出车用 15 s；单面进出车用 30 s。

②单钩：

$$t_1=\frac{2H_3}{V_{\max}/\alpha} \tag{11-18}$$

t_2 双面进出车用 30 s；单面进出车用 60 s。

式中 H_3——提升高度，m；

H_4——有稳绳的提升高度，m；

H_5——无稳绳的提升高度，m；

α——速度系数，取 1.2；

V——无稳绳的提升速度，m/s，取 1～2；

$V_{\max}$——最大提升速度，m/s，按表 11-7 选用。

表 11-7 竖井最大提升速度

竖井深度(m)	$V_{\max}$(m/s)		备　注
	罐笼	吊桶	
<40	2	0.75	无导向设备
40～100	3	1.50	沿导向设备
>100	6	3.00	沿导向设备

(3)提升容器的容积 V。

1)吊桶的容积，按装渣生产能力 P(m^3/h)选定。

①双钩：

$$V=\frac{Pt}{3\ 600k_1} \tag{11-19}$$

②单钩：

$$V=\frac{Pt}{1\ 800k_1} \tag{11-20}$$

2) 罐笼的斗车容积，按隧道每班出渣量 V(m^3)选定。

①双钩：

$$V=\frac{k_2tV_1}{3\ 600k_1T} \tag{11-21}$$

②单钩：

$$V=\frac{k_2tV_1}{1\ 800k_1T} \tag{11-22}$$

式中 k_1——容器装满系数，取 0.9～0.95；

k_2——提升不均匀系数，取 1.2～1.25；

T——隧道每班出砟时间，按三班制，每班 5 h；

t——一次提升时间，s。

根据计算结果选用吊桶、斗车及相应的罐笼。

(4)钢丝绳的单位长度质量 P_k。

1)提升钢丝绳：

$$P_k=\frac{Q_1+Q_2}{\frac{110\sigma}{m}-H_2} \tag{11-23}$$

2)悬吊钢丝绳：

$$P_k=\frac{Q_{悬}}{\frac{110\sigma}{m}-H_2} \tag{11-24}$$

3)罐道钢丝绳：

$$P_k=\frac{Q_{拉}}{\frac{110\sigma}{m}-H_2} \tag{11-25}$$

式中 Q_1——提升容器及连接装置的自重,kg;

Q_2——提升容器的有效载重,kg;

$Q_{悬}$——悬吊物的自重和载重,kg;

$Q_{拉}$——罐道的拉紧力,kg,井深每百米按 1.1～1.6 t 计算;

H_2——钢丝绳的最大悬垂高度,m;

σ——钢丝绳公称抗拉强度,155～170 kg/mm²;

m——安全系数,提升人取 9,提升物取 6.5,悬吊吊盘、吊泵取 6,悬吊管路取 5,悬吊安全梯取 9,拉紧罐道绳取 6。

根据计算,选用相应的钢丝绳直径,由于罐道钢丝绳长期运行有磨损,应考虑保证罐道刚度,一般可选用 6×7 的钢丝绳,且其直径不小于 20.5 mm 为宜。

(5)天轮直径。

提升天轮：

$$D=(60\sim80)d_{绳} \text{ 或 } D=(900\sim1\,200)d_{丝} \tag{11-26}$$

悬吊天轮：

$$D=(20\sim30)d_{绳} \text{ 或 } D=(300\sim450)d_{丝} \tag{11-27}$$

式中 $d_{绳}$——钢丝绳直径,mm;

$d_{丝}$——钢丝绳钢丝的直径,mm。

(6)绞车。

1)卷筒直径:卷筒直径一般采用与天轮直径一致,采用式(11-26)和式(11-27)计算。

2)卷筒宽度。

单层缠绕时：

$$B=\left(\frac{H_3+l}{\pi D_{卷}}+n_1\right)(d_{绳}+\varepsilon) \tag{11-28}$$

多层缠绕时：

$$B=\left(\frac{H_3+l+(n_1+n_2)\pi D_{卷}}{\eta\pi D_{均}}\right)(d_{绳}+\varepsilon) \tag{11-29}$$

式中 H_3——提升高度,m;

l——钢丝绳试验的备用长度,备用 30～40 m;

n_1——摩擦圈数,取 3;

n_2——每两个月移动 1/4 周的备用圈数,取 4;

$D_{卷}$——卷筒直径，m；

η——钢丝绳缠绕层数；

$d_{绳}$——钢丝绳直径，mm；

ε——钢丝绳圈间隙，取 2～3mm；

$D_{均}$——平均缠绕直径，m，$D_{均}=D_{卷}+(\eta-1)\frac{d_{绳}}{1\,000}$。

3)最大静张力 F_{max} 和静张力差 $F_{差}$。绞车的能力是根据钢丝绳的最大静张力来标定的，因此所选用的绞车最大张应力要大于钢丝绳悬吊的终端荷重与钢丝绳自重之和，绞车筒的容绳量要大于绞车的悬吊深度。

$$F_{max}=Q_1+Q_2+P_kH_2 \tag{11-30}$$

$$F_{差}=Q_2+P_kH_3 \tag{11-31}$$

4)电动机功率 N 的计算。

单钩提升：

$$N=\frac{K\cdot F_{max}\cdot V_{max}}{102\eta\alpha}\rho \tag{11-32}$$

双钩提升：

$$N=\frac{K\cdot F_{差}\cdot V_{max}}{102\eta\alpha}\rho \tag{11-33}$$

式中 K——电动机功率备用系数，取 1.2；

η——传动效率，一级传动为 0.9，二级传动为 0.85；

ρ——动力系数，取 1.4；

V_{max}——竖井最大提升速度，m/s；

α——速度系数，取 1.2；

F_{max}——最大静张力，kg；

$F_{差}$——静张力差，kg。

根据计算结果选取相应的提升设备。

3. 平行导坑及横洞

平行导坑和横洞的施工方案一般结合正洞施工方案综合考虑，钻爆法施工时通常按无轨运输或有轨运输组织，机械设备的选择和配置方法也与相应的正洞一致。

11.4.3 场地布置

辅助坑道施工的混凝土拌和站、供风、供水、供电等常规设施的布置与隧道正洞无异，但对于竖井及有轨运输方式的斜井而言，则需要布置提升设备。

1. 斜井井口车场的设施及布置

有轨运输斜井布置井口车场时，要因地制宜，充分利用地形条件来满足提升设备的安装要求，并以便于弃渣、供料为原则。一般斗车斜井井口设井架，箕斗斜井井口设卸渣架。提升是由钢丝绳绕过井架或卸渣架上的提升天轮通过绞车牵拉。

(1)斜井口至井架距离 L_1 和井架高度 H_g。

1)斗车斜井单钩提升井口设置甩车场。

$$L_1=(l_1+l_2+l_3+l_4)\cos\alpha \tag{11-34}$$

$$H_g=(l_1+l_2+l_3+l_4)\sin\alpha-\frac{D_u}{2} \tag{11-35}$$

式中 l_1——缓冲距离,一般取 7～9 m;

l_2——道岔连接长度,m;

l_3——1～1.5 倍车组长度,m;

l_4——过提升距离,取 5～6 m;

α——栈道倾角,一般 6°～7°;

D_u——提升天轮直径,m。

2)斗车斜井双钩提升井口设置平车场。

$$L_1=l_1+l_2+l_3+l_4 \tag{11-36}$$

式中 l_1——井口竖曲线终点至道岔起点的长度,一般取一个斗车长度约 2 m;

l_4——根据进口线路的平面布置确定,以井架脚不妨碍斗车通过为原则,m。

其他参数意义同式(11-35)。

井架高度以满足钢丝绳牵引角 $\beta_1\leqslant 9°\sim 10°$ 的要求,并便利斗车在钢丝绳下通过为准。

3)箕斗斜井卸渣架高度及其到井口的距离根据卸渣架的型式和转运斗车高度而定,以满足箕斗卸渣及漏斗下面出入车方便为准,并需要考虑斗车进料线的位置。

(2)绞车与井架水平距离 L_2。

1)单钩提升。

$$L_2\approx\frac{B-Y}{2\tan\alpha} \tag{11-37}$$

式中 B——卷筒宽度,m;

Y——提升天轮的横向游动距离,m;

α——绳偏角,卷筒为一层缠绕时取 1°30′,卷筒为多层缠绕时取 1°10′。

2)双钩提升。

当 $B>S-a$ 时:

$$L_2\approx\frac{2B+a-S-Y}{2\tan\alpha} \tag{11-38}$$

当 $B<S-a$ 时:

$$L_2\approx\frac{S-a-Y}{2\tan\alpha} \tag{11-39}$$

式中 a——两卷筒内缘距离,m,可由设备图查得,对于 XKT(B)型直径 2～3.5m 的绞车 a 值为0.124～0.128 m;

S——两提升天轮中心距离,m。

2. 竖井施工设备及其布置

竖井井口一般装备有井架、绞车、天轮、卸渣台、井盖、运输轨道等设施。在井筒内一般设置有吊桶、罐笼、吊盘、吊泵、通风管、供水管、排水管、压风管、混凝土输送管、动力电缆、信号电缆、安全梯等设备,并有罐道作提升导向。

(1)井架。

1)钢管井架:钢管井架通常由钢管、型钢和圆钢拼装连接而成,每个杆件不宜太重以便于安装、拆卸和运输。井架的四个方向具有相同的稳定性,天轮平台允许四面出绳,可在井口相对的两侧或四周布置绞车。这种井架矿井使用较广，煤矿有专门的定型设计，包括五个型号共七种，可满足井径 3.5～8 m，井深 200～1 000 m 的竖井施工，其中Ⅴ型井架更适用于大型机械化配套设备的深井施工。几种型号井架的适用条件及主要尺寸见表 11-8。

表 11-8　竖井钢管井架的适用条件及主要尺寸表

井架型号	井筒深度(m)	井筒直径(m)	井架底部跨距(m)	天轮平台平面尺寸(m)	基础至天轮平台的高度(m)	基础至翻渣平台的高度(m)	井架金属结构重量(t)
Ⅰ	200	3.5～5.0	10×10	5.5×5.5	16.242	5.0	25.094
Ⅱ	400	4.5～6.0	12×12	6.0×6.0	17.250	5.8	30.623
Ⅲ	600	5.5～6.5	12×12	6.5×6.5	17.346	5.9	33.067
$Ⅲ_G$	600	5.5～6.5	12.83×12.83	6.5×6.5	19.846	8.4	39.473

2)拼装钢井架：在铁路竖井施工中多采用具有投产快、使用期短、方便实用及安全可靠特点的拼装钢井架。其主塔架及罐道支架主要部分有万能杆件拼成，个别杆件特殊设计制作。该井架由建井阶段转为使用阶段仅需少部分改装，即竖井建井施工阶段的井架主要由天轮平台、过卷平台、倒渣系统等组成，而通过竖井施工隧道阶段井架主要由天轮平台、拉紧平台、串绳平台及罐道支架等组成。

3)简易井架：简易井架有摇头扒杆、人字架、三角架、龙门架及临时木井架等多种类型，一般在浅井施工和建井施工使用。也可以根据设备条件采用吊车或挖掘机的吊杆代替简易井架。

(2)绞车。对较深的竖井绞车参照斜井的计算选用，简易浅井的提升绞车，可选用一般的工程用绞车。绞车与井架的相对位置通过计算确定。

1)天轮与卷筒间弦长。

①双卷筒提升

当 $B>S-a$ 时：

$$L_{弦}=\frac{2B+a-S}{2\tan\alpha} \tag{11-40}$$

当 $B<S-a$ 时：

$$L_{弦}=\frac{S-a}{2\tan\alpha} \tag{11-41}$$

②单卷筒提升

$$L_{弦}=\frac{B}{2\tan\alpha} \tag{11-42}$$

式中　B——卷筒宽度，m；

α——钢丝绳容许偏角，提升绞车不大于 1°30′，稳车不大于 2°；

a——两卷筒内缘距离，m，可由设备图查得，对于 XKT(B)型直径 2～3.5 m 的绞车 a 值为 0.124～0.128 m；

S——两提升容器或悬吊物中心距离，m。

2)卷筒中心至提升中心或悬吊中心距离。

$$b=\sqrt{L_{弦}^2-(H_1-C)^2}+\frac{D_{天}}{2} \tag{11-43}$$

式中 H_1——天轮中心至井口高度,m;

C——绞车卷筒中心高出井口值,m;

$D_{天}$——天轮直径,m。

3)钢丝绳仰角。提升绞车钢丝绳仰角按所选用绞车的厂家规定选用。5 t绞车的仰角一般为19°～52°,8 t绞车的仰角一般为27°～50°,需要用公式进行核算。

当天轮与卷筒直径一致时:

$$\phi_1=\arctan\frac{H_1-C}{b-0.5D}+\arcsin\frac{D}{\sqrt{(b-0.5D)^2+(H_1-C)^2}} \tag{11-44}$$

$$\phi_2=\arctan\frac{H_1-C}{b-0.5D} \tag{11-45}$$

4)绞车相互间距离按下列要求布置。两台绞车并列布置:当一台使用,另一台允许将手柄拆除时,两台绞车卷筒中心线的最小间距为3.5 m;两台同时使用时,其最小间距为5 m。

两台绞车前后布置:以绞车基础互不妨碍为原则,两卷筒中心距离为2.5～2.7 m,一般用3 m。

(3)天轮。天轮分提升天轮和悬吊天轮两种,悬吊天轮又按绞车的性能分为单槽和双槽。提升吊桶、罐笼等用提升天轮,悬吊管路或其他设备用悬吊天轮,必要时也可用滑轮代替天轮。

天轮一般安装在井架顶部的天轮平台上,由天轮梁承托,如布置不下全部天轮时,可以分层布置。天轮位置为井内设备悬吊点的位置,天轮梁与天轮出绳方向平行,两天轮梁间的距离满足天轮轴承的间距要求。为避免钢丝绳和井架碰撞,可以架设导轮或将天轮垫高。

提升天轮使用的钢丝绳直径不许可大于该天轮所允许的绳径。当提升钢丝绳的仰角大于45°时,应重新核算天轮有关零件的强度。

提升天轮直径D与钢丝绳直径d及其围包角α的关系见表11-9。

悬吊天轮轴承座螺栓一律采用M24一个规格,设计时未考虑因水平分力所承受的剪力,因此安装时,轴承座必须设有挡板。

表11-9 天轮直径与钢丝绳直径及围包角的关系表

围包角α	天轮直径D
>60°	>60d
60°～35°	>40d
35°～15°	>30d
<15°	不受限制

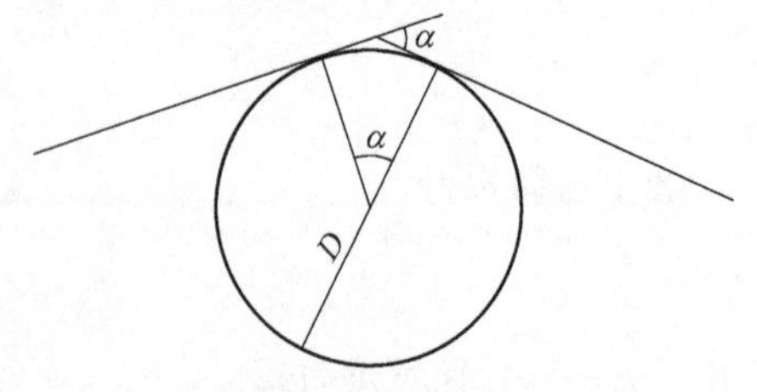

(4)提升容器。竖井在凿井时期,提升容器采用吊桶;竖井建成后,隧道出渣采用罐笼。简易竖井的出渣也可用吊桶;在采取安全措施后,也有用斗车直接提升的。

1)吊桶与吊钩装置。吊桶有挂钩式、座钩式及底卸式三种。前两种是用以出渣、排水(井内涌水量小于6 m^3/h)、升降人员和材料的主要容器。后者主要用于向井下运送混凝土。

有关吊桶规格尺寸见表11-10。

表 11-10 吊桶规格及主要尺寸表

吊桶形式	吊桶容积(m^3)	桶体外径(mm)	桶口直径(mm)	桶体高(mm)	吊桶全高(mm)	桶梁直径(mm)	质量(kg)
挂钩式	0.5	825	725	1 100	1 730	40	194
	1.0	1 150	1 000	1 150	2 005	55	348
	1.5	1 280	1 150	1 280	2 270	65	478
	2.0	1 450	1 320	1 300	2 430	70	601
座钩式	2.0	1 450	1 320	1 350	2 480	70	728
	3.0	1 650	1 450	1 650	2 890	80	1 049
	4.0	1 850	1 630	1 700	3 080	90	1 530
	5.0	1 850	1 600	2 100	3 480	90	1 690
底卸式	1.2	1 450	1 320	1 485	2 757	70	815
	1.6	1 450	1 320	1 730	3 004	80	832
	2.0	1 650	1 450	1 965	3 200	85	1 066

竖井提升过程中悬挂吊桶用的钩头装置由钩头和连接装置组成，与吊桶配套使用，小于 7 t钩头装置采用不偏心护绳环、板卡连接，大于 7 t 钩头装置采用锥形套筒连接器连接。钩头装置规格尺寸见表 11-11。

表 11-11 钩头装置规格尺寸表

规格(t)	钩头装置高度(mm)	板卡段高度(mm)	吊钩开口直径(mm)	吊钩及连接装置质量(kg)	板卡质量(kg)	总质量(kg)	推力轴承型号	适用吊桶(m^3)
3.6	1 184.5	1 250	85	69.5	17.5	87	8 310	≤1.5
5.0	1 282	1 500	90	75.8	34.2	110	8 311	2.0
7.0	1 493	1 750	100	89.0	56.0	145	8 313	3.0
7.0	1 538		100	160		160	8 313	3.0
9.0	1 733		120	190		190	8 413	4.0
11.0	1 853		120	215		215	8 414	5.0

使用期间要有专职人员对吊桶桶梁、销轴、耳环、铆钉、焊缝及其钩头装置进行检查，发现有异常情况或磨损超限时，立即更换。

2)罐笼和罐座。施工时根据隧道中使用的斗车尺寸及罐道类型自行设计制作罐笼，其连接装置的安全系数不小于 10。

当竖井建成后，井底车场及隧道采用罐笼时需要设罐座来承托。

(5)卸渣台。采用吊桶出渣，一般在井口设卸渣台，可利用井架搭设，亦可单独架立。一种形式是在卸渣台上铺木板，在吊桶通过的位置设卸渣门，井架上悬挂翻渣挂钩，吊桶提出卸渣台后，用翻渣挂钩钩住吊桶底部铁环，然后放松提升钢丝绳，吊桶翻倒、石渣经溜槽卸下。

简易浅井为减小井架高度，可不设卸渣台，根据具体条件采取在井盖上挂钩翻渣，或用平车在井口接运吊桶至弃渣场卸渣的办法。

(6)井盖。井盖由钢梁和木梁作骨架、上铺木板或钢板组成，钢梁嵌在井口的井壁上。井盖上设有井盖门及其他悬吊设备通过的孔口，井盖门在吊桶通过前开启，通过后关闭。其他孔口不通过悬吊物时用盖板或麻袋盖严。井盖上铺设钢轨与井口轨道连接。

(7)吊盘。吊盘是井筒支护的工作平台,同时也是井筒开挖工作的保护盘,也可用作拉紧稳绳的稳绳盘。吊盘一般用钢圈和钢梁作骨架、上铺木板或钢板组成,盘上布置有通过吊桶、吊泵、安全梯和各种管线路的孔口,其位置与井盖布置相对应;盘边设有可伸缩的插销以固定吊盘的位置;吊盘直径一般比井筒直径小100～200 mm;盘与井壁间的间隙用麻袋或胶皮堵塞。矿井用的吊盘有单层、双层、三层等多种形式。

吊盘可用单绳或双绳悬吊:单绳悬吊时,钢丝绳应离开井筒中心 250～400 mm;双绳悬吊时,两绳连线一般与稳绳连线平行。单行作业的竖井在开挖时,吊盘位置距开挖面一般为25～40 m,在支护时,吊盘位置随支护工作面而移动。

(8)罐道。

1)钢丝绳罐道。钢丝绳罐道也称为稳绳,有重锤式和液压螺杆拉紧式两种,均适用于1 000 m以内各种深度的井筒内罐笼提升时的导向。前者用于箕斗井时较经济适宜,后者张紧效果好,适用范围广安装也简便。

罐道用钢丝绳有普通、密封和半密封三种。

吊桶提升时,两根钢丝绳罐道布置在吊桶两侧,由滑架将提升钢丝绳与罐道联系引导吊桶提升,滑架与吊桶配套使用,其规格见表 11-12。

表 11-12 滑架系列表

滑架距离(m)	适用范围			允许碰撞速度(m/s)	保护伞直径(mm)	高宽比	最大宽度(mm)	总质量(kg)
	吊桶规格		翻渣形式					
	容积(m^3)	最大外缘直径(mm)						
1.40	1.0	1 150	自动翻渣或非自动翻渣	2	1 150	1∶2	1 470	96
1.55	1.5	1 280			1 300		1 620	108
1.70	2.0	1 450			1 450		1 770	120
1.85	3.0	1 650			1 580		1 930	173
2.05	4.0,5.0	1 850			1 780		2 130	196
2.20					1 930		2 280	218

为减轻提升过程中滑架对钢丝绳的冲击作用,延长滑架及钢丝绳的使用寿命,要设置提升绳与稳绳的缓冲器。罐道绳上端绕过井架上的天轮由稳车拉紧,罐道绳下端系在稳绳盘上,稳绳盘由盘边的可伸缩插销插入岩帮固定,或在井底设置固定在底梁上的滑套以制约其摆动。液压螺杆拉紧式的钢丝绳终端,则以在井底处设双楔块紧固器固定。

罐笼提升时,钢丝绳罐道的布置形式有对角、三角、四角和单侧等,一般布置在罐笼的四角。滑架安装前,按总图检查零件是否齐全、质量是否达到要求;所有螺栓必须配置弹簧垫圈或采用双螺母,以防螺母松退坠井伤人。使用时加强日常维护检修工作,滑套各部位螺栓及架体每日必须检查一次,发现破裂等现象立即处理。

稳绳滑套和提升滑套内表面磨损极限不得超过 3 mm。

2)木罐道。木罐道一般用于木框架支护的矩形竖井,罐道一般采用 120 mm×150 mm、150 mm×180 mm、180 mm×200 mm 方木,每根长 4～6 m,罐道梁一般采用 160 mm×180 mm、180 mm×200 mm、200 mm×240 mm的方木。安装罐道可随支护同时进行,安装比较方便。

3)钢轨罐道。钢轨罐道一般用 24 kg/m 钢轨制作，罐道梁一般用 20 工字钢埋入井壁或支承在壁圈(喷射混凝土支护)上。它不如钢丝绳罐道结构简单、安装方便。

(9)管路、线路。压风管、排水管、给风管、通风管、混凝土输送管等管路一般靠近井壁布置，以不妨碍井筒掘进和进口装卸、运输工作为原则。管路安装方法有钢丝绳悬吊法和井内固定吊挂法，前者接长管路工作在井口进行，不占用竖井掘进时间，但是用绞车和钢丝绳较多；后者可以简化凿井设备布置，节省施工器材，但在井内接长管路需要占用竖井掘进时间。

1)钢丝绳悬吊法。钢丝绳悬吊有单、双绳悬吊两种。井深在 250 m 以内时，采用单绳悬吊压风管为宜，管路上端安装平衡连接卡，下端设终端连接卡，每节钢管设两个中间卡。压风管一般悬吊至吊盘上方，吊盘以下用胶皮管延伸并配分风器向工作面供风。

双绳悬吊通风管，管路下端装终端卡箍，其上每节通风管装一副中间卡。接长管路时，先拆下弯头再松平衡绳；接好管路后，先装平衡绳，调直后再装弯头。

悬吊照明电缆时，卡箍处设胶质软垫。

2)井内固定吊挂法。井内吊挂已经从预埋钢梁或螺栓固定管路发展到采用锚杆固定管路，其动力、照明、信号电缆可以单独吊挂，也可以随同有关管路联合吊挂，爆破作业的竖井电缆要单独吊挂；在设罐道梁、梯子梁的井筒中，还可以用罐道梁、梯子梁固定管路。

(10)安全梯。在凿井时期，为了在突然停电及提升设备等发生故障时保证井内施工人员安全撤出，需设置安全梯。它由缓转器、护绳环、连接钢丝绳、U 形卡、绳卡、梯架、梯步等组成。可用 JZA5/1000 型安全梯绞车或 5 t 手动与电动绞车单独提升。

竖井深度不大时，也可采用型钢制作安全梯供人员上下。

(11) 注意事项。

1)竖井井内悬吊设备需按设备间隙和设备安装要求布置，力求合理，使之互相不干扰，满足凿井时的作业以及隧道施工时的工作需要。

2)提升系统的布置，需由井内悬吊设备布置方式、井架结构形式及井口地形等因素确定。

3)竖井井口运输线路应将弃渣场、材料堆放场、混凝土搅拌站、机修场等与井口连通组成运输环线。

4)竖井设计安装井架时，尽量使吊桶提升中线与罐笼提升中线一致，最好是吊桶的悬吊点即为罐笼的悬吊点，以减少改装工作。

11.4.4 辅助坑道洞口施工

1. 斜井

井口土石方开挖，根据斜井设计并结合实际地形情况选定洞口后，人工清除洞口范围植被及覆盖层。土方采用挖掘机配合自卸车挖、装、运，石方采用手持风钻钻孔，浅眼爆破，装载机装运。所有土石方均就地作为场地填料。洞口土石方施工完成后，根据洞门边仰坡地质情况确定是否施作锚网喷混凝土。并根据边仰坡稳定情况和岩体破碎程度确定锚杆间距和喷混凝土厚度。洞口坡面防护施工完成后，及时施作截排水沟，防止地表水进入斜井，影响施工。

斜井开挖进洞后，及时衬砌洞口 5～8 m 段，混凝土采用全断面一次浇筑成型，拱架采用型钢弯制加工，边墙采用方木加固支撑，模板采用隧道专用组合钢模。在建井初期，混凝土由临时拌和站拌制。作为辅助施工的斜井可用前倾式翻斗车运输，人工翻铲入模，ZX-25 型插入式捣固器振捣；用作隧道附属建筑而永久使用的斜井，衬砌采用泵送混凝土。为了增加洞口段衬砌在受载时的稳定,衬砌边墙脚人工挖成不少于 1.5～2.0 m 长的台阶。

2. 竖井

根据设计并结合实际地形情况选定井口位置后,人工清理井口施工场地植被,土方采用挖掘机配合自卸车装运,石方采用手持风钻钻孔,浅眼爆破,装载机装运,所有土石方均就地作为场地填料。井口场地土石方施工完成后,立即施作场地边坡防护。为防场地积水,边坡顶设截水沟,场地四周设排水沟,断面大小根据排水量确定。

井口开口时采用人工开挖,风镐配合,可采用机械或人工装渣,在建井过渡期采用简易龙门架或轻型吊车出渣。井颈衬砌及井座在井口开挖成型后即时施工。锁口衬砌混凝土采用组合钢模配少量木模拼装,桁架支撑。混凝土拌制采由临时拌和站拌制,人力车运输到井口,经漏斗通过导管输送入模。插入式捣固器振捣。混凝土拌制时严格控制水灰比,防止在输送过程中出现离析影响结构质量。

3. 平行导坑

当平导洞口与隧道洞门距离较小时,可考虑平导洞口与隧道洞门同步施工,洞门圬工分部砌筑。平导两端洞口为争取较好的地形和地质条件,可增大平导洞口与隧道洞门之间的距离,这样平导洞口需单独施工。

洞口范围先人工清理植被,土方数量较小时,人工清理覆盖层,浅眼爆破石方,并就近作为平整场地填料。

洞口土石方完成后,根据边仰坡地质情况,及时作好锚喷支护洞口端、翼墙砌筑,尽早完善洞外截排水系统。

4. 横洞

洞口土石方开挖,根据选定的横洞洞门实际情况,人工清除洞口范围植被及覆盖层,土方数量较大时采用挖掘机装车,自卸车运弃。石方采用手持风钻钻孔,浅眼爆破清理洞门,人力手推车出渣就地作为场地填料,洞口土石方施工完成后,及时施作截排水沟,洞口坡面防护。

11.4.5 开　　挖

1. 斜井

斜井井身开挖是斜井施工的关键工序。由于井身断面小,爆破难度大,在进行钻爆方案设计前认真调查和研究地质情况对钻爆设计十分重要,在施工过程中根据不同的地质情况须不断修正各项参数。钻爆设计一般以楔形掏槽、光面爆破为主。根据围岩稳定情况每循环进尺在 1.5～2.0 m 左右,手持风钻钻孔作业时要求做到:稳、准、直,必要时用炮棍设置参考方向。炮眼精度要求与正洞施工相同。当工作面积水不能完全排除,影响钻爆进度时,可将井身分部开挖。

在建井初期,由于设备到位、安装、调试均须要较长的时间,不能形成生产能力,井口段以人工装渣为主,运输方式选择 0.7 m^3 矿车或手扶胶轮车用小型卷扬机提升,或采用小型四轮车运输均能保证施工进度要求,随着掘进深度的增加,设备生产能力逐步形成,出渣转为正常施工。

(1)装渣:根据井身围岩情况,中硬围岩段爆破块体均匀可采用 ZYP-30 型平斜两用耙斗装渣机,软岩或坚硬围岩段爆破块体小、粉末多,可采用铲斗式Ⅲ型斜井装渣或 146 型正装侧卸装岩机。

(2)运输:可采用 $V=2.0\ m^3$ 侧卸矿车运输,XKT1×2.5×2B—30 型绞车提升,最大提升能力 9 t,最快提升速度 3 m/s,功率 200 kW。运距 450 m 以上。轨道采用 24 kg/m 轻型钢轨,轨距 762 mm。

(3)卸渣:采用万能杆件或贝雷梁拼装天轮架、卸渣架、上架栈桥。绞车将矿车拖上卸渣架后,用 5 t 电运葫芦单侧提升矿车倾倒矿渣。卸渣架下用斗车或 4.5 t 自卸车接渣,运到指定渣场。

2. 竖井

竖井开挖一般分段作业,开挖与支护交替进行,每段开挖深度根据围岩的稳定情况,支护类型确定。钻爆采用直眼掏槽,光面爆破,在倾斜岩层中可采用楔形掏槽,裂隙水十分发育地段为方便作业采用梯台开挖超前掏槽,钻孔采用环形钻架作业,将多台凿岩机悬挂在钻架上,可同时对多个炮孔施钻。钻孔精度要求与正洞一样,经检查合格后吹孔并用木楔塞紧。

装药采用药串法作业,有水时采用防水药包或胶质炸药。装药作业时不得在吊盘上进行其他作业。炮孔采用炮泥堵塞,长度不小于 40 cm,爆破采用微差毫秋雷管,并用电雷管起爆。

(1)装渣。在建井初期采用简易设备出渣,当井深达到一定规模时,为确保施工进度则采用机械装渣,可选用 HK4 型中心回转式气动抓岩机。抓岩机由吊盘上气动绞车悬吊,高度不小于 15 m,操作时先抓出桶窝后再将渣堆抓平然后分层抓取。有水时应先抓出水窝以便排水。清底时须防止机体歪倒或叶片夹块漏渣,必要时采用人工检底清帮,为抓岩机创造条件。

(2)提升。

井架:建井阶段施工用井架包括主塔及罐道支架,采用万能杆件拼装,个别杆件需特别设计,井架由天轮平台、拉紧平台、串绳平台、卸渣平台、溜渣槽组成。

吊桶:建井阶段使用的吊桶有挂钩式、底卸式两种,挂钩吊桶主要用于出渣排水,底卸式吊桶用于向下运送混凝土。

绞车:提升绞车可选用 HK—8A 型提升机,提升钢绳根据悬挂物体的最大重量选型,其安全系数必须满足规范要求。横向移动选用 JM2 型卷扬机将吊桶牵引到溜渣槽顶。

(3)出渣。出渣平台上采用 5 t 电动葫芦,单侧提升吊桶,将矿渣倒入溜渣槽,溜渣槽下用 4.5 t 自卸车接渣,运到指定弃渣场。

3. 平行导坑

施工采用全断面掘进,直眼掏槽,手持风钻钻孔,导爆管网路,周边光面爆破。钻眼作业和锚喷构筑均采用 $\phi 40$ mm 钢管搭设临时作业台架。正反横通道与平行导坑的交岔口应在平导掘进时一次开挖并作好支护,平导掘进速度要保证超过正洞两个横通道,起到提前预报地质和辅助正洞施工。

4. 横洞

施工采用全断面掘进,直眼掏槽,手持风钻钻孔,导爆管网路,周边光面爆破。钻眼作业和锚喷构筑均采用 $\phi 40$ mm 钢管搭设临时作业台架,拱顶初喷混凝土在渣堆上作业。

11.4.6 支 护

1. 斜井

为了保证施工安全,在斜井围岩较差段一般采取锚喷支护,必要时采取衬砌混凝土加强支护。喷锚支护紧跟开挖作业面,在放炮、找顶后拱部初喷混凝土 3～5 cm 厚,待开挖面前进后,

用 ϕ40 mm 钢管搭设临时作业台架,安装拱部锚杆。锚杆间距根据围岩类别及稳定情况确定,最后复喷 5～8 cm 混凝土。锚喷支护施工完成后,随时观测支护变形情况,发现裂缝出现,查明原因,加设锚杆或局部撬掉重喷。

喷射混凝土时将喷射机布置在井口旁边,用管道作远距离压风送料。这样喷射机不必频繁移动且可减少井内噪声及粉尘。喷射机的工作风压需随输料管距离的增长而增大,以确保喷射混凝土质量。

采用混凝土衬砌时,沿井身自下而上浇筑,边墙基础挖成台阶,其他工序与洞口混凝土衬砌相同。

2. 竖井

采用锚喷支护在爆破后先整平井底虚渣,将环形钻架作为临时工作平台,进行钻孔、注浆和安装锚杆工作。注浆机、喷浆机安装在井口,拌料经输料管输送到井下。喷射手在吊盘上作业,先用高压风清扫岩面后分片自下而上喷射,有水时自水源外周逐步向中心压缩,最后封闭。支护完成后须随时检查其变形情况,若有裂纹需查明原因后增设锚杆或撬掉重喷。

混凝土衬砌支护施工与井颈混凝土施工方法相同,仅增设混凝土输料管布置。

3. 平行导坑及横洞

根据设计要求,若坑道为永久建筑,采用混凝土作永久支护衬砌,否则只在不良地质段和横通道出入口施作混凝土衬砌,其余洞段施作锚喷支护,安装锚杆和喷射混凝土均人工搭设临时钢管作业平台,开挖成型后及时施作临时支护。

混凝土衬砌采用全断面施工,永久使用的坑道采用整体钢模台车、泵送混凝土衬砌。临时加固的衬砌混凝土可采用钢拱架和方木作模板支撑加固系统,人工翻铲入模,插入式捣固器振捣。混凝土拌和站与正洞施工综合考虑,不单独设置,在施工过渡期间,采用 JZ—350 型搅拌机设临时拌和站。

11.4.7 排　水

斜井井口边仰坡上方设置截水口,下方设置排水沟,采用浆砌石砌筑,断面尺寸根据汇水量大小确定。斜井在建井期间,由于反坡施工,围岩裂隙水和钻孔高压水均汇集到掌子面,不能自动排出,可在掌子面一角设集水坑,采用小型抽水机将水抽到水箱内,再由大型抽水机排出斜井。

斜井裂隙水较多时在斜坡段的人行道下以及平坡段的靠水仓侧设置排泄水沟,将水引排到斜井与正洞交叉口设置的水仓。同时正洞施工阶段施工排入也是流入水仓后由泵房内安装的离心泵排出。

竖井井口场地四周设排水沟,场地边坡顶设截水沟,防止地表水进入竖井。竖井建井期间,如果裂隙水较发育,可在井底一角凿一汇水窝,采用小型抽水机将水抽入吊桶内,存满后提出井外。竖井使用期间,正洞裂隙水及施工污水排入井底水仓,由井底抽水机排出。

平行导坑与横洞的施工排水和正洞施工排水一致。

正洞施工期间认真作好水文地质的超前预报工作,落实防涌水的应急措施,一但涌水,在排水无效的情况下,立即转移机械设备并迅速撤离危险区。

12 高速铁路隧道施工通风与防尘

高速铁路隧道长大隧道非常普遍，施工通风的重要性不言而喻，通常决定着隧道施工的独头掘进长度和辅助坑道的设置，影响着隧道施工安全、质量和进度；更为重要的是，它关系着隧道施工作业人员的身心健康。

目前，施工现场普遍采用的通风方式主要有两种：一种是压入式通风，一种是巷道射流式通风。

12.1 压入式通风

12.1.1 压入式通风及其特点

压入式通风是一种地下洞室的机械通风方式，它是利用设置在洞外的通风机通过通风管道将新鲜空气送至工作面，以供给洞内足够的新鲜空气，污浊空气沿隧道流出，稀释、排除有害气体和降低粉尘浓度，从而达到改善劳动条件，保障作业人员身体健康的目的，如图 12-1 所示。

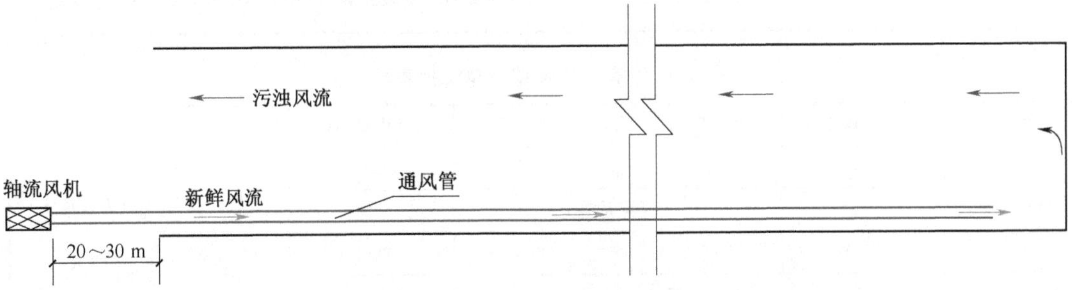

图 12-1 压入式通风原理示意图

压入式通风的特点是利用通风设备直接将洞外新鲜空气压送至工作场所，从而达到需要的工作环境条件。它具有的特点：有效射程大，冲淡和排除炮烟的作用较强；工作面回风不通过风机、风管，对设备污染小，在有瓦斯涌出的工作面采用这种方式比较安全。

压入式通风一般适用于独头掘进长度小于 1 500 m 的隧道，竖井等的施工通风。无轨运输施工的隧道一般以压入式通风为主。应该注意到，随着大功率风机、大直径管道的使用，在隧道断面允许的情况下，压入式通风的适用长度已经达到了 2 500 m，甚至更长。

12.1.2 压入式通风设计

1. 计算依据

(1)采用的劳动卫生标准。

1)压入风流中(按体积计)：氧气(O_2)不低于 20%；二氧化碳(CO_2)不超过 0.5%。

2)洞内每立方米空气中,粉尘允许最高浓度:含10%以上游离二氧化硅的粉尘2 mg;含10%以下游离二氧化硅的粉尘10 mg;含10%以下游离二氧化硅的水泥粉尘6 mg。

3)空气中有害气体最高容许浓度见表12-1。

瓦斯(CH_4):爆破地点20 m内,风流中瓦斯浓度必须小于1.0%,回风道中,瓦斯浓度不超过0.75%。

4)洞内供风量:按每人每分钟供给新鲜空气3 m^3,采用内燃机作业,每1 kW供风量不小于3 m^3/min。

5)风速要求:全断面(包括竖井)开挖时不小于0.15 m/s,坑道内不小于0.25 m/s,并均不大于6 m/s。

6)洞内工人作业地点的空气温度,不超过28 ℃。

7)洞内工人作业地点噪声,不超过90 dB。

(2)有害气体浓度单位换算。主要有害气体浓度单位换算见表12-2。

表12-1　空气中有害气体最高容许浓度表

有害气体	最高容许浓度		附　注
	%	mg/m^3	
一氧化碳(CO)	0.002 4	0	在作业时间短暂时,一氧化碳浓度放宽值: 作业时间　1 h以内为50 mg/m^3 0.5 h以内为100 mg/m^3 15～25 min为200 mg/m^3 在上述条件下反复作业时,两次作业时间须间隔2h以上
氮氧化物换算二氧化氮(NO_2)	0.000 25	5	

表12-2　有害气体浓度单位换算表

项目	一氧化碳CO	硫化氢H_2S	二氧化硫SO_2	二氧化氮NO_2	换算公式
分子量M	28	34.09	64.07	46.01	$K(\%)=\frac{22.4}{10\times M}\times K(mg/L)$ $K(mg/L)=\frac{10\times M}{22.4}\times K(\%)$
单位换算	换算系数				
%→mg/L	12.5	15.2	28.6	20.5	
mg/L→%	0.08	0.065 7	0.035	0.048 7	

2. 施工通风设计

(1)需风量计算。工作面所需风量按以下几种方法分别计算,取最大值作为供风标准。

1)按洞内同一时间内工作最多人数计算风量。

$$Q=qkm \tag{12-1}$$

式中　Q——计算风量;

q——每人需要的新鲜空气标准;

k——风量备用系数,取1.1～1.25;

m——同一时间内洞内工作最多人数。

2)按爆破工作量确定风量。煤矿安全生产规程规定每公斤炸药供风量不得少于25 m^3/min。

3)按洞内同一时间内使用最多炸药量计算风量。

$$Q=\frac{5Ab}{t} \tag{12-2}$$

式中 A——同一时间爆破的炸药消耗量；

b——每公斤炸药爆破时所构成的一氧化碳体积，见表 12-3，计算时一般采用 40 L；

t——通风时间，min。

表 12-3 每公斤炸药产生有害气体统计 （单位：L）

气体名称	防水硝铵炸药		2 号岩石硝铵炸药		1 号粒状硝化甘油		2 号粒状硝化甘油	
CO	9.80	13.43	14.03	8.16	36.40	43.50	44.47	56.07
NO	2.97	3.04	3.57	3.89	0.73	0.37	0.49	0.69
换算为 CO 总计	29.11	33.19	37.24	33.45	41.50	45.41	47.66	50.56
平均	31.15		35.35		43.71		54.11	

注：有害气体统一换算成 CO，1L NO 换算成 6.5L CO。

式(12-2)的理论基础是纯稀释(静止冲淡)炮烟的原则，事实上有一部分炮烟扩散被主风流带走，因此计算风量偏大。因其计算简便，一般仍可用它来进行计算。

4)按爆破后稀释一氧化碳(CO)至容许最高浓度计算风量。

压入式通风按下式计算：

$$Q=\frac{7.8}{t}\sqrt[3]{AV^2K}=\frac{7.8}{t}\sqrt[3]{AS^2L^2K} \tag{12-3}$$

式中 V——巷道容积，$V_{max}=\frac{12.5Ab\beta}{P^2}$，$\beta$ 为紊流扩散系数，见表 12-4，P 为漏风系数；

S——巷道断面积；

L——巷道长度，最大计算长度 $L_{max}=12.5\frac{Ab\beta}{SP^2}$；

K——考虑淋水使炮烟浓度降低的系数，根据隧道渗水情况可参考表 12-5 取用。

其他参数意义同前。

表 12-4 紊流扩散系数(β 值)

$l/2d$	6.35	7.72	9.60	12.10	15.80	21.85
β	0.40	0.46	0.53	0.60	0.67	0.74

注：l—出风口至掌子面距离$(4\sim5)\sqrt{S}$，m；d—风管直径，m。

表 12-5 炮烟浓度降低系数(K 值)

项　别	淋 水 特 征	系数 K
1	干燥	0.80
2	潮湿	0.60
3	岩层含水或使用水幕	0.30

5)按最小风速计算风量。

$$Q=vS \tag{12-4}$$

式中 v——洞内允许最小风速，m/s。

6)按瓦斯涌出量计算风量。若工作面有瓦斯涌出,必须供给充足的风量,保证瓦斯浓度在1.0%以下。风量按式(12-5)计算。

$$Q=\frac{Q_{CH_4}}{B_{允}-B_0}K \tag{12-5}$$

式中 Q_{CH_4}——工作面瓦斯涌出量,m^3/min;

$B_{允}$——工作面瓦斯允许浓度,取1%;

B_0——送入工作面风流的瓦斯浓度;

K——瓦斯涌出不均匀系数,取1.5~2.0。

7)按洞内使用内燃机械计算风量。洞内使用内燃机械的通风量由于内燃机的制造型号、结构、燃料、负荷等因素的不同而有很大差别,当计算出需风量后,需按规定的风速及规定的单位风量进行核算。

稀释有害气体风量计算的基本公式:

$$Q=\frac{q\cdot c}{y}\cdot\eta=q\cdot\delta\cdot\eta \tag{12-6}$$

式中 c——废气中有害气体浓度;

y——有害气体最大容许浓度;

δ——稀释系数,$\delta=c/y$;

η——安全系数,一般为1.5~2.5;

q——柴油机废气排量,m^3/min,可分别按$q=\frac{Vn}{2}\times\beta$或$q=\frac{N\cdot K\cdot\alpha}{60}$进行计算,并取较大值(其中:$V$为气缸的工作容积,$m^3$;$n$为柴油机的转速,m/min;$\beta$为吸气系数,自然吸气为1,齿轮增压为1.2;$N$为柴油机功率,kW;$K$为单位耗油量,kg/(kW·h);$\alpha$为柴油燃烧所需空气量,可按20.83 m^3/kg计算)。

由于安全稀释法计算复杂,一般按内燃机械额定功率规定的单位需风量计算,考虑到各种内燃设备在使用过程中,不可能都处于满负荷状态,因此采用了内燃设备利用率系数进行修正。

$$Q=k\times\Sigma N_iT_i \tag{12-7}$$

式中 k——规定的单位需风量,可取为3.0 m^3/min;

N_i——各内燃机功率,kW;

T_i——各柴油机设备工作时的利用率系数,如挖掘机、装载机0.65,运渣车0.65,凿岩台车0.1,人员运输车0.1。

8)竖井通风量计算。对于竖井爆破后的通风以压入式为佳,当竖井超过300 m时,应采用混合式通风,计算参考公式:

$$Q_{压}=\frac{7.8\varphi}{t}\sqrt[3]{A\cdot S^2\cdot L^2\cdot K} \tag{12-8}$$

式中 φ——风筒漏风系数,参见表12-6;

A——单次爆破耗药量,kg;

K——考虑竖井淋水使炮烟浓度降低的系数,见表12-7。

表 12-6 竖井风管的漏风系数(φ 值)

竖井深度(m)	风管直径(mm)					
	500	600	700	800	900	1 000
300	1.32	1.21	1.17	1.13	1.12	1.07
400	1.51	1.35	1.28	1.20	1.19	1.11
500	2.07	1.53	1.40	1.29	1.28	1.16
600		1.69	1.54	1.39	1.36	1.20
700		2.00	1.71	1.50	1.46	1.27
800		2.16	1.89	1.64	1.57	1.34
900			2.12	1.80	1.72	1.42
1 000			2.34	1.96	1.82	1.46

表 12-7 竖井内炮烟浓度降低系数(K 值)

项　别	竖井淋水特征	系数 K
1	干燥或有淋水,但井深小于 200 m	1.00
2	含水,井深大于 200 m,涌水量小于 6 m^3/h	0.60
3	含水,井深大于 200 m,降水如雨,涌水量 6～15 m^3/h	0.30
4	含水,井深大于 200 m,降水如暴雨,涌水量大于 15 m^3/h	0.15

9)高山地区风量修正。高山地区由于大气压力降低,计算总风量应按下式修正:

$$Q_{高}=\frac{760}{P_{高}}\times Q \tag{12-9}$$

式中 $P_{高}$——高山地区大气压力,mmHg,见表 12-8;

Q——正常条件下计算的风量,m^3/min。

表 12-8 海拔高度与大气压力关系表

海拔高度(m)	500	1 000	1 600	2 000	2 600	3 000	3 200	3 400	3 600	3 800	4 000	4 400	5 000
大气压力(mmHg)	716	674	620	592	550	523	510	497	484	471	459	436	403

(2)通风阻力。根据通风阻力(摩擦阻力和局部阻力)引起的压力损失,来选择适当功率的风机设备,以保证将所需新鲜空气送到工作面。

隧道总风压:

$$h_{总}=h_{摩总}+h_{局总}+h_{其他} \tag{12-10}$$

1)摩擦阻力。摩擦阻力引起的压力损失可用下式表示:

$$\Delta h=RQ^2 \tag{12-11}$$

式中 Δh——压力损失,10 Pa;

Q——通过风管的平均风量,m^3/s;

R——风管的风阻,kμ,$R=\alpha\frac{L\rho}{S^3}$

其中 α——风管的摩擦阻力系数,见表 12-9;

L——风管长度,m;

ρ——风管断面周边长度,m;

S——隧道断面面积,m^2。

故管道(巷道)摩擦阻力计算如下式:

$$h_{摩总}=\alpha\frac{L\rho Q^2}{S^3}=6.5\alpha\frac{LQ^2}{d^5} \quad (12\text{-}12)$$

式中 L——管道(巷道)长度,m;

Q——通过的平均风量,m^3/s,$Q=\sqrt{Q_{扇}\ Q_{出}}=\sqrt{Q_{扇}^2/P}$;

P——漏风系数;

d——管道(巷道)直径,m;

α——管道(巷道)摩擦阻力系数,见表 12-10;

S——隧道断面面积,m^2。

表 12-9 风管阻力系数 α 值

风管直径(mm)	500	600	700	800	900	1 000
金属风管 α 值	0.000 35	0.000 32	0.000 30	0.000 25	0.000 23	0.000 23
塑料风管 α 值	0.000 16	0.000 15	0.000 13	0.000 13	—	—
胶皮风管 α	0.000 37			0.000 31		0.000 30

表 12-10 巷道阻力系数 α 值

项　别	施工地段及其支护特征	阻力系数 α
1	成洞,用混凝土衬砌:光滑	0.000 3~0.000 4
	粗糙	0.000 4~0.000 5
2	成洞,用块石砌筑:毛料石	0.000 6~0.000 8
	光料石	0.000 4~0.000 6
3	锚喷支护	0.000 8~0.001 2
4	无支护隧道	0.000 6~0.001 5

2)局部阻力。局部性的压力损失,是由于影响风流的各种局部原因所引起的,如缩小、扩大、弯头等。局部阻力可用下式计算:

$$h_{局}=\xi\cdot h_v=\xi\cdot\frac{v^2}{2g}\gamma \quad (12\text{-}13)$$

式中 ξ——某断面形式变化的局部阻力系数,参见表 12-11;

h_v——速度压头,daPa;

γ——空气比重,1.2 kg/m^3;

v——风流经过局部断面形式变化后的速度,m/s;

g——重力加速度,9.81 m/s^2。

表 12-11 局部阻力系数

项别	局阻发生部位	ξ									
1	圆转角 30°～120°圆心角转弯半径/管直径:1.5 转弯半径/管直径 2.0	30°		45°		60°		90°		120°	
		0.08		0.11		0.14		0.175		0.20	
		0.07		0.10		0.12		0.15		0.17	
2	折拐 10°～170°	10	30	60	90	100	110	120	130	150	170
		0.018	0.164	0.654	1.471	1.80	2.13	2.62	2.85	3.6	5.07
3	弯折长度/管直径之字形拐	4		6			8		10		
		0.2		0.2			0.2		0.2		
	三字形拐	0.75		0.75			0.75		0.75		
	之字形拐	1.6		1.63			1.64		1.64		
4	S_1/S_2	1	0.9	0.8	0.7	0.6	0.5	0.4	0.3	0.2	0.1
	断面突变:小→大	0	0.01	0.04	0.09	0.16	0.25	0.36	0.49	0.64	0.81
	断面突变:大→小	0	0.05	0.10	0.15	0.20	0.25	0.30	0.35	0.40	0.45

3)其他局部阻力。使用风管通风时,$h_{其他}$一般可考虑增加 5%～10%。

(3)漏风计算。按照前述公式计算的风量,均未考虑漏风的损失,洞内实际所需总风量为:

$$Q_{需}=P\cdot Q \tag{12-14}$$

式中 P——漏风系数;

Q——计算所得总风量,m^3/min。

在管道通风中,漏风系数 P 值和风管接头安装严密与否有关,接头越多漏风也越大。P 值的确定,因计算公式中不确定因素较多,很难反映实际情况。

风管百米漏风率:

$$P_{漏100}=\frac{Q_{扇}-Q_{末}}{Q_{扇}\ L}\times 100 \tag{12-15}$$

式中 $P_{漏100}$——100 m 长风管的漏风率,%;

L——风管全长,m;

$Q_{扇}$——通风起始风量,m^3/min;

$Q_{末}$——通风末端风量,m^3/min。

漏风系数则按下式计算:

$$P=1/(1-\frac{P_{漏100}L}{100}) \tag{12-16}$$

目前软风管百米漏风率为 1.5～2.5%,规范要求百米漏风率小于 2%,因此可按 2% 计算。

(4)风管末端风压。通风系统需要在克服风管阻力后在风管末端风流具有一定的动压,可按式(12-17)计算。

$$h_{动}=\frac{v^2}{2g}\gamma=0.18\times\frac{S^2}{\pi^2 d^4 g}\gamma \tag{12-17}$$

式中 v——风管末端风流的速度,m/s;

g——重力加速度,取 $9.81m/s^2$。

(5)风机、风管选型。

1)风机、风管选型原则。在满足通风需风量、风压的前提下,兼顾洞室断面施工布置情况,合理的选择风机规格、风管直径,使风机风管相匹配,从而达到良好的通风效果,这是选定通风设备的原则。

2)风机选型。压入式通风风机的选择是根据能满足洞内各项作业所需要的最大风量而定。一般采用隧道或煤矿专用轴流风机,功率需通过计算确定。目前山西侯马生产的SDF系列风机比较常用。

电动机容量 N:

$$N=\frac{Qh}{102\eta_1\eta_2}\cdot B \tag{12-18}$$

式中 h——总负压,daPa;

102——功率换算值,102 kg·m=1 kW;

η_1——静压效率(查风机的性能曲线图),一般可取0.85;

η_2——机械效率,皮带传动时为0.9~0.97,电动机直接传动取1.0;

B——电机容量储备系数,一般为1.1~1.2。

以往经验表明隧道独头掘进长度小于800 m时,可用1台37 kW或2×37 kW的变速多级通风机;长度在1 500 m左右时,可用2×55 kW或2×37 kW的变速多级通风机;长度在2 000 m时,可采用2×110 kW的轴流通风机。

3)风管选择。压入式通风管道大多选用柔性风筒,以5~30 m分节。选用时,对节间连接方式要高度重视,以减少漏风,目前普遍采用拉链式接头,由拉链、衬裙和双层密封边构成,其安装方便、密封性能好。风筒分节长度理论上是愈长愈佳,但为便于安装和风管的及时延伸,一般以20~30 m为宜。

风管直径的选择除综合考虑开挖面积、施工干扰、需要的风量等因素外,还要考虑与风机的配套,尽量减少局部阻力。压入式通风所采用的风管直径一般不大于1 200 mm。直径600 mm及以下的风管多用在导坑断面开挖,全断面开挖的长大隧道一般多采用 ϕ800 m、ϕ1 000 mm、ϕ1 200 mm的风管。

以往经验表明:隧道独头掘进长度小于800 m时,通风管直径宜为0.7~1.0 m;长度在1 500 m左右时,风管直径宜为1.0 m;长度在2 000 m时,风管直径宜为1.0~1.2 m。

12.1.3 通风系统布置与安装

1. 轴流通风布置

(1)风管弯头加工工艺。风管转弯需采用弯头,弯管半径不小于风管直径的3倍。

(2)风管到齐头的最佳距离确定。压入式通风方式通风效果的好坏,与风管出风口到工作面的距离有关,该距离不应大于风流的有效射程。有效射程按下式计算。

$$l=(4\sim5)\sqrt{S} \tag{12-19}$$

式中 S——隧道断面积,m^2;

l——风流有效射程,m。

风管出风口到工作面的距离,小断面巷道一般不大于15 m,大断面、大风量隧道不大于40~50 m。

(3)风管的及时延伸。压入式通风风管随隧道的掘进及时延伸,通过适当的风管分节,将出风口至开挖面的距离始终保持 40 m 以内,这样才能保证通风效果。

2. 射流通风布置

在压入式通风方式中,由于独头掘进长度、运输方式等因素影响,洞内空气在一定范围内流速不能满足要求,可以采用射流风机作为辅助通风。射流风机布置在隧道一侧,间距视风机功率确定。

3. 风机、风管安装

(1)轴流风机安装。风机安装于洞外,距离洞口不小于 20 m,高度 5 m 左右。平整场地,设置安装风机的基础和支架。

将风机水平安放在预制好的支架上,调平、调整方向,用螺栓固定。风机安装符合设计要求及使用说明要求,电气控制柜安设于干燥且便于风机操作的地方。

安装完后,进行试机。接通电源,分别启动 2 台电机(包括备用电机),检查电机旋转方向是否与箭头所指的方向一致。

(2)风管安装。根据软风管的安装位置,确定锚栓位置,锚栓孔间距为 5 m,用钻孔机具钻安装孔,锚栓采用膨胀螺栓,深度不小于 150 mm。也可采用锚固剂锚杆,锚固长度不小于 300 mm。安装前,先检查风管及接头的质量,发现缺陷者修补好,再行安装。风管在搬动时折叠起来进行。

风管间接头采用拉链、衬裙和双层密封边进行连接。安装风机出口处的部分硬质风管,并调整好方向。吊挂风管,先将接头吊挂牢固,再挂软风管上的吊挂环,高度以保证风路顺直为依据确定。每挂完一节软风管,将接头调直、拉紧,然后挂下一节。出风口处接一个钢制接头或接一节同直径的硬风管。通风管全部挂好后,从风机出口处开始,重新调整一遍,使整条风路稳、直、无扭曲,无褶皱,如图12-2所示。

图 12-2　压入式通风管挂设

12.1.4　通风辅助系统

1. 通风供电系统

通风供电直接利用隧道的施工供电系统,在配置隧道用电系统时考虑通风的用电负荷。洞口风机可直接由变压器配电柜引出,洞内风机用电利用布设的进洞线路。

2. 检查与维护系统

为了使通风系统始终处于良好状态,就必须加强对系统的日常维护。为此需要成立专门的通风作业班组,由专人负责通风系统的日常检查和维修,发现破损及时修补或更换。

12.1.5　施工技术要点

1. 风机、风管选型

(1)立足现有、国产设备,采用可提供足够风量、风压、空气流动性能好、效率高、节省能量、噪声低、结构紧凑、安装方便的隧道专用风机,保证洞内作业人员有足够的新鲜空气,保证作业面有害气体浓度降到允许范围内,保证工作面最低风速。

(2)在洞口采用大功率通风机长期向洞内通风,耗能较高,应采用变速节能风机,降低能耗。

(3)在选取通风系统时,根据风量、风压计算,尽量采用高效大风量的风机和大直径、性能好的风管,以改善通风效果。

(4)风管选择具有较强的抗拉强度和较小的伸长率,接头光滑、严密,能有效地减少漏风和系统阻力,使用方便,重量轻,易安装,破损较少,径向变形小。

(5)风管的材质和接头方式是造成风管漏风的内在因素。因此,选择耐久性强、涂敷层密实的材料制作的风管和密封性能好的接头可减少漏风和降低风阻。尽量采用较长的单节风管可以减少接头的数量。由 PVC 塑纤布和拉链式接头制作的风管,可较好地解决接头漏风。

(6)通风系统管道阻力除了受风管制作材料表面的光洁度和接头平滑程度的影响外,风管直径的大小以及管道弯曲等导致的局部风阻增大也是重要因素。若采用直径较大的通风管道,如从 1 m 增大到 1.2 m,同一风量的阻力损失可降低到前者的 60%左右。因此在选择风管时,除了考虑风管的制作材料和接头方式外,在净空允许的情况下,尽量采用直径较大的风管。

2. 风管挂设

(1)压入式通风的进风管口距离洞口不小于 20 m。

(2)压入式通风管的出风口距开挖面的距离一般不大于 15 m,但考虑到爆破施工干扰,可以放宽到不大于 40 m。

(3)通风管安装平顺,无扭曲、褶皱,接头严密,每百米平均漏风率不大于 2%。弯管半径不得小于风管直径的 3 倍。可以利用 $\phi 6$ mm 钢筋作风管吊线。

(4)当采用软风管时,靠近风机的部分,采用加强型风管。出风口处接一个钢制接头或接一节同直径的硬风管。

3. 风机管理

(1)通风机安装保险装置,当发生故障能自动停机;风机应设专人负责管理。

(2)通风系统安装完成后,先进行试送风,将各台风机(包括备用风机)分别启动运转,检查电机、风机、风管有无异常,发现问题及时处理。

(3)爆破时停止送风,洞内爆破后开启风机,排出烟尘。

12.2 巷道式射流通风

12.2.1 巷道式通风及其特点

射流巷道通风是利用射流风机的增压作用,在平行双洞和横通道组成的通道中形成主风流,使新鲜空气从一个洞进入,流进横通道时,通过送风管将新鲜空气送到工作面;污浊空气从工作面流回横通道,再从另一个洞流出。如图 12-3 所示。

隧道无风门射流巷道式施工通风方法,与传统的矿山巷道式通风比较有以下几方面优点:

(1)采用多台射流风机代替轴流主风机,风管路少。

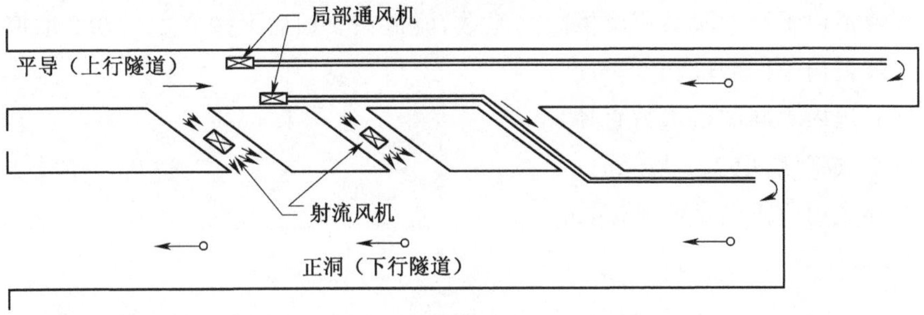

图 12-3 射流巷道通风原理示意图

(2)不需设置风门(洞口附近),风向反向简单,风量用开启射流风机台数控制。

(3)没有风道局部阻力,风阻损失小,能耗低。

(4)电气设备配套简单,工艺易操作。

(5)通风量、通风阻力计算两种方法相同。

(6)减少了风门漏风,通风效果更好。无风机房、风道,降低土建成本。

设置辅助施工坑道或多巷道共同施工的隧道,如设有平行导坑的隧道,上下行分离隧道、设多条单线通道纵横的地下大型人防工程等,均可采用本通风方式。

12.2.2 通风设计

1. 计算依据

依据相关规范和标准进行风量计算。计算主要考虑的因素和标准有:

(1)巷道最低风速不低于 0.25 m/s、最大风速不大于 6 m/s。

(2)掌子面工作的柴油机车辆需要的空气量不小于 3 $m^3/(kW \cdot min)$、地下开挖范围内每个作业人员不小于 3 m^3/min。

(3)CO 含量不高于 30 ppm,一般控制在 24 ppm 及以下;NO_2 含量不超过 2.5 ppm;H_2S 不超过 6.6 ppm。

(4)粉尘中 SiO_2 含量不超过 1 mg/m^3。

(5)空气中适合人呼吸的 O_2 控制在 21%左右,要求不低于 20%。

(6)需风量计算跟施工方法相关。当采用有轨运输时,控制风量为爆破时的炮烟稀释与工作面作业人员用风;当采用无轨运输时,通常为装运作业与工作面作业人员用风。

2. 需风量计算

(1)射流需风量计算。射流通风技术引入施工通风之中,计算方法与运营通风略有不同。

$$N = \frac{\Delta p_c}{\Delta p_j} \tag{12-20}$$

式中 N——射流风机台数;

Δp_c——通风阻力,Pa;

Δp_j——射流风机推力,Pa。

Δp_c的计算:

$$p_c = (\Sigma\xi + \Sigma\lambda_i \frac{L_i}{d_i}) \frac{\rho}{2} V_i^2 \tag{12-21}$$

式中 ξ——局部阻力系数,计算时可以忽略;

λ_i——隧道内不同地段沿程摩擦阻力系数,隧道在喷护后可按 0.10～0.2 取值。

L_i——隧道内不同洞段长度,m;

d_i——隧道内不同洞段水力直径,m;

ρ——空气密度,取 1.2 kg/m^3;

V_i——隧道内所需满足的风速,m/s。

λ_i计算公式如下:

$$\lambda_i=\frac{1}{\left(1.1138-2\log\frac{\delta}{d_i}\right)^2} \tag{12-22}$$

式中　δ——隧道壁粗糙度,mm。

$$d_i=\frac{4\times A_r}{C} \tag{12-23}$$

式中　A_r——隧道面积,m^2;

C——隧道周长,m;

Δp_j的计算公式:

$$\Delta p_j=\rho V_j^2\varphi(1-\psi)K \tag{12-24}$$

式中　K——喷流系数,取 0.85;

V_j——射流风机出口风速,m/s;

φ——面积比;

ψ——速度比。

$$\varphi=\frac{F_j}{F_s} \tag{12-25}$$

式中　F_j——射流风机的出口面积,m^2;

F_s——隧道横断面积,m^2。

$$\psi=\frac{V_S}{V_j} \tag{12-26}$$

式中　V_S——隧道内风速,m/s。

(2)轴流风机通风量计算。采用巷道式通风,掌子面通风距离不会大于 1 000 m,一般小于 800 m,当大于这个距离时,风机必须前移,因为横向施工通道距离通常控制在 500～600 m,故此掌子面通风量不必计算,直接按经验选择风机即可。一般选择 2×55～2×135 kW足够,且宜选择多速风机,即钻孔作业时开低挡;爆破出渣时开高挡;其他情况可开中挡。

3. 风机、风管选型

(1)风机选型。选择风机原则上应该综合考虑噪声低、风量大、风压大、电能消耗低、重量轻、成本相对低。具体选择时主要应该考虑其风量、风压、节能以及可实现变速控制。射流风机应该考虑其升压和最大风速等技术指标,原则选择出风口平均风速度不低于 30 m/s。

(2)风管选型。风管选择应该考虑经久耐用,管节要长且连接方便。根据经验螺旋形风管比较符合风在风管的流动原理,可减少风阻、风流通畅。风管一般长度 20～40 m,管节间用拉链连接较方便。风管选择在修补时可以使用热风焊接的材料。

12.2.3　风机布置与安装

巷道式通风，其通风系统总体布置如图 12-4 所示。

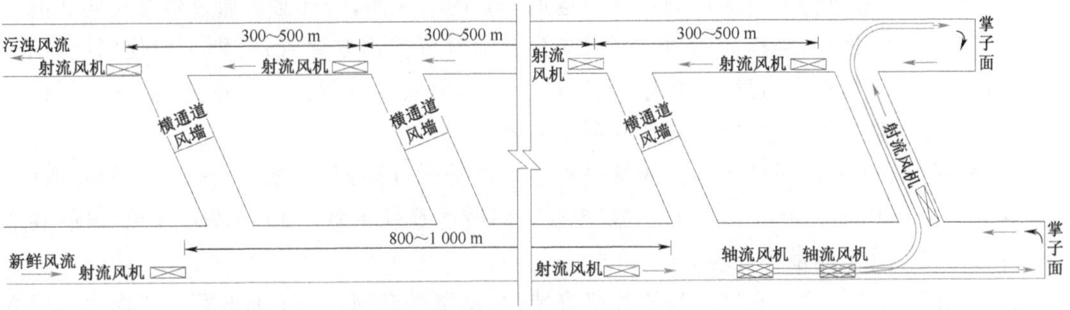

图 12-4　巷道射流通风系统总体布置图

1. 射流风机布置

(1)进风洞射流风机布置。进风洞风机数量原则上相对于出风洞风机要少得多，风机数量必须考虑进风洞的长度和工作量。当进风洞只是进风需要且在横向通道都全部封堵的情况下，则射流风机可在轴流风机后方布置 1～2 台即可；若进风洞长于 3 000 m 或有其他多工序作业时，则应该在其后方按 1 台/km 增加风机。

风机一般布置在隧道(洞)的一侧，离地约 2 m 高，当风机重量或体积较小时可布置在隧道(洞)的顶部。注意在横向通道附近布置风机时，风机宜靠洞口方向布置且离横向通道中线一般在 10～15 m，具体合适位置应根据通道是否串风来调整 1～2 次即可满足。

(2)出风洞射流风机布置。出风洞原则上按 500～800 m 布置 1 台风机，当通风距离大于 5 000 m 时，宜 500～600 m 布置一台，当洞身大于 8 000 m 时应该缩短至 300～500 m 布置一台风机。风机位置布置如图 12-5 所示。

图 12-5　巷道射流通风射流风机安装

(3)射流风机摆放注意事项。

1)射流风机应安放在风机托架上，风机托架应结实牢固，距地面和侧壁的距离不小于 0.5 m。

2)风机摆放应牢固不能晃动，方向应与巷道轴线基本平行，夹角应小于 3°。

3)应设专人看守，在值班工程师的指导下操作风机，无关人员不得随意启闭风机。

4)定期对风机的机械部分和电气部分进行检修养护，一般以三个月为一个周期，特殊情况下可缩短周期。

2. 轴流风机布置

(1)风管弯头选择。因位于掌子面第一个横通道后方的其中1台轴流风机要穿过横向通道,主风管要经过两道转弯后才能到达另一隧道(洞)的掌子面,为此必须通过弯管变向才能实现。根据多个工程经验,当横向通道与正线夹角合适时可使用软弯管,否则一般使用硬弯管。软弯管材料同风管材料,不过管壁稍厚,而硬风管只能用铁皮弯制。但无论如何,弯管制作时一定要尽量考虑较大的弯管半径,这样有利于通风。

(2)风管到掌子面的最佳距离。风管口到掌子面的最佳距离:一般10~15 m^2的巷道(如平导等)L=10~15 m;30~50 m^2的巷道(单线铁路隧道等)L=20~30 m;70~100 m^2的巷道(双线铁路隧道、公路隧道等)L=30~50 m。

(3)轴流风机与风管的安装。轴流风机安装:在紧靠隧道(洞)掌子面的第一个横通道后方约80~100 m位置,原则上左右隧道(洞)交替布置,但也可以在同一隧道(洞)内布置;若是单一的平行导坑,在正常情况下因其远超前正洞掌子面开挖,故轴流风机将一直设置在平导内且根据需要移动轴流风机的位置。

风管安装:风管宜从隧道(洞)顶通过,但为了安装方便通常置于一侧,其安装高度以便于维修方便及洞内车辆不至于碰到为原则,通常高于5 m及以上位置。风管安装用吊环钩挂在预先铺设好的铁丝上,铁丝铺设要平直牢固且与洞线平行。

12.2.4 通风辅助系统

1. 通风供电系统

射流风机功率较小的20~30 kW,较大的75 kW,一般在其附近100~600 m左右必须有变压器供电,变压器容量必须根据照明与结合其他用电设备统一考虑,常配置315 kVA、500 kVA、630 kVA几种。

2. 风门设置

巷道式射流通风不在主洞口附近设置风门,但所有横向通道必须设置风门,有时也根据进风巷道的工序安排需要,少量通道不封堵。风门封堵采用工字钢或其他型钢结合使用木板或竹制材料进行封堵,并有足够的刚度要求。风门要尽量封堵严密,对预留进人洞要设置活动小风门或门帘,以减少污浊空气混入新鲜空气中及减少漏风率。

3. 检查与维护系统

必须设置专人经常性对通风系统进行检查与维护,工作内容包括风机使用正常与否、风机摆放位置正确与否、风管漏风情况、控制柜、供电线路、变压器负荷、风机噪声检查、风速是否在正常范围等。

12.2.5 施工技术要点

1. 风机、风管的安装

(1)轴流风机应摆设在新鲜风流中,四周无障碍物。

(2)风机安装应牢固,风机与风管的连接应密封,如果截面变化过于剧烈可以制作铁皮接头避免增大阻力。

(3)定期对风机的机械部分和电气部分进行检修养护,一般以三个月为一个周期,特殊情况下可缩短周期。

(4)应保证接头的密封,注意使风向与风管上标注的风向箭头保持一致。

(5)风管吊挂应平、直、顺。

(6)破损的风管应及时拆换、修补,尤其是靠近风机段的风管严禁出现漏洞,应能保证管路的漏风在20%以下。施工中可先将新风管用在靠近风机段,出现破损更换下来修补后用于中段,确实无法修补的可以用在靠近工作面的部位。

2. 污染源控制

减少污染源是搞好通风质量控制的关键,一是运输设备选型时尽量考虑低污染车辆;二是在装渣等待时间内尽量不开发动机;三是运输车辆尽量均匀拉开距离,保证在洞内同时通行的重车不宜过多;四是爆破后采取降尘措施。

3. 瓦斯隧道施工中需注意的问题

(1)洞外主风机应安装在距洞口 30 m 以外,进风口应在新鲜风流中,并由专人值守。

(2)在施工期间,风机应有双电源,以保持连续通风。特殊情况下停风时,必须同时停止工作,撤出人员,切断一切电源。

(3)局部通风机应安装在新鲜风流中,进风口瓦斯浓度不得大于 0.5%,并安装风电闭锁设备。

12.3 隧道施工通风管理及检测

12.3.1 施工通风管理

施工通风管理水平的高低是影响通风质量的关键因素之一。因此,通风管理以合理布局,优化匹配,防漏降阻,严格管理、确保效果为施工通风管理的指导思想。施工通风管理主要工作应包括:

(1)组建专业通风班组,建立以岗位责任制和奖惩制为核心的通风管理制度。严格按照通风管理规程及操作细则组织实施,定期根据通风质量给通风班组兑现奖惩办法。

(2)搞好岗前培训,提高管理使用技术。对负责通风专业工作的通风司机,管道安装维修工,进行岗前培训,传授通风操作、维修、保养技术,管道安装、调试、维修、保养技术和操作规则。

(3)通风机有专人值守,按规程要求操作风机,定期检修和润滑风机,如实填写各种记录,始终使通风机保持良好的状态。

(4)风管维修工每班必须对全部风管进行检查,对不平、不顺之处及时调平调顺,降低风阻;及时修补或更换破损漏风风管,减少漏风。

(5)及时接长风管,保证通风效果。

(6)及时了解通风系统的运行状况,正确评价系统的应用效果,定期测试通风系统风量、风速、风压,并作好记录,及时反馈,以改进和完善通风系统。

(7)定期测试粉尘和有害气体浓度,并作好记录,发现超标及时处理。

12.3.2 施工通风检测

隧道通风施工中,由监测人员定期、不定期对工作场所空气质量进行监测,根据监测结果调整风量,合理供风。对重点工程,可在洞口安装温度、湿度、CO 等有害气体自动检测仪,通过安装在场地内的各种传感器,反映场地的环境情况。

监测人员定期、不定期的对 CO、NO_2、粉尘等有害气体以及风速、风量、风压、温度、湿度进行检测,保证工作场地空气质量。

空气中含氧量和主要有害气体浓度与中毒症状见表 12-12～表 12-15。

表 12-12 空气中氧(O_2)含量对人体影响

空气中含量(%)	主要症状	安全浓度
17	在正常状态无特别症状,工作时喘息、呼吸困难、心跳快	不低于 20%
12～16	呼吸及脉搏跳动急促、头痛、体温上升	
10～14	皮肤发绀	
6～9	痉挛、失去劳动力、意识不清,时间稍长即有生命危险	

表 12-13 空气中二氧化碳(CO_2)含量对人体影响

空气中含量(%)	中毒症状	安全浓度
1	呼吸感到急促	不超过 0.5%
3	呼吸量增加 2 倍,易发生疲劳现象	
5	呼吸感到困难、耳鸣、血压上升	
10	头昏,发生昏迷状态	
10～20	呼吸处于停顿状态,失去知觉	
20～25	中毒身亡	

表 12-14 空气中一氧化碳(CO)含量对人体影响

空气中含量		呼吸时间	中毒症状	最高容许浓度	
mg/m^3	%			mg/m^3	%
200	0.016	数小时	轻微症状	0	0.002 4
600	0.048	1 h 以内	轻微中毒、耳鸣、头痛、心跳		
1 600	0.128	0.5～1.0 h	严重中毒、四肢无力、呕吐		
3 000	0.400	短时间内	致命中毒、死亡		

表 12-15 空气中二氧化氮(NO_2)含量对人体影响

空气中含量(%)	中毒症状	安全浓度(%)
0.000 6	短时间内即对呼吸器官有刺激作用	小于 0.000 25
0.01	咳嗽、胸痛	
0.25	很快致人死亡	

12.4 隧道施工防尘

12.4.1 粉尘的分类

在隧道掘进、弃渣装车运输、喷射混凝土等施工过程中产生的,并能较长时间悬浮于空气中的岩石、炮烟的细微颗粒统称为粉尘,其形状不规则,颗粒大小分布范围很广。

1. 按颗粒的大小分

粗尘:直径大于 40 μm 的粉尘,是一般筛分的最小直径,极易沉降;

细尘:直径为 10～40 μm,在明亮的光线条件下肉眼可以看到,在静止空气中呈加速沉降;

微尘:直径为 0.25～10 μm,用普通光学显徽镜可以观察到,在静止空气中呈等速沉降;

超微粉尘:直径小于 0.25 μm,要用超显微镜才能观察到,可长时间悬浮于空气中,能随空气分子作布朗运动。

2. 按粉尘对人体的危害程度分

呼吸性粉尘:呼吸性粉尘是指粒径在 7 μm 以下的,可以进入人体呼吸系统和肺部,并会导致尘肺病变的那部分细微尘粒。呼吸性粉尘对人体的健康危害最大,是粉尘防治工作的重点。

非呼吸性粉尘:指粒径在 7 μm 以上的粉尘。

12.4.2 粉尘防治技术

按照粉尘防治技术机理的不同,大体可将隧道内粉尘防治技术措施分为减尘、降尘、排尘、个体防护(阻尘)四种方法。

1. 减尘技术

(1)湿式凿岩技术。湿式凿岩使用的风动凿岩机和风枪等钻孔设备皆配备了注水装备,在空心钻杆钻孔的同时向孔内注水,由此因钻杆摩擦岩体产生的粉尘不再飞扬,而是随着水流流出孔外,减少了作业环境的粉尘含量。

(2)水封爆破技术。水封爆破是用水炮泥堵塞炮眼,放炮后形成水雾的一种爆破方法。水炮泥是用不燃的塑料薄膜制成的装水袋子,装满水的水炮泥填于炸药后方,放炮时炸药产生的高温、高压将其破坏,水受热雾化形成微细水雾,起到降尘作用。

(3)湿喷混凝土减尘。随着湿喷技术,包括工艺、机具、材料等的不断发展和完善,湿喷机从 20 世纪 90 年代开始得到越来越多的推广应用,在一些西方国家中,湿式混凝土喷射机已成为主要的喷射混凝土作业机具,湿式混凝土喷射机也日渐成为我国隧道工程施工的必备设备。

2. 降尘技术

(1)水雾帘幕降尘。喷雾洒水过程是水雾与尘粒因凝结而除尘的过程,水雾与尘粒的凝结决定喷雾洒水的降尘效果。当水雾粒不带电荷且运动速度一定时,水雾粒通过惯性机理、拦截机理、布朗机理的综合作用来降尘。

(2)除尘器降尘。静电吸尘是一种利用电场产生的静电力使尘粒从气流中分离的技术,目前已广泛应用于火力发电、冶金、化学和水泥等行业部门的烟气除尘和物料回收中。在隧道中使用的静电吸尘机一般采用双区方式,即尘粒荷电和尘粒从气流中分离的过程在两个不同的区域进行,如图 12-6 所示。这种静电吸尘机主要由四个部分构成:荷电部分、集尘部分、框架(包括保护网、排气通道)和清灰机构。

图 12-6 隧道静电吸尘机

(3)通风排尘技术。通风是目前隧道施工中降尘的重要措施之一,也是隧道内供氧、排烟、降温、排除有害气体的主要措施。隧道通风方案的选择中需要考虑的因素很多,诸如隧道长度、独头掘进距离、洞内运输方式、有无瓦斯或其他有害气体、隧道断面大小、有无辅助导坑等,因此隧道的通风方式应根据具体情况来确定。

风管的选用主要从风管出口处的风速和风量、风管的造价、风管的耐用性、风管装拆的难易程度等方面考虑。在通风机性能确定的前提下,风管出口处的风速和风量主要和风压损失、管道摩阻损失、漏风损失等因素有关,将这些损失降到最低程度,首先要保证工作面的风量,再结合造价等因素来选择并确定。

(4)个体防护技术。粉尘进入人体的主要途径是呼吸道,因此施工人员在施工过程中必须配戴防尘口罩,以阻挡空气中含有的粉尘,使微细颗粒不致进入人体,防尘口罩一般可分为过滤式和隔离式,应根据隧道施工的实际情况合理选用。对于粉尘浓度极高的作业区,则还需配戴防尘护目镜,防止粉尘损伤角膜,并在耳道内放入棉花球互塞以免产生耳垢栓塞。

13　不良地质及特殊岩土隧道施工技术

13.1　概　　述

不良地质及特殊岩土隧道主要指位于富水软弱破碎围岩、岩溶、岩爆、瓦斯、挤压性和膨胀性围岩、风积沙、黄土、冻土等地区的隧道。在不良地质及特殊岩土地区修建隧道，施工前应认真分析研究工程地质与水文地质资料，结合现场实际情况做出风险评估，制定完善的施工技术方案和专项应急预案，并做好各项资源储备。本章主要对不良地质及特殊岩土隧道的施工总体方案、施工重难点、施工技术要点等内容进行介绍。

13.2　富水软弱破碎围岩隧道施工

富水软弱破碎围岩具有变形大、开挖后自稳性较差等特点，在地下水的作用下围岩强度会进一步降低，并引起围岩坍塌。富水软弱破碎围岩隧道施工，必须采用正确的开挖方法、合理的支护形式以及辅助适当的围岩加固措施，方可确保施工安全。自 20 世纪 80 年代以来，随着新奥法在我国的推广和应用，富水软弱破碎围岩隧道也以新奥法原理为指导，采用环形开挖预留核心土、侧壁导坑等开挖方法，同时配合全断面深孔注浆、超前大管棚、超前小导管等有效的围岩加固措施，使隧道施工安全和质量得到了保障。

13.2.1　施工技术

富水软弱破碎围岩隧道施工方法要综合考虑地质条件、隧道埋深与断面大小、施工机械设备、工期要求及经济技术指标等因素，坚持先预报、管超前、预注浆、短进尺、弱爆破、快封闭、强支护、早封闭、勤量测的施工原则。富水软弱破碎围岩隧道辅助施工措施主要有：超前深孔预注浆、帷幕注浆、超前大管棚、超前小导管、旋喷注浆等，通过以上措施稳定开挖工作面，并对地下水进行封堵；当地下水压较大时，要采取排水降压措施；要科学合理地进行爆破设计，严格控制爆破钻孔施工工艺，减少隧道超欠挖以及爆破对围岩的扰动。富水软弱破碎围岩隧道施工工艺流程如图 13-1 所示，富水围岩隧道渗水情况如图 13-2 和图 13-3 所示。

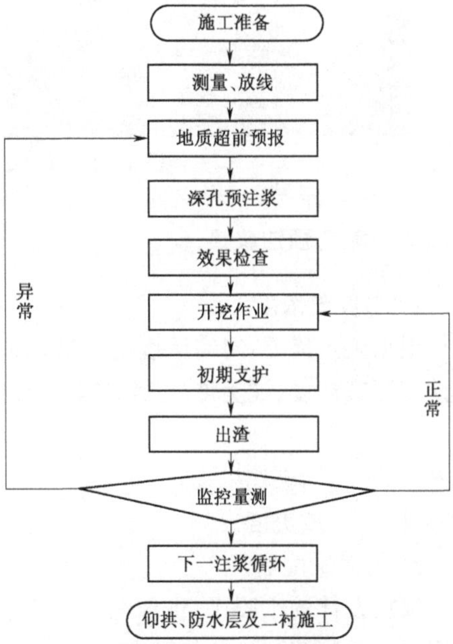

图 13-1　施工工艺流程图

隧道开挖可采用台阶法、环形开挖预留核心土、中隔壁法(CD法)等施工方法,上述方法较一般开挖方法复杂,具有工艺要求高、循环时间长、循环次数多、安全隐患多及施工进度慢的特点。无论采取何种开挖方法,超前开挖部分均应预留核心土,其目的是能在开挖过程中利用核心土抵挡部分来自开挖面正前方的围岩压力,确保掌子面稳定,为及时施作支护创造有利条件;开挖后要及时对围岩进行支护,采取的支护措施主要包括喷射混凝土、锚杆、钢筋网、钢架等支护体系;应严格控制开挖循环进尺,在隧道洞口段、Ⅴ级及以下围岩开挖循环进尺宜控制在1 m以内,并采用弱爆破或不爆破配合机械或人工开挖。

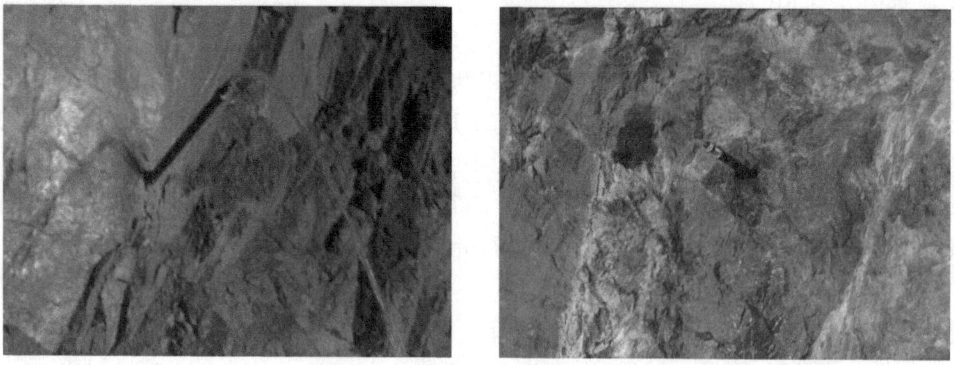

图13-2　富水破碎围岩钻孔出水

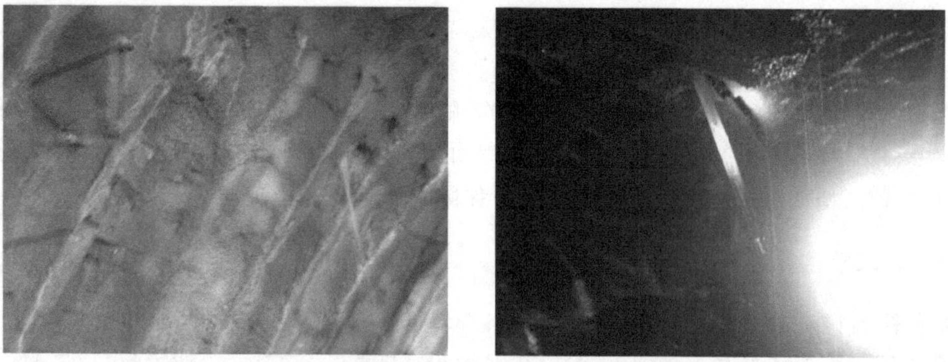

图13-3　富水破碎围岩隧道初支背后股状涌水

13.2.2　深孔预注浆设计

1. 水玻璃浓度

根据施工需要,对高浓度的水玻璃成品应加水稀释至所需浓度,稀释后的水玻璃溶液用波美计度测其浓度(波美度)。水玻璃的浓度与波美度的关系如下:

$$d=145/(145-\text{Be}) \tag{13-1}$$

式中　d——水玻璃浓度;

Be——波美度。

2. 水泥浆配制

根据设计的水胶比,将水先注入灰浆搅拌机内,一边搅拌一边倒入水泥,搅拌均匀后备用。常用的水泥浆液配比参数见表13-1。

表 13-1 浆液配比参数

序号	名 称	配比参数		
		水胶比	体积比	水玻璃浓度
1	普通水泥单液浆	$W:C=(0.6:1)\sim(0.8:1)$		
2	超细水泥单液浆	$W:MC=(0.6:1)\sim(0.8:1)$		
3	普通水泥—水玻璃双液浆	$W:C=(0.6:1)\sim(1:1)$	$C:S=(1:1)\sim(1:0.3)$	30～35Be
4	超细水泥—水玻璃双液浆	$W:MC=(0.6:1)\sim(1:1)$	$MC:S=(1:1)\sim(1:0.3)$	30～35Be
5	HSC浆	$W:C=(0.8:1)\sim(1:1)$		
6	TGRM浆	$W:C=(0.8:1)\sim(1:1)$		

3. 注浆量计算

(1)孔隙较大的深孔注浆，单次注浆量根据每次注浆段的长度确定，计算公式为：

$$Q=\eta B\pi R^2 L \tag{13-2}$$

式中 Q——单次注浆量；

η——孔隙率；

B——注浆有效系数，取1.1～1.3；

R——扩散半径；

L——单次注浆长度。

(2)深孔劈裂注浆。

1)起始压力

$$P_0=2\gamma H+S_t \tag{13-3}$$

式中 P_0——钻孔内施加的流体压力；

γ——上覆岩土容重；

H——孔段处覆土高度；

S_t——岩土抗拉强度，一般破碎围岩取为0。

2)最终压力

$$P=13H \tag{13-4}$$

式中 P——最终压力；

H——隧道注浆部位的埋深。

3)注浆量

$$Q=VAN(1+\beta) \tag{13-5}$$

式中 V——注浆固结范围的体积；

A——固结土体内的孔隙率；

N——固结土体的膨胀量度；

β——浆液充填系数。

4. 注浆参数

根据以往类似工程施工经验，注浆施工参数可参考表13-2，在现场施工中应根据实际情况进行动态调整。

表 13-2 注浆施工参数

参数名称	径向注浆	超前注浆	超前小导管、大管棚	底部钢管桩
凝固时间	2～8 h	单液浆 2～8 h,双液浆 30″～3′	2～8 h	2～8 h
注浆速度(L/min)	5～100	10～110	10～30	5～20
注浆终压(MPa)	2～3	6～9	3～4	3～4
分段长度(m)	全孔一次性	砂层 1～2 m,其他 3～5 m	全孔一次性或后退注浆	全孔一次性
注浆量	0.1～0.5 m^3/孔	(定压)	(定压)	(定压)

13.2.3 深孔预注浆施工

富水软弱破碎围岩隧道施工要做好地下水封堵、围岩预加固以及开挖支护三个关键环节,常用的地下水封堵与围岩预加固措施为深孔预注浆。深孔预注浆具有以下几个特点:

(1)相比超前管棚、全封闭帷幕注浆、水平旋喷注浆等方法,该方法施工较为简单。

(2)深孔超前注浆既封堵了地下水,又可超前排水,改善了开挖面和洞内的施工环境。

(3)通过超前钻孔可预报掌子面前方的地质情况。

(4)使用的注浆机具较为灵活,可采用专用注浆机,也可采用替代机具如泥浆泵等,实现了一机多用,提高了机具使用效率。

1. 注浆施工工艺

(1)准备工作。收集并分析地质资料,对隧道所在区域的地质构造、围岩岩性、含水率大小等地质条件进行判定,并制订各种应急预案,同时做好应急物资储备。

(2)设置止浆墙。设置止浆墙一般采用挂网喷射混凝土的办法,即先在掌子面上钻孔埋设注浆孔口管(一般为 ϕ150 mm～ϕ200 mm 钢管),同时将钢筋网焊在孔口管上,再喷射混凝土,使之与开挖掌子面共同形成止浆岩盘;对于已经发生坍方和涌水的掌子面,可根据水压的大小施作 1～6 m 的混凝土止浆墙。

(3)钻孔作业。通过设置在止浆墙上的孔口管进行钻孔作业,作业机具可采用液压凿岩台车、地质钻机、锚杆钻机等(图 13-4 和图 13-5)。

图 13-4 阿特拉斯 353E 三臂凿岩台车

(4)注浆作业。注浆材料大致分为两类:一类是无机盐类,如水泥、水泥砂粉、水泥黏土、水

图 13-5　RPD-150C 多功能钻机

泥—水玻璃；另一类分别是有机类与复合材料类。由于有机类与复合材料费用较高，通常采用水泥—水玻璃(C-S)作为注浆材料。水泥以普通硅酸盐水泥为佳，水玻璃宜选用建材(区别于化工，如制皂原料等)水玻璃，其模数一般在 2.6～2.9。

注浆采取前进式注浆方式，即每个注浆孔均通过钻孔、注浆、再钻孔、再注浆的分段累进，最后达到设计注浆深度。施工工序：将注浆混合器连接在预先埋设的孔口管上，用水试压洗孔约 2 min，保证注浆通道通畅。注浆时先压注纯水泥浆，注入一定量或达到一定压力后，再注入双液浆。若压注纯水泥浆发现长时间大量漏浆时(一般大于 5 min)，可先注双液浆，待漏浆减缓后再注入水泥浆。

通常情况下，注浆顺序应按由下到上、由外到内、由远水源处向近水源处、间隔跳孔四个原则进行；当注浆段长度小于 5 m 时，可采取全孔一次性注浆；大于 5 m 时，宜采取分段式注浆。注浆过程中应作好记录，记录的内容包括注浆时间、注浆量注浆的压力变化等，同时还要观察围岩、止浆墙以及已支护或衬砌地段的窜浆和变形情况，并应通过调整注浆材料、注浆参数等方式达到控制注浆量，提高注浆质量的目的。注浆封堵效果如图 13-6 所示。

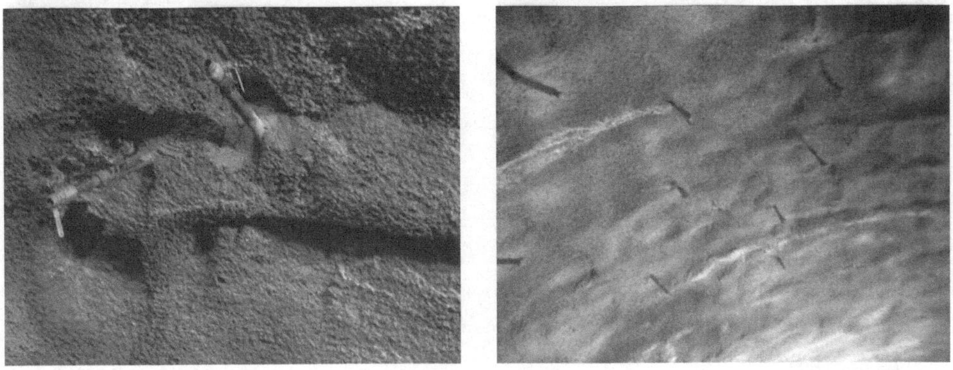

图 13-6　涌水封堵效果

2. 注浆质量检查

(1)深孔充填注浆时，所有注浆孔注浆完成后，钻孔检查注浆段底部、中部、顶部的注浆效果，对注浆扩散范围小于设计要求，钻孔渗水量大于 0.2 L/min 或单处漏水量大于 10 L/min 的部位，需重新钻孔注浆或加孔补钻注浆。

(2)劈裂注浆时，在每个注浆工作面钻 2～3 个检查孔，取岩芯试验，拱部达到 0.2～

0.25 MPa,隧底达到0.1 MPa时为合格。

13.3 岩溶隧道施工

岩溶又称喀斯特,是地表水和地下水对可溶性岩层(碳酸岩类、硫酸岩类、卤盐类等)进行化学侵蚀、崩解和机械破坏,通过搬运、沉积作用所形成的各种地表和地下溶蚀现象的总称。可溶性岩石是岩溶产生的物质基础,地表水和地下水补给、径流、渗透和循环是岩溶形成和发育的必要条件。据统计,地球表面约有十分之一是喀斯特区域,并且约有25%的人口生活在这些地区。我国有多个省广泛发育岩溶地层,面积超过130万平方公里。随着我国铁路、公路、交通、水电、矿山以及军工防护等工程的大量建设,将在岩溶地区修建大量的隧道及地下工程,岩溶地区工程与水文地质条件的复杂性将会对工程施工带来很大的危害,并对环境产生一定程度的影响。由于岩溶问题是一个世界性的课题,因此工程建设中对各类岩溶问题的处理显得尤为重要。

13.3.1 岩溶水文系统及主要岩溶形态

地质构造与地层结构的千差万别决定了岩溶类型的多样性,隧道工程通常遇到的岩溶形态主要有:溶蚀裂隙、溶槽、溶管、溶洞及暗河等。

1. 溶蚀裂隙

溶蚀裂隙由具有侵蚀性的水沿碳酸岩节理裂隙流动形成,其宽度一般不足50 mm,长度可达几米至几十米不等,延伸程度随着节理、裂隙发育情况而变化(图13-7)。裂隙越发育,水动力条件越好,溶蚀裂隙就越发育。由于搬运、沉积作用,部分裂隙被黏土、砂砾、碎石等充填,充填物多呈流塑状。

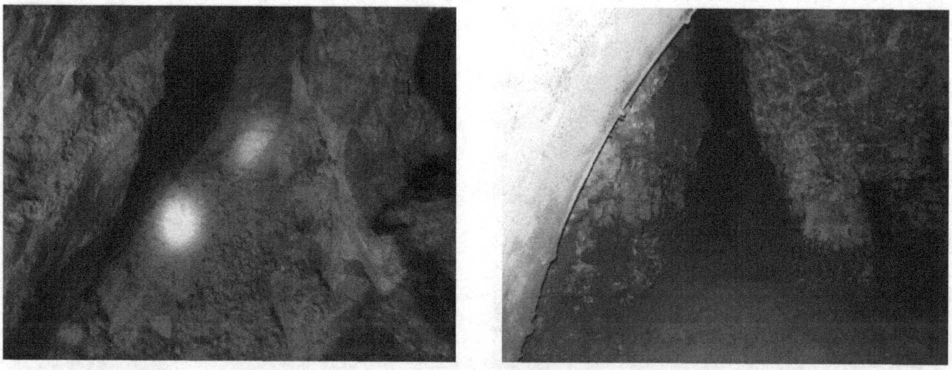

图13-7 溶蚀裂隙

2. 溶槽和溶管

溶槽是溶缝在长期水动力或水化学作用下进一步加宽所形成的,宽度大于溶隙;溶管是由溶隙或溶槽侵蚀所形成的管状岩溶,在形态上多呈不规则的圆柱形状,管径可大可小,但延伸较长,通常具有多次分支结构,在浅部地下水垂直渗入区域较为发育(图13-8)。

3. 溶洞

溶洞是早期暗河的遗迹,是垂直渗流带中的地下通道(图13-9)。大部分溶洞的通道都很

图 13-8 溶槽溶管

曲折、支洞很多、其断面形态极不规则，这是因受地质构造与洞内坍塌作用所引起的。

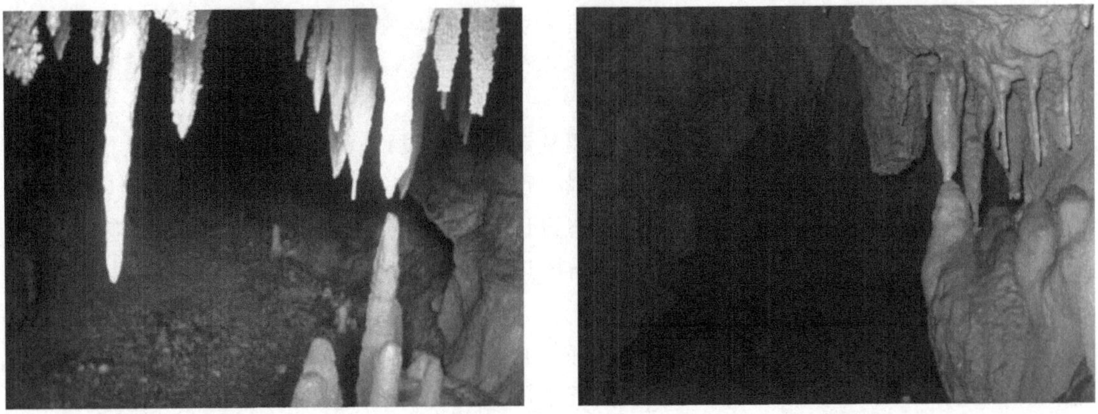

图 13-9 溶洞

4. 暗河(地下河)

暗河是岩溶地下水的主要排泄通道，它是在地壳运动相对稳定的情况下，地下水沿溶隙进一步溶蚀扩大并相互连通而形成，是岩溶演化处于水平阶段的产物，具有常水位或季节变动水位中。由于大多暗河与地表分布的一系列落水洞、漏斗及洼地等存在联系，因此，可以通过调查地表落水洞、漏斗、洼地的排列分布方向，预测暗河的分布发育情况。

13.3.2 施工技术

1. 岩溶隧道施工特点

(1)岩溶发育的不确定性。岩溶是地表水和地下水对可溶性岩层进行化学侵蚀、崩解作用和机械破坏、搬运、沉积作用所形成的，由于岩溶水的渗透性流动性，造成岩溶侵蚀位置和形态的不确定性。

(2)岩溶形式的复杂多样性。可溶岩地区岩溶发育，各种形式的溶洞、溶槽、落水洞、断层破碎带、暗河等可能大量出现在隧道修建区域附近，且位置不固定、形态复杂多变，增大了施工难度。

(3)施工的高风险性。隧道施工中的涌水突泥事故，特别是突发性涌水、突泥会淹没坑道、冲毁机具，甚至造成重大人员伤亡和财产损失，严重影响工程进度；同时，岩溶涌水还会引起地面塌陷,造成水资源减少甚至枯竭,破坏周边生态环境。

2. 岩溶隧道施工重难点

(1)岩溶预报的准确性。由于岩溶地区受岩性、地层组合、构造、地貌等因素的影响,岩溶发育复杂多变、形态各异、分布位置不固定,限于目前地质勘探技术与探测水平,施工中准确预测可能引发地质灾害不良地质体的位置、规模和性质还存在较大困难。

(2)岩溶探测的定量分析。对于大多数不良地质体,通过合理的地质探测或物探技术能确定大致的异常区,但鉴于目前认知水平和技术手段的局限性,对不良地质的分布范围难以进行定量分析。如红外探测遇到水能反映出异常,但难以对水量、水压进行定量描述;物探技术往往能够探测出岩溶的大概位置,但对溶腔的形态、充填物的性状与数量,以及溶腔的水力状态均难以进行定量描述,需要在施工中根据实际情况进行判断。

(3)注浆效果的可靠性。注浆效果的可靠性最根本的判断依据就是注浆能否满足设计要求以及确保隧道的开挖安全。虽然目前注浆工艺已比较成熟,但在具体实施过程中,受注浆方案(如钻孔布置、注浆控制)、注浆材料、工程造价、注浆设备、施工人员熟练程度等因素的影响,注浆质量难以保证。注浆是否存在盲区,注浆止水、加固效果是否达到预期目标,通常还需要采取钻芯等手段进行验证。

针对岩溶隧道的特点与施工重难点,主要从动态施工设计、综合超前地质预报、信息化施工以及防灾报警系统设置等方面制定安全可靠、切实可行、经济实用的施工方案。因岩溶发育的不确定性,隧道施工过程中应坚持采用动态设计、动态施工的原则,及时优化调整施工方案,必要时需加强施工措施,确保施工安全。岩溶隧道主要施工技术对策如图 13-10 所示。

3. 开挖

岩溶隧道应按快挖、快支、快封闭和抢时间的原则进行施工。为保证隧道的施工安全,根据岩溶的发育情况,单线隧道Ⅰ～Ⅲ级围岩宜采用全断面开挖,Ⅳ级围岩宜采用台阶法开挖,Ⅴ、Ⅵ级围岩宜采用微台阶法或预留核心土法开挖。双线隧道根据地质条件宜采用台阶法、CD 法及环形开挖预留核心土法等方法开挖。开挖施工时,应严格按照新奥法原理进行施工,采用分部开挖,划大断面为小断面,步步封闭成环,以达到缩小开挖跨度、减少扰动围岩的目的,同时及时施作喷锚等初期支护,使断面及早闭合形成封闭结构。

4. 超前支护

根据设计要求和超前地质预报信息,针对不良地质应采取合理可靠的超前支护体系。对于普通软岩破碎地段,应采用超前小导管注浆支护;针对较大规模的断层破碎带或充填型溶洞,应采用大管棚超前注浆支护;若断层破碎带发育较强烈,应根据地质情况,采用大、小管棚结合注浆,超前预注浆等方式保证施工安全。

5. 注浆方案

根据地质条件,按表 13-3 选择注浆加固方案。全断面帷幕注浆示意如图 13-11 所示。

13.3.3 岩溶治理措施

由于隧道工程岩体地质条件复杂多变,限于目前地质勘探技术水平及超前地质预报的准确性,在施工前或施工阶段完全准确无误的预测可能引发隧道地质灾害不良地质体的位置、规模和性质是极其困难的。尤其是受岩性、地层组合、构造、地貌等因素的控制,岩溶复杂多变、大小不定、形态各异,给隧道施工带来巨大困难。施工前应根据设计资料、岩溶及地下水等综

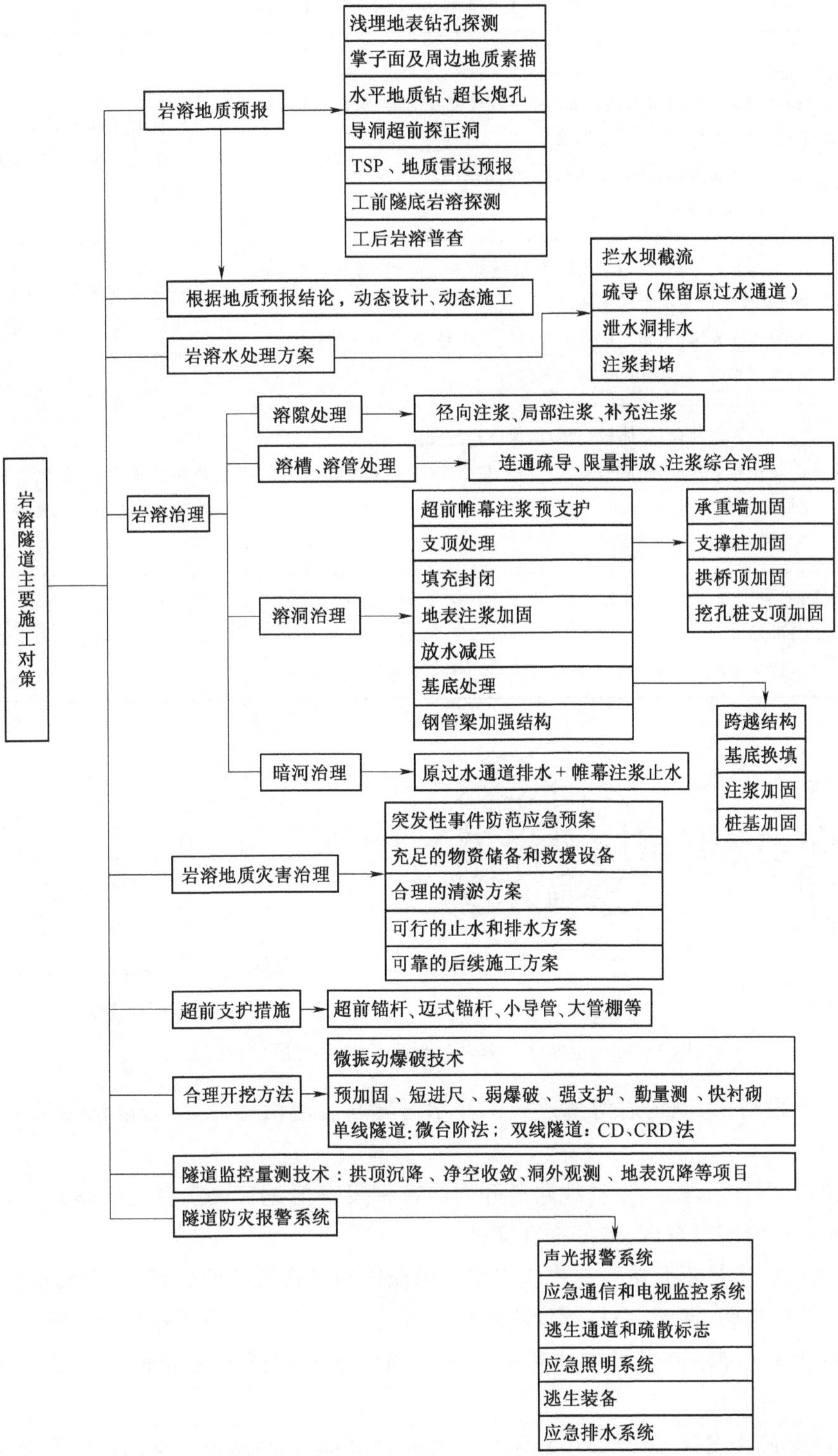

图 13-10 岩溶隧道主要施工技术对策

表 13-3 岩溶隧道注浆加固方案

序号	适用地质条件	方案主要内容
方案一	(1)可溶岩与非可溶岩接触带,断层破碎带及向斜、背斜核部,施工中可能发生严重突水涌泥地段。 (2)物探异常地段,超前地质探孔单孔涌水量:$Q \geqslant 40\ m^3/h$。 (3)实测水压:$P \geqslant 2$ MPa	全断面超前帷幕注浆,注浆加固范围为开挖工作面及开挖轮廓线外正洞 8 m,平导 5 m
方案二	(1)可溶岩与非可溶岩接触带,断层破碎带及向斜、背斜核部,施工中可能发生严重突水涌泥地段。 (2)物探异常地段,超前地质探孔单孔涌水量:$Q \geqslant 40\ m^3/h$。 (3)实测水压:1 MPa$\leqslant P <$2 MPa	全断面超前帷幕注浆,注浆加固范围为开挖工作面及开挖轮廓线外正洞 5 m,平导 3 m
方案三	(1)一般富水地段,岩体较完整,能保证开挖安全。 (2)物探异常地段,超前地质探孔涌水量:$2\ m^3/h \leqslant Q \leqslant 40\ m^3/h$,开挖后大面积渗水。 (3)实测水压:$P <$1 MPa	径向注浆方案,注浆加固范围为开挖轮廓线外正洞5 m,平导 3 m
方案四	(1)一般富水地段,岩体较完整,能保证开挖安全。 (2)局部出水。 (3)初期支护完成后不能满足设计的允许排水标准	局部注浆和局部补充注浆

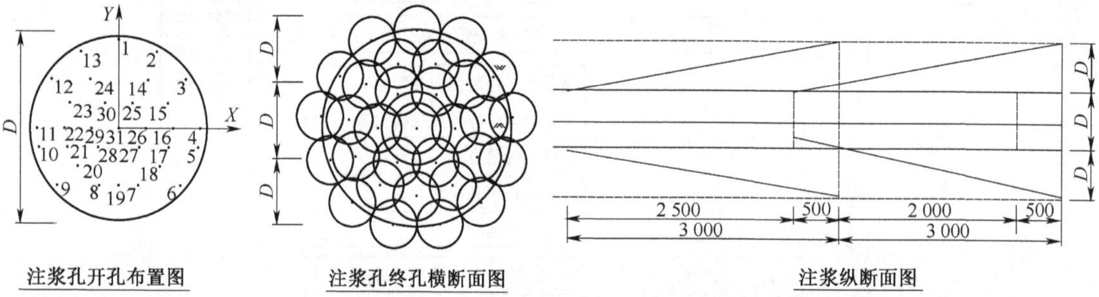

图 13-11 全断面帷幕注浆钻孔注浆示意图(单位:mm)

合超前地质预报结果,制定岩溶隧道施工技术方案与岩溶治理方案,岩溶治理可采取避、引、堵、越等措施。

避:在勘测设计阶段,尽量让线路避开岩溶特别发育的地区。实在无法避开时,也应以尽量大的角度穿过岩溶发育区,最好垂直穿过。

引:遇到暗河宜排不宜堵。首先应查明水源流向与隧道位置的关系,当岩溶水位于隧道底部时可通过设置暗管、涵洞、小桥等设施疏导水流,或开凿引水洞将水排出;当岩溶水流位置在隧道顶部以上时,应在适当距离处开凿引水斜洞将水位降低至隧道底板高程以下,再进行引排。

堵:对已经停止发育、跨径较小且无水的溶洞,可根据其与隧道相交的位置及充填情况,采用混凝土予以回填,并根据地质情况决定是否加深边墙或加固隧道底部;当隧道拱顶存在溶洞时,可视溶洞的岩石破碎程度在溶洞顶部采用锚杆或钢筋网加固,必要时可考虑注浆加固,并加设混凝土护拱,最后再进行回填处理。

越：当隧道一侧遇到狭长而较深的溶洞时，可先加深该侧的边墙基础，然后再对边墙进行回填；当隧道底部遇到较大溶洞并有水流时，可在隧道底部以下砌筑梁跨支墙支撑隧道结构，并在支墙内设置涵管引排水；当隧道边墙部位遇到较大、较深溶洞，不宜加深边墙基础时，可在边墙部位或隧底以下筑拱跨过。

综上所述，岩溶治理包括两方面内容：一方面是对岩溶水的治理，另一方面是对溶槽、溶洞等岩溶形态的治理。

1. 岩溶水治理

(1)岩溶涌水前兆。岩溶水在突破岩层进入隧道之前，存在一些迹象或征兆，如突水点附近压力明显加大、隧道产生底鼓底裂、岩层发出破裂声、洞室壁突见水珠及淋水加大、开挖面突然变冷出现水雾、炮眼或探水钻孔有小股或喷射水涌出等。

(2)岩溶涌水特征。隧道内的岩溶涌水改变了隧道所在地区地下水原有的运移、排泄规律，开挖的隧道成为岩溶水新的排泄通道。岩溶涌水主要有以下规律：

1)岩溶涌水具有突发性、滞后性、阵发性的特点。

2)隧道施工期岩溶涌水主要是揭穿型和突破型，运营期主要是常年型和雨季突破型。

3) 隧道施工期间，在开放型岩溶地区，涌水一般经历由大到小而后趋于稳定的水量变化过程；在封闭型岩溶地区，涌水量由大到小直到枯竭，并且由于隧道揭露岩溶情况的差异，涌水量与大气降雨有密切关系。

4)隧道所处岩溶地下水动力剖面分带位置决定了隧道岩溶涌水在空间上的分布。垂直渗流带中的隧道涌水，主要是雨季揭穿垂直岩溶致使垂直岩溶下渗雨水向隧道倾泄，旱季主要以拱顶或边墙渗水为主；混流带因岩溶发育，涌水多为揭穿含水层岩溶管道或岩溶水突破隔水层涌水；在深部缓流带，隧道涌水属岩溶裂隙水，具有较大水压力，并沿隧道衬砌周边分布。

5)根据岩溶地区长大隧道岩溶涌水调查结果，岩溶涌水中多含泥砂，泥砂随涌水速度的下降沉积，严重时会淹埋隧道、坑道、运输轨道、施工机具等。

6)岩溶地区隧道涌水量及其变幅较非岩溶地区的涌水量和变幅要大很多。一个涌水点的涌水量，可低至 0.01 m^3/s 以下，高至 2 m^3/s 以上，变幅可达数十倍乃至数百倍以上。

(3)岩溶涌水类型。岩溶涌水类型按隧道岩溶涌水量大小及岩溶水类型划分为 5 类(表 13-4)。

表 13-4　隧道岩溶涌水类型

类号	涌水分类	涌水量(m^3/s)	涌水类型	危害程度
Ⅰ	特大涌水	＞5	暗河或岩溶管道涌水	影响施工顺利进行，可造成重大设备及人身事故。排水困难
Ⅱ	大量涌水	1～5	岩溶管道涌水	影响施工进行，可造成设备、人身事故。排水较困难
Ⅲ	中等涌水	0.1～1.0	脉状岩溶管道涌水	对施工有一定影响，较易排水
Ⅳ	少量涌水	0.01～0.1	脉状岩溶管道涌水	对施工影响不大
Ⅴ	微量涌水(渗水)	＜0.01	岩溶裂隙涌水	对施工影响小

(4)治理。岩溶水具有与一般地下水不同，难以确切掌握其水量及变化规律，因此对岩溶水水量的估计宁大勿小，排水通道宁宽勿窄。根据国内外大量岩溶隧道施工经验和运营中出

现的问题,并参照有关岩溶处理的文献资料,岩溶水处理应遵循以疏为主、堵排结合、因地制宜、综合治理的原则。

"以疏为主"是尽量不改变岩溶水的径流路径,保持地下水的原始循环和贮存状态,从而减少地下水的流失,保证施工和环境安全。

"堵排结合"是根据隧道内涌水量大小、泥砂及充填物含量,并考虑对隧道运营安全和环境的影响,将堵水和排水结合起来制定治理方案。"堵"就是对于可能或已经涌出掌子面的岩溶水或充填物进行封堵,同时对围岩进行加固,改善围岩的力学性能,提高围岩的抗渗能力。但堵并不是全堵,只要能阻断岩溶水向隧道渗透的主要通道即可,其加固范围一般为隧道开挖轮廓线外(0.5～1.0)D(D为隧道洞径)。对于规模较大的干溶洞或暗河,当封堵困难时,可采取在隧道外部修建排水洞或在隧道中修建涵管或桥梁进行跨越,既达到了排水目的,又保证了施工和运营安全。

"因地制宜、综合治理"是根据隧道所处的工程地质和水文地质条件及周围环境条件,采取多种方法进行综合治理。例如当大量的水已经被封堵在隧道开挖范围以外,对于隧道的局部渗漏水,可采取以堵为主,限量排放的措施,并通过超前管棚、径向注浆和喷锚支护等辅助手段加固隧道顶部围岩,同时通过换填、钻孔灌注桩、旋喷桩、注浆等方法加固隧道底部的松软地层,提高其强度和整体变形稳定性,防止基底沉降。

2. 岩溶治理

(1)溶蚀裂隙。

1)溶蚀裂隙无填充段。在地下水不发育的无填充裂隙地段,可采用超前小导管、超前锚杆进行超前支护,施作初期支护后应对裂隙作注浆处理;在地下水较发育的无填充裂隙地段,应根据水量的大小确定施工方法。当水量较小时可先排水降压,再进行超前支护与开挖工作;当水量较大时,则需先注浆堵水再进行开挖。

2)溶蚀裂隙有填充段。在地下水不发育的填充型裂隙地段,应根据岩层裂隙发育程度、稳定状态、填充物的种类等确定施工方案,一般采用超前小导管即可通过;对于较大裂隙充填地段,超前支护可采用管棚;在地下水发育的填充型裂隙地段,施工方法的选择应根据水量的大小来决定。当水量较小时,采取上述方法即可通过;当水量较大时,应遵循以疏为主,堵排结合的原则来制定相应的施工方法。排水方法可选择超前钻孔排水法或辅助坑道排水,堵水可采用注浆堵水。

3)大面积渗漏水和局部渗漏水。对于大面积渗漏水、局部滴漏水或小股状岩溶水,若水量和水压不大(水量:$2.0\ m^3/h \leqslant Q < 10\ m^3/h$,水压:$0.2\ MPa \leqslant P < 0.5\ MPa$),一般可采用径向注浆、局部注浆、补充注浆等方法进行封堵;若隧道周边存在大面积湿渍或渗漏水现象,则应采取径向注浆进行封堵,注浆加固范围一般为隧道开挖轮廓线外(0.5～1.0)D(D为隧道洞径)。岩层的溶蚀裂隙、软弱夹层的局部有股状涌水现象,出水比较清澈,受大气降雨影响不大时,其处理方法可采用直接封堵法和间接封堵法。

直接封堵法(图13-12):对于涌水压力$P \leqslant 0.5$MPa的股状出水点,若来水方向已经确定,可采用直接封堵法进行处理:沿着出水部位和出水方向直接钻孔,孔间距应控制在0.5～1.0 m之间,钻孔深度应为开挖轮廓线外(0.5～1.0)D(D为隧道洞径);若孔内的出水部位距离孔口较远,可安设和钻孔长度一样的注浆管,注浆管前端开花孔,保证水从管中排出。管口均应安装球阀,管外壁和孔壁之间的空隙用锚固剂填充。注浆管安设完毕后挂设钢筋网,网格外侧采用钢筋将注浆管焊成整体，然后喷射混凝土作为止浆墙。

注浆前应进行压水试验确定注浆压力，注浆压力应大于2～3倍涌水压力。由于注浆压力较高，注浆管和注浆泵之间应采用螺纹连接。应选用中、低压力的注浆泵(压力大于2.0 MPa)，注浆顺序应从上到下，当发生串浆时，应及时关闭球阀，直到封堵住串浆的注浆管为止。

间接封堵法(图13-12)：对于涌水压力0.5 MPa$<P\leqslant$1.0 MPa的股状出水点，或来水方向不能明确判断的出水部位，可采用间接封堵法进行处理：在围岩表面距离出水部位0.5～1.0 m处，向出水方向钻斜孔，孔间距控制在0.5～1.0 m之间，钻孔深度与直接封堵法类似，大部分孔应穿过出水岩层。该法的特点是钻孔受水的影响较小，且钻孔容易探到出水部位，注浆对围岩加固效果好。

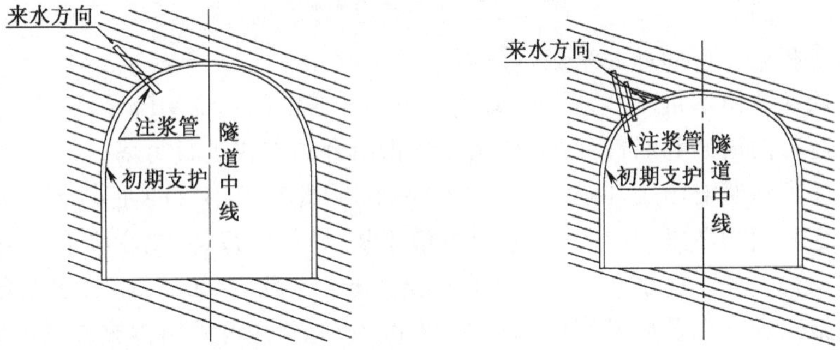

(a)直接封堵法　　(b)间接封堵法

图13-12　局部注浆堵水示意图

注浆机械应选用中等压力的注浆泵，其泵压应大于5.0 MPa。注浆顺序为先封堵出水量最小的孔，再依次封堵出水量较大的孔。若某根注浆管串浆，可将孔口阀门暂时关闭，待其他孔注浆完成后，再打开串浆管阀门。当涌水压力大于1.0 MPa，且孔内出水点以及与该出水点连通的管道距离孔口较远时(大于3.0 m)，可选用高压泵(压力大于10.0 MPa)，并利用水压或气囊式止浆塞深入孔内进行注浆。注浆过程应加强对围岩和支护结构变形的监测。

(2)溶槽、溶管。

1)连通处理法。为了不改变地下水的流动规律，溶槽、溶管水的处理应首先选择溶槽、溶管连通处理方案。通过探明隧道周围溶槽、溶管的发育方向，对于流动路径比较明确的溶管水，若明确隧道将溶管截断，则可通过在拱顶、边墙或底部适当部位增加辅助通道将溶管连通，不改变地下水的总体流动趋势。采用此法的优点是可以避免采用各种封堵方法引起工程造价成倍增加和工期延误，同时还可以防止隧道周围水压力升高，使结构产生附加应力。由于溶管水一般含有大量泥砂，因此相应的辅助管道应有较大的过水断面及一定的坡度，防止泥砂淤积。溶管连通示意如图13-13所示。

2)注浆封堵法。隧道在岩溶地段施工时，如超前探孔表明掌子面前方溶管比较发育，当探水孔出水量和水压较大时，为了防止突水、突泥，应根据溶管发育的位置和方向，采用局部预注浆截流和全断面预注浆封堵的措施，具体参考判定标准如下：

①任一个探水孔出水量$Q>20\ m^3/h$或水压$P>1.0$ MPa，应考虑采用全断面注浆封堵；

②任一个探水孔出水量$10\ m^3/h<Q<20\ m^3/h$或水压0.5 MPa$<P\leqslant1.0$ MPa，应考虑

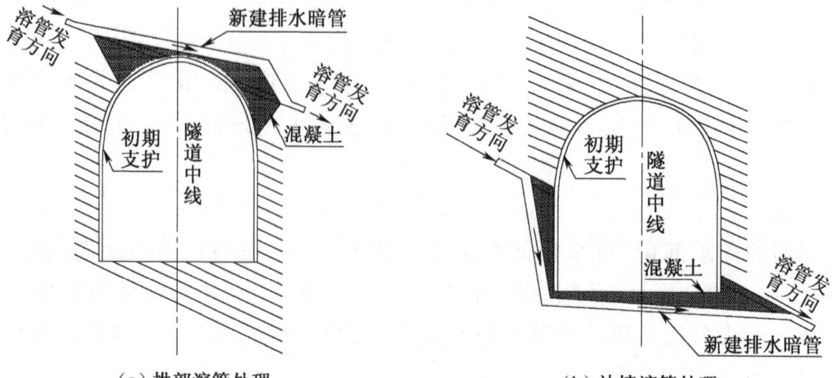

图 13-13 溶管连通示意图

采用周边预注浆和掌子面局部注浆进行封堵;

③任一个探水孔出水量 2.0 $m^3/h<Q\leqslant 10\ m^3/h$ 或水压 0.2 $MPa<P\leqslant 0.5$ MPa,应考虑采用开挖后周边径向注浆和局部注浆、补充注浆相结合的方法进行封堵。

由于掌子面预注浆对施工和结构安全影响较小,因此对于溶管的注浆处理,应首先考虑选用开挖过程中全断面预注浆,并结合采用周边预注浆、局部注浆、补充注浆等方法。

3)限量排放法。如果探水孔流出清水,$Q\leqslant 2.0\ m^3/h$ 且 $P\leqslant 0.2$ MPa,并且能够确认隧道排水不会影响施工进度以及周围环境、相邻建筑物的安全时,可采用排放方案。但随着隧道运营时间的延长,隧道背后的排水系统中泥砂越积越多,排水系统常常被堵塞,尤其在严寒地区由于冻胀作用,排水系统堵塞现象更加严重。因此对于寒冷地区,隧道内地下水的排放应制订更为严格的标准。

(3)溶洞。溶洞对工程的影响,可分为对施工阶段安全的影响及对建筑物结构的影响。对施工阶段安全的影响主要表现为填充型溶洞以及洞穴围岩稳定性两方面;对建筑物的结构影响主要是指建筑物基础的悬空、洞穴顶板岩层过薄不能承受荷载而发生突然坍塌,从而引起建筑物的破坏。溶洞的治理,可对其按规模大小、填充情况及地下水大小进行划分,从而制定合理的治理方案。

1)全断面注浆封堵。若溶洞规模较大,内部填充了大量的泥砂,且含有丰富的地下水,一旦揭穿可能发生大规模突水、突泥,则应采取全断面预注浆加固的方法。注浆加固范围应为隧道开挖轮廓线以外 1~2 倍洞径,注浆段长度 30 m 左右,注浆孔孔径 ϕ90 mm~ϕ108 mm,注浆终止压力应为水压力的 2~3 倍,浆液扩散半径应达到 0.5~2.0 m。注浆方式可根据水压大小与成孔难易,采用袖阀管后退式注浆和安装孔口管分段前进式注浆,注浆材料可选用水泥—水玻璃双液浆和普通单液浆。每循环开挖宜剩余 3~5 m 作为止墙浆,若开挖后存在薄弱部位,可采用长短管进行局部补充注浆。全断面注浆封堵方法示意如图 13-11 所示。

2)置换注浆。当掌子面为含水的粉细砂或致密的黏土、砂夹黏土,采用渗透注浆、挤密注浆、劈裂注浆较为困难时,可采用置换注浆法,即在掌子面注浆过程中,在距离注浆孔 2 m 左右,预留几个排泄孔并安设孔口管和阀门,将适量泥砂排除并用浆液充填空隙。该方法可以降低注浆压力,促进浆液扩散。

3)填充封闭。当隧道拱部、边墙或底部存在小型干溶洞或空腔,内部几乎无充填物、无水,可采用砂石料、浆砌片石、干砌片石、水泥砂浆、混凝土等填充,必要时可进行注浆加固。若空腔内有少量水流动，则填充不应完全阻断地下水通道。

4)基底处理。当隧道底部为松散或软塑状的黏土或黏土沉积物，为了防止列车运行过程中结构产生固结沉降，应加强对地基的处理，隧道底部地基处理可采用跨越、注浆加固、换填、桩基等方法。

跨越：当溶洞规模较大、溶洞内充填物松软，地基处理工程修建困难、耗资巨大，或者溶洞虽小但要求不能堵塞水流时，可根据具体条件采用相应的梁跨、板跨等形式跨越岩溶地段。图13-14是南昆铁路沙厂坪1号隧道，线路右侧边墙通过纵向长度为20 m的溶洞，施工采用24 m超低高度钢筋混凝土梁跨越，梁体采用抗侵蚀混凝土。该段隧道部分衬砌采用明洞形式，隧道衬砌左边墙底采用砂浆锚杆加固，右边墙梁按梁结构设计，施工时采用先拱后墙法，在边墙梁支座与行车台座之间、边墙与隧道衬砌连接处均设置断缝，并在右边墙底加设联系钢筋增加与边墙之间的连接。

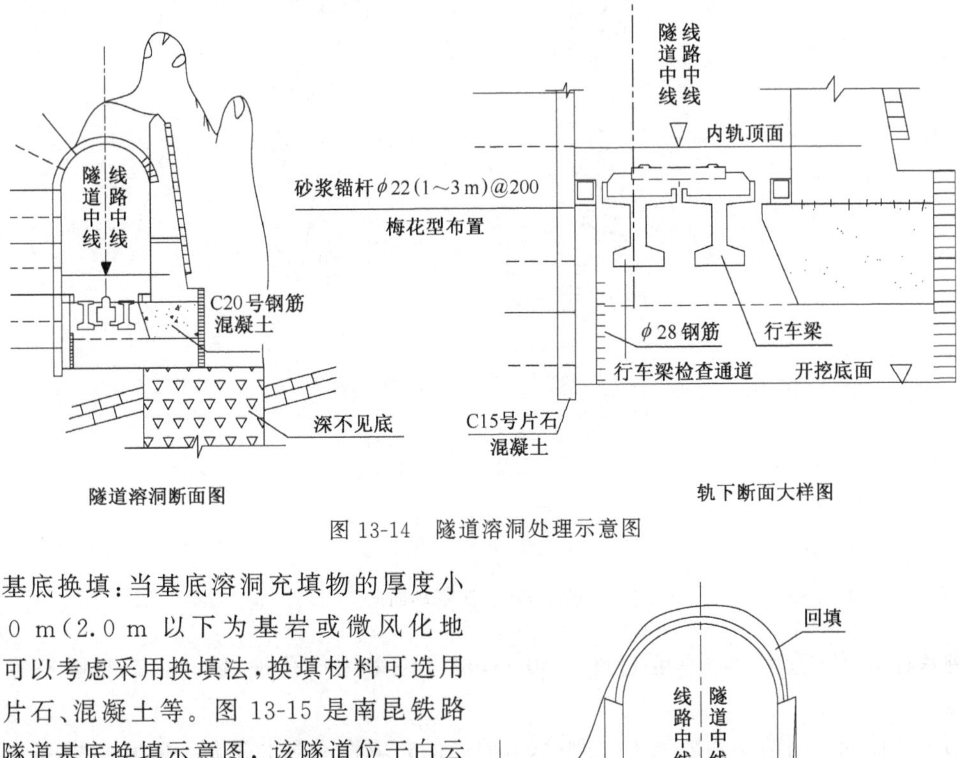

图13-14 隧道溶洞处理示意图

基底换填：当基底溶洞充填物的厚度小于2.0 m(2.0 m以下为基岩或微风化地层)，可以考虑采用换填法，换填材料可选用浆砌片石、混凝土等。图13-15是南昆铁路长地隧道基底换填示意图，该隧道位于白云岩中，节理较为发育。开挖后遇到溶洞，隧道需横穿溶洞堆积带，施工中采用M5浆砌片石和C10混凝土对隧道底部进行了换填。

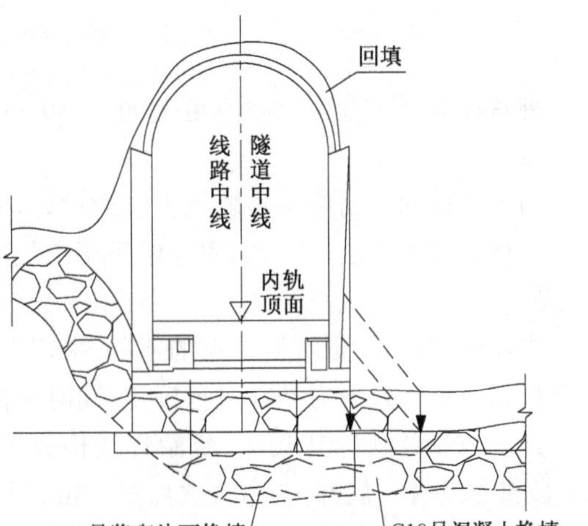

图13-15 长地隧道岩溶处理

基底注浆加固：若基底溶洞充填物的厚度为隧道仰拱以下2.0～10.0 m，可考虑采用注浆加固法。钻孔深度应深入基岩3.0 m左右，孔间距为1.0～2.0 m，注浆管宜选用无缝钢管，直径为φ76 mm～φ108 mm，注浆材料选用普通水泥或超细水泥浆，注浆压力不宜大于 1.0 MPa,注浆管上端应和仰拱相连,以提高支护结构的强度和刚度。注浆剖面如图 13-16 所示。

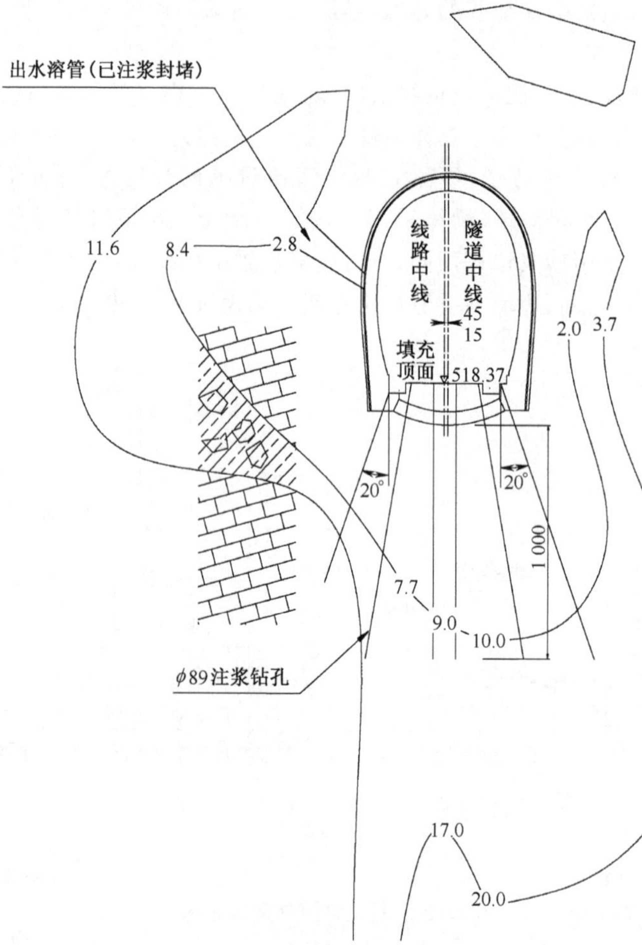

图 13-16 注浆剖面

桩基处理:若基底加固厚度超过 10.0 m,可考虑采用挖孔桩、钻孔桩或粉喷桩等进行加固。

5)支顶加固。当溶洞在隧道上方通过,溶洞内的充填物不含水或含有少量水时,可以考虑采用支顶加固的方法,支顶加固通常采用的加固形式有支撑墙、支撑柱,梁、拱支顶加固等(图 13-17)。

支撑柱加固:根据溶洞形态的不同,采用支撑柱加固溶洞顶板,以减少顶板悬空跨度,柱的间距根据稳定性及受力条件进行确定,同时还需考虑节理、溶缝的发育情况。

梁、拱支顶加固:图 13-18 是渝怀线枸树坪隧道岩溶处理示意图,隧道 DK254+060～+064 段拱部发育一底部宽 4 m、顶部宽 9 m 的漏斗型溶洞,溶洞内充填物松散,不宜采用墙、柱支顶;回填加固不可靠;采用注浆施工工程费用高。故最终采用的处理方案为:溶洞四周挂网锚喷,洞壁施作小导管,在小导管下部沿隧道横向布置工字钢过梁,然后再纵向布置工字钢,并与横梁焊接,其上加一层钢筋网,并用 C20 混凝土将钢梁、导管及钢筋网浇筑成厚度 1 m 的整

图 13-17 溶腔支撑柱

体结构,衬砌作业完成后进行背后注浆回填。

6)地面注浆。当隧道埋深不大,并且通过地表钻孔、连通试验、地面沉降、地下水位变化观测、水化学分析等手段,确定了溶管或溶洞的位置和发育方向,若岩溶发育情况比较简单,可通过地面局部注浆、帷幕注浆等方法阻断岩溶水下渗通道,保证隧道开挖不受岩溶水影响。地表注浆压力应随着钻孔深度而变化,一般不超过上覆土压和水压之和的 0.5 倍,同时一定要严格控制浆液扩散范围,防止对附近井、泉、农田等造成污染或破坏。

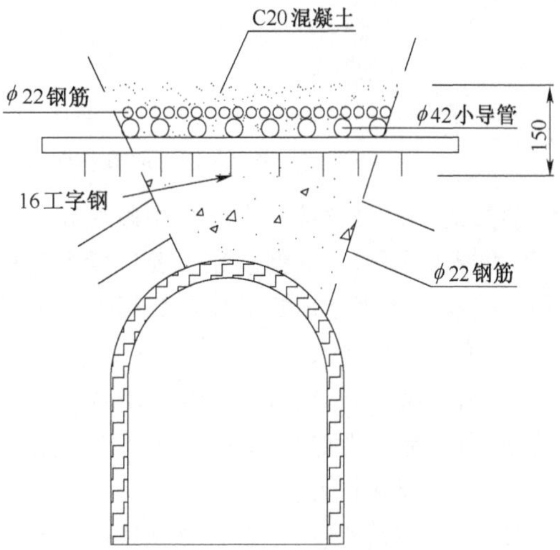

图 13-18 枸树坪隧道岩溶处理

7)排水减压。当岩溶水是从坚硬、完整的基岩中流出,几乎不含泥砂,且水量、水压均不大,水排放对周围环境和隧道结构安全不会造成太大影响,可采用掌子面直接排放或平行导坑、排水洞、横洞、迂回导坑排水等方法进行排水减压。

(4)暗河。在对暗河进行治理之前,应首先调查暗河周围的岩性、构造和地貌特征,确定暗河成因,测量岩层产状,预测暗河通道的位置及走向。大型暗河主要存在于强溶岩中的断层破碎带,特别是胶结疏松、宽度大的断层破碎带中;可溶岩与非可溶岩的接触界面,如灰岩、白云岩与泥岩、页岩的接触面。暗河段的隧道施工,应遵循以排为主的原则,不可人为进行封堵。

13.4 高地应力(岩爆)隧道施工

13.4.1 岩爆机理及强度分级

岩爆是地下工程开挖过程中,硬脆性围岩受地应力分异和集中的影响(径向约束卸除,环向应力骤然增加,能量进一步集中),导致储存于岩体中的弹性应变能突然释放,因而产生爆裂松脱、剥落、弹射甚至抛掷现象的一种动力失稳地质灾害。岩爆直接威胁施工人员及设备安全,影响工程进度,已成为地下工程世界性难题之一。

1. 岩爆形成机理

隧道开挖打破了原有的围岩地应力平衡关系,使原有的平衡地应力分异为开挖坑道周边的切向应力和径向应力,切向应力在坑道周边处最大,随着与坑道距离的增加而减小,径向应力在坑道周边处最小,随着与坑道周边的距离减小而增加(图 13-19)。

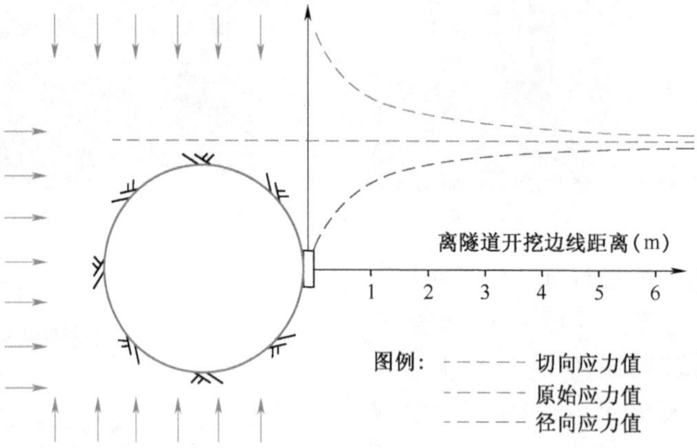

图 13-19 隧道开挖地应力分布与隧道关系示意图

岩爆的形成机理可分为应力型破坏和应变型破坏。其中,应力型破坏主要伴随产生节理、剥落、片帮等现象;应变型破坏主要伴随大变形、凸帮和鼓底等现象。根据岩爆工程经验总结,一般认为有五大因素影响或控制岩爆发生:

(1)岩石干燥无水。

(2)岩石抗压强度较高(>80 MPa)。

(3)岩石完整性好。

(4)隧道埋深较大。

(5)最大初始地应力/岩石单轴抗压强度>1/3,若具备以上三个因素便容易产生岩爆。

2. 岩爆强度分级

按《高速铁路隧道工程施工技术指南》中对岩爆等级划分标准,将不同程度的岩爆分为3个等级,见表 13-5。

表 13-5 岩爆烈度分级表

岩爆分级	围岩级别	隧道埋深(m)	R_C	I_n	σ_1/R_c	主要现象
轻微岩爆	Ⅱ、Ⅲ	50~200	80~120	3.5~5.5	0.15~0.24	围岩表层有爆裂脱落、剥离现象,内部有噼啪、撕裂声;岩爆零星间断发生,影响深度小于 0.5m;对施工影响较小
中等岩爆	Ⅱ、Ⅲ	200~700	120~180	5.0~7.5	0.2~0.35	围岩爆裂脱落、剥离现象较严重,有少量弹射,有似雷管爆破的清脆爆裂声;有一定持续时间,影响深度 0.5~1m;对施工有一定影响
强烈岩爆	Ⅰ、Ⅱ	>700	>180	>7.5	>0.3	围岩大片爆裂脱落,出现强烈弹射;有似爆破的爆破声;持续时间长,并向围岩深度发展,影响深度大于 1m;对施工影响大,甚至摧毁工程

注:R_C 为岩石单轴抗压强度;I_n 为岩石脆性指数;σ_1 为最大主应力。

岩爆对隧道工程施工的危害如图 13-20～图 13-21 所示。

图 13-20 Ⅳ级岩爆

图 13-21 Ⅲ～Ⅳ级岩爆毁坏凿岩台车

13.4.2 施工技术

1. 岩爆隧道施工原则

由于岩爆的发生具有很强隐蔽性和破坏性，施工中必须遵循"预测超前、准确定性；方案合理、措施得力；刚柔并举，宁强勿弱"的原则，防止产生岩爆或降低岩爆发生的等级。

"预测超前、准确定性"是指在隧道开挖前，应充分利用现有的超前地质预报手段，预测掌子面前方围岩的完整性和强度等级，在此基础上，根据测定或按经验推算的隧道埋深自重应力及构造应力，分析岩爆发生的可能性及发生的等级，为制定合理的施工方案奠定基础。

"方案合理、措施得力"是指在已经明确判定隧道掌子面前方围岩具备岩爆发生的条件及其可能发生的岩爆等级的基础上，制定合理的施工方案，在此基础上，细化各施工工序的技术措施，有效遏制或降低岩爆的发生。

"刚柔并举，宁强勿弱"是指在隧道开挖后，应根据岩爆预测等级情况，选择合适的支护方式。一方面，应允许集中的高地应力有一定程度的释放；另一方面，又必须遏制其过度释放而导致岩爆。因此，一般采取刚性支护和柔性支护相结合的支护方式，支护强度则应比预测的岩爆强度等级提高一个级别进行考虑。

2. 岩爆隧道施工工艺流程

岩爆隧道施工工艺流程如图 13-22 所示。

3. 超前地质预报

岩爆作为一种不良地质灾害，有其自身的发展条件和规律，可根据岩石的完整性、单轴抗压强度指标、围岩的应力水平等因素进行岩爆预测。围岩的完整性可以通过超前地质预报（包括物探和钻探）进行判断，围岩的岩石力学指标可以通过岩石取样进行室内试验获得，围岩的地应力水平值可以通过隧道埋深进行自重应力计算或采用地应力孔进行测试，目前我国采用的岩爆判定依据主要有卢森判据、陶振宇判据、强度/应力判据和能量判据（表 13-6）。

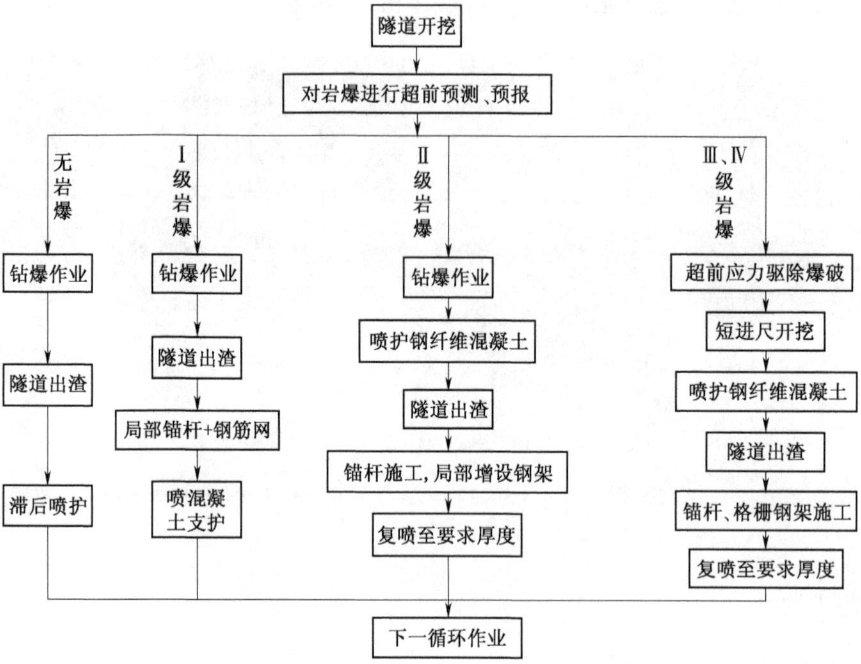

图 13-22　岩爆隧道施工工艺流程图

表 13-6　岩爆判定依据和标准表

分级	我国工程岩体分级标准	卢森判据	陶振宇判据	R_b/σ_1判据	能量判据
无岩爆	$R_c/\sigma_1>7$	$\sigma_\theta/R_c<0.2$	$R_c/\sigma_1>14.5$	$R_b/\sigma_1>6$	$W_{ET}<2.0$
轻微岩爆	$R_c/\sigma_1=4\sim7$	$0.2\leqslant\sigma_\theta/R_c<0.3$	$14.5\geqslant R_c/\sigma_1>5.5$	$R_b/\sigma_1>3\sim6$	$2\leqslant W_{ET}<5$
中等岩爆	$R_c/\sigma_1=4\sim7$	$0.3\leqslant\sigma_\theta/R_c<0.55$	$5.5\geqslant R_c/\sigma_1>2.5$	$R_b/\sigma_1>3\sim6$	$2\leqslant W_{ET}<5$
强烈岩爆	$R_c/\sigma_1<4$	$0.55\leqslant\sigma_\theta/R_c$	$2.5>R_c/\sigma_1$	$R_b/\sigma_1<3$	$5<W_{ET}$

注：R_c为岩石单轴抗压强度；R_b为岩石饱和单轴抗压强度；σ_1为最大主应力；σ_θ为坑道周边切向应力；W_{ET}为卸载所释放的弹性应变能和损耗的弹性应变能之比。

另外，还可以通过电磁辐射(EMR)法来进行岩爆的预测。电磁辐射预报仪是依据岩体破坏过程中，弹性范围内不产生电磁辐射，峰值强度附近的电磁辐射最强烈，软化后无电磁辐射的原理开发的。在施工过程中，通过监测岩石破裂过程中发出的电磁辐射脉冲信号，采集相关数据并进行分析来预测岩爆。该方法具有操作简单、不占用循环作业时间、预报效果好的特点。

综上所述，岩爆隧道施工应尽量采用一些简单、有效的手段对掌子面前方岩爆发生的可能性及岩爆等级进行预测，以便提前选择、制定合理的施工方案。

13.4.3　岩爆防治措施

1. 轻微岩爆防治措施

轻微岩爆(Ⅰ级)多表现为隧道周边表层围岩在地应力作用下易剥离、脱落，其发生规模小，围岩的自身稳定性好。轻微岩爆的防治措施包括：

(1)采用光面爆破，增加隧道开挖面的平整、圆顺程度，减小应力集中。

(2)爆破后及时喷射混凝土，填补爆破凹坑，提高其平整度，能有效限制隧道爆破作业后表层围岩径向应力的完全分异，从而遏制岩爆发生。

(3)隧道出渣后，在局部应力集中区或主应力方向增设锚杆，进一步提高隧道周边围岩的抗剪切能力，防止切向应力过高导致围岩剪切破坏。

2. 中等强度岩爆防治措施

中等岩爆(Ⅱ级)与轻微岩爆相比，其规模相对较大，且常伴有弹射现象，岩爆坑深度一般在1 m左右，对施工的危害相对较大。中等强度岩爆应从降低应力值水平和加强支护两方面采取措施进行防治，具体包括：

(1)采用光面爆破，增加隧道开挖各面的平整、圆顺程度，减小应力集中。

(2)爆破作业后及时喷射钢纤维混凝土，填补爆破凹坑，提高其平整度；在喷射混凝土中添加钢纤维，能改善混凝土性能，提高其支护能力。

(3)在隧道洞壁钻设径向应力调节孔，改善隧道周边围岩应力水平，降低岩爆发生的强度等级。

(4)隧道出渣后，全断面设置中长锚杆、布设钢筋网、局部采用钢架加强支护，并喷射钢纤维混凝土及时进行封闭，防止岩爆发生。

(5)对隧道周边及掌子面围岩进行喷雾、洒水，在一定程度上软化围岩，降低其强度和脆性，使其能承受更大的变形而不至于破裂、脱落甚至弹射。

3. 强岩爆、极强岩爆防治措施

强岩爆(Ⅲ级)及极强岩爆(Ⅳ级)发生时，围岩大片爆裂脱落，出现强烈弹射，产生类似爆破的爆裂声或闷雷声，持续时间长，影响深度大于3 m。强岩爆、极强岩爆防治措施如下：

(1)实施超前应力解除爆破，减小掌子面前方围岩地应力水平。高地应力是强(极强)岩爆发生的一个关键因素。因此，实施超前爆破，降低掌子面前方围岩地应力，有利于降低岩爆发生强度等级甚至阻止岩爆发生。超前应力解除爆破并非真正意义上的解除地应力，而是通过超前爆破手段，将掌子面前方围岩体内的高地应力向隧道轮廓范围外进行转移，从而降低隧道开挖线周边围岩的应力水平，即通过超前爆破，对原始状态的高地应力状态进行充分调整，使之不利于岩爆的发生。

常用的应力解除爆破一般有两种形式，一种是应力调整爆破，即通过对隧道开挖线外1～2 m范围内岩体进行爆破，产生裂缝以降低开挖体附近岩体的应力值，从而达到降低岩爆强度等级的效果；另一种是应力驱赶爆破，即在隧道周边主应力方向一定距离以外通过爆破形成破碎带，该方法能明显降低破碎带内岩体的应力值，从而起到降低岩爆强度等级的目的。

1)应力调整爆破。具体施工方案为在掌子面均匀布置超前应力驱除孔，钻孔深度按单循环进尺的2倍进行控制，同时炮孔向隧道周边设置一定外插角，外插角度以满足炮孔底落在隧道开挖线外1～2 m为宜；孔间距2 m左右，单孔装药长度1.5～2.0 m，装药量应使实际爆破能将岩体振裂而不至破碎为宜。炮孔布置如图13-23所示。

2)应力驱赶爆破。应力驱赶爆破是通过在隧道开挖线外主应力方向上90°范围内一定距离[一般 $K=(0.3\sim0.5)D$]进行爆破，形成松动破碎带，降低隧道开挖范围内的应力水平，从而降低岩爆发生的概率与强度等级(炮孔布置如图13-24所示)。

(2)应力释放孔。应力释放孔根据其设置形式的不同，分为超前围岩应力释放孔和周边围岩应力释放孔。

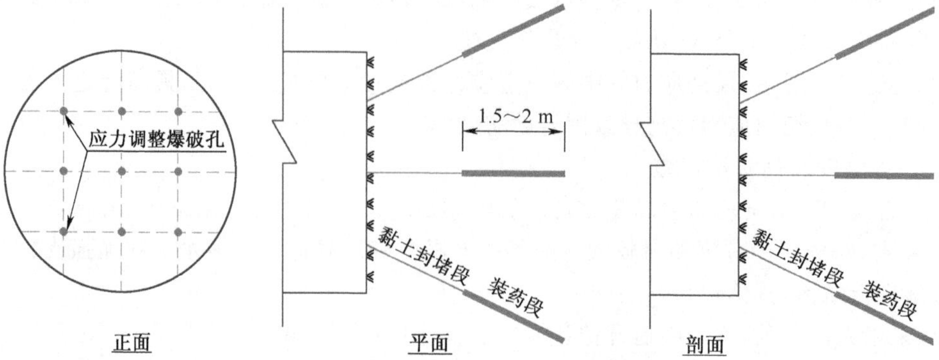

图 13-23　应力调整爆破炮孔布置示意图

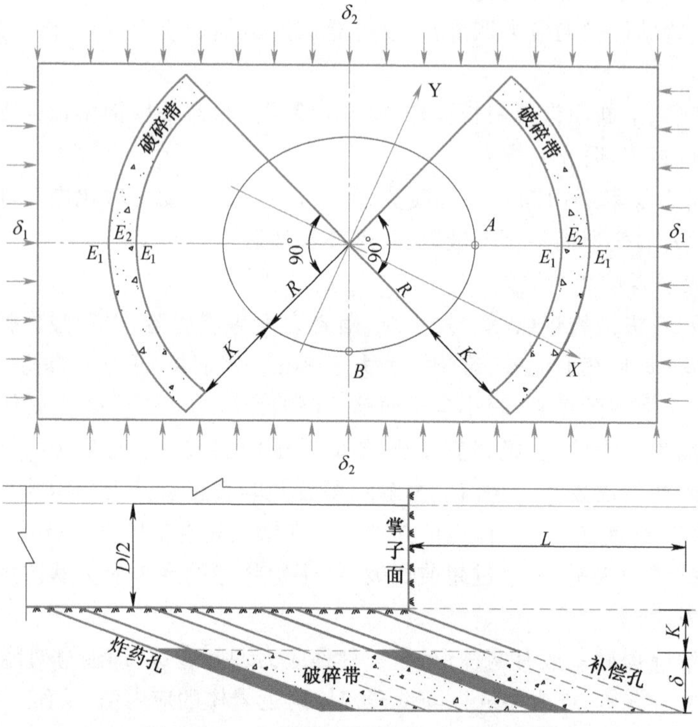

图 13-24　应力驱赶爆破炮孔布置示意图

1)超前围岩应力释放孔在隧道开挖前向掌子面前方超前钻设,释放孔主要分布于隧道开挖轮廓周边,中部可按 2～3 m 间距均匀布置,钻进深度为隧道单循环进尺的 2 倍。

2)周边围岩应力释放孔在隧道爆破喷护后实施,应力释放孔沿隧道周边布置,并设置一定外插角,但角度不宜太大,过大围岩容易在开挖后切向应力的作用下沿钻孔线脱落而诱发岩爆,一般以孔底位于开挖轮廓线外 30～50 cm 较为合适,钻孔深度以(0.3～0.5)D(D 为隧道洞径)为宜,布置间距为孔深的 0.6～0.8 倍,在主应力方向取小值,次应力方向取大值。周边应力释放孔布置及应力改善如图 13-25 所示。

(3)控制开挖循环进尺。单循环进尺的选择将影响岩爆的强度等级。一般来说,在隧道开挖断面一定且隧道掌子面稳定的情况下,单循环开挖进尺即为围岩暴露的纵向跨度,从而决定了岩体自身抵御高地应力的面积,在其他条件相同的情况下,面积越大发生岩爆的强度等级或

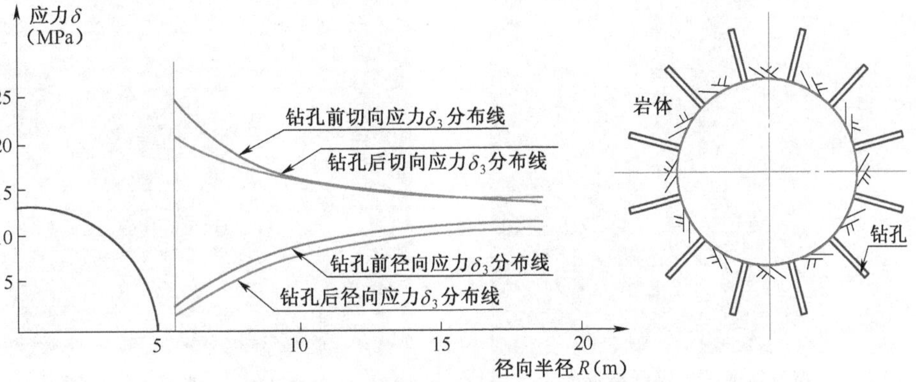

图 13-25 周边应力释放孔布置及应力改善示意图

因岩爆引发的隧道坍塌规模也就越大。因此对于强(极强)岩爆隧道,宜采用短进尺进行开挖,即通过降低单循环钻爆设计进尺和增设掌子面临时锚杆的措施防治岩爆,开挖进尺一般控制在 2 m 左右为宜。

(4)喷射混凝土。及时、有效的支护措施是防止岩爆发生的主动策略,支护措施主要包括喷射混凝土、锚杆、钢架等支护体系,防止地应力进一步释放。

常规喷射混凝土初凝和终凝时间分别为 5 min 和 10 min,如果加大速凝剂用量,能适当减小混凝土凝胶时间,但同时会降低混凝土后期强度,影响喷射混凝土的永久支护能力。岩爆隧道喷射混凝土与一般普通喷射混凝土相比,一般需要掺加钢纤维和细磨(纳米级)矿粉。钢纤维能提高混凝土的抗剪性能,细磨矿粉能缩短混凝土的初凝和终凝时间,同时提高混凝土的黏结力和改善混凝土的后期强度。喷射混凝土之前先对岩面进行清洗,喷射作业应分段、分片按照由下而上的顺序进行,尽量一次喷射完成;岩面有较大凹洼时,先喷凹处找平,减缓应力集中;分层喷射时,后一层喷射应在前一层混凝土终凝后进行,若终凝后间隔 1 h 以上再次喷射时,应重新清理受喷面;喷射作业应紧跟开挖作业,减少围岩暴露时间(图 13-26)。

(5)锚杆。喷射混凝土后及时进行锚杆施作,锚杆宜选择水力膨胀锚杆,具有安装简单快速、适应变形和全长及时受力的优点。对于涨壳头锚杆而言,虽安装快速简单并能及时受力,但它不是全长受力,抗拔力小于 4 MPa,且锚杆自身无沿展性,不能适应围岩的变形,一旦围岩出现片帮或剥落,锚杆即失去支护力;对于砂浆锚杆,虽然能发挥长时间支护效果且抗拔力高,但其安装工艺相对复杂,安装速度缓慢,安装后不能及时受力。因此对于强(极强)岩爆而言,水力膨胀式锚杆是治理岩爆的首选。施工内容包括钻孔、清孔、插入杆体、连接高压泵、压注高压水至额定压力、停止供水、拆卸高压水管路。该锚杆施工简单、快捷,安装一根锚杆不超过 2 min,锚杆安装后便能提供全长的锚固力和黏结力,同时杆体能随应力的释放适应 5～30 cm 的围岩变形,且其锚固力也能随着杆体的拉伸而增加(图 13-27)。

(6)纵向切槽。在有切槽设备的情况下,先沿隧道纵向进行切槽,再进行隧道中心围岩爆破能有效降低岩爆发生的强度等级。这是由于切槽能确保开挖轮廓的圆顺,减小围岩应力集中;同时,超前的切槽也能改善地应力的分布状态。

(7)喷、洒水。对于一些岩石软化系数较小的强(极强)岩爆洞段,除上述措施防治岩爆外,爆破作业后及时进行喷、洒水及钻设应力释放孔,也有助于岩爆的防治。喷、洒水在隧道开挖爆破后及时实施。施工时,在隧道边墙左右侧一定高度设置两个喷嘴(设置高度以爆破石渣堆

图 13-26 喷射细磨矿粉钢纤维混凝土

图 13-27 水涨式锚杆施工

积高度以上 1 m 为宜),并与后方高压水管相连。喷水角度以尽量湿润岩面软化岩石为宜,喷射时间 10～30 min,之后为避免喷水对出渣造成影响,可改为雾状喷水。

13.5 瓦斯隧道施工

13.5.1 瓦斯及其爆炸条件

瓦斯主要成分为甲烷,是一种无色、无味的气体。在标准状态下(气温为 0 ℃,大气压为 1.01×10^5 Pa),1 m^3甲烷的质量为 0.76 kg,其相对密度 0.55,比空气轻。瓦斯具有很强的扩散性,扩散速度是空气的 1.34 倍。隧道内瓦斯浓度的分布取决于其涌出源的分布和涌出强度。当无瓦斯涌出源时,瓦斯在隧道断面内的分布是均匀的;当有瓦斯涌出源时,在其涌出的侧壁附近会出现瓦斯浓度增高,隧道拱顶部、冒落区顶部往往积聚高浓度瓦斯。瓦斯对隧道施工安全的威胁主要表现为瓦斯窒息与瓦斯爆炸。

瓦斯窒息:瓦斯本身虽然无毒,但在空气中浓度较高时,会相对降低空气中的氧气含量。当瓦斯浓度达到 57%时,氧气浓度就会降至 9%,短时间内人就会因缺氧窒息而死亡。

瓦斯爆炸:当瓦斯与空气混合达到一定浓度时,遇到高温火源就能燃烧或发生爆炸。瓦斯爆炸的化学反应式为:

$$CH_4+2O_2 = CO_2+2H_2O+882.6\ \text{kJ/mol}$$

从上式中看出,瓦斯在高温火源作用下与氧气发生化学反应,生成二氧化碳和水蒸气,并放出大量的热,这些热量能够使反应过程中生成的二氧化碳和水蒸气迅速膨胀,并以极高的速度向外冲出。瓦斯爆炸必须具备以下 3 个条件:

1. 瓦斯浓度

瓦斯爆炸只发生在一定的瓦斯浓度范围内,一般是 5%～16%。当瓦斯浓度低于 5%时,由于参加化学反应的瓦斯较少,不能形成热量积聚;浓度介于 5%～9.5%之间时,爆炸威力逐渐增强;瓦斯浓度介于9.5%～16%之间时,爆炸威力呈逐渐减弱的趋势;当浓度高于 16%时,由于空气中的氧气不足,满足不了氧化反应的全部需要,只有部分瓦斯能与氧气发生反应,所生成的热量被多余的瓦斯和周围介质吸收,因此也不能发生爆炸。

2. 引火温度

瓦斯爆炸的第二个基本条件是高温火源的存在。明火、煤炭自燃、电气火花、赤热的金属表面、吸烟、放炮、安全灯网罩、架线火花、甚至撞击和摩擦产生的火花等都足以引燃瓦斯。

3. 氧气含量

瓦期爆炸界限随着混合气体中氧气浓度的降低而减小。氧气浓度降低时，瓦斯爆炸下限缓慢提高，而瓦斯爆炸上限则迅速下降，当氧气浓度降至12%，混合气体中的瓦斯就失去了爆炸性。

13.5.2　施工技术

瓦斯隧道施工总体原则：控火源，快封闭，防突出，强通风，勤监测。施工采用新奥法施工，采用电力起爆，使用煤矿许用炸药及煤矿许用电雷管进行光面爆破，采用挖掘机、装载机装渣，自卸汽车运输出渣；初期支护采用喷射混凝土、锚杆、钢筋网、以及型钢或格栅钢架进行支护。二次衬砌采用全断面液压衬砌台车施工，仰拱先行、拱墙一次成型。施工前应将洞内供电线路、电气设备、机械设备全部更换或改装为防爆型设备。通风系统采用压入式通风方式，配合局部扇形通风；采用“双保险”瓦斯监测措施，即遥控自动化监测系统与人工现场监测相结合。

1. 爆破作业

瓦斯隧道爆破作业必须采用煤矿许用炸药，起爆必须采用电力起爆，并使用煤矿许用电雷管，严禁使用秒或半秒级电雷管。使用煤矿许用毫秒延期电雷管时，最后一段的延迟时间不得大于130 ms；采用电雷管起爆时，严禁反向装药；采用正向连续装药结构时，雷管以外不得装药卷。在岩层内爆破，炮眼深度不足0.9 m时，装药长度不得大于炮眼深度的1/2；炮眼深度为0.9 m以上时，装药长度不得大于炮眼深度的2/3。在煤层中爆破，装药长度不得大于炮眼深度的1/2。

爆破网络和连线，必须符合以下要求：

(1)必须采用串联连接方式。线路所有连接接头应相互扭紧，明线部分应包覆绝缘层并悬空。

(2)母线与电缆、电线、信号线应分别挂在巷道两侧。若必须在同一侧时，母线必须挂在电缆下方，并应保持0.3 m以上的间距。

(3)母线应采用具有良好绝缘性和柔软性的铜芯电缆，并随用随挂，严禁将其固定。母线长度必须大于规定的爆破安全距离。

(4)必须采用绝缘母线单回路爆破。

(5)严禁将瞬发电雷管与毫秒电雷管在同一串联网路中使用。

2. 初期支护

爆破过后，用高压风清面后立即喷射混凝土，及时施作隧道初期支护并封闭成环，减少瓦斯逸出。喷射混凝土宜掺气密剂。

3. 防水板施工

防水板必须采用冷粘工艺施工的防水板，禁止使用热焊工艺施工型防水板。防水板必须经过检测方可使用，检测的项目包括：断裂拉伸强度(常温)(MPa)，断裂伸长率(常温)，撕裂强度(kN/m)，透水性、厚度等指标。

13.5.3　瓦斯探测监控系统

1. 瓦斯超前探测

瓦斯超前探测一般采用超前钻孔，钻孔施工过程中应记录钻进情况、钻孔岩性、瓦斯涌出情况、瓦斯动力现象等,单个断面的钻孔布置及钻孔深度根据现场钻进与瓦斯监测情况确定。瓦斯压力测定采用主动式快速测压法,其测压时间仅仅相当于传统测压方法的 0.56%,测压准确率和成功率都远远高于传统方法;钻孔瓦斯涌出量、钻孔瓦斯涌出衰减系数采用容积式流量计进行测定,通过探测数据可以计算出隧道在开挖过程中可能产生的瓦斯涌出量。

2. 人工检测

施工中采用光干涉瓦斯检定器对瓦斯进行人工检测,同时结合使用便携式瓦斯自动检测报警仪和瓦斯自动报警断电仪进行自动检测。

(1)瓦斯浓度管理。瓦斯浓度实行三级管理:瓦斯浓度低于 0.3%可正常施工;瓦斯浓度大于 0.4%、低于 0.5%,应报警处理并加强通风;瓦斯浓度大于 0.5%,应局部停工进行检查。一旦发现瓦斯浓度超标,应立即采取撤离人员、断电停止作业、加强通风等措施;在恢复通风前,必须首先确认停风区瓦斯浓度不超过 1%、局部通风机及其开关地点周围区域瓦斯浓度不超过 0.5%时,方可恢复正常供风。

(2)瓦斯检测频率与范围。瓦斯隧道施工必须坚持 24 h 瓦斯检测制度,瓦检员实行三班制。瓦斯浓度在 0.1%以下时每小时检查 1 次,瓦斯浓度在 0.1%以上时每 30 min 检查 1 次,瓦斯浓度超过 0.3%的地段,检测频率每 20 min 一次,各种通风死角每班进洞检测一次,每个检测断面检查 3～5 个点,即拱顶、两侧拱脚及两侧墙脚;存在瓦斯突出危险的工作面必须有专人经常检查,并安设瓦斯断电仪。特殊工序如电焊作业应尽量在洞外进行。

瓦斯检查的主要范围:隧道所有开挖工作面、局部塌方地点、机械电气设备所在区域,防水板背后,焊接、切割地点作业周边 20 m 范围内等。

(3)瓦斯浓度规定。

1)隧道任一地点回风风流中瓦斯浓度超过 0.5%或二氧化碳浓度超过 1.5%时,必须停止工作,撤出人员并采取措施进行处理。

2)在局部通风机及其开关附近 20 m 范围内的风流中,当瓦斯浓度都不超过 0.5%时,方可人工开启局部通风机。

3)对因瓦斯浓度超过规定被切断电源的电气设备,必须在瓦斯浓度降到 0.5%以下时,方可重新通电启动。

4)焊接、切割地点前后 20 m 范围内,瓦斯浓度不得大于 0.5%。

5) 停工区内当瓦斯或二氧化碳浓度达到 0.5%而不能立即处理时,必须在 24 h 以内进行封闭。

3. 瓦斯自动监控系统

瓦斯自动监控系统由计算机、打印机、数据通信接口、分站、通信电缆、传感器组成,通过在开挖掌子面(包括横通道)、衬砌台车、洞口回风流中布置低浓瓦斯探测器对瓦斯进行监控,该系统具有自动化程度高、工作效率高、人为工作量小等优点。监测项目包括:工作面瓦斯浓度与氧气浓度、回风瓦斯浓度、风机工作状况等(图 13-28～图 13-31)。

13.5.4　通风、电力与照明系统

1. 风机及风筒选型

(1)风机选型。根据设计风量及通风阻力计算结果,风机选型应注意转速、功率、风量、全压、全压效率等是否满足设计要求。选型时应对几种技术参数较为接近的风机进行比选。

图 13-28 瓦斯监控系统自动遥测探头

图 13-29 瓦斯监控系统分站电源控制箱

图 13-30 瓦斯监控系统控制中心

图 13-31 瓦斯监控系统洞口大屏幕

(2)风筒选用。风筒选型应注意耐内压、膨胀率、百米风阻、百米漏风率等技术参数是否满足设计要求。

2. 主通风与辅助通风系统

根据风量计算结果确定通风机台数以及风筒断面面积,同时准备一台同型号的通风机备用(图 13-32)。

图 13-32 洞口主通风设备

根据衬砌台车数量、工作面数量、加宽带(横通道)数量配置局部通风机,局部通风机功率应根据隧道断面积、瓦斯浓度、特殊区域(例如掌子面、坍塌区、防水板施工区、二衬施工区)的局部通风要求进行确定。

3. 瓦斯隧道通风管理

瓦斯隧道施工期间必须实施连续通风。因检修、停电、爆破、修补(或接长、更换)风筒或其他原因停风时,必须撤出人员并切断电源。恢复通风前,应首先检查瓦斯浓度,符合设计及规范要求后方可复工。

4. 电缆、开关、灯具的选用

(1)洞内供电采用专用变压器,洞内动力电供电电压380 V,照明电不大于127 V;洞内照明采用矿用隔爆型照明信号综合装置,二衬作业区域采用矿用隔爆型白炽灯,开挖面照明采用矿用隔爆型投光灯;洞内的所有电力均从瓦电闭锁开关下接入。

(2)隧道内的输送泵因其功率大,应采用专线供电;隧道内使用的移动电力设备(电锯、电锤、捣固器等)应使用矿用隔爆型插销开关。

(3)固定敷设的电缆采用不延燃橡套电缆;移动式或手持式电气设备采用不延燃橡套电缆;开挖面采用铜芯不延燃电缆。

(4)洞内电缆按下列规定敷设:电缆悬挂点间的距离为3 m;电缆与风、水管敷设在同一侧,其间距应大于1.5 m;电缆与电气设备连接,应使用具有防爆性能的接线盒。电缆芯线使用线鼻子与电气设备连接。

(5)禁止高压馈电线路单相接地运行,当发生单向接地时,应立即切断电源。低压馈电线路上,必须装设能自动切断漏电线路的检漏装置,可采用JY82型隔爆型检漏继电器。

(6)隧道电气设备的金属外壳、构架等,都必须有保护接地,其接地电阻值应满足下列要求:接地网上任一保护接地点的接地电阻值不得大于2 Ω;每一移动式或手持式电气设备与接地网间的保护接地,所用的电缆芯线的电阻值不得大于1 Ω。

5. 瓦电闭锁系统与风电闭锁系统

在瓦斯远程自动监控系统中设置断电仪,实现瓦电闭锁,即任一处瓦斯遥测探头瓦斯浓度超过设置值(一般取0.5%)时,立即全洞断电;在安设风机处设瓦斯浓度传感器和风机开停传感器并实现瓦电闭锁、风电闭锁,即当横洞风机吸入风流瓦斯浓度达到0.5%时,能自动切断横洞施工风机以及横洞内所有非本质安全型机电设备的电源;当隧道主洞风机停止运转时,能自动切断横洞施工风机以及横洞内所有非本质安全型机电设备的电源。同时,每周对瓦电闭锁功能、风电闭锁功能进行测试。

13.5.5 瓦斯隧道施工机械

目前隧道施工所使用的机械设备基本上是通用型设备,这类型设备不具防爆性能,只能用于无瓦斯的隧道。瓦斯隧道施工需要防爆型机械设备,防爆机械设备可以在煤矿机械中进行选用(图13-33~图13-36)。

13.5.6 瓦斯防治措施

1. 瓦斯防突措施

瓦斯隧道开挖接近煤层时,需要对瓦斯突出进行危险性预测,预测方法包括瓦斯压力法、综合指标法、钻屑指标法、钻孔瓦斯涌出初速度法或 R 指标法。若任何一项指标超过临界指标，该开挖工作面即可判定为瓦斯突出危险工作面。

图 13-33 洞内防爆设备

图 13-34 防爆局部通风机

图 13-35 防爆出渣车

图 13-36 防爆混凝土罐车

瓦斯突出危险性预测指标临界值见表 13-7。

表 13-7 突出危险性预测指标临界值

预测方法	预测指标	突出危险性临界值
瓦斯压力法	P(MPa)	0.74
综合指标法	D	0.25
	K	20(无烟煤)；15(其他煤)
钻屑指标法	Δh_2(Pa)	160(湿煤)；200(干煤)
	K_1[mL/(g·min$^{1/2}$)]	0.4(湿煤)；0.5(干煤)
钻孔瓦斯涌出初速度法	Q	4
R 指标法	R_m	6

经预测有煤与瓦斯突出危险时，应在揭煤前制定包括技术、组织、安全、通风、抢险、救护等应急措施与预案。

有效的瓦斯防突技术措施：

(1)围岩注浆。注浆主要有两个方面的作用：一是可以稀释瓦斯，降低瓦斯压力；二是能对围岩进行加固，提高围岩自身的稳定能力，从而提高瓦斯防突能力。

(2)钻孔排放瓦斯。钻孔个数、排放半径、排放时间应根据瓦斯含量、排放范围、工期等多个因素综合分析确定,排放孔施工参数参照表 13-8。

表 13-8　钻孔排放施工参数

排放范围(m)				排放半径(m)	排放时间(d)	排放孔角度(°)		
左	右	上	下			水平角	仰角	倾角
≥5	≥5	≥5～7	≥3	0.3～1.0	15～30	0～90	0～45	0～20

(3)瓦斯突出工区,宜采用上下半断面台阶法开挖,利用上部台阶排放下部台阶的部分瓦斯,其台阶长度应根据通风需要和隧道结构安全性、围岩稳定性综合考虑确定。

(4)瓦斯抽排施工原则。排放孔施工前应加强排放工作面及已开挖段的支护,防止坍塌造成瓦斯突出;排放孔施工必须严格按设计施作,钻孔结束后应有专人检查其角度和长度;排放孔施工过程中注意观察各种异常情况及动力现象,当发现某孔施工中瓦斯动力现象严重,可暂停该孔施工,待其他孔施工完后再补钻该孔;每钻完一个孔检测孔内瓦斯浓度,随后每天检测 2 次,掌握瓦斯排放效果,修正瓦斯排放时间;钻孔过程中应加强工作面风流及回风道风流中瓦斯浓度检测,当排放工作面瓦斯浓度达到 0.5%时应立即撤出人员,切断电源并加强通风。

2. 瓦斯防积聚措施

(1)防坍方:许多隧道瓦斯事故都是由于隧道坍方造成瓦斯积聚,在处理坍方过程中引起的。因此,防止坍方是防止瓦斯积聚的首要任务。防止坍方的主要措施有:短进尺、弱爆破、强支护、早封闭、勤量测、衬砌紧跟等。

(2)加强通风:由于瓦斯的密度远远小于空气的密度,所以瓦斯容易在空间上部积聚。在隧道发生塌方、掉顶时,极易引起瓦斯积聚。在加强通风方面,主要采用以下两种方法防止瓦斯积聚:

1)风筒分支排放法。在冒顶或塌方处附近的风筒上加“三通”或安设一段小直径的分支内筒,向冒顶空洞内送风以排除积聚的瓦斯,如图 13-37 所示。

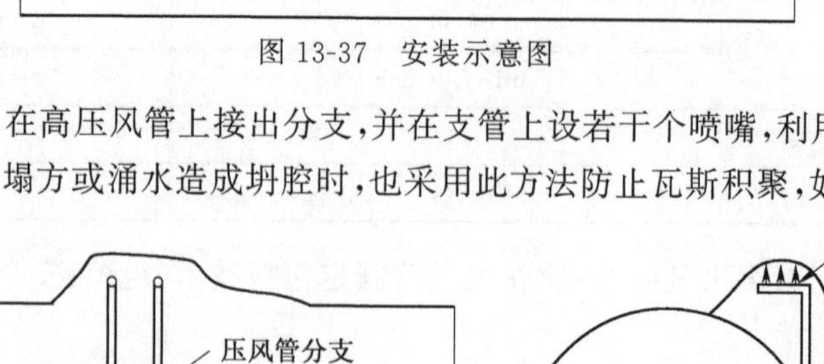

图 13-37　安装示意图

2)压风排除法。在高压风管上接出分支,并在支管上设若干个喷嘴,利用压风将积聚的瓦斯排除。当掌子面发生塌方或涌水造成坍腔时,也采用此方法防止瓦斯积聚,如图 13-38 所示。

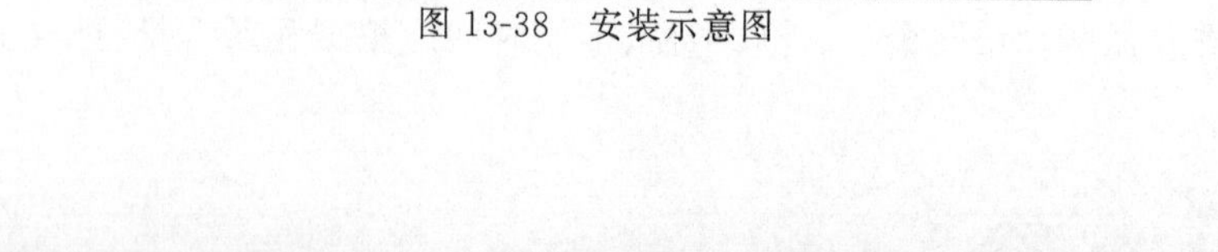

图 13-38　安装示意图

13.6 挤压和膨胀性围岩隧道施工

13.6.1 膨胀岩以及判别与分级

挤压性围岩隧道是在各种地质运动的作用下导致围岩产生拉扯、挤压、倾覆、断裂而形成的，具有变形量大、速率高、持续时间长的特性，最大变形一般可多达几十厘米至一百多厘米，洞壁变形后往往侵入二次衬砌净空，施工处理十分困难。针对此类隧道，在施工中应坚持以预测与预防为主，根据地质条件结合监控量测数据，适时采取措施控制围岩变形。

膨胀岩问题是当今工程地质学和岩石力学领域中较复杂的世界性研究课题之一。膨胀岩的膨胀取决于两方面因素，一是内因：主要包括岩石成分（矿物成分、化学成分和粒度）、天然含水率、胶结程度等因素，这些因素决定了膨胀岩的膨胀能力和膨胀潜势；二是外因：主要包括工程活动造成膨胀岩的水分得失和应力、强度的变化等，它决定了膨胀岩的实际膨胀程度。岩土膨胀的实质是由所含黏土矿物的亲水性造成的。研究表明：蒙脱石具有巨大的膨胀能力，其次是伊利石，而高岭石的膨胀能力最弱，几乎不具膨胀性。另外，软岩的膨胀还与黏土矿物的含量有密切的关系。以往研究成果表明：当蒙脱石含量达7%以上或伊利石含量达20%以上时，软岩即具有明显的胀缩特性，且其含量愈高，胀缩率愈大。

1. 膨胀岩的判别

膨胀岩的判别目前还没有统一的标准，国内外大多采用反映膨胀性能的指标来进行判别。铁路工程通过膨胀岩的野外地质特征及室内判定指标（自由膨胀率、膨胀力和饱和吸水率）进行判定。膨胀岩判定指标见表13-9。

表 13-9 膨胀岩判定指标

试验项目		判定指标
自由膨胀率(%)	不易崩解的岩石	≥3
	易崩解的岩石	≥30
膨胀力(kPa)		≥100
饱和吸水率(%)		≥10

注：1. 对于不易崩解的岩石，取轴向或径向自由膨胀率中较大值进行判定。
2. 对于易崩解的岩石将其粉碎，过0.5 mm的筛去除粗颗粒后，比照土的自由膨胀率试验方法进行试验。
3. 当有2项符合表中所列指标时，在室内可判定为膨胀岩。

2. 膨胀软岩的分级

在判定为膨胀性软岩的基础上，有必要进行膨胀潜势分级，以便对不同级别的膨胀性软岩采用相应的工程设计、施工及防护措施，保证工程安全。膨胀软岩分级标准见表13-10。

表 13-10 膨胀性软岩分级标准

名称	极限膨胀率(%)	膨胀力(kPa)	饱和吸水率(%)	自由膨胀率(%)
非膨胀性软岩	<3	<100	<10	<30
弱膨胀性软岩	3～15	100～300	10～30	30～50
中膨胀性软岩	15～30	300～500	30～50	50～70
强膨胀性软岩	>30	>500	>50	>70

13.6.2 施工技术

根据挤压性围岩、膨胀岩的变形机理,施工时以排水和控制围岩变形为重点,严格遵循"方案合理,措施有力;刚柔并举,宁强勿弱"的原则,尽早封闭支护系统,有效控制围岩变形,同时要适当加大围岩预留变形量。

方案合理,措施有力:在明确隧道掌子面前方岩体工程性质的基础上,制定合理的施工方案,并细化各施工步骤的技术措施。

刚柔并举,宁强勿弱:隧道开挖后根据围岩变形情况,选择合适的支护方式,要在一定程度上允许地应力适当释放,同时又必须遏制其过度释放而导致过大的围岩变形。因此,在支护方式上一般采用先柔后刚、分层支护的方法。就支护强度而言,需要有足够的安全系数,避免在支护洞段在极大的围岩压力作用下破坏。

支护体系及时封闭成环是有效地控制围岩变形的关键。针对围岩初期变形大、发展速度快,稳定性受地下水影响大等特点,控制围岩变形的关键在于各施工工序的连续性及紧凑性。

1. 开挖

开挖方案应综合地质条件、隧道断面、埋深、工期等要求综合考虑进行确定,隧道开挖以最大限度减轻对围岩的扰动为原则。根据围岩情况,一般选用机械开挖或钻爆法开挖,严格遵循少分部、短进尺的原则。根据地质条件和隧道设计断面大小,可采用全断面法开挖或分部开挖。

2. 初期支护

(1)喷射混凝土。开挖后及时喷射混凝土封闭开挖面,约束围岩变形,减弱水对膨胀围岩的作用;喷射混凝土建议采用钢纤维混凝土,喷射顺序为自下而上,料束呈旋转轨迹运动,超挖处用喷射混凝土回填找平,喷射表面应大致平整。如果有渗漏水处,应先对渗漏水周边进行喷射,逐渐围拢并最终封闭渗水点,或埋置排水管将渗水汇集后引出。

(2)锚杆(锚索)。锚杆的安设应在喷射混凝土封闭开挖面后及时进行。常见的锚杆(锚索)类型有:普通锚杆、预应力锚杆、可拉伸锚杆、预应力锚索等。可拉伸锚杆通过杆体结构的设计,使其在工作状态下能提供一定的伸长变形,达到控制变形的目的,能适应较大的变形岩体支护。可拉伸锚杆主要有机械结构滑动式、杆体套筒式、孔口结构式、挤压式等几种类型。

对岩体的锚固,采用边支边让的原则,即借助一定的锚固力,约束围岩的自由膨胀变形,同时将锚固约束的变形控制在一定范围内,起到卸压的作用。锚杆长度根据围岩松弛圈确定。

(3)型钢钢架。型钢钢架架立前必须测放出每一榀钢架的线路中线位置、方向以及两个拱脚距中线的距离,然后紧靠岩壁的喷射混凝土面架立,随后在拱脚处施作锁脚锚杆。型钢钢架各节段之间的连接板应紧密贴合;挤压、膨胀性围岩隧道钢架必须采用强支垫,即拱脚下必须采用厚 10 mm 以上的钢板或其他可靠材料垫实塞紧(必要时可采用千斤顶施力),同时适当加大开挖型钢拱脚处外侧岩面,以增大拱脚的支撑面。

3. 二次衬砌施作时机

对于挤压、膨胀性围岩隧道二次衬砌的最佳施作时机,应根据围岩的收敛速度和预测总变形量的大小进行确定,可参考以下依据进行判定:

(1)各测试项目的位移速率明显收敛,围岩基本稳定。

(2)已产生的各项位移已达到预计总位移量的80%～90%。

(3)周边位移速率小于0.1～0.2 mm/d,或拱顶下沉速率小于0.07～0.15 mm/d。

(4)当围岩变形过大、长时间都不能收敛时,要提前施作二次衬砌。

4. 施工排水

膨胀岩具有吸水膨胀、失水收缩的特性,施工中加强现场排水非常重要。对开挖后暴露的围岩,应采取早封闭、各道工序紧密衔接、连续施工的方法,尽量减小水对膨胀岩的影响。

(1)膨胀性围岩隧道施工中处理水的基本原则:严格管理洞内施工用水、及时引排洞内渗水积水、坚决抵制洞外积水下渗。

(2)膨胀岩地段的防排水,应按照以防为主,防、堵、截、排相结合的原则,并结合当地的气象、水文、地质条件制定科学合理的防排水方案;围岩暴露地段采用设置管道、木槽或浆砌排水沟排水,并避免水漫流。

(3)及时施作锚喷支护封闭暴露围岩,防止施工用水和水汽浸入岩体。针对洞内渗漏水点,应及时施作盲沟或采用弹性软式水管,将水引入排水沟排出洞外。

(4)隧道浅埋段的地表低洼处必须填平,小河沟(槽)采用浆砌封闭,防止地表水下渗;在有水地段,如节理发育、地下水丰富的断层破碎带,应采取全断面预注浆封堵地下水。

13.6.3 特殊施工措施

1. 大变形处理措施

在膨胀压力引起大变形的情况下,会出现喷射混凝土层剥落、掉块和破坏,锚杆拉断,钢架会扭曲甚至失稳破坏等现象。初期支护可采取以下措施防治围岩大变形:

(1)喷射混凝土支护预留纵向变形缝,变形缝宽10～30 cm。

(2)采取可缩式钢架,每榀钢可设2～5个可缩接头,每个接头可缩10～20 cm。

(3)加密、加长高强度锚杆,以抗御膨胀压力。

2. 支护体系拆换

由于设计和施工等种种原因,即使采用了强支护体系,且预留了一定的变形空间,由于挤压、膨胀性围岩的特性,初期支护仍可能遭到破坏,造成变形侵限。为了确保二次衬砌厚度以及隧道断面净空满足设计要求,需要对已变形侵限的初期支护进行拆换。

(1)拆换原则。拆换前首先对待拆换区域及其影响区域进行加固,加固方式一般采用注浆、施作径向锚杆等,待加固完成并且围岩变形趋于稳定后,才能对侵限范围内的初支结构进行拆换。初期支护拆换施工期间,掌子面及隧道内其他作业面不得进行作业。

(2)拆除初期支护。首先用断面仪、水准仪等仪器对变形侵限地段进行测量,并将测量数据与设计尺寸进行对比,确定变形侵限段的所在位置及侵限尺寸,并用红漆在初期支护表面进行标志。确定拆除范围后,采用人工风镐的方式破除喷射混凝土;采用热割方式割断钢筋网,并尽量预留足够长度不小于15cm的钢筋接头;型钢拱架按划定的区域采用氧焊割除,在割除之前应对施工安全进行全面评估,必要时要在拆除区域附近设置临时钢支撑或径向锚杆,以提高围岩稳定性。暂停施工时,开挖面必须完全进行封闭,并进一步加强支护体系。

初期支护拆除后,若围岩仍然侵入限界需要进一步处理,应尽量采用风镐凿除。当必须采用爆破方法处理时,应在实施前进行爆破试验,确定科学合理的钻爆设计参数,并制定相应的专项施工方案。

(3)质量控制要点。拆除后重新施作的支护结构的质量应满足设计和规范要求,新施作的部件与原部件之间的焊接质量是质量控制的重点,应对这些焊接部位进行100%的检查,满足要求后才可进入下道工序。

质量控制要点包括:

1)对拟拆换区域及拆换影响区域的预加固质量控制。

2)拆换区域内开挖断面尺寸控制。

3)构件安装质量控制。

4)与既有构件的连接质量控制。

3. 底鼓防治措施

隧道未施作底部支护时,隧道底部便成为围岩应力释放的集中部位。同时由于底部容易积水,使围岩浸泡软化吸水膨胀,从而产生底鼓现象。若不及时加以控制,会导致墙脚位移、边墙剪断、拱圈破裂甚至坍塌等现象,破坏整个支护体系。底鼓的防治措施如下:

(1)在施工期间及时施作仰拱,使支护尽早形成封闭结构;做好隧底防排水工作,防止水浸泡基底。

(2)底鼓现象严重的层状岩层,可采用长锚杆加固底部围岩,提高节理裂隙面上的抗剪强度和岩层的整体刚度;也可对松散破碎围岩进行注浆加固,以增加岩体的强度和整体性。

4. 其他处理措施

膨胀岩隧道施工中的其他不良现象处理措施见表13-11。

表13-11 膨胀岩隧道施工中的不利现象与处理措施表

工程名称	施工中的现象	措施一	措施二
开挖面及其附近围岩	开挖正面不稳定	(1)缩短一次掘进长度; (2)开挖时保留核心; (3)对开挖正面进行喷混凝土; (4)超前插板或管棚	(1)减小导坑尺寸; (2)加固开挖面(如开挖面加锚杆); (3)进行地层改良
	围岩承载力不足下沉增大	(1)开挖尽可能减少对围岩的扰动; (2)增加基脚部喷混凝土的厚度以增大承载面积	(1)增加锚杆; (2)缩短台阶开挖长度及早闭合支护环; (3)喷混凝土做临时仰拱;进行地层改良
	发生底鼓	及早喷射仰拱混凝土	(1)在仰拱处增打锚杆; (2)缩短台阶长度,尽早闭合支护环; (3)采取短台阶(超短台阶); (4)用正反仰拱
喷混凝土	喷混凝土脱离甚至坍塌	(1)开挖后及早喷射混凝土; (2)加钢筋网; (3)增加喷层厚度	增打锚杆或加长锚杆
	喷混凝土中应力增大产生裂纹和剪切	(1)加钢筋网; (2)在喷层中设纵向伸缩缝; (3)喷射钢纤维混凝土	(1)增加或加长锚杆; (2)采用可缩性支撑

续上表

工程名称	施工中的现象	措 施 一	措 施 二
锚杆	轴力增大锚杆断裂		(1)增加锚杆； (2)采取大承载力的锚杆
钢架	可缩性钢架变形量超出允许值或产生屈服破坏		(1)增加或加长锚杆； (2)设纵向伸缩缝； (3)另加H型钢拱架； (4)缩短拱架排距
围岩内变位	围岩内变形增大 松弛区异常增大	(1)缩短从开挖到支护的时间； (2)提早锚杆安设时间； (3)减少钻爆开挖对围岩的扰动	(1)增长锚杆； (2)缩短台阶长度，及早闭合成环； (3)用短台阶或临时仰拱法交替施工； (4)背后注浆
内净空变位	内净空变位增大 变形速率增大	(1)缩短从开挖到支护的时间； (2)提早锚杆安设时间； (3)缩短台阶、仰拱的一次开挖长度； (4)在喷混凝土开裂时设纵向伸缩缝	(1)增加或加长锚杆； (2)尽早成环； (3)用短台阶或临时仰拱法交替施工； (4)变更开挖方法

13.7 风积沙隧道施工

13.7.1 风积沙及其工程特点

风积沙是指沙被风沙流搬移到冲积平原地区形成沙丘，经过多年积累，在地层表面形成一定厚度的风积沙层，属第四纪风积物，具有结构松散、级配不良、孔隙率大、强度较低、水稳定性差等特点。当砂层表面遇水、自稳坡度遭到破坏或在外力作用下时极易松散并产生位移。由于风积沙、含水砂层的特殊性，在进行隧道施工之前，必须采取超前支护、洞口加固等特殊措施，在隧道开挖过程中要严格按分断面、分台阶预留核心土的方法进行施工，严格控制开挖进尺，及时施作支护，方可确保施工安全。

13.7.2 施工技术

风积沙地区隧道洞门施工前首先应对地表进行洒水，使砂粒之间有一定的黏结力；为了保证砂层稳定，以利于边、仰坡开挖，应对洞口边、仰坡进行挂网、喷射混凝土封闭。结合在榆神高速公路神木一号隧道的施工经验，提出风积沙地区隧道施工总体方案：超前支护采用超前小导管、旋喷桩等支护体系，开挖采用预留大核心土台阶法，支护采用喷网＋钢拱架和先行施作二次衬砌仰拱与边墙结合部的联合支护形式。

1. 超前支护施工技术

超前小导管的作用能否成功发挥的关键在于浆液的配制、导管设计参数以及施工方式。本节主要介绍榆神高速公路神木一号隧道超前小导管施工参数：

(1)注浆前应进行浆液配制试验，根据试验效果确定水灰比并配制水泥浆，配制过程中浆液搅拌必须均匀,搅拌时间不小于 5 min,浆液搅拌后的使用时间应控制在 4 h 以内。

(2)导管在加工场集中制作,端头加工成 10～15 cm 锥形梭头,方便安装;导管安装采用跟管方式进行,自下而上进行施工(图 13-39、图 13-40)。

图 13-39　超前小导管施工

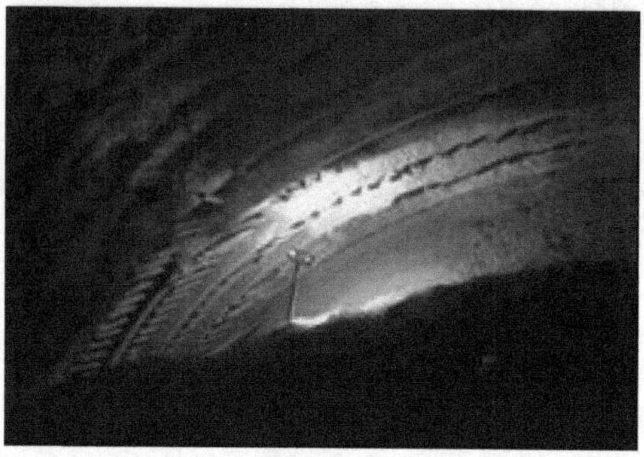

图 13-40　超期小导管成型

(3)技术参数:超前小导管间距 30 cm、长度 300 cm、管径 50 mm、施作角度为 10°、排距为 50 cm。

2. 开挖与支护施工技术

鉴于风积沙隧道的特殊性,结合榆神高速公路神木一号隧道的施工经验,建议开挖采用预留大核心土台阶法,初期支护采用网喷＋钢拱架和先行施作二次衬砌仰拱边墙结合部联合支护形式进行施工。该施工技术首先施作仰拱边墙结合部,增加初期支护墙角基础的承载力,有效抑制两侧土体传递的侧压力,同时为二次衬砌快速跟进控制隧道变形创造条件;通过对核心土进行喷锚加固,不仅维持掌子面稳定性,还起到支撑上台阶临时仰拱和中支撑的作用,平衡拱部初期支护传递的竖向压力,有效控制开挖下台阶时产生的沉降变形。实施过程中的关键技术在于施工工艺流程的制定、上台阶开挖与初期支护施工技术、临时仰拱与竖向支撑施工技术、下台阶施工技术和仰拱边墙结合部施工技术。

(1)风积沙隧道施工工艺流程如图 13-41 所示。

(2)开挖。隧道开挖施工示意图如图 13-42 和图 13-43 所示。施工步骤如下:

第一台阶环形开挖→第一台阶初期支护→临时仰拱施工→竖向支撑施工→第二级台阶开挖→第二级台阶初期支护→第三级台阶开挖→第三级台阶初期支护→第四级台阶开挖→第四级台阶初期支护→第五级台阶开挖→第五级台阶初期支护→结合部仰拱初期支护→仰拱施工→填充层施工→矮边墙施工。需要说明的是从第二级台阶至第五级台阶,开挖与初期支护交错进行;下部核心土随开挖逐级形成;矮边墙施工结束后进入二衬施工,二衬施工结束后进入仰拱成环及填充层施工。

(3)上台阶开挖与支护技术。

1)在超前支护体系施作的前提下,人工手持铁铲进行上部预留核心土环形开挖(图 13-44)。

2)为避免开挖面过大出现滑沙或漏沙引起坍方,环形开挖高度宜控制在 0.9 m 以内,开挖循环进尺不超过 0.5 m。

3)型钢加工:型钢在加工场用 1∶1 比例编号冷弯制作而成,每榀两端焊接垫板,垫板预留对称螺栓孔。

4)型钢安装:采用人工安装,每段钢架通过垫板螺栓连接,纵向上每榀钢架采用螺纹钢筋焊接,环向间距 1 cm。

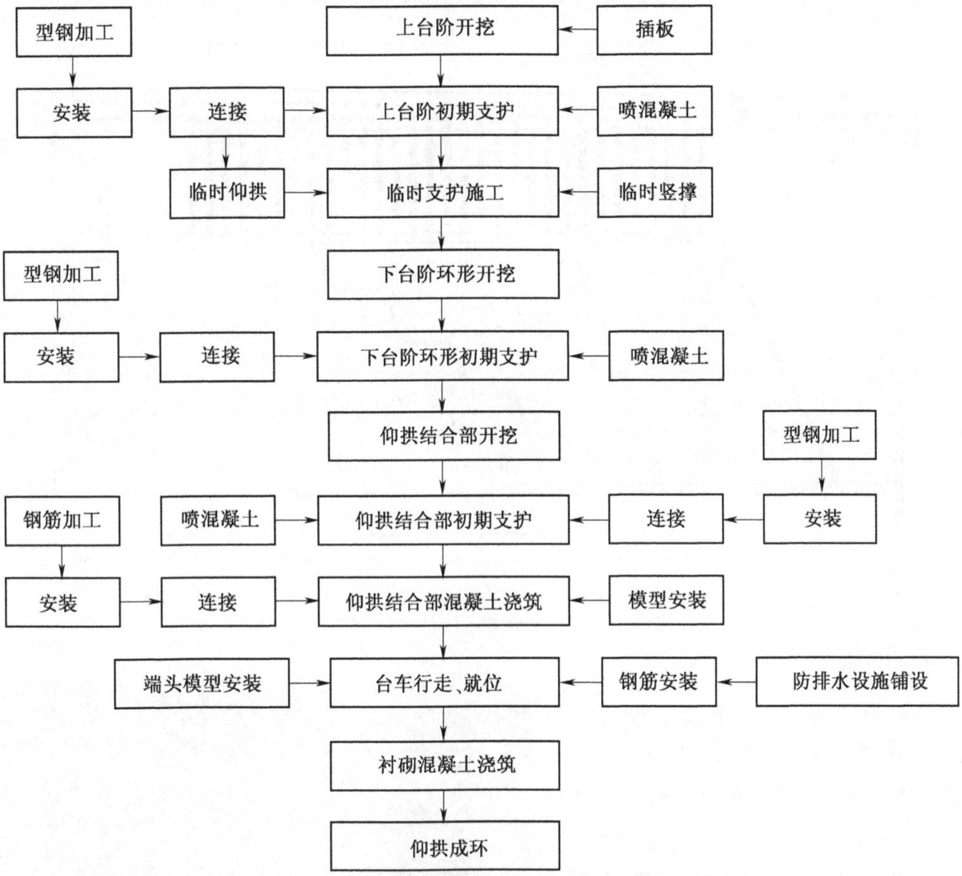

图 13-41 预留大核心土台阶法施工工艺流程图

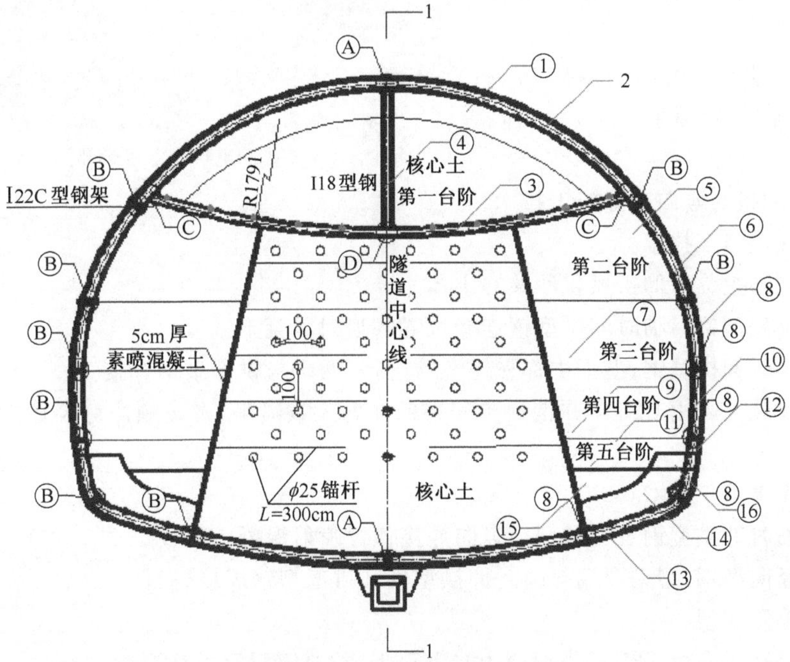

图 13-42 开挖正面图

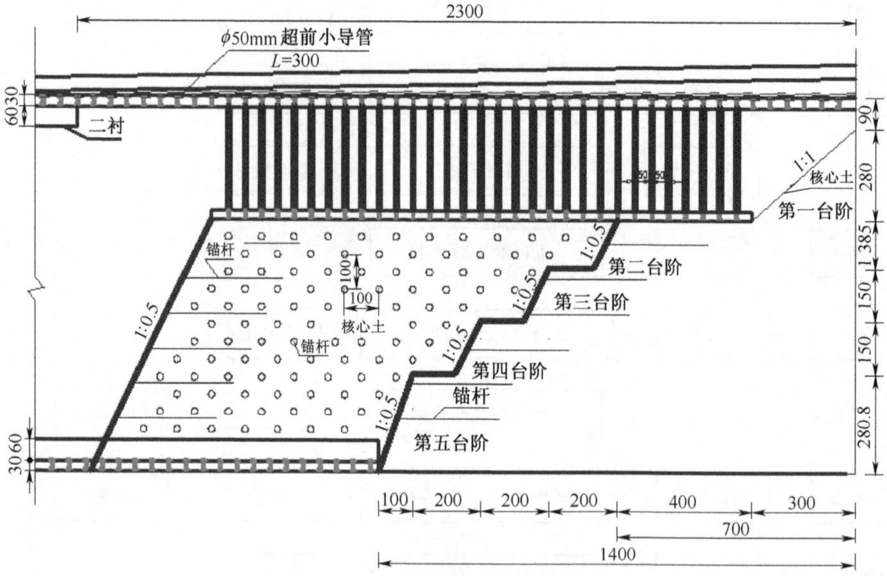

图 13-43 开挖剖面图(单位:cm)

5)喷射混凝土。

①喷射自下而上,先将低洼处大致喷平,再按顺序分层、往复喷射。

②先喷钢架与围岩间混凝土,再喷两钢架之间混凝土。

③边墙应从墙脚开始向上喷射,一次喷射厚度 7～10 cm,拱部喷射厚度5～6 cm。

④喷射时喷头与受喷面保持 0.6～1.2 m 的适当距离,喷射角度尽可能接近 90°。

图 13-44 上台阶开挖

(4)临时仰拱与竖向支撑施工技术。

1)临时仰拱施工技术。

①按设计开挖临时仰拱风积沙核心土体。

②清除拱部型钢与临时仰拱型钢连接位置的喷射混凝土。

③安装临时仰拱型钢,型钢中部采用螺栓连接,两端与拱部型钢焊接。

④喷射混凝土采用 C25 早强混凝土先将低洼处大致喷平,再按顺序分层往复喷射至设计厚度。

2)竖向支撑施工技术。

①清除临时仰拱型钢及拱部型钢竖向连接位置喷射混凝土。

②安装竖向型钢,型钢两端与临时仰拱型钢和拱部型钢焊接。

③安装单侧模型。

④喷射混凝土采用 C25 早强混凝土自下而上、往复喷射至设计厚度。

(5)下台阶开挖与支护技术。下台阶采用中部预留核心土,分四级台阶进行左右交错环形开挖。环形开挖按照小导洞先行、自上而下的顺序进行。

1)台阶开挖长度。为确保洞室开挖安全,每级台阶开挖长度为 2 m,采用 1∶0.5 坡度放坡,左右交错进行,循环进尺 50 cm;初期支护随开挖及时跟进。每级台阶初期支护施工步骤及支护参数与上台阶相同,现场施工如图 13-45 和图 13-46 所示。

图 13-45 下台阶型钢安装

图 13-46 下台阶支护施工

2)下台阶核心土成型。下台阶核心土随每级台阶环形开挖进尺自上而下逐步形成(图 13-47)。为实现下部核心土成型与稳定,充分利用核心土稳定掌子面、支撑临时仰拱以及有效降低落下台阶时拱部的沉降变形。施工中,根据实际情况,采用锚杆(梅花形布置)与喷射混凝土对下部核心土进行加固。

图 13-47 核心土成型

(6)仰拱边墙结合部施工。

1)当第四级仰拱边墙结合部开挖进尺达 200 cm 时,将成型仰拱钢架按设计安装稳固(一端与边墙钢架连接、另一端顶在下台阶核心土脚上),喷射 C25 早强混凝土至设计厚度,再安装钢筋,浇筑仰拱、填充及边墙混凝土,如图 13-48 所示(左右交错施工)。

2)为保证二衬台车轨道铺设与行走,每侧结合部混凝土上口宽度须满足 300 cm。

3)为保证一个循环二衬混凝土施工长度(600 cm),分三次浇筑结合部,每次浇筑 200 cm(图 13-49)。

图 13-48 仰拱及填充混凝土施工

图 13-49 边墙模型施工

13.8 黄土隧道施工

13.8.1 黄土及其工程特点

黄土是第四纪干旱或半干旱气候条件下形成的一种具有针状大孔、垂直节理发育的特殊土,一般呈褐黄、灰黄等颜色。新黄土具有结构质地疏松、孔隙大、垂直节理发育、强度低,遇水易湿陷等特点,在上部压力或自重作用下浸水会产生沉陷变形。黄土地层对隧道施工的影响主要表现在黄土节理发育、黄土的湿陷性、土体内自由水的渗透以及土体强度低四个方面。本节提到的黄土隧道指湿陷性黄土隧道。

13.8.2 施工技术

黄土隧道施工方法的选择应根据围岩级别、土层含水率、隧道断面大小等因素综合考虑。对于不同的围岩,应根据其稳定性采用不同的开挖方法。对于大断面黄土隧道,双侧壁导坑、CRD、三台阶七步开挖法适用于Ⅴ级围岩,弧形导坑预留核心土法适用于Ⅳ级围岩,黄土隧道不宜采用全断面法施工。本节重点介绍三台阶七步开挖法,其余开挖方法详见第5章。

1. 工艺流程

三台阶七步开挖法的工艺流程如图13-50所示。

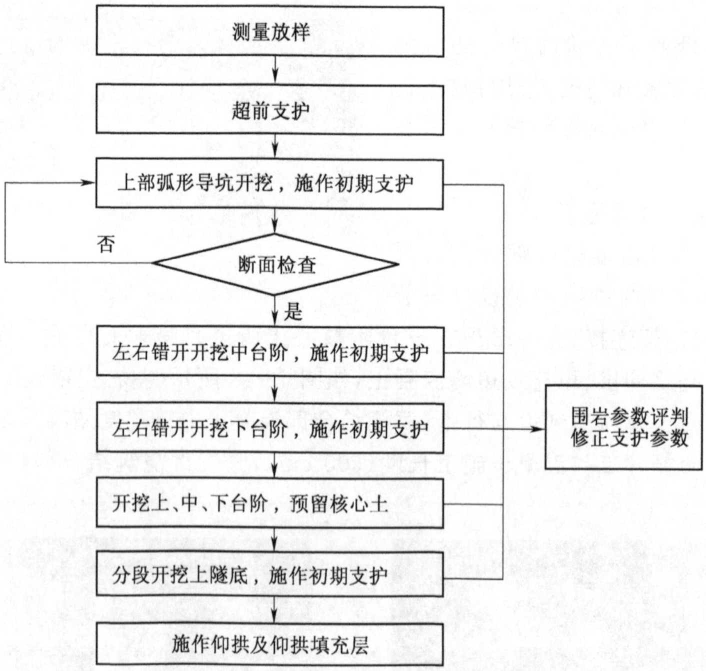

图13-50 三台阶七步法施工工艺流程

第1步:上部弧形导坑开挖,施作初期支护。拱部超前支护后进行上部弧形导坑开挖,环向开挖上部弧形导坑,预留核心土。开挖后立即喷射3~5 cm厚混凝土,及时施作锚杆、钢筋网并架设钢架,施作锁脚锚杆并与钢架焊接牢固,复喷混凝土至设计厚度。

第2、3步:左、右侧中台阶开挖。左、右侧台阶开挖错开一定距离,开挖后立即施作初期支护。

第4、5步：左、右侧下台阶开挖。左、右侧台阶开挖错开一定距离，开挖后立即施作初期支护。

第6步：上、中、下台阶预留核心土开挖。各台阶分别开挖核心土，开挖进尺与各台阶循环进尺保持一致。

第7步：隧底开挖。每循环进尺开挖长度宜为2～3 m，开挖后及时施作仰拱初期支护，完成一定循环长度后施作仰拱。

施工工序如图13-51所示。

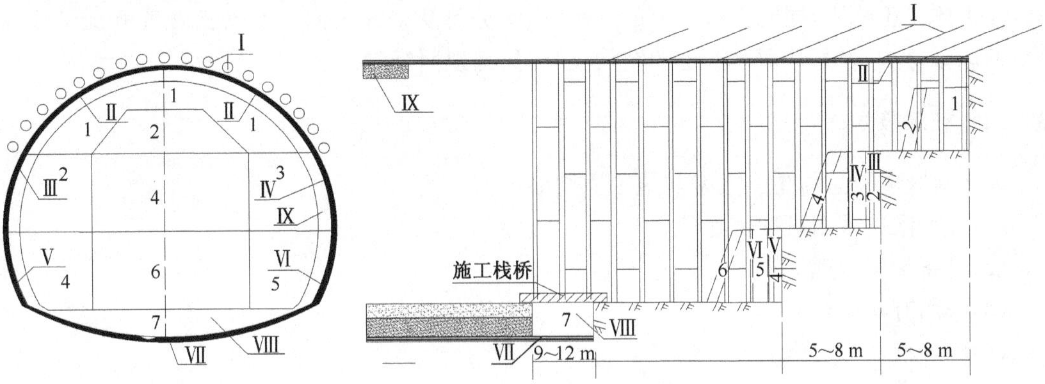

图13-51 三台阶七步开挖法施工工序示意图

说明：

Ⅰ.超前小导管；1.上台阶开挖；Ⅱ.上台阶初期支护；2.上台阶核心土开挖、中台阶左侧开挖；Ⅲ.中台阶左侧初期支护；3.中台阶右侧开挖；Ⅳ.中台阶右侧初期支护；4.中台阶核心土开挖、下台阶左侧开挖；Ⅴ.下台阶左侧初期支护 5.下台阶右侧开挖；Ⅵ.下台阶右侧初期支护；6.下台阶核心土开挖；7.仰拱开挖；Ⅶ.仰拱初期支护；Ⅷ.仰拱填充混凝土；Ⅸ.拱墙混凝土

2. 支护体系

黄土隧道开挖后围岩暴露时间不宜过长，防止围岩风化加剧，造成围岩内部松弛形成塌方。开挖后应及时喷射混凝土，并采用锚杆、钢筋网、超前小导管和钢拱架形成初期支护，封闭成环后进行防水施工，最后进行二次衬砌施工，必要时对衬砌背后进行注浆回填密实。喷射混凝土、锚杆等初期支护以及二次衬砌的施工工艺详见第6章。

3. 防排水

(1)洞门不宜在雨季施工。进洞前应按设计做好洞顶、洞门及洞口的防排水系统，排水沟应做好防渗铺砌。

(2)地表冲沟、陷穴、裂缝等应回填夯实，必要时利用砂浆封闭地表，或施作防渗排水沟引排地表水。

(3)施工排水可采用管槽或排水沟引排，排水沟宜设在隧道中部并应进行铺砌。地层含水率大时，开挖工作面应设横向排水沟，避免浸泡拱脚，并将水引至中部排水管、槽排出。施工用水应严格控制，避免浸泡黄土。

(4)有降水施工条件时，宜先降水后开挖。

13.9 高原冻土地区隧道施工

13.9.1 高原冻土及其危害

冻土分为多年冻土、季节性冻土、短期冻土等。我国的多年冻土又可分为高纬度多年冻土和高海拔多年冻土，而青藏高原冻土区是世界中、低纬度地带海拔最高、面积最大的冻土区。多年冻土工程地质条件的主要控制因素：平均地温、含水率、多年冻土上限等，这些控制因素决定了冻土的工程性质。

冻土对隧道工程建设的危害主要有：冻土的抗压强度很高，其极限抗压强度甚至与混凝土相当；冻土融化后抗压强度急剧降低，所形成热融沉陷和下一个寒季的冻胀作用常常造成构筑物失稳而难以修复；含水的松散岩体和土体温度降到 0 ℃时，伴随有冰体的产生，体积增加约 9%，使土体发生冻胀，同时在渗透力的作用下，水分将从未冻区向冻结锋面转移并冻结成冰，使土的冻胀更加强烈，从而改变土的结构，引起局部地面沉陷。

13.9.2 施工技术

冻土地区隧道总体施工方案与施工原则如下：

(1)最大限度采用机械化施工。

(2)设备配置合理。

(3)采用有轨运输。

(4)施工机械要与施工方法配套。

(5)多打眼，弱爆破，短进尺，强支护，紧衬砌。

1. 开挖

隧道洞口浅埋段施工遵循快开挖、快弃渣、快防护的原则，应尽可能安排在非冻季节施工，减少施工对原始地温的扰动，防止冻土热融。进洞前通常采用超前小导管或管棚进行超前支护，随后采用分段、分层开挖、分层防护的方式进行开挖，并根据季节温度的变化进行冻土保温施工(暖季应采用遮阳或空调降温等措施避免冻土融化)。对于正洞开挖，可采用预留核心土、台阶法等方法，开挖后立即进行喷锚支护，控制围岩表层融化。喷射混凝土施工之前应通过对一系列工艺试验，确定合理的喷射混凝土配合比以及抗冻和早强等添加剂的掺入量。

2. 喷射混凝土

(1)施工准备。准备好各种合格的原材料、速凝剂、防冻剂等；喷射机械手、搅拌站、空压机、混凝土运输车等机械设备必须运转正常；风、水、电及输料管路接头要保持良好；检查开挖面，清除悬浮的岩石和墙角岩渣、堆积物，用高压风清扫岩面，遇到不良地质时还应采用打设锚杆、挂钢筋网、安装钢架等措施对围岩进行加固。

(2)喷射混凝土的拌制。由于气候寒冷，要保证喷射混凝土的质量，就必须保证混凝土具有一定的温度，但温度过高可能引起冻土融坍。因此，要严格控制混凝土拌和物的温度，暖季施工出机温度控制在 10 ℃左右，而寒季施工出机温度应控制在 13～17 ℃。

(3)喷射作业。喷射作业分区段进行，先墙后拱、自下而上。若岩面凹凸不平，应先将凹处找平，然后向上喷射，喷嘴与受喷面的距离应控制在 0.8～1.0 m 之间，并垂直于受喷面作螺旋形轨迹移动。喷射厚度应以保证混凝土不滑移、不坠落为前提，既不能因喷射太厚而影响喷射混凝土的凝聚力和黏结力，又不能因喷层太薄而增加回弹量。

3. 防排水及隔热层

防排水及隔热保温层是冻土隧道的关键结构，其施工工艺和施工质量对保证冻土隧道工程质量至关重要。在多年冻土层中，隧道的防排水系统应以排、导为主，让受到影响的地下水能够顺利排出并辅以加热保温系统，保证在寒季水也能顺利排出。初期支护完成后应立即进行防水隔热层施工，防水隔热保温层的结构形式采用“复合防水板＋隔热保温层＋复合防水板”。复合防水板的接缝是防水层最薄弱的部分，必须保证接缝有足够的强度和可靠的防水性。在保温板一面和复合防水板的PVC膜面上均匀涂抹树脂胶，待胶风干不黏时，将保温板平整地粘贴在复合防水板上，保证拼装平顺，轻压保温板使其黏结牢固。

防排水、隔热保温层除符合设计要求外，尚应符合下列要求：

1）衬砌全断面应铺设隔热保温板，防止热融圈反复变化导致隧道运营后隧道结构由于冻土冻胀作用而破坏。

2）隔热保温层应做好防水及保护措施，以防保温层受潮破坏。

3）洞内可设双侧保温水沟，洞外应设深埋保温暗沟将水排至地表沟内。

4）衬砌应采用低温早强防水混凝土，提高混凝土自防水能力；应按设计要求处理施工缝，衬砌应不渗不漏。

4. 二次衬砌

冻土隧道应尽早施作二次衬砌，二次衬砌一般采用模筑衬砌混凝土施工工艺，为了保证混凝土获取足够的早期强度，同时使混凝土具有较好的可泵性，应优先选用硅酸盐水泥；根据混凝土需具备耐久、耐腐蚀的要求，优先考虑选用DZ系列外加剂。对于冻土尤其是高原多年冻土地区，模筑衬砌混凝土的施工具有其特殊性。一方面，在如此恶劣的自然条件下，首先需要解决的问题是拌制合格的低温早强耐久的混凝土拌和物；另一方面，施工时既要保证混凝土浇筑所带入的热量较小，以使水化热产生的升温对冻土结构的影响最小，又要保证混凝土浇筑后能在规定时间内达到抗冻临界强度和拆模强度。由于高原缺氧，混凝土浇筑应尽可能采用泵送施工。泵送混凝土除须满足设计要求的强度、抗渗、耐久等指标外，还必须要有良好的流变性能，具有摩擦阻力小、不离析、不阻塞和凝聚性适宜等性能。混凝土浇筑采用衬砌模板台车施工。衬砌台车就位前，应按线路中线和高程结合允许施工误差、预留沉降量及冻胀量，对断面进行复核，台车轨道对称于中线铺设，轨距、水平应符合要求。混凝土浇筑捣固密实后，裸露的表面应立即采用保温材料覆盖，进行保温保湿养护。

二次衬砌施工应符合下列要求：

（1）二次衬砌宜紧跟工作面，采用低温早强混凝土应连续、对称浇筑。

（2）相邻接触面温度在－5 ℃以下浇筑低温早强混凝土，应采取措施加热接触面，并提高入模温度和加强覆盖保温。

（3）低温早强混凝土拌和温度不应高于30 ℃，加气剂宜在混凝土拌合30 s后加入，抗冻剂应溶于拌和水掺入。

（4）混凝土养护应保持温度，防止冻害。模筑衬砌混凝土24 h强度达到9 MPa后方可拆模。

14 明挖隧道施工技术

14.1 概　　述

明挖法隧道是指先从地表向下开挖基坑至设计高程，然后在基坑内预定位置由下而上修筑隧道主体结构的施工方法。明挖隧道施工的重难点在于对基坑开挖、支护以及施工衬砌结构所需支架模板体系的管理，施工前应根据工程规模、地质条件及环境条件等，制定保持基坑与支架模板体系稳定、保护地下管线及周边建筑物安全的技术措施和应急预案。

明挖隧道主要由主体结构、防水层以及其他附属结构组成。明挖基坑一般可分为敞口放坡开挖基坑与围护结构基坑（围护结构形式包括土钉墙、工字钢、钢板桩围护、钻孔灌注桩、挖孔灌注桩、地下连续墙等）两种形式，应根据地质条件确定合理的地基加固与基坑围护结构形式，制定基坑开挖与支撑等施工技术方案。本章首先介绍明挖隧道施工中的基坑支护与开挖施工技术，重点介绍钻孔桩与地下连续墙两种最常用的基坑围护形式，最后介绍隧道主体结构施工技术。

14.2 围护体系与地基加固施工

14.2.1 边坡锚喷支护

边坡锚喷支护施工应符合下列要求：

(1)锚喷支护施工应按设计要求随开挖自上而下分段分层进行，采用机械开挖并修整坡面，喷射混凝土前应清理坡面。喷射混凝土配合比应满足设计强度和喷射工艺的要求，并通过试喷确定。

(2)下层土方开挖及锚杆施工应在上层锚杆注浆体及喷射混凝土达到设计强度的70%后进行。

(3)锚杆施工应控制钻孔质量，成孔允许偏差应符合设计要求。

(4)喷射混凝土应分段自下而上及时进行(图14-1)。钢筋网应在喷射第一层混凝土后铺设；采用双层钢筋网时，第二层钢筋网应在第一层被混凝土覆盖后铺设；钢筋网与锚杆应连接牢固。

图 14-1　喷射混凝土施工

(5)锚杆注浆材料应符合设计要求。

14.2.2 钻孔围护桩

深基坑支护中采用钢筋混凝土灌注桩围护结构起源于20世纪70年代，随后在全国各地得到广泛应用。钢筋混凝土灌注桩作为支护结构具有刚度大、抗弯能力强、变形相对较小的特点，作为悬臂式围护结构的基坑开挖深度可达7 m，增加内支撑后基坑开挖深度可进一步加大。它既可用作结构受力桩又兼做支护桩，造价较低、施工时振动较小，对周围邻近构筑物与地下管线不会造成太大影响；但在基坑回填后，它就被永久埋置在地基土中，可能对今后的地下工程施工造成障碍。钻孔灌注桩的成孔工艺包括正循环与反循环两种。

1．正循环钻孔灌注桩施工

(1)工作原理。正循环回转钻进是由钻机回转装置带动钻杆和钻头回转切削破碎岩土，钻孔时泥浆由泥浆泵输送至钻杆内腔中，经钻头的出浆口射出，带动钻渣沿钻杆与孔壁之间的环状空间上升到孔口，经沉淀池沉淀后返回泥浆池中，净化后再次循环使用。钻进过程中泥浆起到了护壁和排渣的作用。

(2)适用范围。正循环回转钻进适用于填土、淤泥、黏土以及粉土层，也可在卵砾石含量不大于15%、粒径小于10 mm的部分砂卵石层和较软基岩中使用。当孔深不大，孔径＜800 mm时钻进效果较好；当钻孔较深、桩径较大时，由于钻孔与孔壁间的环形断面较大，泥浆循环时返流速度降低，排渣能力变差，孔壁黏附的泥皮厚度大，影响成孔和清孔，施工效率较低，这是正循环回转钻机成孔的缺点。

(3)施工工艺流程。正循环回转钻机成孔设备操作简单、工艺成熟，施工工艺流程如图14-2所示。专用钻机有GPS-10，XY5G，GJC40H等，也可将常用的地质钻机、水文钻机等进行改装，改装后的钻机有SPJ-300、SPC-300H、红星400等。

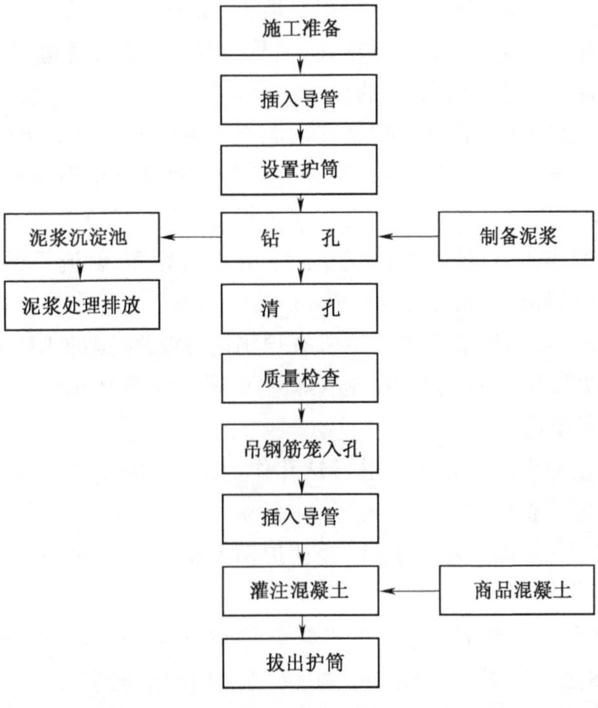

图14-2　正循环钻孔桩施工工艺流程图

1)施工准备。首先进行施工场地平整，查明地下管线的位置，确定管线改移或保护方案。

2)测量放线定位。根据各钻孔桩设计平面布置图，将各桩进行编号，计算出每根桩的坐标,现场测量确定每根桩的准确位置。

3)钻孔。在孔口埋设钢护筒,以起到定位、保护孔口及维持水头的作用。开孔钻进速度应缓慢进行,并反复校正钻头,如有偏斜应及时纠正。

4)清孔。钻孔孔径、深度达到设计要求并检查合格后,应立即进行清孔。清孔的目的是使孔底沉渣厚度、循环泥浆中含渣量和孔壁泥垢厚度符合规范要求。清孔的方法主要采用正循环清孔和压风机清孔,清孔后各项指标达到要求后方可进行钢筋笼吊装作业。

5)钢筋笼制作和吊装。钢筋笼采用焊接制作,先用主筋与内加强箍筋点焊形成笼架,然后安装外箍筋,同时与主筋焊牢。钢筋笼吊放时应垂直、缓慢下放,避免碰撞孔壁。

6)水下灌注混凝土。开动振动器,当储料槽(漏斗)内混凝土开始下降时,立即向储料槽(漏斗)输送混凝土。灌注过程中应利用测锤探测混凝土面的高度,据此推算导管埋入混凝土的高度。一般要求导管埋入深度为2~4 m,随灌随提升,同时拆除多余导管;混凝土的灌注高度应高出设计高度50 cm为宜。

2. 反循环钻孔灌注桩施工

(1)工作原理。反循环回转钻进施工的泥浆是从钻杆与孔壁间的环状间隙流入钻孔,携带钻渣由钻杆内腔返回地面泥浆池,同时泥浆经过沉淀净化后又返回孔内形成循环的一种钻进工艺。由于钻杆内腔断面积比钻杆与孔壁间的环形断面积小很多,因此泥浆向上返回的速度大,一般可达到2~3 m/s,是正循环泥浆返回速度的数十倍,排渣能力强,能够较好地保持孔内清洁,大大提高成孔效率,是一种有效、先进的成孔工艺。

(2)适用范围。反循环回转钻进成孔适用于填土、淤泥、黏土、粉土、砂土、砂砾等地层。当采用圆锥式钻头可适用于软岩,当采用滚轮式(又称牙轮式)钻头可适用于硬岩。反循环成孔不适用于自重湿陷性黄土以及无地下水的地层。

(3)反循环方式。反循环钻孔施工按钻杆内泥浆上升流动的动力来源、工作方式和工作原理的不同,可分成泵吸、气举和喷射三种。泵吸反循环是根据直接利用泵的抽吸作用使杆内泥浆上升;气举反循环是将压缩空气与钻杆内的泥浆混合,形成重度小于1的三相混合液,在钻杆外环空间水柱压力的作用下,使钻杆内三相液上升涌出地面;射流反循环是利用射流泵的高速液流产生的负压,使钻杆内的泥浆上升。

(4)施工工艺流程。反循环成孔常用钻机有德国的SW、美国的RD-600和CSP-820、日本的S-200和MD150以及我国的QZ-200和GPS-15等。反循环施工流程与正循环相同(图14-1),但需注意以下事项:

1)反循环施工是在静水压力作用下进行钻孔作业的,故护筒埋设保持孔内水头压力是反循环施工的关键。护筒的直径一般要比桩径大15 cm左右,顶部应打入粘土层或粉土层中,一般不应设置在填土层、砂层或砂砾层中,以保证护筒不漏水。护筒内的水位要高出地下水位2 m以上,确保孔壁不坍塌。

2)开始钻进时应先轻压慢转,待钻头正常工作后逐渐加大转速,调整压力并确保钻头吸口不发生堵浆。钻进参数应根据地层、桩径、泵的合理排量以及钻机的经济钻速等进行调整。

3)钻进时应仔细观察进尺和排浆出渣情况。排量减少或出浆中含钻渣较多时,应控制跟进速度,防止因循环液比重太大而中断反循环。

4)起钻时应轻稳操作,防止钻头刮碰孔壁,并向孔内补入适量泥浆稳定孔内水头高度。

14.2.3 地下连续墙

地下连续墙是向地下钻挖具有一定长度、深度和厚度的沟槽，并在沟槽内吊放钢筋笼，然后在水下灌注混凝土形成钢筋混凝土墙节段，并逐段连接起来形成一道连续封闭的地下墙体。

1. 施工工艺流程

地下连续墙施工工艺流程如图 14-3 所示。

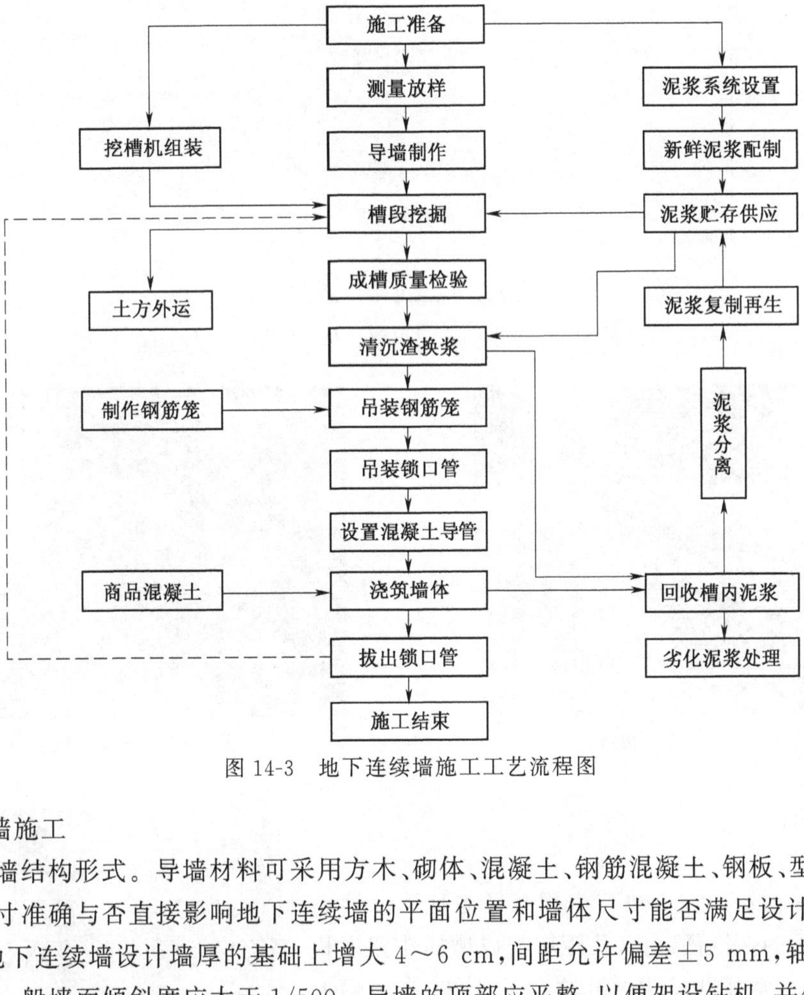

图 14-3 地下连续墙施工工艺流程图

2. 导墙施工

(1)导墙结构形式。导墙材料可采用方木、砌体、混凝土、钢筋混凝土、钢板、型钢等。导墙的位置、尺寸准确与否直接影响地下连续墙的平面位置和墙体尺寸能否满足设计要求。导墙间距应在地下连续墙设计墙厚的基础上增大 4～6 cm，间距允许偏差±5 mm，轴线允许偏差±10 mm，一般墙面倾斜度应大于 1/500。导墙的顶部应平整，以便架设钻机，并作为钢筋笼、混凝土导管、接头管等的支撑面。导墙后的填土必须分层回填密实，以免被泥浆掏刷后发生孔壁坍塌。常见的导墙结构形式如图 14-4 所示。

(2)导墙施工。

1)施工放线前做好技术交底，严格复核导墙位置，确保定位放线准确。

2)导墙开挖土方时，若外侧土体能保持稳定，则以土壁代替外模板，避免回填土；否则外侧应设置模板(图 14-5)。混凝土强度达到设计要求后，墙背用黏土分层夯填密实，防止地表水渗入槽内，引起槽段塌方(图 14-6)。

3)导墙施工完成后，在槽底铺上水泥砂浆，在槽段未开挖前可作临时储浆或换浆沟用。

4)导墙垂直度控制在±7.5 mm以内,导墙内墙面平整度控制在±3 mm以内,导墙全长范围内顶面高差控制在±5 mm以内,导墙轴线误差控制在±10 mm之内;导墙上口高出地面100 mm,以防止垃圾和雨水冲入导槽内污染或稀释泥浆。

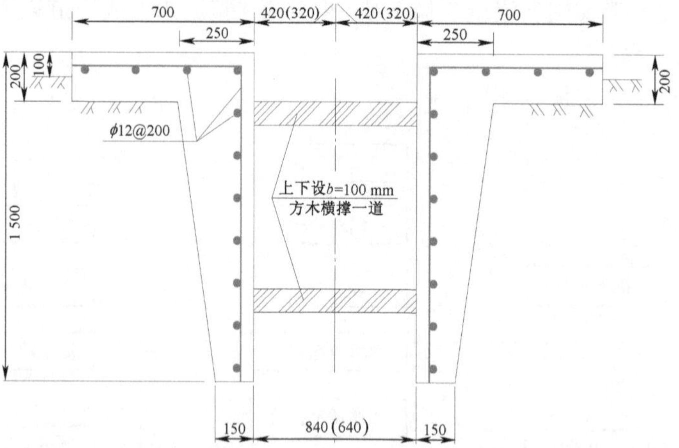

图 14-4 常见的导墙结构形式(单位:)

图 14-5 导墙模板施工

图 14-6 浇筑混凝土

3. 成槽施工

(1)成槽方法。

1)二钻一挖法。该方法首先用直径与地下连续墙设计厚度相同的钻机预钻孔,孔距应与成槽抓斗宽度相适应;之后用钢索抓斗挖去两孔之间的土体,在一幅地下连续墙成槽后即吊放钢筋笼并浇筑混凝土。在钻孔和成槽过程中均需采用特制的护壁泥浆。本工法适用于深度小于40 m的软土地层中的地下连续墙施工。当成槽深度大于40 m时,因钢索抓斗自身没有纠偏装置,且抓斗自重不大(仅为13 t左右),成槽施工效率较低且成槽质量不好。常见的抓斗设备有金泰SG-35A、SG-40A型液压抓斗(图14-7)。

图 14-7 金泰 SG-40A 型液压抓斗

2)冲击锤成孔法。该法主要用于穿越卵石层及基岩，主要施工方法为：通过锤击使卵石层更加松动或者使其向孔壁挤密；通过锤击对基岩进行破坏。成孔过程中，通过打捞筒将松散的卵石或破碎的岩石提升出地面。由于本工艺成孔过程中依靠锤击，因此会产生很大的噪声污染；同时，打捞筒出渣能力不强、速度慢。

3)冲击钻辅助开挖方法。因一般液压抓斗自重仅为13～16 t，其在卵石层及基岩钻进施工过程中，速度极慢或根本无法钻进，目前国内一般采用冲击钻对卵石层或基岩进行破坏，其工艺原理为在抓斗无法进行施工时，根据槽段长度确定钻孔数量及位置，保证钻孔后土体松动，最后采用抓斗进行清槽。

4)牙轮钻具磨碎成槽法。该工艺通过在一般钻机上配置牙轮钻具，在钻进过程中通过牙轮在基岩上高频率的磨动，最后成槽。采用该工艺施工，成槽速度缓慢，且成槽后槽壁质量不高，最后仍需采用成槽机抓斗进行侧壁清理，施工效率很低。

5)铣槽机成槽法。其工作原理为反向循环原理，成槽时两个铣轮连续切削下面的岩土，然后把它们卷起来进行破碎，再在槽中与泥浆混合并通过泥浆泵抽出槽外。利用铣槽机成槽，速度快、成槽质量高，但是因为铣槽机价格昂贵，施工成本投入大(单台铣槽机价格在人民币3 200万元左右，租赁一台每月价格在100万元左右)，故国内连续墙施工极少使用。

(2)成槽施工工艺。地下连续墙需要划分为多个施工段进行施工。一般来说，加大槽段长度可以减少结构数量，提高施工效率以及墙体的整体防渗性和连续性，但泥浆和混凝土用量随之增加、钢筋笼重量也逐渐增大，会给泥浆和混凝土的生产供应、钢筋笼的吊装带来困难，所以必须考虑设计、施工和地质条件等多种因素，综合确定槽段长度。槽段划分时应考虑以下几个原则：应使槽段分缝位置远离墙体受力(弯距和剪力)最大的部位；在某些情况下，可以采用长短槽段交错的布置方式；应把短槽作为二期槽段，便于处理接缝；槽段分缝应与导墙(特别时预制导墙)的施工缝错开；在可能的条件下，一个槽段的单元应为奇数，如为偶数，挖槽时可能造成斜坡。

连续墙施工采用跳槽法，根据槽段长度与成槽机的开口宽度，确定出首开幅和闭合幅，保证成槽机切土时抓斗受力均衡，以确保槽壁垂直；用抓斗挖槽时，要使槽孔垂直，最关键是要使抓斗在两侧土体受力均衡的状态下挖槽，根据这个原则，单元槽段的挖掘顺序应参照图14-8进行。成槽施工步骤为：

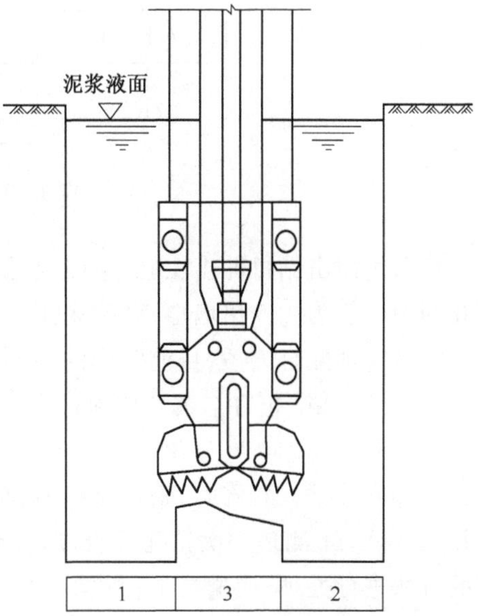

图14-8　单元槽段开挖示意图

1)先挖槽段两端土体，或者采用挖好一端后，跳开中间部位再挖另一端的方法，使中间留下未被挖掘过的隔墙，这就能使抓斗在挖一端时受力均衡；由于中间隔墙的长度小于抓斗开斗长度，抓斗能套往隔墙挖掘，同样能使抓斗受力均衡，保证成槽垂直度。

2)待两端和中间隔墙都挖到设计深度后，再沿槽长方向套挖，把抓斗挖两端和隔墙时形成的凹凸面修理平整，保证槽段横向有良好的直线性。

3)在抓斗沿槽长方向套挖的同时,把抓斗下放到槽段设计深度上挖除槽底沉渣。根据安装在液压抓斗上的探头,随时将偏斜情况反映到驾驶室的电脑上,驾驶员根据电脑上四个方向动态偏斜情况启动液压抓斗上的液压推板进行动态纠偏,通过成槽中不断进行准确的动态纠偏,确保地下连续墙的垂直精度。

(3)软土地基成槽施工

1)针对软土地基,地下连续墙通常采用液压成槽机直接进行成槽开挖,施工前应先调整好成槽机的位置。成槽机掘进时,必须做到稳、准、轻放、慢提,并用经纬仪双向监控钢丝绳、导杆的垂直度。

2)异形"T"形或"L"形槽段,采用对称分次直挖成槽,即先行开挖一短幅,开挖一定深度后,再开挖另一短幅,相互交替施工。不足两抓宽度的槽段,则采用相互搭接的工艺直挖成槽。转角处异型槽段严格按照规定的几种形式开挖。

3)成槽施工时,应不断向槽内注入新鲜泥浆,保持泥浆面高出地下水位 0.5 m。随时检查泥浆质量,必要时及时调整泥浆配比,以满足特殊地层的要求。若发现槽内泥浆液面降低或浓渡变稀,要立即查明是否因为地下水流入或泥浆随地下水流走所致,并采取相应措施,确保挖槽工作正常进行。雨天地下水位上升时,应及时加大泥浆比重和黏度,雨量较大时应暂停挖槽,并封盖槽口。

(4)岩层成槽施工。岩层成槽施工工艺流程如图 14-9 所示。液压成槽机抓斗挖到岩面即停,并使槽底基本持平,在导墙上标出钻孔位置。在地下连续墙转角部位向外多冲半个孔位,保证连续墙的完整性,入岩施工分为如下几步:

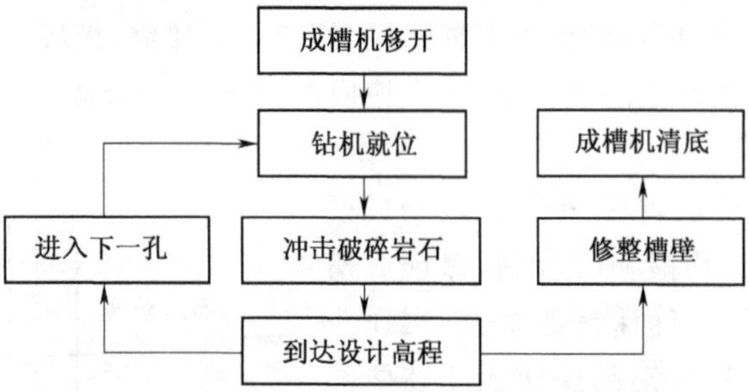

图 14-9 岩层施工工艺流程

1)采用冲击钻机冲击主孔,泵吸反循环出渣,钻头大小和主孔中心距根据墙厚进行调整,主孔间距一般为 1.5 倍墙厚;随后采用冲击钻冲击副孔(主孔之间的部分)。

2)冲击钻配合方锤(目前常用的为 800 mm×1 200 mm)修整槽壁,冲击过程中控制冲程在 1 m 以内,并防止打空锤和放绳过多,减少对槽壁的扰动,成槽后辅以液压成槽机抓斗清除岩屑。

3)冲击钻钻入岩层时,采用勤松绳、勤掏渣的措施,防止锤环磨损过大造成斜孔;施工过程中每 0.5～1 m 测量一次钻孔垂直度,并随时进行纠偏;垂直度变化处采用低锤轻击、间断冲击的方法进行处理,成槽施工示意如图 14-10 所示。

(5)地下连续墙成槽后可利用超声波检测仪检查成槽质量,成槽施工如图 14-11～图14-14 所示。

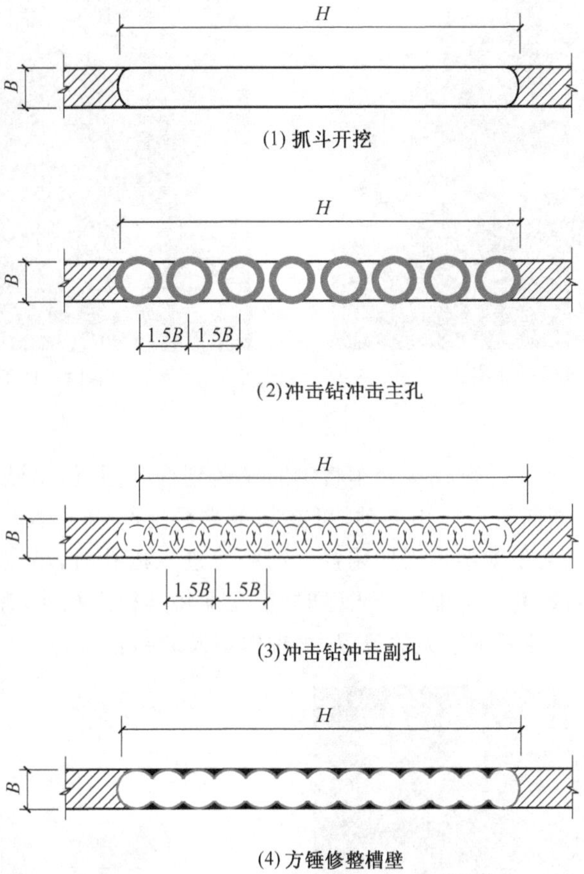

图 14-10 岩层成槽施工示意图

4. 钢筋笼制作及吊装

(1)钢筋平台设计。钢筋笼制作精度必须满足设计和施工要求，应将钢筋笼在平整度≤5mm 的混凝土或槽钢平台上制作加工(图 14-15)。钢筋平台的尺寸根据工程需要的最大幅连续墙钢筋笼尺寸确定，其长度、宽度应在满足最大幅钢筋笼尺寸的基础上适当增大。

图 14-11 地下连续墙成槽图一

图 14-12 地下连续墙成槽图二

图 14-13　成槽抓斗出土

图 14-14　地下连续墙刷壁

(2)钢筋笼吊装。

1)水平移位和吊装入槽。利用平台车将钢筋笼运到槽孔附近,吊装时首先将钢筋笼立直(图 14-16)。为了不使钢筋笼在空中晃动,可在其下端系上绳索采用人力控制。为了保证吊装的稳定,可采用横梁、起吊支架等附加装置。钢筋笼进入槽孔时,吊点中心必须和槽段中心对准,然后缓慢下放;若钢筋笼不能顺利入槽时,应立即将其提出孔外,查明原因并采取措施后再次吊放,并随时检测和控制钢筋笼的位置,出现偏斜及时纠正。

图 14-15　连续墙钢筋笼加工

图 14-16　钢筋笼吊装

2)钢筋笼分段连接。当地下连续墙深度很大、钢筋笼很长或现场起吊能力有限时,钢筋笼往往分成两段或三段进行吊装。第一段钢筋笼先吊入槽段内,将钢筋笼架立在导墙上,其端部露出导墙 1 m 左右;然后吊起第二段钢筋笼,经对中调正垂直度后即可进行焊接。焊接接头可采取两种方法:一种是将上下钢筋笼的钢筋逐根对准焊接,另一种是采用钢板接头。第一种方法很难做到逐根钢筋对准,焊接质量无法保证而且焊接时间很长,后一种方法是在上下钢筋笼端部将所有钢筋焊接在通长的钢板上,具体做法为:上下钢筋笼对准后,首先用螺栓固定钢筋笼以防止焊接变形,并用与主筋直径相同的附加钢筋按照一定间距与主筋点焊,以加强焊缝和补强;最后将上下钢板对焊,完成钢筋笼的分段连接。

3)钢筋笼入槽高程控制。制作钢筋笼时,选主桁架的两根立筋作为高程控制的基准,并作好标记;吊放钢筋笼前测定主桁架位置处的导墙顶面高程,根据高程关系计算好固定钢筋笼于导墙上的吊攀位置,钢筋笼下放到位后用槽钢或工字钢穿过吊攀将钢筋笼悬吊于导墙之上。

5. 混凝土灌注

(1)为保证水下混凝土灌注顺利进行,灌注前应拟定灌注方案。清槽完毕,沉渣厚度、泥浆经检查合格后(密度≤1.15,含砂率≤4%,pH 值 7~9,黏度<25 s)开始灌注混凝土。

(2)开始灌注时,隔水栓吊放的位置应临近水面,导管底端距槽底的距离控制在 0.3~0.5 m。混凝土灌注宜连续,不得中断,灌注的上升速度不得小于 2 m/h,每个单元槽段的每个导管灌注间歇时间不得超过30 min。随着混凝土面的上升,要适时提升和拆卸导管,提升导管时应避免碰撞挂钢筋笼。导管底端应埋入混凝土面以下 1.5~3.0 m,严禁将导管底端提出混凝土面。

(3)在一个槽段内同时使用两根导管灌注时,其间距不应大于 3 m,导管距槽段端头不宜大于 1.5 m,槽内混凝土面应均衡上升,各导管处的混凝土表面的高差不宜大于 0.5 m,终浇混凝土面高程应高于设计要求 0.5 m。

(4)在灌注作业时,若发现导管漏水、堵塞或导管内混入泥浆,应立即停灌并进行处理,同时做好相应记录;泥浆经沉淀和处理后符合要求的才能继续使用。

混凝土灌注施工如图 14-17 和图 14-18 所示,施工完成的地下连续墙如图 14-19 所示。

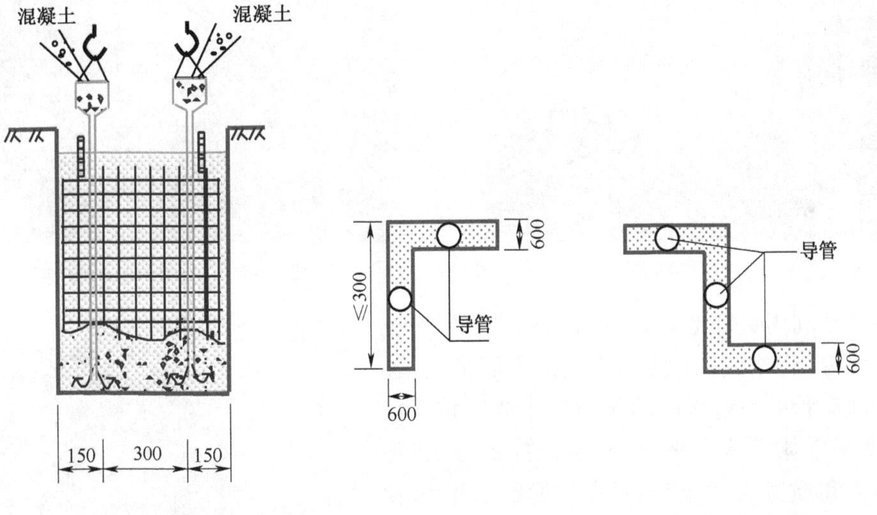

(a) 标准槽段灌注示意　(b)"L" 形槽段导管分布　(c)"Z" 形槽段

图 14-17　混凝土灌注及导管布置示意图(单位:mm)

14.2.4　地基加固

目前,地基加固处理主要有搅拌桩、旋喷桩、灰土挤密桩、袖阀管注浆等方法。地基加固施工工艺流程以及施工技术要点详见第 6 章,现将常见的几种加固方法的施工原理分别阐述如下:

搅拌桩是使用钻机钻入设计深度后,利用钻机钻头在软土层中喷入水泥或水泥浆,同时将水泥(浆)和软土在钻头的旋转作用下均匀搅拌,形成柱状水泥稳定土桩,使地基土的物理力学性能得到改善,提高地基承载力。该法适用于淤泥质土、黄土、黏土、粉土、砂土及人工填土等地层(图 14-20 和图 14-21)。

图 14-18 地下连续墙灌注混凝土

图 14-19 成型的地下连续墙

图 14-20 搅拌桩施工

图 14-21 施工成型的搅拌桩

旋喷桩是利用钻机把有喷浆嘴的注浆管钻至土层的预定位置,将浆液从喷嘴中喷出,当能量大、速度快和呈脉动状的喷射流的动压超过土体结构强度时,土粒便从土体剥落下来,与浆液搅拌混合,并按一定的比例和质量大小重新排列。浆液凝固后,便在土中形成一个固结体从而加固地基。该法适用于砂土、黏土、淤泥质黏土、黄土等地层(图 14-22)。

图 14-22 施工成型的旋喷桩

灰土挤密桩是利用桩锤夯击的挤密作用消除地层中的孔隙,并通过置换作用提高地基承载力。桩锤夯扩成孔的过程中,孔中原有土被强制性侧向挤出,桩周一定范围内的土被压缩和扰动。该方法适用于处理地下水位以上的湿陷性黄土、素填土和杂填土等地层,处理深度一般为 5～15 m(图 14-23 和图 14-24)。

袖阀管注浆是通过较大压力将浆液注入岩土层中,注浆芯管上下的阻塞器可实现分段分层注浆,可由施工需要选择连续或跳段注浆。通过注浆,使松软地层得到较好的注浆加固效果，该法适用于软黏性土地基加固。

图 14-23 灰土挤密桩施工

图 14-24 施工完成的灰土挤密桩

14.3 基坑降水施工

基坑降水是基坑开挖中重要的前期工作之一。基坑开挖施工中遇到地下水时，其基本处理方法分三大类：第一，止水法，即将地下水止于基坑之外，又分为沉箱法、冻结法、灌浆法；第二，排水法，即将基坑内的地表水和地下水排除至基坑范围以外；第三，止水与排水相结合。

地下水根据其在地下的埋藏条件分为饱气带水、潜水和承压水。其中饱气带水位于地下水水面以上的饱气带中，它对土壤作用及植物生长有重要意义；潜水是指位于饱水带中第一个具有自由表面含水层中的水，与大气和地表水联系紧密；承压水是指充满于两个隔水层之间，具有一定压力的含水层中的水。承压力是承压水的重要特征，承压力的大小(俗称水头压力)可以通过其在钻孔或井中的上升高度测试得到。潜水和承压水是基坑工程降水的主要对象。

14.3.1 基坑降水方法

目前，在工程中能够选用的降水方法较多。可根据不同的地质条件、降水深度以及周边环境要求等选择降水方法(表 14-1)。

表 14-1 降水方法及适用范围

适用范围 降水方法	适用地层	渗透系数(cm/s)	降水深度(m)
集水明排	含薄层粉砂的粉质黏土，黏质粉土，砂质粉土，粉细砂	$1\times10^{-7}\sim2\times10^{-4}$	<5
轻型井点及多级轻型井点	含薄层粉砂的粉质黏土，黏质粉土，砂质粉土，粉细砂	$1\times10^{-7}\sim2\times10^{-4}$	6～10
喷射井点	含薄层粉砂的粉质黏土，黏质粉土，砂质粉土，粉细砂	$1\times10^{-7}\sim2\times10^{-4}$	8～20
电渗井点	黏土，淤泥质黏土，粉质黏土	$<1\times10^{-7}$	根据选定的井点确定
管井(深井)	含薄层粉砂的粉质黏土，砂质粉土，各类砂土，砾砂，卵石	$>1\times10^{-6}$	>10
砂(砾)渗井	含薄层粉砂的粉质黏土，黏质粉土，砂质粉土，粉土，粉细砂	$<5\times10^{-7}$	根据下伏导水层的性质及埋深确定

14.3.2 井点降水设计

1. 工艺流程

井点降水施工工艺流程如图 14-25 所示。

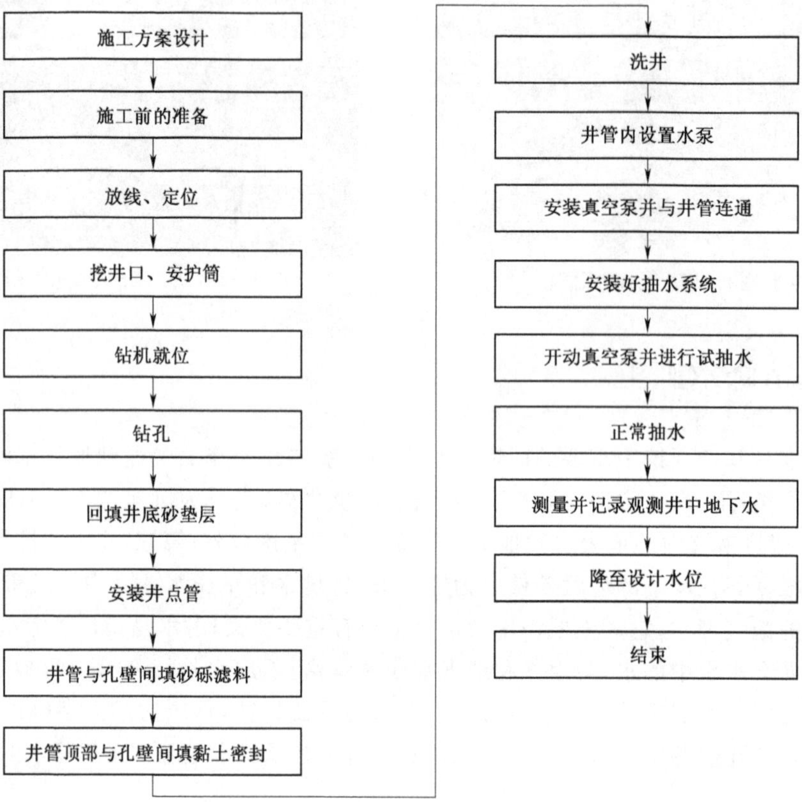

图 14-25 井点降水施工工艺流程图

2. 降水井设置

(1)坑外降水井设置。真空深井井点降水井布设根据基坑平面图或沟槽宽度及所需降水深度,沿基坑四周呈环形或呈直线形布置,井点一般距离基坑周边 1.0～2.0 m,井距可以通过计算确定,一般为 15～25 m。

(2)坑内降水井设置。采用坑内井点降水,一般用管井井点效果较好。井点布设在坑内按棋盘点状布置,井距可以通过计算得到,一般为 15～20 m。需要注意的是坑内降水既要满足降水设计要求,即降低后坑内水位要低于基坑开挖底面以下 0.5 m,同时又不能过多降低地下水位,以避免影响环境或造成周围建筑物产生不均匀沉降。

14.3.3 降水井施工

1. 准备工作

(1)对于轻型井点管、喷射井点管组装,必须满足设计长度和过滤器质量要求,按增加 2%的数量备用。

(2)合理选择井点管埋设方法,按不同方法准备机具、成孔设备、材料用量计划。

(3)按设计要求备用砂滤料,并在现场合理堆放。

(4)清除现场障碍物,按井点平面布置图挖井点位置坑和排泥沟。

(5)编制井点施工作业计划,其中包括工序安排、施工日期、抽水时间及劳动力安排。

(6)编制作业技术操作规程,印制各类管理记录表格,并详细进行技术交底工作。

2. 施工

准备工作完成后,施工工艺流程如下:井管分段制作→成孔(钻孔等)→埋管→清孔→填砂→封井→安装抽水设备→抽水(图 14-26 和图 14-27)。

图 14-26　降水井钻孔施工

图 14-27　降水井管安装

14.4　基坑开挖施工

明挖法基坑开挖分为基坑放坡开挖及在基坑周边施作围护结构后垂直开挖两大类。放坡开挖基坑应视地质情况确定合理的边坡坡率,必要时还需对边坡采取例如铺设钢筋网、施作锚杆(管)、喷射混凝土、施作加劲肋等措施来保证边坡稳定。该法施工简单,造价低,适用于施工场地宽阔、周边构筑物对施工影响小的情况;设置围护结构开挖基坑是预先在基坑周边设置围护结构,再进行基坑开挖,并根据基坑开挖深度设置内支撑。该法适用于施工场地狭窄、周边环境对施工限制较大的情况。

14.4.1　施工准备

基坑开挖前须完成下列准备工作:

(1)根据设计技术标准、地质条件及周围建筑物和地下管线等资料,编制施工组织设计与施工方案。

(2)对基坑施工可能产生影响的建筑物进行调查,并制定针对周围建筑物、地面及地下管线等的监控和保护方案,预先做好监测点的布置以及初始数据的测量工作;针对开挖中可能遇到的边坡失稳、渗水、流砂等现象,提出应急预案并进行相关的物资储备。

(3)配备足够的开挖及运输机械设备,做好设备的检测、保养等工作;基坑开挖前 15～30 d 提前预降水,并做好地面排水及基坑内抽排水系统;基坑开挖之前围护结构、地基加固应达到设计强度。

(4)采用爆破作业时,应事先编制爆破施工技术专项方案,并按要求履行有关审批手续。

14.4.2 土方开挖

基坑土方开挖遵循分层分段、由上而下、先支撑后开挖的原则,每段从上到下分层开挖,并及时架设支撑;纵向开挖顺序与工期、基坑开挖现场条件有关,一般从两端向中间两个工作面对向开挖,或从中间向两端两个工作面反向开挖。

1. 土方开挖

采用盆式开挖,每段开挖时先挖中间土,最后挖两侧土,每挖出一根支撑位置,及时安装支撑,待支撑安装好后,再开挖下一段土体。当挖掘机在基坑顶部不能进行挖装作业时,采用基坑内挖掘机翻挖土方,在基坑顶部布置抓斗或可伸缩式挖掘机进行装土。土方开挖示意如图 14-28 所示,土方开挖施工如图 14-29 和图 14-30 所示。

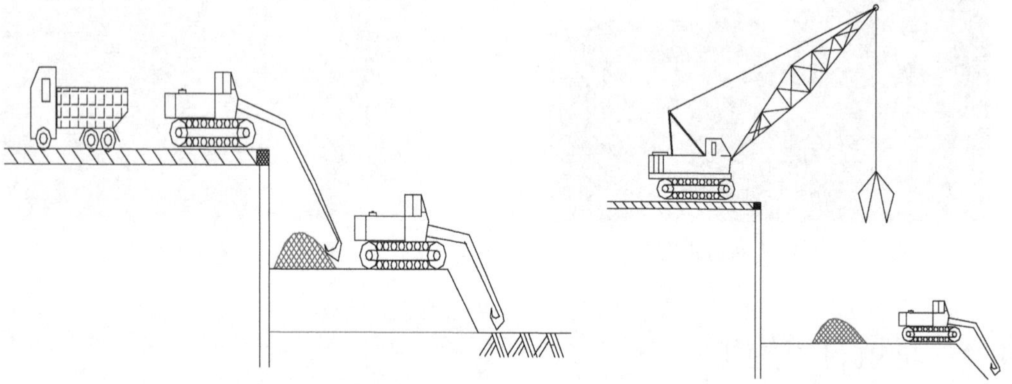

(a) 挖掘机置于坡顶　　(b) 采用抓斗

图 14-28　土方开挖示意图

图 14-29　基坑土方开挖

图 14-30　基坑开挖完成

2. 石方开挖

中风化、微风化岩石开挖应采用爆破,爆破前必须进行爆破方案设计。根据基坑周边环境对爆破振动的要求,结合类似工程经验,采取多打孔、少装药、短进尺、弱振动的浅眼松动微差控制爆破的方法。在靠近坑壁部位进行预留控制,同时沿基坑轮廓线布设减振孔,以取得良好的爆破效果,减少爆破对围护结构的影响。由于爆破过程中部分炸药能量转化为地震波，同时产生一定飞石、冲击波、爆破毒气和噪声，必须采取严格的防范措施，确保爆破安全。

3. 施工要点

(1)基坑开挖要严格按批准的施工组织设计进行，采用纵向分段、竖向分层的开挖方式，分段长度视地质条件、周围环境以及结构受力情况综合考虑确定；分层高度应按照设计的内支撑高程进行确定。

(2)应根据时空效应，保证在规定时间内完成土方开挖、支撑以及支撑预应力施加工作；开挖作业时，开挖设备严禁与钢支撑相碰。

(3)开挖至设计坑底高程以上 20～30 cm 时应改用人工开挖，减少对基坑底部土体的扰动；开挖见底后及时铺设垫层封闭坑底，对局部超挖部分按规定填实；开挖过程中基坑周边严禁堆载，同时应做好坑内外排水工作。

(4)当基底上层与设计不符或扰动、水浸、发现淤泥、土质松软等现象时，应做好记录，并会同有关单位研究处理。

(5)认真做好监控量测工作，及时进行数据分析并反馈信息，科学指导开挖、支护工作。

14.4.3 基坑排水

1. 基坑外排水

基坑顶部沿围护结构设排水沟，用于排放基坑抽排水及地面积水；从基坑内抽出的水，由于含有一定量的泥砂，应通过在基坑两侧设置的沉淀池进行沉淀。沉淀池一般由三个小池组成，分别为进水池、沉淀池以及出水池；应及时清理沉淀池沉渣，防止泥砂堵塞下水道。在围护结构边缘修筑挡水墙，防止地表水倒灌入基坑内。

2. 基坑内排水

基坑开挖期间虽然采用了降水措施，但必然会存在一定的地下水和地表降水，需要设置坑内排水沟，汇入集水井后抽出。坑内排水沟及集水井设置如图 14-31 所示。

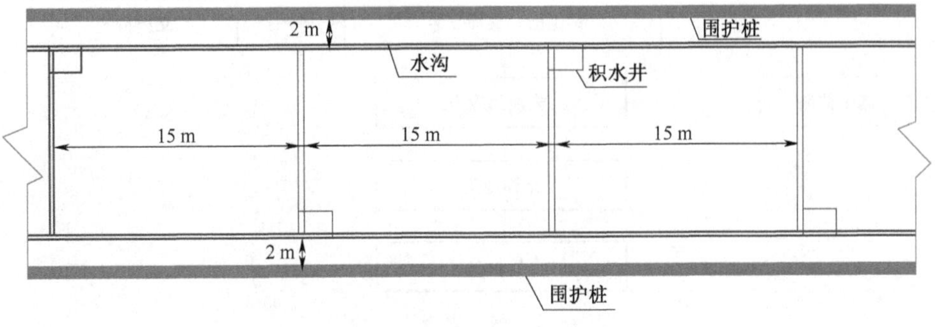

图 14-31 基坑内排水设施布置示意图

3. 基坑监测

基坑开挖期间，需要对基坑及周边环境进行监测。结合地质条件、施工方法、围护结构类型及基坑周边环境等因素，采用的监测项目有：围护结构水平位移、围护顶部水平和垂直位移、内支撑轴力、基坑四周地表沉降、坑底隆起、地下水位、周围建筑物变形等。

14.5 钢支撑施工

钢管支撑架设是基坑开挖过程中一个及其重要的施工环节,支撑架设的时机、精度及预加力的效果直接关系到基坑的稳定。当支撑跨度较大,为保证内支撑稳定,通常设置格构柱、联系梁及立柱桩与钢支撑一起构成内支撑体系。联系梁及格构柱采用型钢或槽钢焊接,立柱桩通常为钻孔灌注桩。立柱桩及联系梁与钢支撑之间应进行可靠连接,以保证内支撑体系的稳定。

14.5.1 施工准备

(1)材料。钢支撑施工材料包括钢管、活络头、钢垫箱、斜垫箱、槽钢、钢楔块、紧固螺栓等材料及油泵装置。

(2)确定支撑安装位置。根据设计图纸和现场测量,标记出每道支撑的安装位置。

(3)钢支撑材料拼接准备。根据土方开挖进度按照支撑编号及设计长度进行支撑拼装。

14.5.2 钢支撑施工

钢支撑施工工艺流程如图 14-32 所示。

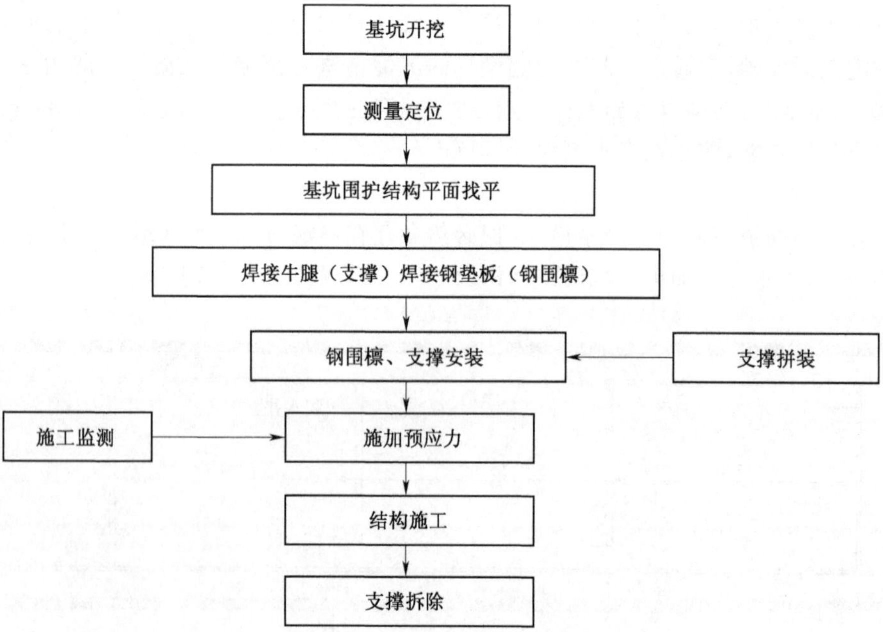

图 14-32 钢支撑施工流程图

1. 钢支撑架设

钢支撑主要由三大部分组成:固定端、中间段及活络端。支撑架设采用基坑外拼装、吊车现场吊接拼装的方式进行,如图 14-33 所示。

每节段分层开挖至支撑架设高度后,通过现场测量定出支撑位置后,凿出围护结构中预埋钢板,按照设计高程焊接钢牛腿,同时丈量两侧地下连续墙或围檩间距离,及时调整地面上已拼装好的支撑长度。经复验无误后再由吊车吊入钢支撑,配合人工进行钢支撑安装,安装前先记录水平高程,以支撑的轴线拉麻线检验支撑位置。安装应严格按照图纸设计要求进行,所有支撑拼接必须顺直,每根支撑弯曲不超过 15 mm;必须确保支撑端头与围檩均匀接触,并应设置防止钢支撑端部移动脱落的构造措施。斜撑支撑轴线要确保与钢牛腿或托架端承水平垂直,其垂直度误差不大于 2%。使用螺栓接拼钢支撑,必须穿向一致,并将螺栓旋紧。

钢支撑节点构造以及斜撑支座构造如图 14-34 和图 14-35 所示。

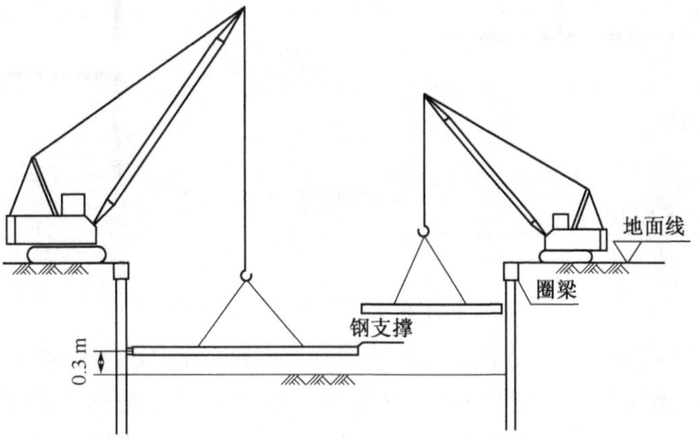

图 14-33 钢支撑架设示意图

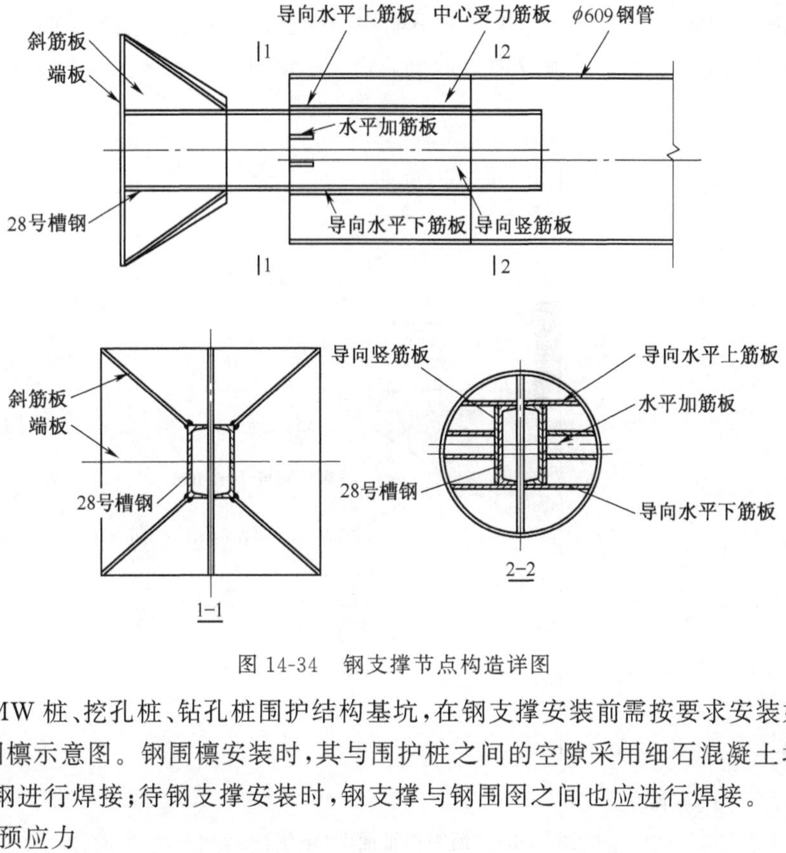

图 14-34 钢支撑节点构造详图

对于 SMW 桩、挖孔桩、钻孔桩围护结构基坑,在钢支撑安装前需按要求安装好钢围檩,图 14-36 为钢围檩示意图。钢围檩安装时,其与围护桩之间的空隙采用细石混凝土填实,并与围护桩内的型钢进行焊接;待钢支撑安装时,钢支撑与钢围囹之间也应进行焊接。

2. 施加预应力

钢支撑吊装到位,调整活络端使其位于牛腿上,将液压千斤顶放入活络端顶压位置施加钢

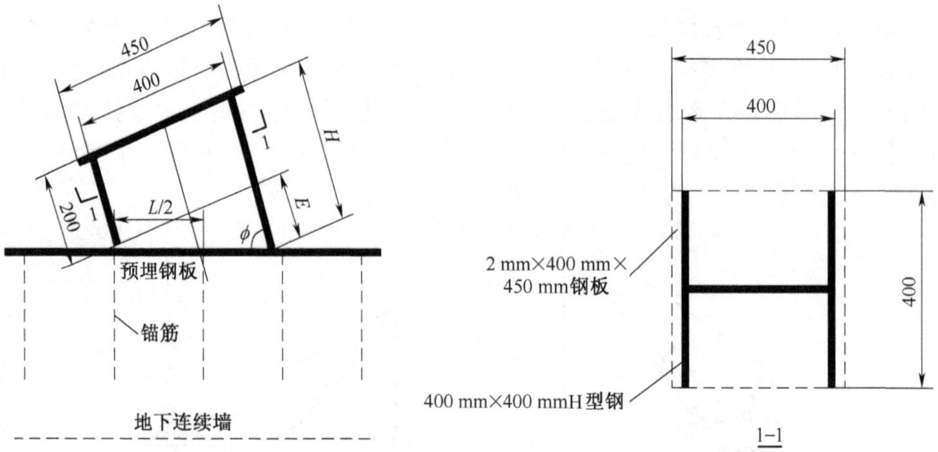

图 14-35 斜撑支座构造示意图(单位:mm)

支撑预加力,预加力应根据设计要求逐级进行施加,施加过程中注意保持千斤顶行走一致。当压力表无明显衰减,预应力施加到位后(支撑施加预应力时应考虑到操作时的应力损失,施加值应比设计增加10%),在活络端锲紧垫块并固定牢固,然后回油松开千斤顶,解开起吊钢丝绳,完成单个支撑预应力的施加。施加过程中要及时检查每个接点的连接情况,并作好施工记录,严禁支撑在施加预应力后由于和预埋件不能均匀接触而导致偏心受压;对施加预应力的油泵装置要经常检查,使之量出的预应力值准确。图 14-37 和图 14-38 为预应力施加完成的钢支撑。

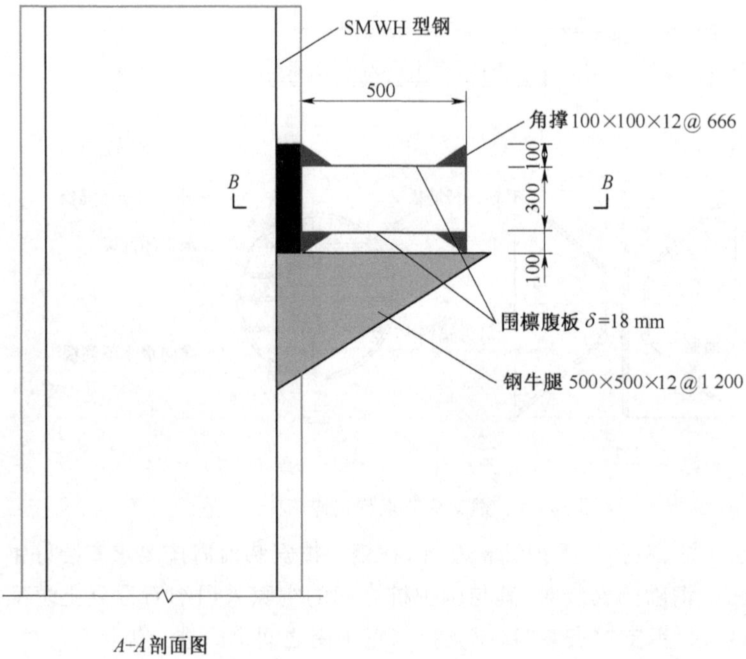

图 14-36 钢围檩平面图(单位:mm)

图 14-37　直撑

图 14-38　斜撑

3. 复加预应力

支撑轴力减小后应及时复加预应力，支撑预应力复加应主要针对正在施加预应力的支撑之上的支撑及暴露时间过长的支撑进行预应力复加。预应力复加应以监测数据为主要依据，同时结合人工检查(敲击无控制点的支撑活络头塞铁，视其松动与否决定是否复加)进行确定。当满足下列情况之一时，应考虑复加预应力。

(1)第一次施加预应力后 12 h 内观测预应力损失及墙体水平位移，并复加预应力至设计值。

(2)当昼夜温差过大导致支撑预应力损失时，应立即在当天低温时段复加预应力至设计值。

(3)墙体水平位移速率超过警戒值时，可适量增加支撑轴力以控制变形，但复加后的支撑轴力和围护结构弯矩必须满足设计要求。

(4)当采用被动区注浆控制围护结构位移时，应在注浆后 1～2 h 内对注浆范围的支撑复加预应力。

(5)下道支撑预应力的施加，会导致上道支撑轴力减小，此时应补加预应力直至达到设计要求。

4. 钢支撑拆除

衬砌主体结构施工时，应根据施工顺序逐层拆除钢支撑。首先用吊车将钢支撑托起，在活动端利用千斤顶施加轴力至钢楔块松动，随后取出钢楔块，逐级卸载至取完钢楔，最后吊起支撑。支撑体系拆除施工应注意分级释放轴力，避免瞬间预加应力释放过大而导致基坑围护结构局部变形或失稳。

14.6　主体结构施工

14.6.1　模板与支架

明挖隧道为钢筋混凝土框架结构，表面积大，模板用量多，应采用钢模板或胶质叠合板，有条件时可采用模板台车。对于方形或矩形柱可采用组合钢模板，而圆形柱多采用对装成节的钢模板或玻璃钢模板；变形缝处的端头模板要便于设置和固定止水带和填缝板。施工采用的模板与支架体系如图 14-39 所示。

14.6.2 混凝土浇筑

隧道主体结构的混凝土灌注应符合防水混凝土工程的要求。施工中应注意以下几点：隧道主体结构混凝土施工，均应以变形缝划分区段间隔施工，并以此进行灌注。钢筋与模板间必须采用砂浆或塑料垫块垫紧，确保钢筋保护层厚度；混凝土采用高频振捣器振捣，确保混凝土密实。变形缝止水带处，顶、底板应掀起止水带灌注其下混凝土，将止水带缓慢压在下层混凝土上后，再灌注其上混凝土；边墙处止水带应采用铁丝将其拉紧于边墙立筋上，防止混凝土灌注时将止水带压偏。在灌注混凝土过程中，应派专人观测模板、支架、钢筋、预埋件的情况，如发现变形、移位等应及时进行处理。混凝土灌注终凝后及时采取养护措施。隧道拱顶混凝土浇筑如图 14-40 所示。

图 14-39 模板与支架图

图 14-40 浇筑拱顶混凝土

14.6.3 防水施工

目前我国的防水卷材品种较多，大致可以分为沥青防水卷材、改性沥青防水卷材、高分子防水卷材。采用明挖法施工的结构防水，一般由结构自防水和附加防水层组成。附加防水层可采用卷材、涂料或防水砂浆等。通常防水层都设在主体结构外侧(迎水面)，且要求与结构表面黏结良好。

变形缝防水构造形式和材料应根据工程特点、地基和主体结构变形情况以及水压、水质和防水等级等因素确定。水压较大的变形缝通常采用埋入式橡胶止水带；后浇缝、施工缝防水在施工前应将接缝处的混凝土凿毛，清洗干净，在结构断面中部附件安放遇水止水材料。明挖隧道防水施工详见第 8 章。

15 TBM 隧道施工技术

15.1 概　　述

15.1.1 TBM 总体分类

TBM(全断面岩石掘进机)是一种开挖地下隧道与洞室的设备,它利用破岩刀具施加的机械力,直接切割破碎岩石,切割下的碎渣由铲渣与输送装置排出。掘进机上还安装有支护、衬砌、吸尘、通风、导向等辅助设备,能完成多项作业,因此又称为联合掘进机。

TBM 掘进机种类繁多,根据不同的参照标准有不同的分类方法,总体分类方法如下(图 15-1):

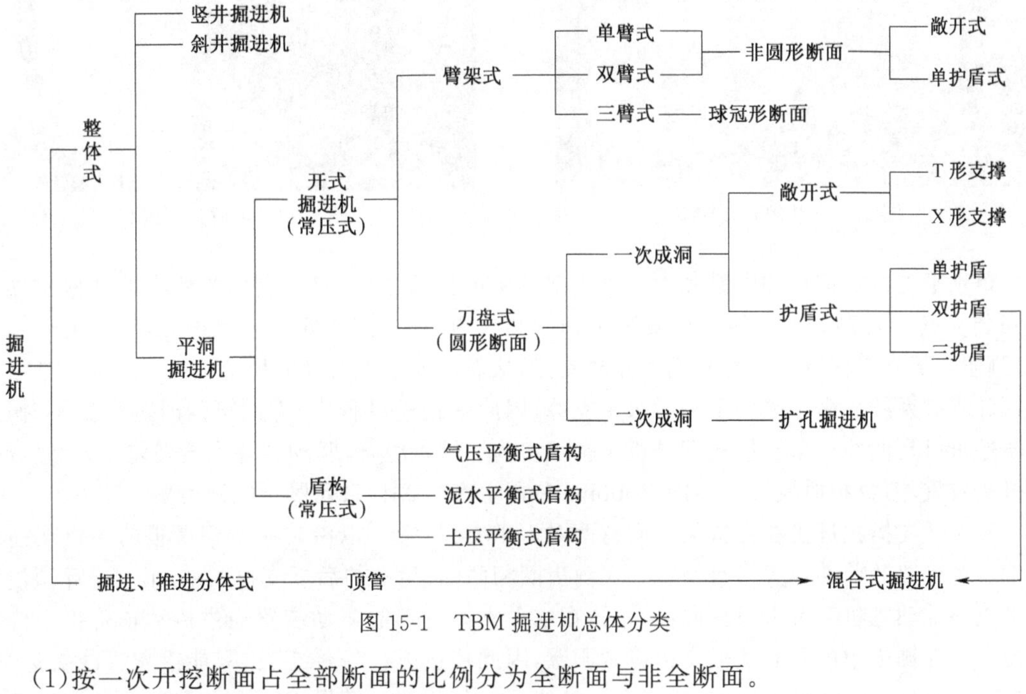

图 15-1　TBM 掘进机总体分类

(1)按一次开挖断面占全部断面的比例分为全断面与非全断面。

(2)按开挖断面的形状分为圆形、非圆形断面。

(3)按开挖断面的大小分为大、中、小。

(4)按成洞开挖次数分为一次成洞、先导后扩成洞。

(5)按开挖的洞室类别分为平洞、斜井、竖井。

(6)按开挖隧道掌子面是否需要压力稳定分为常压、增压。

(7)按掘进机是否带有盾壳分为开敞式、护盾式。

(8)按掘进机机体与推进机构是否联合分为整机式、分体式。

15.1.2 开敞式与护盾式 TBM

TBM 掘进机主要类型分为开敞式和护盾式两类(图 15-2 和图 15-3),护盾式又分为单护盾、双护盾以及三护盾。

1. 开敞式 TBM

开敞式 TBM,也称支撑式 TBM 或撑靴式 TBM,主要适用于岩石整体较完整,有较好自稳性的中硬岩地层,掘进中依靠强大的支撑系统撑紧洞壁以承受向前推进的反作用力及反扭矩;通过刀盘旋转以及推进液压缸推压刀盘,使得盘形滚刀切入岩石,在岩石面上作同心圆轨迹滚动破岩,岩渣靠自重掉入洞底,并通过运输系统出渣。目前世界上生产的开敞式据进机基本有两种型式——单支撑和双支撑。

图 15-2 开敞式 TBM

图 15-3 护盾式 TBM

单水平支撑掘进机的主梁和大刀盘支架是掘进机的主要构架,它们为所有的其他构件提供安装支点。大刀盘支架的前部安装主轴承和大内齿圈,四周安装刀盘护盾,利用可调式顶盾、侧盾和下支撑保持与开挖洞面的浮动支撑,从而保证了大刀盘的稳定。主梁上安装推力千斤顶和支撑系统。由于采用了一对水平支撑,因此在掘进过程中,方向可随时进行调整,掘进的轨迹可以是曲线。单支撑式掘进机主轴承多为三轴承组合,驱动装置直接安装在刀盘后部,故机头较重,刀盘护盾较长。美国 Robbins 公司生产的 MB 系列属于此种类型。

双水平支撑掘进机在主机架中间有两对水平支撑,它可以沿着镶着铜滑板的主机架前后移动。主机架的前端与大刀盘、轴承、大内齿圈相联结,后端与后下支撑联结,推进千斤顶借助水平支撑推动主机架及大刀盘向前,布置在水平支撑后部的驱动装置通过传动轴将扭矩传到大刀盘。在掘进中由两对水平支撑撑紧洞壁,因此掘进方向一经定位,只能沿着直线掘进,只有在重新定位后才能调整方向,所以掘进轴线可以是折线。德国 Wirth 公司制造的掘进机属于此种类型。

使用开敞式 TBM 施工,可以直接观测到洞室围岩岩性的变化,从而能方便地对已开挖的隧道进行地质描述。由于开挖和支护分开进行,使开敞式 TBM 刀盘附近有足够的空间用来安装一些临时、初期支护的设备如圈梁安装器、锚杆钻机、超前钻机、喷射混凝土设备等。如遇软弱围岩等不良地质条件,可以在刀盘后进行临时支护,如施作锚杆、喷混凝土、铺设钢筋网、架圈梁等,以保持洞壁稳定,必要时可通过附带的超前钻及灌浆设备,预先加固前方围岩,待围岩强度能够自稳后再进行掘进。

2. 护盾式TBM

护盾式TBM常用于软岩掘进，推进时利用管片作为支撑，其作业原理类似于盾构，最常用的为单护盾与双护盾两种类型。单护盾TBM与盾构的区别有两点：一是单护盾TBM采用皮带机出渣，而盾构则采用螺旋输送机出渣或采用泥浆泵并通过管道出渣；二是单护盾TBM不具备平衡掌子面的功能，而盾构则采用土仓压力或泥水压力平衡开挖面的水土压力。与双护盾TBM相比，单护盾掘进机在掘进和安装衬砌管片时是按照顺序依次进行的，掘进过程中，它依靠后部的千斤顶顶推已安装好的衬砌管片向前掘进；掘进停止后，利用管片安装机将分成若干块的一环管片安装到隧道上。因此，掘进与管片安装两者不能同时作业，施工速度较慢。

双护盾TBM又称伸缩护盾式TBM，既可适用于硬岩，也可适用于软岩，在不良地质条件中施工时其优越性更为突出。它装备有两节盾构壳体，既具有防止开挖面坍塌、能够曲线开挖，又具有套筒式伸缩并进作业的功能。双护盾TBM按照硬岩掘进机配上软岩盾构功能进行设计，掘进机的管片安装机具有管片储运和管片拼装双重功能，满足管片拼装作业与开挖掘进作业并行的要求，因此，可以使得开挖和安装衬砌管片的停机转换时间大大缩短，施工速度较快。双护盾TBM与开敞式TBM不同的是双护盾TBM具有全圆的护盾；与单护盾TBM相比，双护盾TBM在地质条件良好时可以掘进与安装管片同时进行；伸缩护盾形式是其独有的结构特点，是实现软硬岩作业转换的关键。

15.1.3 TBM施工特点

TBM施工具有以下优点：

1. 快速、优质

TBM是一种集机、电、液压、传感、信息技术于一体的隧道施工成套设备，可以实现连续掘进，能同时完成破岩、出渣、支护等作业，实现工厂化施工，掘进速度快，施工效率高；TBM采用滚刀进行破岩，避免了爆破作业，成洞周围岩层不会受到爆破振动的影响，洞壁完整光滑，超挖量少。

2. 高效

TBM是集隧道开挖、支护、装渣为一体的施工机械，施工速度快，正常情况下每小时可掘进1.0～3.6 m；由于TBM施工人工量小，降低劳动强度与材料消耗；同时由于超挖量小，可节省大量衬砌费用，提高经济效益和社会效益。

3. 安全

TBM施工对围岩扰动小，开挖断面成形好，且围岩出露后能及时进行初期支护以稳固岩体，使围岩失稳和发生坍方的机率减小到最低，很大程度上避免了采用钻爆法施工可能造成的人员伤亡。

4. 环保

TBM配套有强大的通风、除尘和降温、空气质量报警系统，大大改善了隧道施工作业环境；TBM施工不用炸药爆破，减少了长大隧道的辅助导坑数量，双护盾TBM还可以减少隧道内水的流失，这些措施均有利于环境保护和减少水土流失；TBM施工沉降小，有利于保护地面建筑物。

5. 自动化、信息化程度高

TBM 采用了计算机控制,是集机、光、电、气、液、传感、信息技术于一体的隧道施工成套设备。TBM 具有施工数据自动采集、实时传输以及姿态动态管理的功能,实现了信息化施工。

TBM 施工具有以下缺点:

1. 地质适应性较差

TBM 对隧道的地层最为敏感,不同类型的 TBM 适用的地层也不同。对于一般的软岩、硬岩、断层破碎带,可采用不同类型的 TBM 并辅助必要的预加固和支护设备进行掘进,但对于大型的岩溶暗河发育的隧道、高地应力隧道、软岩大变形隧道以及可能发生较大规模突水涌泥的隧道等特殊不良地质隧道,则不适合采用 TBM 施工。一般情况下,以Ⅱ、Ⅲ级围岩为主的隧道较适合采用敞开式 TBM 施工,以Ⅲ、Ⅳ级围岩为主的隧道较适合采用双护盾 TBM 施工,对于以Ⅴ级围岩为主和地下水位较高的城市浅埋隧道或越江隧道适合采用盾构法施工。

2. 不适宜中短距离隧道的施工

由于 TBM 体积庞大、施工准备和辅助施工的配套系统较复杂、加工制造工期长、运输移动较为不便,因此对于短隧道和中长隧道施工很难发挥其优越性。国外的实践经验表明,当隧道长度与直径之比大于 600 时,采用 TBM 施工是比较经济的。对于一般的单线铁路隧道,开挖直径通常在 9 m 左右,按此计算,大于 5.4 km 的隧道就可以考虑采用 TBM 施工。在我国,钻爆法施工一直是隧道施工的强项,采用钻爆法已成功修建了 5 000 多公里的铁路隧道,且钻爆法施工的进度仍在逐年加快。因此,一般认为小于 10 km 的隧道难以发挥 TBM 的优越性,而钻爆法则具有相对经济的优势;对于大于 10 km 的特长隧道,从科学发展观和生态环境保护方面考虑,宜优先采用 TBM 法施工。

3. 断面适应性较差

断面直径过小会造成后配套系统不易布置,施工较为困难;断面过大又会带来电能不足、运输困难、造价昂贵等问题。因此,较适宜采用 TBM 施工的隧道断面直径在 3～12 m,对直径在 12～15 m 的隧道应根据围岩情况和掘进长度、外界条件等因素综合考虑;对于直径大于 15 m 的隧道,则不宜采用 TBM 施工;变断面隧道也不能采用 TBM 施工。

4. 运输困难,对施工场地有特殊要求

TBM 属大型专业设备,全套设备重达几千吨,最大部件重量达上百吨,拼装长度最长达 200 多米。洞外配套设施多,主要有混凝土拌和系统、管片预制厂,修理车间、各种配件、材料库、供水、供电、供风系统,运渣和翻渣系统,装卸调运系统,进场场区道路,TBM 组装场地等。这些对隧道的施工场地和运输方案等都提出很高的要求,可能有些隧道虽然长度和地质条件较适合 TBM 施工,但运输道路难以满足要求,或者现场不具备布置 TBM 施工场地的条件。

5. 设备购置及使用成本大

TBM 施工前期购买设备的费用较高,同时需要高负荷的电力保证、高素质的技术人员和管理队伍,这些都将直接影响 TBM 的适用性。

15.2　施工准备

15.2.1　设备选型

TBM 施工之前必须进行设备选型,选型主要考虑以下几个方面的因素:

(1)工程与水文地质条件；

(2)断面形状与大小；

(3)环境因素；

(4)支护衬砌类型；

(5)洞线走向及坡度；

(6)工期与造价；

(7)安全施工要求；

(8)辅助工法和其他动力设备条件；

(9)人员技术素养。

影响选型的主要工程地质与水文地质条件包括：

(1)围岩的坚硬程度；

(2)岩体节理裂隙发育程度；

(3)岩石的耐磨性；

(4)岩体主要结构面与隧道洞轴线的关系；

(5)围岩的初始地应力状态；

(6)地下水发育程度。

实践表明，开敞式掘进机适用于岩体较完整、有较好自稳能力、地质条件较好中、硬岩隧道，而护盾式掘进机适用于软弱围岩隧道。当岩体溶洞发育，或存在高压涌水，或密集分布有多条断层破碎带，则不能发挥 TBM 的快速施工优点，不宜采用 TBM 施工。

为了满足不同地质条件的要求，掘进机可以安装一些辅助设备进行特殊功能作业，如将地质超前钻机安装在主机顶部大刀盘后部的平台上，在主机停机时可施工超前钻孔，预报掌子面前方的地质情况；超前钻机还具备注浆和安装管棚的功能。刀盘的后部可安装钢拱环安装器，利用工字钢拱环形成支护结构，钢拱环的间距要与掘进机的行程距离一致或成倍数关系，在预制仰拱块上要留有安放拱环的沟槽；通过安装锚杆钻机，在掘进的过程中同时进行锚杆作业，以满足对围岩进行锚杆支护作业的需要。

15.2.2 TBM 设备组装与调试

TBM 由主机和后配套系统两大部分组成，主机用于破碎岩石、集渣转载；后配套系统用于出渣、支护等。TBM 主机由刀盘、驱动系统、支撑和推进机构、出渣输送机、操纵室等组成。刀盘是破岩和集渣转载的实际操作部位；支撑和推进机构使掘进机向前推进，并给刀盘施加推力；出渣输送机负责输送岩渣；操纵室内设有各种显示仪表、操作台等。以 TB880E 掘进机结构为例，主机及后配套局部剖面图如图 15-4 所示，刀盘及后支撑剖面图如图 15-5 所示。

TBM 现场组装工作分三个阶段：准备工作阶段、组装作业阶段以及现场调试阶段。准备工作阶段主要是完成 TBM 组装作业之前的相关工作；组装作业阶段是根据组装场地的总体规划和施工进度等条件，确定 TBM 组装的总体流程并进行组装。根据组装场地的不同可分为洞外组装和洞内组装。

TBM 洞内组装：主机和设备桥在洞口组装完成并达到步进条件，进入步进洞室后，开始后配套拖车的拆解运输，即运输一部分，在工地组装一部分；然后主机再次步进，随后拆解运输拖车，再进行组装，如此反复进行。根据洞内组装场地的大小和每节拖车的长度，确定单次拆

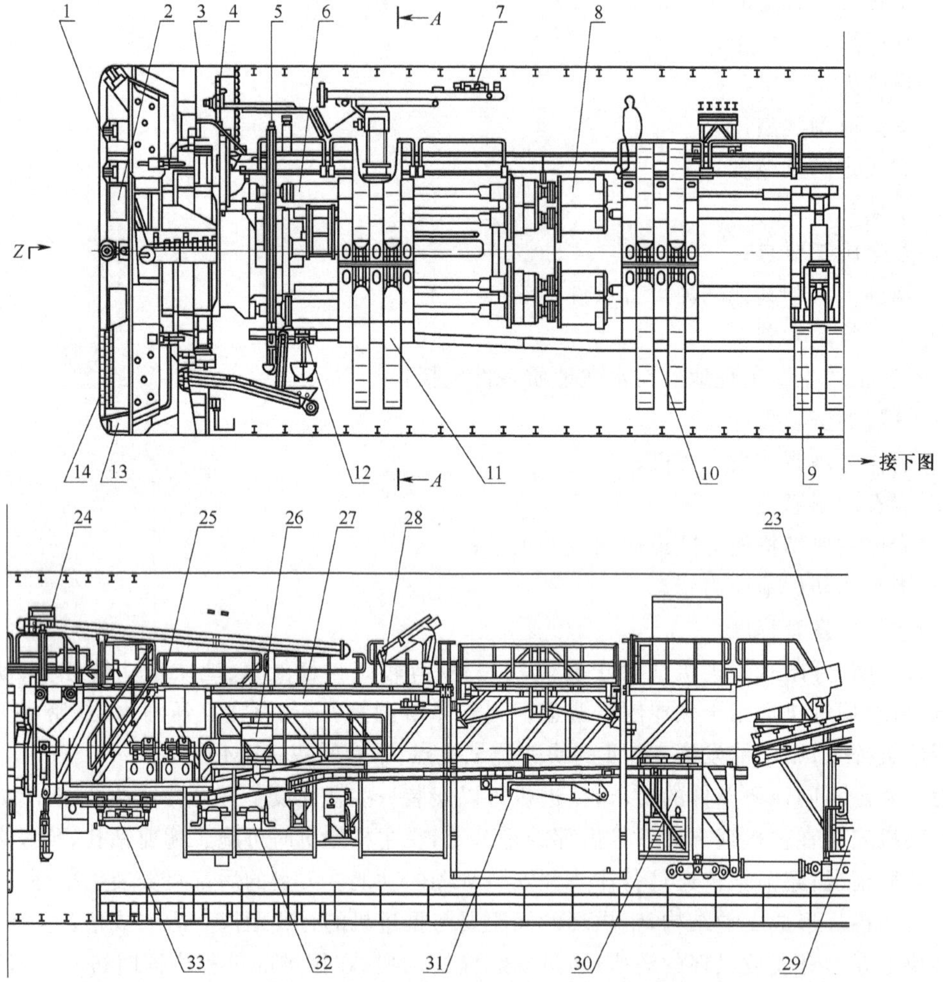

图 15-4 TBM 主机及后配套局部剖面图

1—盘形滚刀;2、19—刀盘;3—刀盘护盾;4—钢拱架安;5—锚杆钻机;6—推进液压缸;7—超前钻机;8—主电机—变速;9—后下支承;10—"X"后支撑;11—"X"前支撑;12—刀具吊机;13、18—铲斗;14—切刀;15—中心刀;16—正(面)刀;17—边刀;20—扩孔刀;21—前凯氏外方机架;22—凯氏内方机架;23—出渣皮带机;24—运输小车;25—水泵;26—除尘器;27—皮带桥;28—吊机 1;29—平架车;30—司机室;31—吊机 2;32—注浆机;33—仰拱吊机

解拖车的数量,当所有拖车吊装完毕以后,再进行管线连接和调试工作。

TBM 洞外组装:TBM 主机的组装按正常的组装程序进行,后配套的组装采用分节运输、分节吊装的方法(后配套拖车从组装工厂分体运输到组装现场),从最前一节开始向后依次吊装,在所有工作完成不影响整个组装运输工作时,再吊装最后一节拖车。当所有拖车吊装完毕以后,再进行管线连接和调试工作。

TBM 运输、组装等施工作业如图 15-6 和图 15-7 所示。

15.2.3 TBM 配套作业系统

TBM 是一项多环节紧密联系的作业系统,它包括破岩、出渣、支护、电力供应以及各种辅助设施。为了能够正常连续进行作业,在 TBM 设备组装工作完成的基础上,其他配套辅助设

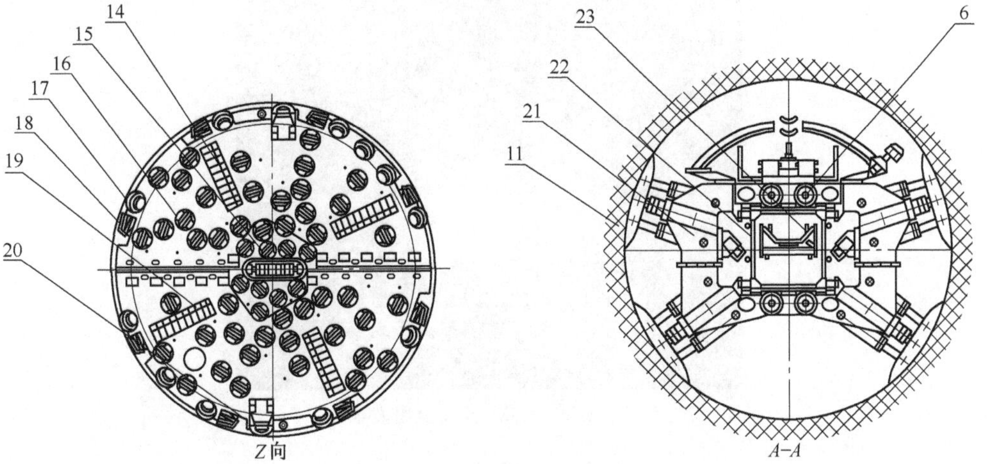

图 15-5 TBM 刀盘及后支撑剖面图

1—盘形滚刀;2、19—刀盘;3—刀盘护盾;4—钢拱架安;5—锚杆钻机;6—推进液压缸;7—超前钻机;8—主电机—变速;9—后下支承;10—“X”后支撑;11—“X”前支撑;12—刀具吊机;13、18—铲斗;14—切刀;15—中心刀;16—正(面)刀;17—边刀;20—扩孔刀;21—前凯氏外方机架;22—凯氏内方机架;23—出渣皮带机;24—运输小车;25—水泵;26—除尘器;27—皮带桥;28—吊机 1;29—平架车;30—司机室;31—吊机 2;32—注浆机;33—仰拱吊机

施诸如风、水、电、材料供应、仰拱生产、机械维修车间、配件库等都应具备。掘进机施工前的准备工作如下:

图 15-6 大件运输

图 15-7 现场组装

(1)洞外场地布置。掘进施工之前应调试设备使其处于较好的工作状态,加强对设备的检查、维护和保养,并准备好与之相关的配套设施,主要包括:混凝土拌和站,仰拱预制场,修理车间,配件库,供水、电、风系统,运渣系统,装卸调运系统等。

(2)预备洞与出发洞开挖。预备洞指从洞口处采用钻爆法或人工开挖至围岩条件较好的地段;出发洞是指 TBM 步行至预备洞工作面开始掘进时,由 TBM 本身要求应有撑靴撑紧洞壁,用以克服刀盘破岩的反扭矩及推进油缸的反推力而设计的地段。预备洞、出发洞的开挖均是为了确保 TBM 早日进入正常掘进施工状态。施工过程中工作人员必须明确岗位工作内容和职责,按标准化作业规程进行施工操作;作业班组之间要严格执行技术交底与交接班制度,整个施工过程必须精心设计、统筹安排、认真组织实施,确保各项工作准备到位(图 15-8)。

图 15-8　TBM 步进至出发洞

15.3　TBM 掘进施工

15.3.1　TBM 破岩原理

TBM 主机刀盘上安装有一定数量的盘形滚刀,当刀盘旋转时,盘形滚刀划出的痕迹是以刀盘中心为圆心的、间距均匀的同心圆切槽。在掘进时,支撑系统把主机架牢固地锁定在开挖的隧道洞壁上,承受刀盘扭矩和推进力的反作用力。推进油缸以支撑系统为支点,把推力施加给主机架和刀盘,使得安装在刀盘上的盘形滚刀紧压岩面,并在掌子面固定同心圆切缝上滚动,当推力超过岩石的强度时,滚刀贯入岩石,掌子面被滚刀挤压碎裂而形成多道同心圆沟槽,随着沟槽深度的增加,岩体表面裂纹逐渐加深并扩大,当超过岩石的剪切和拉伸强度时,相邻同心圆沟槽间的岩石成片剥落,即为破岩原理。崩落在隧底的岩渣被刀盘上的铲斗、刮板汇集到主机内的皮带机上,通过三级皮带机系统倒运后,运送到后配套的渣车处卸渣,并由渣车运送至洞外。

15.3.2　TBM 掘进施工

TBM 掘进机包括主机系统以及相关的配套、辅助设备。以开敞式掘进机施工为例,该设备从结构上一般分为主机、连接桥、后配套及附属设备,各部分分别由相应的液压系统、电气系统、PLC(Programmable Logic Controller 可编程控制器)等控制完成相应工作。主机主要由刀盘、刀盘护盾、内外机架、后支承、通风管道、推进油缸、钢拱架安装器、锚杆或超前钻机、激光对准装置、1 号皮带桥、驱动电机、离合器、变速箱、传动轴等部件组成,能够完成掘进机的掘进、换步、锚杆支护、钢拱架支护及出渣等作业,是该成套设备的核心。

TBM 主控室是完成各项工作的控制核心,主控室的操作主要分为 6 个步骤:准备、启动、掘进、停机、换步和调向。在掘进模式上,有三种模式可供选择,即自动控制推进模式、自动控制扭矩模式以及手动控制模式。自动控制推进模式适用于均质硬岩;自动控制扭矩模式适用于均质软岩;手动控制模式操作方便、反应灵活,适用范围较广,尤其是针对围岩条件变化较快或节理裂隙发育的情况,通常采用手动控制模式进行掘进。在手动控制模式作业过程中,若围岩较硬,应以推力变化为参照选择掘进参数,控制推力不超过额定值;若围岩节理发育、裂隙较多或遇破碎带、断层带时，主要以扭矩变化并结合推力选择掘进参数，控制单机电流不超过额定值。

TBM 掘进时，水平撑靴撑紧在洞壁上为掘进机提供掘进反力，刀盘在主推进油缸的推力作用下向前推进，后配套台车停在隧道中，刀盘破岩切削下来的岩渣随着刀盘铲斗和刮板转动从底部到达刀盘顶部后，进入刀盘中心的皮带输送机，主机皮带机和后配套皮带机将岩渣转运到矿车或正洞连续皮带机上。在 TBM 掘进的同时，进行初期支护和相关配套作业。施工步骤如下：

（1）撑紧撑靴，收起后支撑示意图如图 15-9 所示。

（2）刀盘旋转，开始掘进推进示意图如图 15-10 所示。

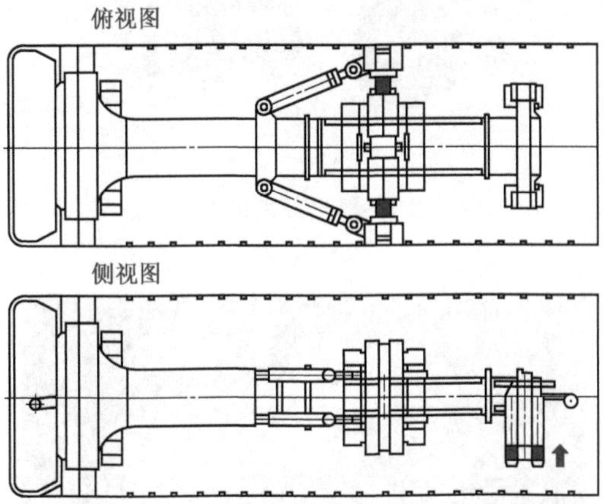

图 15-9　撑紧撑靴收起后支撑（第一步）

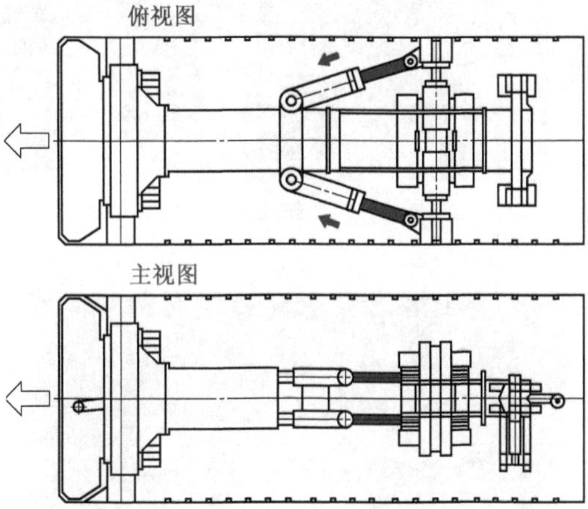

图 15-10　刀盘旋转，开始掘进推进（第二步）

（3）掘进行程完成后，进行换步，放下后支撑示意图如图 15-11 所示。

（4）收回水平撑靴，前移撑靴，再撑紧水平撑靴，进行下一掘进循环示意图如图 15-12 所示。

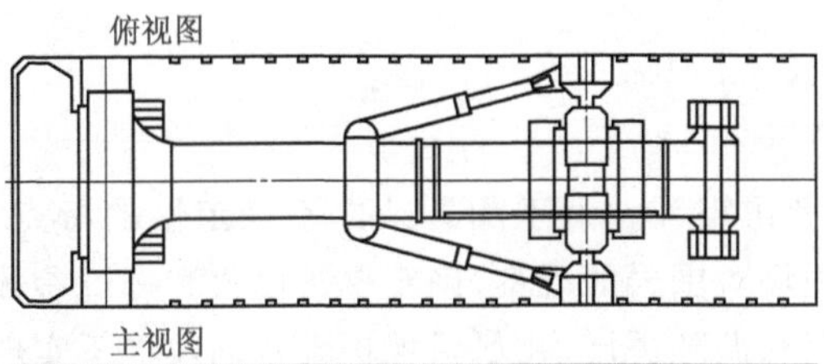

图 15-11　掘进行程完成放下后支撑换步（第三步）

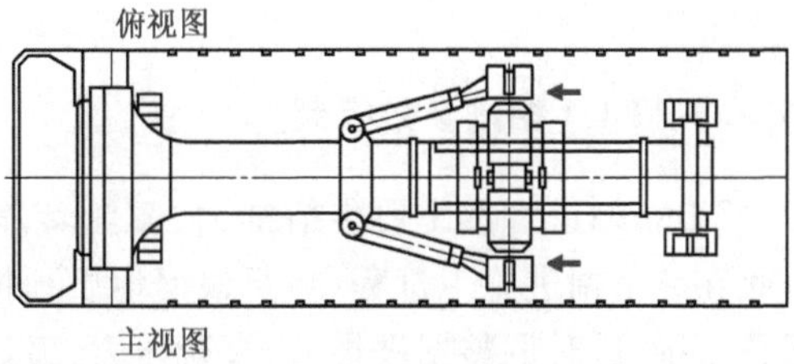

图 15-12　收回水平撑靴前移撑靴再撑紧撑靴（第四步）

采用掘进机施工时，由于开挖工作面被掘进机主体遮挡，很难对掌子面围岩直接进行观察和判断，同时由于施作支护的位置相对开挖面将会滞后一段距离。因此，对于不同形式的掘进机应采用不同的支护形式。开敞式掘进机一般是随开挖先施作临时支护,然后二次浇筑混凝土永久衬砌,二次衬砌可根据地质条件的变化采用不同的材料;护盾式掘进机一般采用管片衬砌。掘进机施工作业如图 15-13~图 15-17 所示。

图 15-13　掘进机刀盘

图 15-14　掘进机刀具

图 15-15　刀盘与掌子面

图 15-16　锚杆钻机作业

15.3.3　TBM 掘进参数控制

TBM 掘进参数主要包括推力、刀盘转速、刀盘扭矩等。由于围岩条件不确定性的特点,因此在整个掘进施工过程中,要根据地质预报及现场对围岩的观察,确定掘进模式和掘进参数调整范围,适时调整掘进推力、撑靴压力、刀盘转速和循环进尺,在尽量保护设备的前提下实现 TBM 安全、高效掘进。对掘进参数的调整是一个动态的过程,通常采用人工操作模式,按不同地质条件选择合理的掘进参数。在开挖过程中应对实际地质情况、岩石特性、掘进参数等进行记录,根据岩石类别、抗压强度、单位体积节理数、节理发育程度等因素,合理控制掘进速度。

掘进机刀具在切削岩石时所承受的荷载是变化的。在切削完整的岩体时,当刀具所施加于岩石的力量达到岩石强度极限后,岩石裂纹迅速扩展并在极短时间内破碎,此时刀具便急速卸载,也在这样的过程中,加重了其他未卸载刀具承受的推力,正常的刀具是应有能力承受这种突然加载的。当节理发育时,由于产生岩石的裂纹更容易一些,急剧卸载的刀具数量可能增多,这时对那些处于施压状态的刀具而言,额外的附加荷载就有可能超过它的承受能力,特别

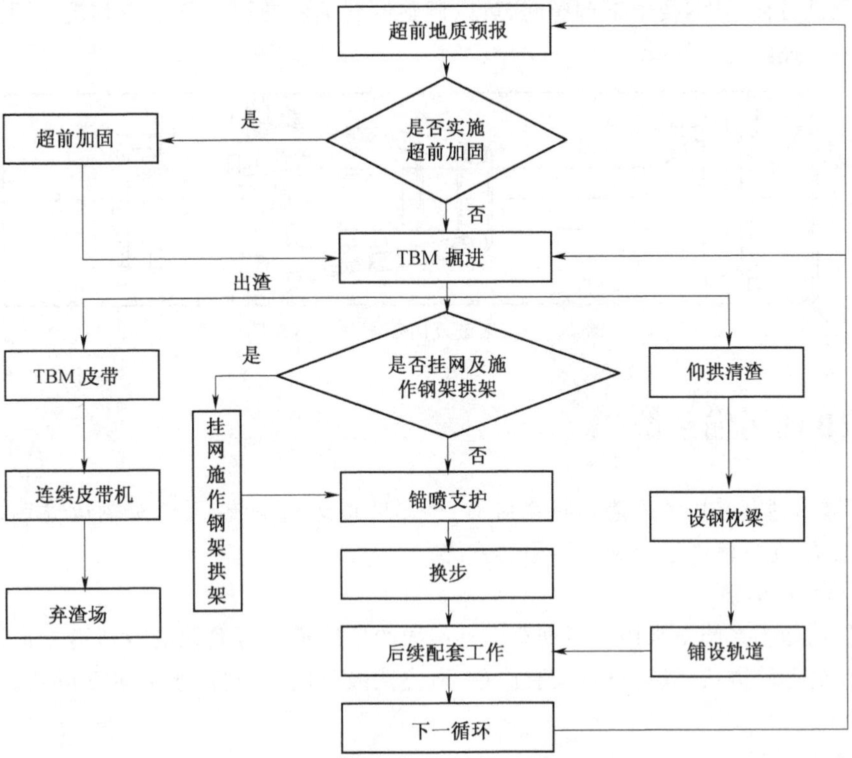

图 15-17　开敞式 TBM 施工工艺流程图

是这种变化频繁的动荷载,会使轴承失去工作能力,或内、外圈与滚动体之间磨损加剧,使轴承产生过大的间隙,或使轴承产生塑性变形以及产生过热、润滑油露出等。因此,掘进应减少对刀具产生过大的冲击荷载,要注意刀盘扭矩的变化、整个设备振动的变化,当变化幅度较大时,应减少刀盘推力,保持一定合适的贯入度,并时刻观察岩渣的变化,尽最大可能减少刀具漏油及轴承的损坏。在掘进过程中发现贯入度和扭矩增加时,应适时降低推力,控制贯入度,保持均衡的生产效率,减少对刀具的消耗;在软弱围岩条件下的掘进,应特别注意支撑靴的位置和压力变化。撑靴位置不好,会造成打滑、停机,直接影响掘进方向的准确,如果由于机型条件限制而无法调整撑靴位置时,应对其地段进行预加固处理。此外当撑靴刚撑到洞壁时极易塌陷,应观察仪表盘上撑靴压力值下降速度,注意及时补压,防止发生打滑。与软弱围岩地段相比,硬岩地段的推进压力、刀盘转速较大,扭矩较小。

15.3.4　TBM 方向控制

由于地质条件复杂、地层软硬不均以及人工操作等因素的影响,TBM 不可能完全按照设计的隧道轴线推进,会产生一定的偏差,在掘进过程中操作人员应根据隧道测量导向系统显示的掘进偏差适当的进行方向调整,并采取有效技术措施控制掘进方向,使掘进轴线偏差处于允许范围之内。

单撑靴敞开式掘进机可根据测量导向系统显示掘进机的位置及方位,在掘进过程中对掘进方向可随时进行调整:掘进机以刀盘护盾为支点,通过调整主梁的左右上下位置来完成(图 15-18)。若需要向左方掘进时,可以伸出左侧支撑油缸,收回右侧支撑油缸,使主梁向右移动,即改变了掘进方向;若需要上下调整时,可以调整倾斜油缸使得主梁上下移动。因此,隧道中心轴线是一条连续的曲线。

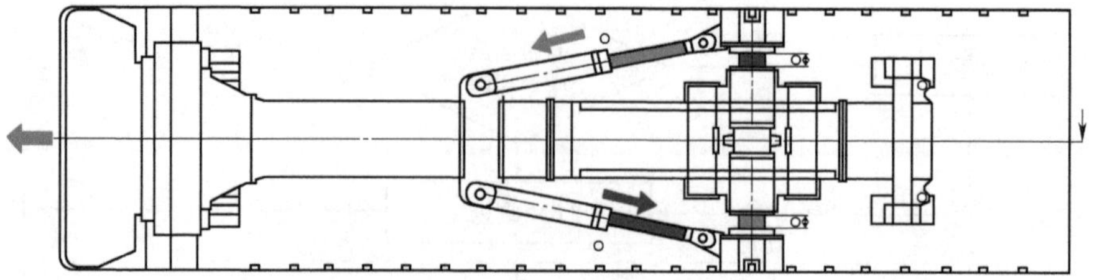

图 15-18 掘进方向控制原理示意图

15.4 TBM 运输系统

TBM 隧道通常采用的出渣运输系统有:列车轨道运输系统、无轨车辆运输系统、带式输送机运输系统、压气输送系统和浆液输送系统。

1. 列车轨道运输

列车轨道运输系统是采用多组列车在有站线的单轨道或有渡线的双轨道上运行,是较为普遍及常用的运输方法,具有设备安装简单、适应性强、可显著提高出渣进度以及设备的利用率的特点。

2. 无轨车辆运输

隧道的长度是选择采用有轨运输或无轨运输的主要依据。无轨车辆运输在矿山法施工的隧道中应用广泛,一般用于短隧道的开挖,具有适应性强、使用方便的特点。

3. 带式输送机运输

带式输送机运输是指利用掘进机自带的输送机,并配合辅助的输送机,通过配置输送带进行出渣的一种运输方式,具有质量可靠、维修费用低和运输能力强的特点,适用于较好地层的隧道出渣。

4. 压气输送

压气输送系统是指通过鼓风机和电动机提供压缩空气,通过管路将岩渣输送到渣池的运输方式。这种出渣系统所占空间体积小,适用于断面小、空间有限的隧道,缺点是它只是一种单程运输系统,功能有限。

5. 水力(浆液)输送

水力(浆液)输送系统是指采用水力(浆液)运输石渣。采用此种运输方式的前提条件是掘进后的洞渣尺寸必须满足一定的要求,并且具有能够悬浮在浆液中的性质。由于隧道围岩地质条件的复杂性,地质条件的变化,例如未被刀具破碎的大岩块进入到浆液流中、地下水的影响等使得运输效果不太理想。

15.5 仰拱预制块的生产及铺设

仰拱预制块的生产及铺设是 TBM 施工的一个重要环节。仰拱预制场是 TBM 的配套工程,生产所需的混凝土、钢筋等材料必须符合相关规范的要求。仰拱预制应注意以下问题。

(1)模具应及时维护,检测是否存在变形等异常情况,确保模具的外形尺寸及强度符合要求。

(2)制定详细的机械操作规程,并进行技术交底,确保严格按照操作规程进行仰拱预制;定期对机械设备进行检修,确保其正常工作。

(3)混凝土配制、成品养护等原始记录资料必须详尽、完整。

(4)预制块的吊装、翻转以及堆放应注意人员及设备安全。

仰拱预制块铺设按照以下顺序进行:仰拱预制块锚固、洞外安装止水带、底部清理、仰拱预制块运输、仰拱预制块安装、底部灌注、表面压浆、中心水沟止水带安装。

16　盾构隧道施工技术

16.1　概　　述

16.1.1　盾构的发展

盾构法是以盾构机为核心进行暗挖隧道施工的一种方法。盾构法始于英国，自 1825 年布鲁诺尔(Brunel)在伦敦泰晤士河下首次用一台矩形盾构开挖水底隧道以来，已有 180 余年历史。在一百多年中，世界各国制造了数以千计的各种类型、各种直径的盾构掘进机，盾构掘进机从低级发展到高级，从手工操作发展到计算机监控机械化施工。近30 年来，随着盾构机的有效密封、维持开挖面的稳定、控制地表隆起及塌陷、延长刀具的使用寿命、密封条件下的刀具更换以及对一些恶劣地质条件如高水压的处理技术等问题的解决，盾构隧道施工技术得到了不断发展和完善。如今，现代盾构已经发展成为集机、电、液、传感、信息技术于一体，具有开挖切削土体、输送土渣、拼装隧道衬砌、测量导向纠偏等功能的大型施工机械设备。

盾构隧道施工具有以下特点：

(1)盾构机是根据施工区段的工程水文地质条件、隧道断面大小、区间线路的周边环境等因素进行设计制造。因此，盾构机不是通用机械，而是针对于某种特定条件的专用施工机械；

(2)盾构机施工是不可后退的。当盾构机开始掘进后，除刀头等部位可通过特殊的设计进行更换以外，盾构压力仓、排土器、推进系统等设施很难在施工过程中进行改装。因此，盾构机的设计、制作是隧道施工最关键的环节。

目前，盾构在城市地铁、城市上下水道、引水分洪等地下隧道工程中得到了广泛运用，高速铁路采用盾构法施工的隧道并不多。截止 2011 年，我国仅有广深港高速铁路专线的狮子洋隧道采用了盾构法施工。狮子洋隧道工程为目前国内最长、标准最高的高速铁路水下隧道，同时也是世界上速度目标值最高的水下隧道，具有规模大、工期紧、设计标准高、涉及工法多、地质复杂、盾构掘进距离长等特点；同时，还存在软弱地层、高水压带压作业以及江底盾构对接与拆解等工程难点。狮子洋隧道穿越小虎沥、沙仔沥和狮子洋三条水道，隧道左、右线各长 10.8 km，时速目标值 350 km/h，采用两台直径 11.18 m 的泥水平衡盾构进行施工；衬砌为单层装配式钢筋混凝土管片，管片外径 10.8 m、内径 9.8 m、环宽 2 m、厚 0.5 m。随着 2011 年隧道的全线贯通以及直径超过 11 m 的巨型盾构机在水下 60 m 深处的精确对接，标志着我国长距离水下高速铁路隧道的施工和科研取得重大突破；通过破解多项世界性技术难题，填补我国高速铁路泥水平衡盾构隧道施工的多项技术空白。

16.1.2　盾构分类

盾构可按断面形状、开挖方式、前部构造、排水与稳定开挖面的方式、开挖面与作业室之间的隔墙构造等进行分类。按盾构断面形状可分为圆形、拱形、矩形等形状；按开挖方式可分为手工挖掘式、半机械挖掘式以及机械挖掘式；按盾构前部构造可分为敞胸式和闭胸式；按排除地下水与稳定开挖面的方式可分为泥水加压与土压平衡式的无气压盾构、局部气压盾构、全气压盾构；按开挖面与作业室之间的隔墙构造可分为全敞开式、半敞开式以及密封式。目前在我国主要使用的盾构为土压平衡盾构和泥水平衡盾构。

土压平衡盾构是在机械式盾构的前部设置隔板，通过刀盘的旋转作用切削地层，破碎的渣土通过刀盘开口进入土仓，依靠盾构推进油缸的推力通过隔板给土仓内的渣土加压，使土压作用于开挖面以平衡开挖面的水土压力。渣土通过刀盘开口进入土仓底部后，首先通过螺旋输送机运到皮带输送机上，然后输送到轨道上的渣车，最后通过渣车排出。盾构在油缸的推力作用下向前掘进，排土、衬砌、注浆等作业在盾壳的掩护下进行。土压平衡盾构特别适用于具有高可塑性、低渗透性的黏土、粉质黏土地层。

泥水平衡盾构是从地下连续墙以及钻孔等工程所使用的泥水工法中发展起来的，此类盾构是在刀盘后设置一道封闭隔板，把水、黏土及添加剂混合制成的泥水，经输送管道压入泥水仓，待泥水充满后形成具有一定压力的泥水压力室。通过泥水的加压作用和压力保持机构维持开挖工作面的稳定。盾构推进时，旋转刀盘切削下来的渣土经搅拌装置搅拌后形成高浓度泥水，通过流体输送方式输送到地面泥水分离系统，将渣土、水分离后重新送回泥水仓。泥水平衡盾构适用于软弱的淤泥质黏土层、松散的砂土层、砂砾层、卵石层和硬土互层等地层，特别适用于地层含水率大、上方有水体的越江隧道和海底隧道。

16.2　施工准备

盾构隧道施工准备工作包括盾构机的运输、下井、组装、调试、验收（图 16-1～图 16-8）。盾构机运到工地后一般采用大吨位吊车配合翻身后，由主吊分别将盾构机的前体、中体、刀盘和盾尾吊至井下进行组装，组装完成后对盾构机进行调试，调试完毕后进行始发前的验收工作，验收合格后即可始发。隧道掘进完成，待盾构机到达接收井后即可对盾构机进行井下解体拆卸，并吊出地面运输至下个工地或专用场地进行检修保养。盾构机下井、组装、调试、验收施工工艺流程如图 16-9 所示。

图 16-1　盾构机运输转场图一

图 16-2　盾构机运输转场图二

图 16-3　盾构机吊装图一

图 16-4　盾构机吊装图二

图 16-5　盾构机吊装图三

图 16-6　盾构机吊装图四

图 16-7　盾构机本体井下组装

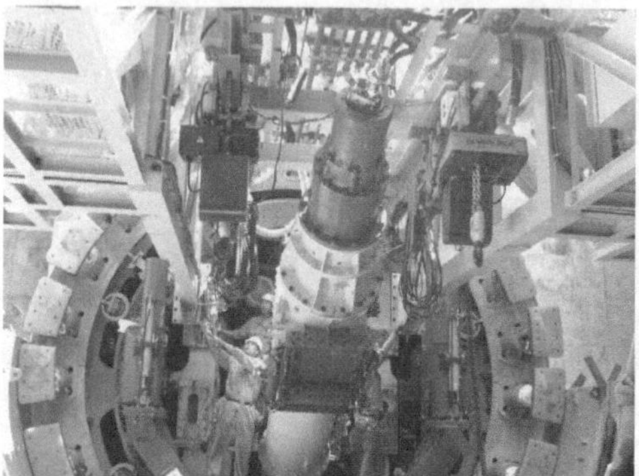

图 16-8　盾构机调试

图 16-9　盾构下井、组装、调试、验收施工工艺流程图

16.3　盾构机进出洞

16.3.1　盾构始发（含试掘进）施工技术

盾构始发是指在盾构机组装完成后，将盾构机放置在基座上，利用负环管片、反力架等承

受反作用力的设备将盾构机贯入出洞口向前推进,直至盾构机完全进入隧道,随后拆除负环管片、反力架等辅助设施的一系列作业过程。盾构始发阶段的施工难度大,是盾构施工的关键环节,施工前需要注意以下几点:

(1)盾构机主体在始发导轨上不能进行调向;

(2)盾构姿态及地面沉降控制比正常推进阶段更为困难;

(3)始发期间一些设备如管片小车、管片吊机等不能正常使用。

1. 盾构始发施工工艺

盾构始发施工工艺流程如图16-10所示,施工现场如图16-11所示。

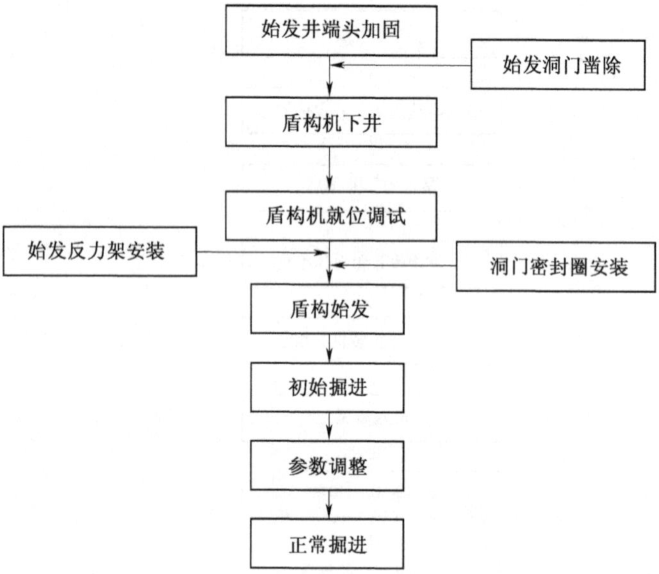

图16-10 盾构始发施工工艺流程图

2. 盾构端头地基加固

盾构进出洞时需对周边土体进行加固,目前常用的加固方法有SMW工法、高压旋喷桩、深层搅拌桩、分层注浆、冻结法等,具体内容详见第14章。

图16-11 盾构始发

3. 盾构始发基座安装

盾构始发基座为钢结构,按设计轴线准确放样、焊接成整体后吊入井下就位。钢轨中心与隧道洞门中心位于同一竖直面内,纵坡比设计坡度略大,底面工字钢与预埋钢板焊接,并对两侧加设支撑加固,防止盾构推进时发生侧移。始发台水平轴线的垂直方向与反力架的夹角偏差应控制在±2‰以内,盾构姿态与设计轴线竖直方向偏差应控制在±2‰以内,水平方向偏差应控制在±3‰以内。

4. 反力架安装

反力架安装工作在盾构主机与后配套连接之前进行。安装反力架时,用经纬仪双向校正两根立柱的垂直度，使其形成的平面与推进轴线垂直，然后在反力架上测出最后一环负环管片的位置，当确认高程及左右位置与始发环管片一致后，用螺栓将其与反力架固定。安装时，反力架与始发井连接部位的间隙要垫实，以保证反力架脚板有足够的抗压强度。由于反力架和始发台将为盾构始发提供初始推力以及确定盾构的初始空间姿态，因此在安装反力架和始发台时，反力架位置水平方向偏差须控制在±10 mm之内，竖直方向偏差须控制在±5 mm之内。

5. 负环管片安装

负环管片安装顺序为先安装底部管片，再安装左右两侧管片，每环相邻管片应控制环面平整度和封口尺寸，安装示意如图16-12所示。负环管片一般采用与正线隧道相同的混凝土管片，负环管片的数量应根据端头井和场地的尺寸确定，负环管片开口环与闭口环的数量应根据现场是否预留出土口确定。

负环管片按在盾壳内的正常安装位置进行拼装，并采取措施防止盾构机旋转。第一环负环管片拼装成形后，利用下部千斤顶完成管片后移。管片在后移过程中，严格控制每组千斤顶推进油缸的行程，保证油缸之间的行程差小于10 mm。负环管片在脱出盾尾的过程中，在管片与托架间垫塞方木楔，保证负环管片的安装位置正确。

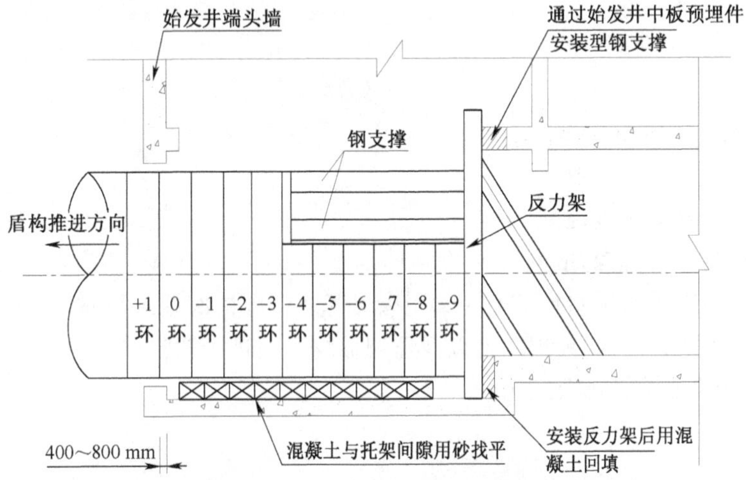

图16-12 负环管片安装示意图

6. 盾构始发掘进

盾构机从始发架推进至加固区，再由加固区掘进至软土层，地层刚度发生很大变化。加固区由于土体较硬，盾构宜以不高于10 mm/min的速度缓慢推进，同时采取以下技术措施：

(1)盾构始发掘进时，向开挖仓内填充3/4容积的土体以便快速建立土压。

(2)由于盾构机刀盘切削土体加固区时将产生巨大扭矩，且盾壳与地层间摩擦力较小，为防止盾构机壳体在始发导轨上发生偏转，必须在始发导轨两侧的盾构机壳体上焊接防扭装置。

(3)当盾构机脱离加固区土体，从加固区进入到软弱地层时，要注意调节好盾构推进千斤顶的压力差，防止盾构"低头"。

(4)当盾尾进入洞门后，应及时调整洞门密封的扇形压板，以防洞口漏水、漏浆。

(5)由于在始发掘进阶段不能形成土压平衡，且渣土为加固土体，流塑性差，渣土在螺旋输送机内不易形成土塞效应，易发生渣土喷涌现象。当发生喷渣时，螺旋输送机出渣门的开度应减小，开启长度宜为150～200 mm。下一环开始掘进时，由于土质较硬可能会造成刀盘启动困难,可采取以下措施:正反转启动刀盘、加大泡沫剂注入量、从膨润土通道注水加大渣土的流动性。当采用以上方法仍不能启动刀盘时,可将左右及上部推进油缸收回约 30 mm 后再进行启动,待刀盘启动后重新顶上推进油缸。

盾构试掘进是根据理论和经验选取各项施工参数,通过监控量测数据及反馈信息对施工参数适时进行调整。盾构试掘进分为三个阶段:

第一阶段掘进长度约 40 m,分别采用几组不同的密封仓土压力、刀盘转速及压力、推进速度、千斤顶顶力、注浆压力及注浆量等施工参数进行试验掘进,通过分析隧道沉降、地表沉降的监测数据,确定合理的施工参数。盾构始发时掘进速度宜缓慢,同时加强后盾支撑观测,控制盾构姿态,防止盾构上浮。

第二阶段掘进长度约 30 m,采用第一阶段确定的较优施工参数进行掘进,同时根据地层条件、地下管线、地表结构物情况,并结合监控量测数据,对施工参数进行更加细微的调整,以获取最佳施工参数。

第三阶段掘进长度约 30 m,为正式掘进施工的准备阶段,应以控制地面沉降、保护构筑物及地下管线为原则,并总结施工参数动态调整经验。

7. 始发施工参数计算

(1)土仓压力。土仓压力的理论计算公式:

$$P_1 = k_0 \gamma h \tag{16-1}$$

式中 P_1——土仓压力,kN/m^2;

k_0——静止土压力系数;

γ——土体平均重度,kN/m^3;

h——隧道中心埋深,m。

盾构在掘进施工中均可参照式(16-1)计算土仓压力,初次施工可按(1.03～1.10)P_1 设定。施工中应根据盾构埋深、地层条件以及监测数据不断进行调整。

(2)每环理论出土量计算公式为:

$$V = \frac{\pi D^2 L}{4} \cdot K_1 \tag{16-2}$$

式中 V——每环理论出土量,m^3;

D——盾构开挖直径,m;

L——管片环宽,m;

K_1——松方系数 1.1～1.3。

盾构掘进实际出土量控制在 98%～100%理论计算值为宜。

(3)注浆压力。

$$p = \frac{\gamma h}{1\,000} + (0.12 \sim 0.13) \tag{16-3}$$

式中 p——注浆压力,MPa。

其他参数意义同前。

注浆压力可设定为大于静止水土压力 0.1～0.2 MPa,并避免浆液进入盾构机土仓。注浆从盾尾圆周上的几个点同时进行,上部孔的压力应比下部孔的压力略小 0.05～0.1 MPa。根据地质条件及隧道覆土厚度情况,注浆压力建议控制在 0.2～0.5 MPa 之间为宜。

(4)注浆量。盾构在推进过程中，除了排出洞身断面范围的土体外，还存在着其他方面的土体损失如超挖、纠偏和蛇形运动等，这些土体损失可通过同步注浆进行补偿。注浆量应根据不同的地质情况和地层变形监测情况进行动态调整，一般情况下应以满足控制地表变形为原则，每环同步注浆量计算见式(16-4)：

$$Q=K\times\pi\times(D^2-d^2)\times L/4 \tag{16-4}$$

式中　K——注浆率(1.5～2.0)；

D——盾构机切削外径，m；

d——管片外径，m。

其他参数意义同前。

8. 盾构施工参数优化

控制盾构掘进的土压或泥水平衡是盾构施工的关键，可通过调整推进速度或排土量，将地层土压力与土仓土压力差值控制在较小范围内。盾构施工参数优化流程如图 16-13 所示。

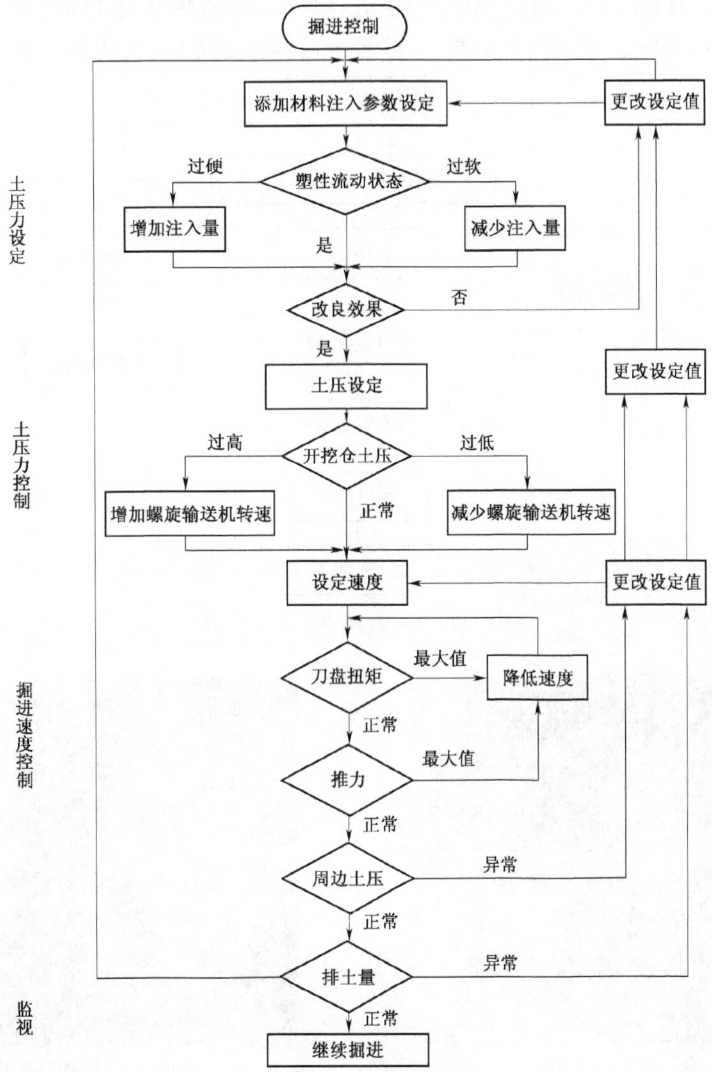

图 16-13　盾构施工参数优化流程图

16.3.2 盾构到达施工技术

盾构到达是指从凿除的洞口将盾构推进至接收井内预先设置的接收台上的一系列作业，盾构到达是盾构施工中最关键的阶段之一。

1. 施工工艺流程

盾构到达施工工艺流程如图 16-14 所示，现场施工图片如图 16-15 和图 16-16 所示。

2. 盾构端头地基加固

盾构端头地基加固技术有高压旋喷桩、深层搅拌桩、分层注浆、冻结等方法(详见第 14 章)。在盾构进洞前，需对地基加固施工质量进行验收，验收合格后才能进行进洞施工。

3. 盾构姿态复测

盾构贯通前的测量是复核盾构所处方位、确认盾构姿态以及拟定盾构进洞段施工轴线的重要依据。在进洞前 100 环应精确做好轴线贯通测量工作，并根据盾构推进的轴线偏差情况，每推进 20～30 m 复核一次。最后 50 环的推进，实际推进轴线与设计轴线的偏差应尽可能控制在±3 cm 以内，同时应增加测量次数，不断校准盾构掘进方向，使盾构以最佳姿态进洞。

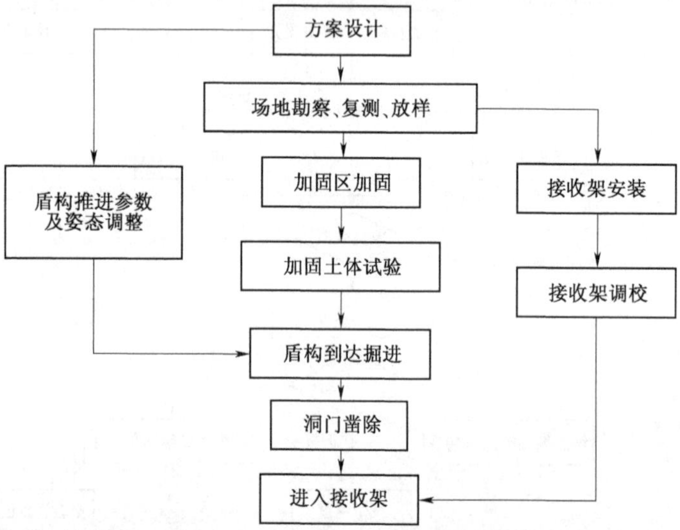

图 16-14 盾构到达工艺流程图

图 16-15 盾构到达图一

图 16-16 盾构到达图二

4. 设备检查

进洞前对盾构机主要设备进行一次全面检查,及时解决存在的问题,使设备在良好的运行状态下完成盾构进洞工作。

5. 进洞段掘进

盾构机推进至距洞口距离较近时,应密切注意刀盘马达的油压显示,若有升压趋势,表明切口已至地基加固边缘,此时应立即降低推进速度,同时适当调低密封仓压力,并向前仓注水润滑切削土体,使土体得以顺利排出。

6. 盾构穿越加固区

盾构穿越加固区会出现刀盘启动困难或扭矩大、螺旋输送机扭矩大等情况。此时要密切观察洞口的变化情况,若发现有较大岩石或废弃钢筋网对刀具有可能产生破坏时、洞门混凝土有较大振动或探孔有大量水或泥浆涌出时,应立即降低或停止刀盘旋转、降低推进缸压力与推进速度,避免刀具损坏或由于刀盘前部土体受到较大作用力,造成地表坍塌等事故。

由于盾构进洞口土体经过加固处理后强度较高,为控制好推进轴线、保护刀盘,穿越时应注意以下事项:

(1)推进速度宜控制在 10 mm/min 以内。

(2)土压力设定值应略低于理论值。

(3)坡度可略大于设计坡度。

(4)穿越过程中根据盾构轴线情况,伸出仿形刀 20～50 mm,超挖线路左右两侧 90°范围的加固土体,以保证在加固土体内能够适当调整盾构轴线方向。

(5)密切注意刀盘扭矩、螺旋机扭矩等参数,必要时可向刀盘正面或螺旋机内适当压注膨润土或水来降低刀盘或螺旋机扭矩。

(6)密切观察洞门变形,有异常情况立即停止推进,同时采取应急措施。

盾构进洞前 50 环、20 环分别进行一次贯通测量,根据测量数据不断校准盾构机掘进方向,使盾构推进轴线与设计轴线的偏差控制在±10 mm 范围内(尽量偏于曲线内侧),盾构方向应调整到与接收基座方向一致。

16.4 盾构掘进施工

16.4.1 施工工艺流程

盾构掘进施工工艺流程如图 16-17 所示。

16.4.2 盾构掘进参数

1. 盾构推力

千斤顶的总推力大小取决于掘进时盾构机受到的阻力,计算如下:

$$F=F_1+F_2+F_3+F_4+F_5 \tag{16-5}$$

式中 F——总阻力,kN;

F_1——盾构四周外表面和土之间的摩阻力,kN;

F_2——推进时切口环刃口对土的贯入阻力,kN;

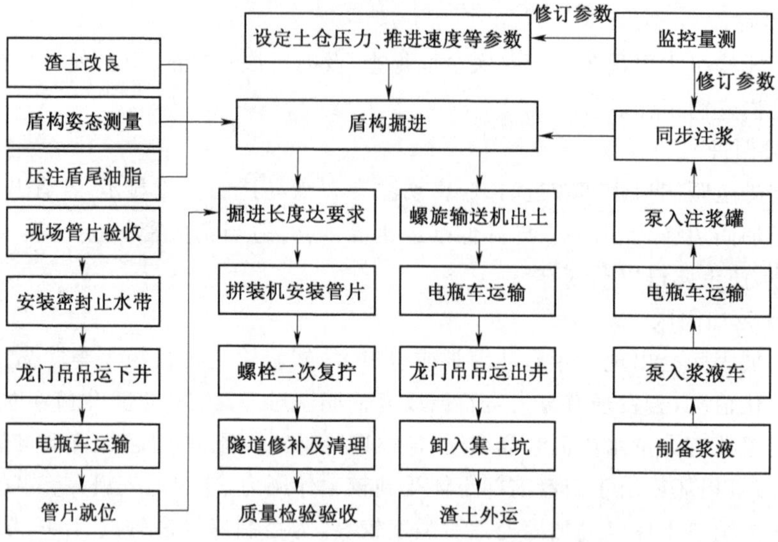

图 16-17 盾构掘进施工工艺流程图

F_3——开挖正面阻力,kN;

F_4——盾尾内管片和盾壳之间的摩阻力,kN;

F_5——后方台车的牵引阻力,kN。

千斤顶的总推力应略大于总阻力,且小于盾构机的最大推力,通过计算的推力可得出千斤顶油缸工作压力,以便合理使用千斤顶,从而更好的控制掘进轴线。

2. 刀盘扭矩

$$T = T_1 + T_2 + T_3 + T_4 + T_5 + T_6 + T_7 \quad (16\text{-}6)$$

式中 T——刀盘总扭矩,kN·m;

T_1——盘形滚刀切削土体所需的扭矩,kN·m;

T_2——由于刀盘自重所产生的抵抗旋转的扭矩,kN·m;

T_3——刀盘正面推力所产生的抵抗旋转的扭矩,kN·m;

T_4——刀盘密封装置抵抗旋转的扭矩,kN·m;

T_5——刀盘所受的摩擦扭矩,kN·m;

T_6——刀盘开口处切削渣土所需的扭矩,kN·m;

T_7——土仓内的搅动力矩,kN·m。

3. 土仓压力

土仓压力主要取决于刀盘前的水土压力,可参照式(16-1)进行计算。

4. 推进速度

主要根据地层条件及盾构机类型确定,正常推进时速度宜控制在 2~6 cm/min 之间,穿越构筑物时应根据监测数据适当加快或放慢推进速度。

5. 出土量

出土量应与掘进速度保持同步,每环掘进的土方量可参照式(16-2)进行计算。

6. 轴线控制

盾构推进轴线允许偏差值:高程±50 mm 、平面±50 mm。施工中由于同步注浆对隧顶空间填充不及时,造成后期隧道存在一定上浮的可能性;同时由于盾构上纠偏容易、下纠偏困难,因此通常控制轴线高程比设计高程降低 10～20 mm。

7. 注浆压力与注浆量

注浆压力与注浆量参照式(16-3)和式(16-4)进行计算。

8. 盾构掘进参数优化

(1)采用以主切削刀、周边刮刀、先行刀为主的刀盘切削土层,根据土层确定刀盘转速、扭矩。

(2)适当提高初始土仓压力,并在掘进中不断调整优化。土仓压力通过采取设定掘进速度、调整排土量或设定排土量、调整掘进速度两种方法进行调整,并应维持切削土量与排土量的平衡,使土仓内的压力趋于稳定。

(3)盾构机的掘进速度主要通过调整盾构推进力、转速(扭矩)进行控制,排土量则主要通过调整螺旋输送机的转速进行控制。

(4)掘进时采取渣土改良措施增加渣土的流动性和止水性,密切观察螺旋输送器的栓塞和出土情况,适时调整改良剂掺量。

(5)选择合适的同步注浆浆液,及时填充施工造成的地层空隙。

(6)采取有效措施控制掘进方向,及时纠正掘进轴线偏差。

盾构施工参数的调整与优化是一个动态的过程,只有保持各参数之间的相互匹配与相对稳定,才能使盾构施工对环境的影响程度降到最低。在一环推进完成后,应统计各项施工参数的平均值、标准偏差和最大、最小值,形成推进数据管理表,将统计数据与设定的施工参数相比较,结合施工效果不断优化各项参数。

16.4.3 渣土改良

1. 定义

渣土改良是通过盾构机配置的专用装置向刀盘面、土仓、或螺旋输送机内注入改良剂,使改良剂与渣土充分混合。改良后渣土具有较好的流塑性、合适的稠度、较低的透水性和较小的摩阻力,可以降低地层对刀具、刀盘以及螺旋输送机的磨损,有利于螺旋输送机形成土塞效应,防止喷涌,以及掘进过程中的地表沉降控制。

2. 改良剂配比

改良剂主要包括泡沫、膨润土以及聚合物,其性能指标见表 16-1。

常用的改良剂为膨润土与泡沫剂,配比如下:

膨润土泥浆配合比为水∶膨润土∶外加剂＝10∶1∶0.2,膨润土为优质的钠基膨润土,外加剂为碱、CMC 及超流化剂 DAV 等,泥浆坍落度宜控制在 20 cm 以内。

泡沫由 90%～95%的压缩空气与 5%～10%的泡沫溶液组成,泡沫溶液由 3%的泡沫添加剂与 97%的水组成。

表 16-1 各种改良剂的性能指标

性能指标	膨润土	泡沫剂	高吸水性树脂
工作原理	利用添加的胶质减摩效果,使开挖土塑性流动,减少渗透性	利用微细泡沫的润滑效果使开挖土塑性流动,减少渗透性	利用树脂的吸水能力达到止水目的和改善土的流动性
pH 值	7.5～10	7.3～8	8
黏度	2～10 Pa·s	0.003～0.2 Pa·s	0.5～15 Pa·s
适用土层	砂～砂砾地层	黏土～粗砂地层	固结黏土～砂砾地层

16.4.4 同步注浆

1. 注浆材料及配合比

常用的注浆材料有两种,可硬性水泥砂浆及惰性浆液。根据相关工程经验,其配合比分别见表 16-2 和表 16-3。

表 16-2 可硬性浆液配合比 (单位:kg/m^3)

水泥	细砂	粉煤灰	膨润土	水	外加剂
120～260	850～600	380～240	60～40	400～470	根据需要添加

表 16-3 惰性浆液配合比 (单位:kg/m^3)

细砂	粉煤灰	膨润土	水
650～900	300～500	60～100	550

可硬性浆液配合比的物理力学指标:胶凝时间一般为 3～10 h,可通过现场试验加入速凝剂及变更配比来调整胶凝时间;固结 1 d 体强度不低于 0.2 MPa、28 d 强度不低于 2.5 MPa、固结收缩率<5%、浆液稠度控制在 8～12 cm 之间、浆液倾析率低于 5%。

惰性浆液性能应满足以下要求:具可泵性、泌水率<3%、浆液稠度控制在 9～11 cm 之间、水泥砂浆初凝时间 8～10 h、浆液 1 d 强度≥0.1 MPa、28 d 强度≥1 MPa,在列车振动和 7 级地震作用下不液化。

2. 同步注浆施工工艺

同步注浆施工工艺如图 16-18 所示,它包括以下几个步骤:

(1)浆液拌制。操作要点:原材料计量误差应控制在规范要求范围内;各成分材料按合理顺序投放、搅拌要均匀、搅拌时间在 2～3 min,不得有结块;浆液须进行稠度、含水率、流动性、和易性、析水性及抗液化指标测试,测试合格后方可使用。

(2)浆液运输与储存。浆液拌好后用输送管道输送到储料罐内,将储料罐运至作业面。储料罐内设有卧式搅拌轴,以防止运输时间过长浆液长时间静止而发生初凝;若浆液发生沉淀、离析,则应进行二次搅拌;浆液储存设备要经常清洗。

(3)注浆施工。连接好注浆管路、压力传感器,将拌制好的浆液输送至盾构的储浆罐中,并启动搅拌器搅拌浆液,同时开始注浆;注浆由注浆压力和注浆量双重控制,注浆速度应与推进速度相适应;在安装管片或出渣过程中,要预留部分砂浆间断泵入,以保持管路通畅。

3. 二次注浆

二次注浆材料可选用水泥—水玻璃双液浆或水泥砂浆。二次注浆一般采用手动控制,注浆压力为0.3～1.0 MPa,注浆前需在起吊孔内装入单向逆止阀并凿穿外侧保护层。二次注浆施工如图 16-19 所示。

16.4.5 管片拼装

管片的拼装施工工艺流程如图 16-20 所示,拼装施工如图 16-21 和图 16-22 所示。管片采用先下后上、先纵后环、左右交叉、纵向插入、封顶成环的施工工艺,施工步骤如下:

(1)管片选型应以满足隧道线形为前提,重点考虑管片安装后盾尾间隙要满足下一掘进循

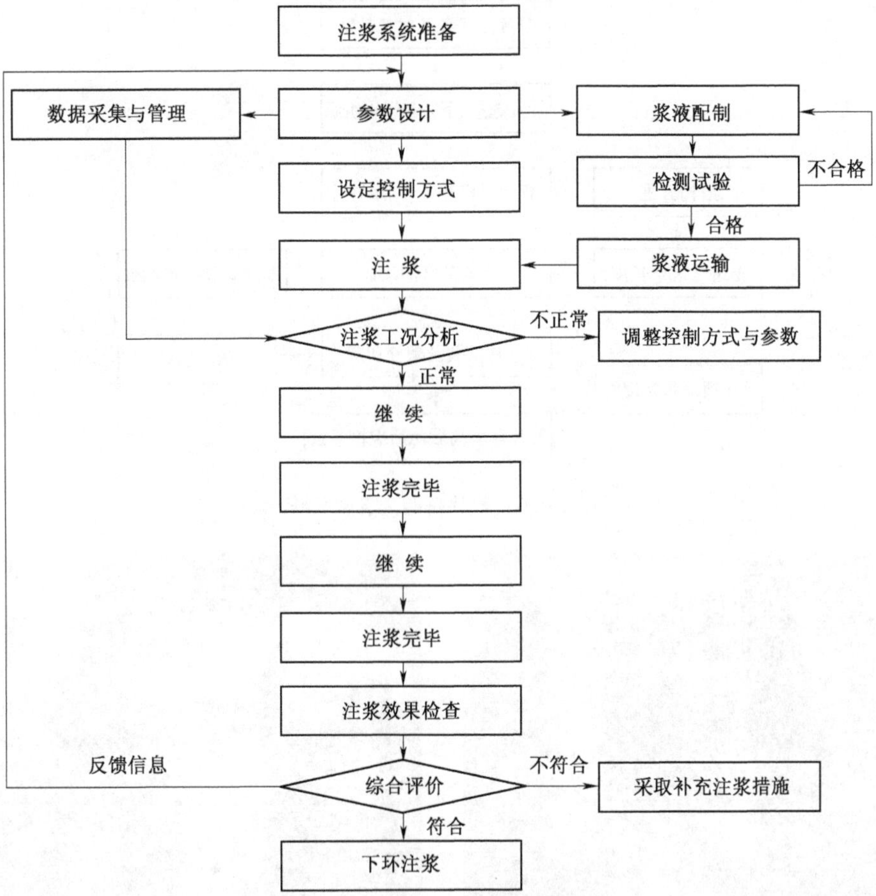

图 16-18 同步注浆施工流程图

环限值，确保有足够的盾尾间隙以防盾尾直接接触管片。对于错缝拼装，管片选型与安装位置应根据推进指令先行决定，目的是使管片安装后推进油缸行程差较小。

(2)每环掘进的后期，清除前面一环环面和盾尾的杂物，在一环掘进结束后，将操作盘上的掘进模式转换为管片安装模式。

(3)管片安装必须从隧道底部开始，然后依次安装标准块、邻接块，最后安装封顶块。封顶块安装前，应对止水条进行润滑处理，安装时先径向插入，调整位置后缓慢纵向顶推。

图 16-19 二次注浆施工

(4)管片安装到位后，应及时控制相应位置的推进油缸顶紧管片，利用其顶推力确保管片稳定，然后方可移开管片安装机。

(5)管片安装完成后利用整圆器及时整圆，并在管片环脱离盾尾后对管片连接螺栓进行二次紧固。在切换刀盘转动方向时，应对切换速度进行控制，防止切换速度过快造成管片损坏。

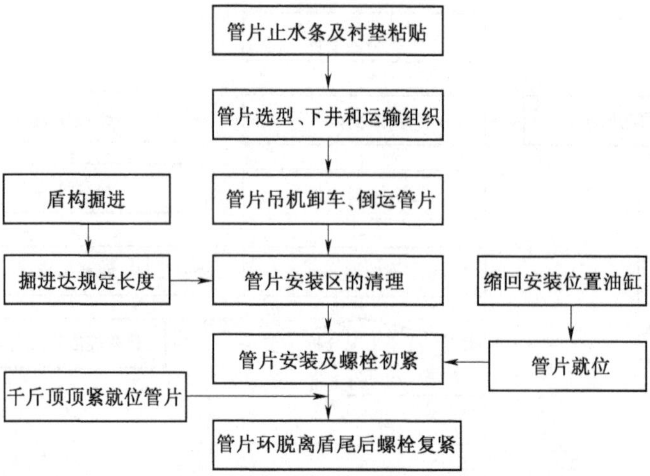

图 16-20　管片拼装工艺流程图

图 16-21　管片拼装图一

图 16-22　管片拼装图二

16.4.6　刀具检查与更换

1. 刀具检查

检查目的：一是检查刀盘和刀具是否破损，以便必要时进行更换；二是观察掌子面的地质条件，为下一步施工提供合理建议。检查内容如下：

(1)刀盘检查。刀盘磨损情况、主轴承及其密封油脂、刀盘面板是否有裂纹或变形、刀具螺栓是否脱落或松动、滚刀挡圈是否断裂或脱落；滚刀刀圈是否完好，有无裂纹、断裂及弦磨现象；滚刀刀体是否漏油或轴承是否损坏；撕裂刀、齿刀、刮刀有无断齿、松动、严重磨损或脱落现象。

(2)刀圈磨损量测量。在滚刀刀圈没有断裂和损坏的前提下，正确测量滚刀刀圈的磨损量是掌握刀具状况并进行刀具更换的依据。

(3)渣土鉴别与渣土温度。施工中通过渣土颗粒含量可以判断地层的岩性；通过渣土温度可以了解刀具的工作环境，指导渣土改良工作。

2. 刀具更换

刀具是切削土体的主要工具，刀具的磨损程度将直接影响到盾构机的掘进效率，正确并及时更换刀具，可以减少刀具的非正常损坏及意外停机的换刀时间，提高设备利用率。在砂、砂卵石、岩层中掘进时，刀具磨损较快，因此要准备充足的刀具作为备用；在盾构掘进过程中，要按计划定期开仓检查刀具。根据施工经验，每掘进一定距离时须检查并更换一次刀具，停机换刀时应注意避开软弱地层与地表建筑物附近区域；对于稳定地层可一次性拆除多把刀具，若遇到前方地质条件较差时，需对掌子面加固后方可进行换刀，并严格按照拆一把换一把的原则进行作业。

刀具更换遵循以下原则：

(1)磨损量原则：刀具磨损量达到 15 mm 即可进行换刀。

(2)合理原则：刀具类型与地质的适应性、刀具更换计划的合理性。

(3)批量原则：为保证刀具破岩的效率，减少刀具更换频率，应有计划地进行批量换刀，具体为边刀批量、正滚刀批量、中心刀批量、刮刀切刀批量。

(4)快速原则：为保证换刀人员和机械设备的安全，应快速有效的进行换刀。

刀具更换程序如下：

(1)停止掘进，做好检查和换刀的各项准备工作。

(2)采用压气作业，检查人员通过气压仓进入土仓。

(3)对刀盘清洗后，逐个检查刀具损坏及磨损情况，并做好记录。

(4)根据刀具磨损情况，确定换刀的类型和编号。

(5)试转和复紧。在刀具更换完成并试转刀盘若干圈后，再次安排人员进入土仓拧紧刀具，确认拧紧后退出土仓，关闭仓门并恢复掘进。掘进开始阶段应控制刀盘转速和千斤顶推力逐渐增加，避免损坏刀具。

3. 辅助措施

对于开仓作业，除了在无水、稳定性好的地层下，其余地层均需要采取辅助措施保证开仓安全。常用的辅助措施有压气、注浆以及降水。

(1)压气。根据隧道埋深及地质情况，压气作业压力约为 1.0～2.0 bar。带压作业主要步骤：准备换刀工具、材料并检查压气时采用的相关设备；排出土仓内的渣土，当土压降至较低时(0.5 bar 以下)，向土仓加入压缩气体与膨润土，转动刀盘继续出渣。当螺旋机后闸门有较连续且较大压力的气体喷出时即可停止出渣，等待 0.5 h 左右观察土仓内的气压是否能够保持稳定，即气压上下浮动不能超过 0.1 bar。如果气压上下浮动过大或土仓内的气压无法上升到预定值，或空压机排压较低，说明土仓漏气，应检查铰接、盾尾部位是否漏气；待土仓内气压稳定后，换刀人员进入人闸，并准备好相关材料工具，然后向人闸内加压，加压程序要符合有关带压作业规范的要求；当人闸与土仓的气压基本一致时，打开平衡阀，换刀人员打开土仓门进入土仓开始作业。

(2)注浆加固及降水。在盾构机前体周边预留多个超前孔进行超前注浆，使刀盘前方土体固结，提高其稳定性。如果地面条件允许，可通过地面对地层进行深层注浆加固；对于渗透系数大、降水后自稳性好的地层，可通过降水井对地层进行降水，从而保证地层稳定。

16.4.7 盾构掘进

1. 直线段掘进

掘进时螺旋输送机的出土量应与盾构的开挖土量相平衡，以保持正面土体稳定，防止地下水土流失而引起较大的地表沉降。掘进过程中若出渣量过大,则掌子面可能出现坍塌;若出渣量过小,则掌子面可能存在空洞或裂隙比较发育。盾构每掘进一环的出渣量应控制在理论出渣量的95%~105%之间,若有异常应立即分析原因,及时采取相应措施。

2. 曲线段掘进

盾构在曲线段(包括水平曲线和竖向曲线)掘进时,应对液压推进油缸进行分区操作,使盾构机按预期的方向进行调向,同时采用安装楔形环与伸出单侧推进油缸的方法,使推进轨迹符合设计要求;掘进过程中盾构应采用铰接形式。曲线段掘进施工技术要点如下:

(1)进入曲线段之前要调整好盾构姿态,精确计算每个推进循环的轴线偏离量与偏转角的大小,根据盾尾间隙及推进油缸行程差、铰接油缸行程差、掘进线形等选择合适类型的管片,合理确定推进油缸的数量、推进力、分区与组合进行推进。

(2)将每一循环推进后的测量结果记入图中,并与设计曲线对比,确定是否修正下次推进的偏转量与方位角;可将每一循环分成几次推进,从而减小管片的不均匀受力。

(3)为防止管片外斜,必须保证管片背后的注浆效果,使千斤顶的偏心推力能够有效起到作用,确保曲线推进效果,并减少管片的损坏与变形。

(4)曲线掘进中盾构行走轨迹引起的空隙比直线推进大,应加大注浆量对空隙进行充填;时刻注意铰接油缸处和盾尾处有无泄露,发现泄露及时采取措施,并加大盾尾密封油脂的注入量。

(5)换渣车时应不间断进行掘进,同时协调好各个工序,避免长时间停机。

(6)曲线段管片拼装需要通过楔形环与标准环的组合来适应不同的曲线要求,因此合理选择管片相当重要。如果管片选择不当,可能造成盾尾与管片发生干扰,轻则损坏管片,重则造成较大地层沉降。

3. 盾构穿越特殊地质条件下的掘进

(1)硬岩地段。穿越硬岩地段采取的施工技术措施:采用单刃滚刀破岩以减少换刀次数;掘进过程中随时监测刀具和刀盘受力状态,确保其不超载;适时更换刀具,提高掘进效率,避免损伤刀盘;换刀时启动刀盘伸缩装置,在土仓内更换刀具,减少换刀时间对掘进的影响,提高设备利用率;掘进时启动盾构稳定装置,减小盾构机的振动和防止盾构机产生超限扭转,使管片受力稳定,确保隧道的成形质量;采用敞开模式掘进时,应遵循高转速、低扭矩的原则;掘进前要对盾构机进行一次全面的维修保养,确保盾构良好的工作状态。

(2)软硬不均地段。穿越软硬不均地段采取的施工技术措施:探明软硬地层的分布情况,必要时压注泡沫或泥浆对渣土进行改良;重视盾构的轴线控制和姿态控制,通过监控量测数据及时修正千斤顶推力组合,合理利用超挖刀、铰接千斤顶、刀盘正反转、稳定翼等措施对盾构姿态进行控制。

(3)砂层地段。穿越砂层地段采取的施工技术措施:严格控制出土量,确保土仓压力稳定;向土仓内及刀盘面注入泡沫等添加材料,改善渣土性能,提高渣土的流动性和止水性,有利于螺旋输送机排土,并可防止涌水流砂和喷涌现象的发生;运用导向系统和分区操控推进油缸控制盾构姿态,防止盾构抬升;选择合理的掘进参数快速通过,同时保证同步注浆质量,减少地层损失,将施工对地层的影响降到最低。

(4)球状风化岩层地段。球状风化地层俗称孤石层,风化球岩体的强度远大于普通岩土层的强度(例如花岗岩球岩单轴抗压强度大于200 MPa),是盾构施工的不利因素。

处理孤石不良地质条件的主要施工技术措施：以预防为主，利用超前钻探或地质雷达物探进行超前地质预报，提前采取地表或洞内深孔爆破等处理措施；观察盾构掘进的异常情况以及掘进参数的异常变化，判断是否遇到球状风化岩体，一旦发现推力加大时盾构进尺缓慢或停滞不前，应立即停机；应以低速度和高转速进行掘进，掘进过程中随时监测刀具和刀盘受力状态，防止刀盘受力不均产生变形。若遇刀盘卡住，可回缩刀盘予以调整，然后重新掘进；若球状风化岩体在软地层随刀盘一起滚动，可利用超前地质钻机钻孔，通过对地层注浆加固后再进行掘进；若上述措施不能奏效，可考虑人员通过压缩空气仓、切削仓进入开挖面，对球状风化岩体进行人工处理。

(5)断裂带地段。盾构通过断层及破碎带时的主要技术措施：采用与围岩接触面小、破岩能力高的单刃滚刀；对于土压平衡盾构应及时调整土仓压力，确保土压平衡，同时采取措施防止拼装管片时盾构机出现后退，保证工作面的土体稳定；适时调整掘进参数，使围岩得到充分切削，避免大的岩块堵塞螺旋输送机；掘进过程中向土仓内注入泡沫或泥浆，防止螺旋输送机堵塞；及时注浆充填管片与地层之间的空隙，防止土体塑性区的扩大，控制地表沉陷；加强对地表建筑物的变形监测。

16.4.8　减少后期变形的措施

减少盾构隧道后期变形的措施：正确控制盾构姿态、减少纠偏引起的地层扰动、加强同步注浆和二次注浆控制，加强监控量测工作等，具体措施如下。

(1)盾构推进的轴线偏差控制在±30 mm 以内，倾角控制在±3 mm/m 以内。

(2)采用隧道自动导向系统和人工测量辅助进行盾构姿态监测，分区操作盾构机推进油缸控制盾构掘进方向。

(3)当盾构偏离轴线时，严格控制盾构低速匀速掘进，通过调整螺旋输送机的转速等参数保持前方土仓内的土压力，通过合理调整各分区千斤顶的压力及刀盘转向调整盾构机姿态，改变其推进方向。蛇行修正及纠偏时应缓慢进行，最大限度减少对管片的损害，保证管片拼装质量与精度。

(4)针对不同的地质条件选择合理的浆液配合比，同时在推进过程中对其进行调整、优化。

(5)注浆量根据地质情况和地表隆陷监测情况进行动态调整。同步注浆应与推进保持同步，注浆应及时、有效的填充空隙，减少地层变形，提高结构的稳定性。

16.5　盾构管片制作

管片的生产质量最终决定了盾构隧道的施工质量，其生产重点在于控制管片尺寸精度和混凝土强度等级。首先应保证钢模型的制作精度；在钢筋笼制作过程中要控制钢筋成型精度、钢筋骨架定位精度以及钢筋焊接质量，同时做好混凝土浇捣、蒸汽养护、脱模起吊、管片翻身、钢模合龙、收水质量等工序。管片生产场地平面布置主要由混凝土搅拌系统、管片制作车间、钢筋成型车间、养护水池、管片堆场及其他辅助设施组合而成，各组成部分既具备独立的功能，又是相互匹配有机组合的整体，从而能够满足管片的制作、储存和发送要求。

16.5.1 原 材 料

1. 水泥

水泥早期强度要好,并适合蒸汽养护,要求在低温蒸养条件下(60 ℃以下)盾构管片 10 h 脱模强度≥20 MPa。根据经验,应选择强度等级不低于 42.5 R 的硅酸盐水泥或普通硅酸盐水泥;为避免发生碱集料反应,水泥的碱含量应严格控制在 0.6%以下;从经济性和耐久性两方面考虑,应选择与高效减水剂适应性好的水泥。

2. 砂、石料

砂宜采用中砂,细度模数 2.5～3.0,含泥量不大于 3%;石子宜采用 5～25 mm 连续级配的碎石,含泥量不大于 1%。砂、石材料应进行规格和清洁度质量监控以及颗粒混合试验,使粒径符合规范要求。到场后应再次进行筛分检验和含泥量检验,合格后方可投入使用。

3. 钢材

钢筋必须按规格分类挂牌堆放;钢筋表面应洁净,不得有油漆、油垢、锈皮;钢筋必须顺直,不得出现颗粒状或片状锈蚀现象。

4. 外加剂

混凝土外加剂要能够适应蒸气养护且能提高混凝土的早期强度。外加剂对混凝土坍落度的影响要小,引气量要小,并能加快混凝土的凝固时间,这样才能保证混凝土早期强度较高。

5. 水

采用清洁的不含有害物质的自来水,严格控制水灰比,水灰比不得超过 0.45。

在进行管片生产或更新配合比以前,针对水、石、砂、外加剂等,须进行三组配合比试验,以选择最佳的配合比进行管片试生产,待试制品检验合格后,再进行正式批量生产。

16.5.2 钢筋笼制作

1. 钢筋断料、弯曲

钢筋制作应严格按钢筋大样图进行断料和弯曲成型;钢筋进入弯弧机时应保持平衡,防止平面翘曲,成型后表面不得有裂痕。

2. 钢筋骨架焊接

钢筋骨架焊接必须在符合设计要求的模具上进行制作;钢筋骨架焊接成型时焊接位置要准确,严格控制好钢筋骨架的焊接质量;焊接以使用 CO_2 低温保护焊机为主,不得烧伤钢筋;焊口要牢固,焊缝表面不允许有气孔及夹渣;焊接后必须及时清除。

3. 钢筋骨架安装

通过专用吊具把钢筋笼吊入模具,钢筋笼型号与模具型号应相互匹配,钢筋笼放入模具后要检查四周、底部的保护层是否满足设计要求。

钢筋笼制作与安装施工如图 16-23 和图 16-24 所示;钢筋制作允许误差见表 16-4。

16.5.3 混凝土浇筑

1. 混凝土搅拌施工要点

(1)上料系统和搅拌系统必须按规定定期检验。

(2)生产前必须清扫各计量槽内残留材料,并将计量器归零。

图 16-23 钢筋笼制作

图 16-24 钢筋笼安装

表 16-4 管片钢筋制作允许误差

序号	项　　目	允许误差(mm)
1	网片长、宽尺寸	±10
2	网片间距	±10
3	分布筋长度尺寸	±10
4	分布筋间距	±5
5	骨架长、宽、高尺寸	+5 −10
6	主筋保护层	+5 −3
7	箍筋间距	±10

(3)如间隔搅拌时间过长,搅拌之前应清洗搅拌机,以免机内残料硬化影响混凝土质量。

2. 混凝土振动施工要点

(1)空模时禁止启动振动器,否则可能导致模具损坏。

(2)采用分层下料方式减少表面气泡,具体方法是打开顶盖启动振动器振动 2~4 s,然后合上顶盖从模具中部输送混凝土,启动振动器直至模具内混凝土完全充满并且无汽泡冒出。

(3)混凝土振动时间视混凝土的流动性而定,一般不超过 10 min。

(4)混凝土的坍落度宜控制在 50~70 mm。

(5)在振动过程中应检查螺栓、固定螺栓底座、连接螺栓底座以及注浆孔螺栓底座有无松动。若在振动过程中以上任何一项出现松动,都要停止振动重新紧固。

混凝土浇筑施工如图 16-25 所示。

3. 表面光面

振动完成后,打开面板对混凝土面板进行光面,打开面板的时间应随气温及混凝土凝结情况决定。

粗抹面:使用铝合金压尺,刮去多余混凝土(或填补所凹陷处)并进行粗磨。

中抹面:待混凝土收水后使用灰匙进行光面,使管片面平整、光滑。

使用长匙进行精工抹平,力求使表面光亮无灰匙印。

管片收面如图 16-26 所示。

图 16-25 浇筑混凝土

图 16-26 管片收面

16.5.4 管片养护、脱模及修补

1. 管片养护

(1)模内养护。混凝土初凝后盖上吸水性不强的湿纤维物,并进行湿润养护;混凝土达到一定的强度后应将 PVC 管螺孔杆拔出;在气温低于 15 ℃时应采用温水养护,出口处水温控制在 35 ℃左右;气温在低于 8 ℃时,出口处水温应提高至 45 ℃左右。

图 16-27 管片保温养护

(2)蒸汽养护。管片光面后静停约 1 h,可将 PVC 管定位螺栓孔杆拔出,用帆布将管模和管片覆盖好,并引入饱和蒸气(图 16-27)。为保证管片的强度和抗渗性,防止出现微裂纹,需要严格控制蒸养时间、升温及降温速率、恒温时间和湿度等条件。管片蒸养须严格分静停、升温、恒温、降温四个阶段进行(表 16-5)。管片蒸养应满足以下要求:混凝土浇筑后静置 2～4 h 开始进行管片蒸汽养护,每小时温度增加不超过 20 ℃;60 ℃恒温养生 1 h后开始降温,至环境温度后继续养生 1 h。

表 16-5 管片蒸养时间要求

条　件	时　间
静停	2～4 h(从浇捣结束后算起)
升温梯度	不大于 20 ℃/h
最高温度	不大于 60 ℃
恒温时间	2～4 h(根据季节定)
降温梯度	不大于 10 ℃/h
脱模温差	不大于 20 ℃

注:蒸养过程中每半小时查看温度计上的读数,可通过调整蒸汽通入量的大小来调节温度。

(3)养护池养护。管片经脱模修补后吊入水池内进行养护,应确保管片完全浸泡在水里

(图 16-28)。入池时管片与池中水的温差不得大于 20 ℃,养护周期为 7 d,然后喷淋养护 28 d。

图 16-28 管片水养

2. 管片脱模

养护的试件强度达到 20 MPa 后方可进行脱模(图 16-29)。管片起吊后立即拆下垫圈,注浆孔螺栓底座应清理干净后放回指定位置。

拆模顺序为:

(1)清除混凝土残积物,配上螺母,卸下系杆螺栓,放置在模具托架横梁上。

(2)拆卸灌浆管的回定螺栓及定位盖,并将其清抹干净后放在指定位置。

(3)拆卸旁模与底模固定螺栓,拆卸侧模与端模连接螺栓。

(4)拆松侧模的定位螺栓及端模的推进螺栓,同时分别把两侧模拉开至特设的安全保险定位位置。

脱模起吊方式一般采用真空吸盘起吊设备,确保设备与管片的柔性接触,使管片受力均匀,并且大大加快起吊速度,减少螺栓孔部位局部开裂、混凝土脱落现象,减低对管片起吊强度的要求(图 16-30)。

图 16-29 管片脱模

图 16-30 管片起吊

3. 管片修补

若模筑的部分管片存在一定缺陷,脱模以后应立即对管片进行修补。管片缺陷具体表现为:

(1)在管片脱模和搬运过程中不可避免的会发生管片掉角、崩块现象。修补措施为:首先刮去表面微裂痕,去除油迹和灰尘;然后将管片周边装好木模,用修补剂填平该修补的部位;最后在表面涂一层混合浆液,干后用砂纸磨平修整。

(2)管片外表面存在的气泡、蜂窝或漏浆。修补措施为:深度<5 mm 时,用西卡胶皇拌和水泥逐个填平;深度>5 mm 时,先刮去表面微细裂痕,用水清洗基层,清除所有的浮浆、油迹、粉尘等杂物,然后装上木模板,用西卡胶皇拌和水泥进行修补填平,待修补剂干后再涂一层混合浆液,浆液干透后(约 24 h)再打磨。

(3)管片露筋。修补措施为:刮去钢筋表面的污垢,用酒精清洗钢筋,待干透后使用小灰铲进行修补。具体过程为:将管片周边装好木模,涂抹底层浆液,再用修补剂混合水泥将修补部位填平,最后在表面涂一层混合浆液,待浆液干透后用砂纸进行磨平修整。

4. 管片标志

管片标志分为永久标志和临时标志。永久标志在钢模制造时就将标志铸于钢模上,主要反映管片的环类型(标准环、左转弯环、右转弯环)、块类型(标准块、邻接块、封顶块)、管片端面对接标志及螺栓孔对接标志;临时标志是在管片脱模后对其进行喷涂,主要标注管片流水号码与生产日期;对于联络通道处的特殊管片需要喷涂相应的标志,避免与普通管片混淆。

16.5.5 管片堆放和运输

1. 管片堆放

管片在水池里的堆放,水浸养护时,管片必须整体埋没于水中。管片宜单层放置,不同规格的管片严格实行分区养护。

管片在喷淋场侧立放置,保证喷淋的水能湿润管片的每一部分。管片可两层放置,喷淋头位于顶层管片的上部。

管片在堆场的堆放采用侧放或者元宝形放置。侧放堆放占地小,但管片叠放时稳定性比较差,出厂不方便;元宝形堆放管片叠放稳定,出厂方便,可直接吊上车,但占地面积相对较大,而且注浆孔内容易积水,积水结冰会破坏注浆孔封头混凝土,因此在冬季不宜采用元宝形堆放。建议堆放时间较长的管片宜采用侧放堆放,堆放时间较短的管片宜采用元宝形堆放。

2. 管片运输

管片可使用长平板车运输,每叠管片不超过 3 层,叠与叠之间纵横方向留有不少于 300 mm间距;吊运时管片之间应以垫木间隔以防碰撞;管片与绳索间采用专门的管片吊装带,用纹盘收紧绳索,使管片得以紧固;管片厂装车采用叉车,运输至现场后采用龙门吊卸车。

16.6 盾构隧道防水施工

盾构隧道防水原则:以防为主,以堵为辅,刚柔结合,多道设防,因地制宜,综合治理。盾构隧道防水以高精度、高强度、高抗渗性的管片自防水为基础,以管片接缝防水为重点,以嵌缝、注浆孔、螺栓孔、接口防水等细部处理为辅助,确保盾构隧道防水效果。

16.6.1 施工工艺流程

盾构隧道防水施工工艺流程如图 16-31 所示。

16.6.2 管片钢模制作及结构自防水

1. 管片钢模制作精度

管片模具精度和耐久性是保证管片制作质量的基础,直接关系到整条隧道的防水效果。钢模加工精度要求见表 16-6。

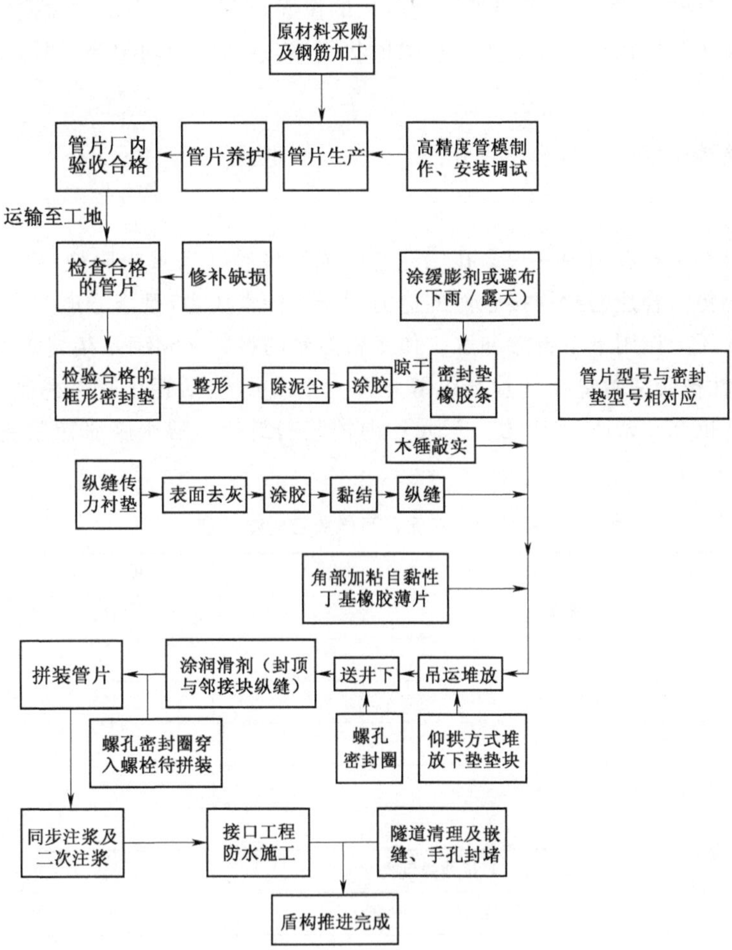

图 16-31　防水施工工艺流程图

表 16-6　钢模加工允许偏差

序号	项目	单位	允许偏差	检验频率		检验方法
				范围	点数	
1	宽度	mm	+0.2 −0.4	每只	6	左、中、右三个断面各测一点
2	弦长	mm	±0.5	每只	2	两侧各测一点
3	底座夹角	s	±0.6	每只	4	四角各测一点
4	纵环向芯棒中心距	mm	±0.5	每只	2	抽查
5	内腔高度	mm	±1.0	每只	2	抽查

注：每套钢模每生产 100 环管片须进行整体周期检测，并作好检查记录。

2. 管片结构自防水

管片生产所用的钢筋、水泥、砂、石子、粉煤灰、外加剂等原材料应符合相关规范要求，且必须附有生产厂家的产品质量保证书，并按规定批量进行复试；管片钢模经检验合格后方可放入钢筋笼、预埋件，并严格控制钢筋保护层厚度；管片自防水受其表面光滑程度及内在密实度的影响较大,因此在浇筑过程中须严格控制混凝土的捣固,在振捣时不得碰撞钢模、芯棒、钢筋及预埋件。当混凝土与侧板接触处若不再有喷射状气体,且水泡能均匀起伏时,表明振动时间较为合适。

16.6.3 管片接缝防水

1. 接缝防水

接缝防水材料主要有两种——多孔三元乙丙弹性橡胶和遇水膨胀橡胶。对于弹性橡胶,要求橡胶密封垫传给管片密封槽接触面的应力大于设计水压力,且当隧道产生纵向变形时,管片环缝在规定水压力作用下不得渗漏水。作为密封垫的材料必须满足接缝防水短期性和长期性的要求,即弹性橡胶密封垫在管片环纵缝张开 0.6 mm(包括管片密封槽制作误差、拼装误差)时,能长期抵抗 0.6 MPa 水压力。三元乙丙橡胶密封垫与遇水膨胀橡胶止水带性能见表 16-7 及表 16-8。

表 16-7 三元乙丙橡胶密封垫性能

项目		单位	指标
拉伸强度		MPa	≥9.5
硬度 SH		(°)	(55±5)～(70±5)
伸长率		%	≥330
压缩永久变形(70 ℃×24 h)		%	≤28
防霉等级			达到与优于 2 级
热空气老化(70 ℃×168 h)	硬度变化 SH	(°)	≤+6
	拉伸强度变化率	%	≥−15
	扯断伸长率变化率	%	≥−30

表 16-8 遇水膨胀橡胶止水带性能

项目		单位	指标
拉伸强度		MPa	≥3.5
硬度 SH		(°)	42±7
体积膨胀倍率		%	≥150
扯断伸长率		%	≥450
低温弯折−20 ℃×2 h			无裂纹
防霉等级			达到与优于 2 级
反复浸水试验	拉伸强度	MPa	≥3
	扯断伸长率	%	≥350
	体积膨胀倍率	%	≥150

外形尺寸误差:长度纵向+3～−5 mm、环向+5～−10 mm、高度±0.5 mm、宽度±1 mm、接头允许误差±0.5 mm。

遇水膨胀橡胶止水带施工工艺:采用粘贴施工,要求待粘基面无尘、无油、无污、干燥,以保证粘贴质量，每环止水带的粘贴应在管片安装前 24 h 内完成，在粘贴止水带的同时进行管片衬垫粘贴。

粘贴步骤如下：选型→基面清理→槽内涂黏结剂→密封条涂黏结剂→粘贴→打压密贴。

对粘贴好止水带的管片，在拼装前应采取措施防止雨淋、水浸；在运输和拼装过程中应避免擦碰、剥离、脱落或损伤止水带；安装管片时应保证管片拼装质量，减少错台，确保密封止水效果；在密封垫表面加嵌膨胀条时，水膨胀条表面应涂缓膨胀剂。

2. 嵌缝防水

嵌缝防水施工工艺流程如图 16-32 所示。嵌缝防水施工如下：在进出洞各 20 环（除变形缝外）范围内，整环环缝、纵缝以及拱底 90°范围内采用遇水膨胀密封胶、氯丁胶乳水泥进行封填；在变形缝、钢管片之间、钢管片与混凝土管片之间整环环缝及钢管片纵缝采用高模量聚氨酯密封胶封填；其他区段拱顶 45°范围内采用高模量聚氨酯密封胶封填。

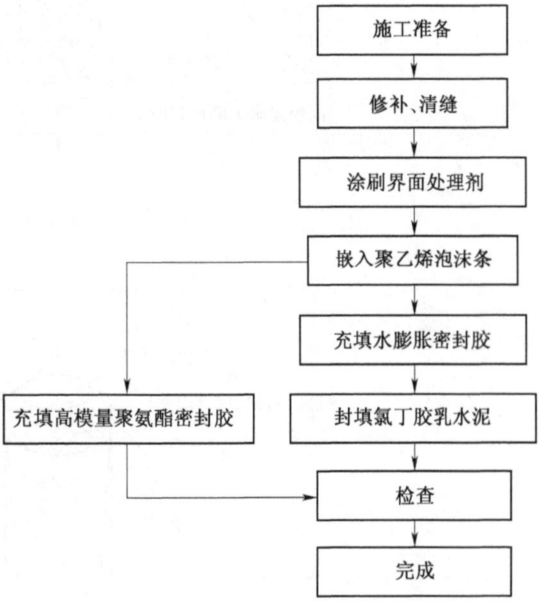

图 16-32　嵌缝防水施工工艺流程图

3. 嵌缝作业

嵌缝作业应在盾构千斤顶顶力影响范围外进行，不允许在有明显渗漏的衬砌环上进行。施工前首先查找隧道衬砌渗漏点，若发现明显渗漏，须采取衬砌壁后压注水泥—水玻璃双液浆进行封堵，待无明显渗漏后方可进行嵌缝作业。作业前在管片拱顶 45°与拱底 90°进行放样弹线，若衬砌嵌缝槽有较大缺损应进行修补，清除缝内泥砂杂物，然后按照先环缝后纵缝的顺序进行嵌缝施工。拱顶 45°范围、整环变形缝、钢管片环与钢管片环之间整环环缝、钢管片环与混凝土管片之间整环环缝及钢管片上的纵缝嵌填施工步骤如下。

嵌缝方式一：先从每环端头超出设计要求范围 50 mm 处开始，将聚乙烯泡沫条嵌下，并留下槽深约20 mm 左右的空间，确保平整。拱顶 45°环缝和纵缝内不允许有接头，十字接头处（环缝与纵缝接头）均应连接紧密且无空隙，然后嵌入高模量聚氨酯密封胶（环缝与纵缝相同），并与管片抹平，不得产生气泡，不得存在脱节现象。施工示意图如图 16-33 所示。

嵌缝方式二：先从每环端头超出设计要求范围 50 mm 处开始，刷涂界面处理剂，将聚乙烯泡沫条嵌下，并留下槽深约 22 mm 左右的空间，确保平整。拱顶 45°环缝和纵缝内不允许有接头，十字接头处（环缝与纵缝接头）均应连接紧密且无空隙，再嵌入 4 mm 厚的水膨胀密封胶（环缝与纵缝相同），不得产生气泡，不得存在脱节现象。最后将配制好的氯丁胶乳水泥进行环缝、纵缝的嵌填，并与管片抹平。施工示意图如图 16-34 所示。

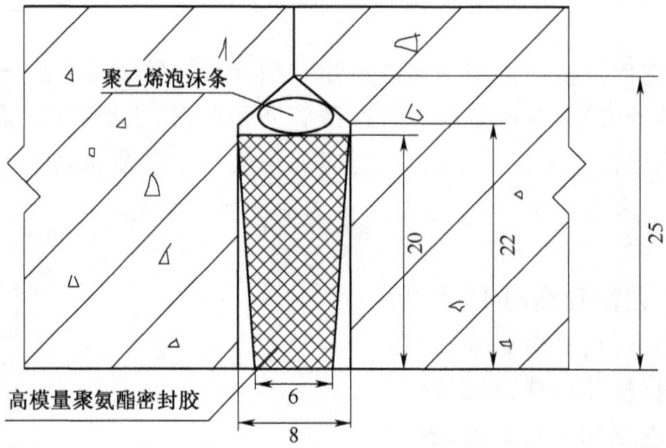

图 16-33　嵌缝方式一(单位:mm)

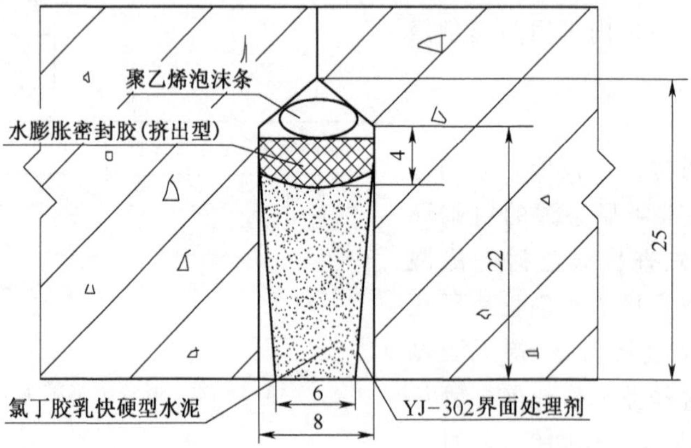

图 16-34　嵌缝方式二(单位:mm)

参考文献

[1] 铁道部工程设计鉴定中心．高速铁路隧道．北京：中国铁道出版社，2010.

[2] 中华人民共和国铁道部．铁路隧道设计规范．北京：中国铁道出版社，2010.

[3] 马辉，等．当前铁路隧道施工亟待解决的若干技术问题．现代隧道技术，2011，48(5).

[4] 刘浩杰．宜万铁路隧道工程岩溶超前预报的地质分析方法研究．北京：北京交通大学，2006.

[5] 中铁二局股份有限公司．土木工程施工工艺——隧道及地铁工程．北京：中国铁道出版社，2009.

[6] 铁道部第二工程局．隧道．北京：中国铁道出版社，1999.

[7] 杨林德．公路施工手册——隧道．北京：人民交通出版社，2011.

[8] 关宝树．隧道工程施工要点集．2 版．北京：人民交通出版社，2011.

[9] 刘志刚，等．隧道隧洞超前地质预报．北京：人民交通出版社，2011.

[10] 叶英．隧道施工超前地质预报．北京：人民交通出版社，2011.

[11] 何发亮，李苍松，陈成宗．隧道超前地质预报．成都：西南交通大学出版社，2006.

[12] 解振师，张峰，袁仁爱．超前地质预报技术在武广客运专线隧道工程施工中的应用．铁道标准设计，2007，(S1).

[13] 郎玉光．隧道超前地质预报综合技术．铁道建筑，2007，(12).

[14] 杨果林，杨立伟．隧道施工地质超前预报方法与探测技术研究．地下空间与工程学报，2006，(4).

[15] 张民庆．宜万铁路重点难点隧道工程地质难题与施工对策浅析．现代隧道技术．2004，(23).

[16] 李卫华．超前地质预报技术在武隆隧道岩溶地质施工中的应用．铁道标准设计，2002，(增刊).

[17] 荆学亚，梅建华．TSP203 地质超前预报系统在乌鞘岭隧道 6 号斜井的应用．铁道标准设计，2005，(9).

[18] 练友红．地质雷达探测武隆隧道岩溶、暗河．矿业安全与环保，2003，(6).

[19] 闫红江．牛界岭隧道施工综合地质预报技术．现代隧道技术，2005，(5).

[20] 李勇，孙喜峰，李廷．隧道施工地质超前预报方法．地质与资源，2004，13(2).

[21] 陈炳祥．长大隧道施工地质超前预测预报技术应用研究．铁道工程学报，2004，(2).

[22] 陈建峰．隧道施工地质超前预报技术比较．地下空间，2003，23(1).

[23] 周运祥．TSP203 超前预报系统在乌鞘岭特长隧道不良地质中的应用．铁道建设技术，2004，(1).

[24] 蔡运胜．TSP203 隧道超前地质预报系统及应用．物探与化探，2004，28(2).

[25] 温树林，吴世林．TSP203 在云南元磨高速公路隧道超前地质预报中的应用．地球物理学进展，2003，18(3).

[26] 邓居智，莫撼，刘庆成．探地雷达在岩溶探测中的应用．物探与化探，2001，25(6).

[27] 孙坚，白明洲，王连俊．探地雷达在地层划分中应用的研究．岩土工程技术，2004，18(4).

[28] 王玉清，林红辉，赵楠，等．探地雷达探测岩溶．岩土工程界，2002，5(10).

[29] 王洪勇．综合超前地质预报在圆梁山隧道中的应用．现代隧道技术，2004，41(3).

[30] 中华人民共和国铁道部．TB 10003—2005 铁路隧道设计规范．北京：中国铁道出版社，2005.

[31] 中华人民共和国铁道部．TB 10005—2010 铁路混凝土结构耐久性设计规范．北京：中国铁道出版社，2010.

[32] 中华人民共和国铁道部．TZ 331—2009 铁路隧道工程防排水施工技术指南．北京：中国铁道出版社，2009.

[33] 吕康成．隧道与地下工程防排水指南．北京：人民交通出版社，2012.

[34] 何发亮，郭如军，李苍松，等．岩体温度法隧道施工掌子面前方涌水预报．成都：西南交通大学出版社，2009.

[35] 周爱国．隧道工程现场施工技术．北京：人民交通出版社，2010.

[36] 朱汉华，尚岳全，杨建辉，等．公路隧道设计与施工新法及其应用．北京：人民交通出版社，2010.

[37] 吴焕通，崔永军．隧道施工及组织管理指南．北京：人民交通出版社，2005.

[38] 关宝树，麦倜曾．日本隧道标准规范(山岭篇)及解释．成都：西南交通大学出版社，1988.

[39] 窦忠孝，苟彪，彭万平．对乌稍岭特长隧道斜井施工的思考．铁道工程学报，2006，(4).

[40] 卢智强，罗治军．通过斜井施工长大隧道的几点认识．隧道建设，2009，29(增2).

[41] 钟有信，郭得福，罗草原．长大斜井有轨运输系统配套设计与施工技术．隧道建设，2008，28(2).

[42] 赵勇，赵天熙．长距离大坡度斜井运输分析．西部探矿工程，2005，(S1).

[43] 高菊如．铁路隧道辅助坑道的选择．隧道及地下工程，1995，(2).

[44] 张成刚．长大隧道斜井施工技术．铁道建筑，2009，(6).

[45] 张健儒．龙厦铁路象山隧道辅助坑道优化设计．隧道建设，2010，(1).

[46] 罗强．论公路隧道辅助坑道的设计及施工．今日科苑，2010，(16).

[47] 崔振群．寺则河隧道辅助坑道方案优化及施工情况探讨．铁道工程学报，2001，(3).

[48] 王勇，吴建福．肖家梁隧道辅助坑道变更方案的比选与分析．路基工程，2010，(6).

[49] 曾蔚，张民庆．圆梁山隧道施工期间增加辅助坑道的设计与施工．探矿工程(岩土钻掘工程)，2005，(5).

[50] 卢耀如．硫酸盐岩岩溶及硫酸盐岩与碳酸盐岩复合岩溶．北京：高等教育出版社，2007.

[51] 丁睿．瓦斯隧道建设关键技术．北京：人民交通出版社，2010.

[52] 张立坤，等．隧道施工高瓦斯防治指南．北京：人民交通出版社，2011.

[53] 王星华．高原多年冻土隧道工程研究．北京：中国铁道出版社，2007.

[54] 铁道部工程管理中心．客运专线铁路地基处理技术手册．北京：中国铁道出版社，2009.

[55] 刘启山．岩石隧道掘进机(TBM)施工及工程实例．北京：中国铁道出版社，2004.